Konzepte der Humanwissenschaften

Michael Lukas Moeller

Anders helfen
Selbsthilfegruppen und Fachleute
arbeiten zusammen

Klett-Cotta

Verlagsgemeinschaft Ernst Klett – J. G. Cotta'sche Buchhandlung
Nachfolger GmbH, Stuttgart
Alle Rechte vorbehalten
Fotomechanische Wiedergabe nur mit Genehmigung des Verlages
© 1981 Ernst Klett, Stuttgart
Printed in Germany 1981
Umschlag: Heinz Edelmann
Gesamtherstellung: Wilhelm Röck, Weinsberg
ISBN 3-12-905591-6

»In seinem Sinn kann keiner frei sein,
der andere in Abhängigkeit hält.«

Martin Walser über »seinen« Schiller, 1980.

Dieses Buch ist Joris Vandenberg gewidmet

Joris lebt in Holland als Gestalttherapeut und Gruppendynamiker. 1973 leitete er eine Selbsterfahrungsgruppe, an der ich teilnahm. In der Begegnung mit ihm erfuhr ich, was es bedeutet, wenn Echtheit, Einfühlung und Wärme, die von anderen nicht Besitz ergreift, einen wirklichen Helfer und Erzieher bestimmen. Als erster Experte ermutigte mich Joris in meiner damaligen Unsicherheit, mit Selbsthilfegruppen zusammenzuarbeiten. Heute bin ich mir sicher, daß selbstverantwortliche Gesprächsgruppen jene Menschlichkeit entwickeln können, die ich durch Joris erlebt habe.

11

Weltweit haben sich bereits mehrere Millionen Menschen zu Selbsthilfegruppen zusammengeschlossen. Sie alle teilen die Einsicht, die ein amerikanisches Gruppenmitglied in die treffenden Worte faßte: »You alone can do it, but you can't do it alone« (Evans, 1979, S. XV). Ihr Erfolgsgeheimnis ist einfach: Die Gruppe kann mehr als der einzelne. Sie steigert die Chancen, eigene Probleme zu lösen.

1
Die Gruppe kann mehr als der einzelne

So können die selbstorganisierten kleinen Gruppen sehr viel beitragen
– zur Gestaltung des alltäglichen Lebens und zur Erweiterung der persönlichen Erfahrung eines jeden;
– zur Entwicklung jener Bereiche, in denen Menschen für Menschen sorgen: Medizin, Sozialarbeit, psychologische Beratung, Erziehung, Schule, Studium, Berufsausbildung, Strafvollzug, kirchliche Arbeit usw. (siehe S. 203 ff.).

Zunächst haben Krisen, Krankheiten und Not zur Bildung selbstverantwortlicher Gesprächsgruppen geführt. Seit 1935 gibt es die Anonymen Alkoholiker. Ihre Arbeit ist zum verbreitetsten und wirksamsten Mittel gegen den Alkoholismus, eine der Hauptkrankheiten der Industrienationen, geworden. Seit 1965 entstehen Selbsthilfegruppen aller Art, die seelische Probleme wie Ängste und Depressionen zu beheben versuchen. Inzwischen sind über 450 Selbsthilfeorganisationen für nahezu jede psychosoziale Belastung entstanden (vgl. Evans, 1979 und Moeller, 1978): Behinderte; chronisch Leidende; Eltern mit kranken oder verhaltensauffälligen Kindern; Familien, die ein schweres Schicksal zu bewältigen haben; Übergewichtige; Menschen, die den Verlust eines nahen Angehörigen tragen müssen; Genesende und Todkranke (siehe S. 224 ff.). Selbsthilfeorganisationen haben im gesamten Bereich der Medizin, Psychotherapie und Sozialarbeit eine stille Revolution eingeleitet.

In Eigenaktivität und Selbstverantwortung überwinden Betroffene ihre passive und vereinzelte Patientenposition. Das heißt jedoch nicht, daß sie sich vom Fachwissen isolieren wollen. Konkrete Ansätze zeigen im Gegenteil, daß die Zusammenarbeit zwischen selbstverantwortlichen Gesprächsgruppen und therapeutischen Experten beste Aussichten hat, sich zu einer wegweisenden Methode der künftigen Medizin zu entwickeln. Die beträchtlichen Schwierigkeiten auf diesem Wege, der große Widerstand von Fachleuten (siehe S. 36 ff.) wie Teilnehmern (siehe S. 31 ff.) und die besonderen Probleme der Selbsthilfegruppen (siehe S. 163 ff.) können am besten durch gemeinsame Anstrengungen behoben werden.

Im Gesundheitsbereich zeigt sich die Bedeutung eigenständiger Gesprächsgruppen vor allem darin, daß sie die vernachlässigte seelische oder psychosoziale Dimension der Erkrankung berücksichtigen. Das ist angesichts quantitativ und qualitativ unzureichender Einrichtungen auf dem Feld von Psychosomatik/Psychotherapie und Psychiatrie besonders vonnöten. Noch wesentlicher ist ihre Chance im Bereich der Vorsorge. Der Medizinhistoriker H. Schipperges ist der Auffassung, Medizin habe in erster Linie die Kunst der Lebensführung und erst in zweiter Linie Krankheitslehre zu sein (1980). Nach neuesten sozialmedizinischen Untersuchungen sind die am stärksten zunehmenden Todesursachen bei uns Erkrankungen, die psychosozial, das heißt durch Auswirkung jahrzehntelangen Fehlverhaltens und chronischer Belastungssituationen, bedingt sind. Ob sich nun die heutige Medizin für die Ursachen dieser Erkrankungen – Streß, Nikotinverbrauch und Alkoholkonsum in Verbindung mit den zunehmenden psychosozialen Konflikten – generell zuständig fühlen sollte oder nicht, unbestritten ist, daß Selbsthilfegruppen durch Konfliktbearbeitung, Wahrnehmungsschärfung, Verhaltensänderung und Situationsgestaltung bei den Ursachen ansetzen und vorbeugend wirken können.

Es ist interessant zu beobachten, daß die Veränderung der Rolle der Kranken, die in der Bildung eigenständiger Gesprächsgruppen sichtbar wird, mit einer Krise im Selbstverständnis der Helfer einhergeht. Diese Entwicklung ist nicht nur auf die Medizin beschränkt. Bis hin zur Entwicklungshilfe ist dieser Prozeß des Umdenkens und Umlernens zu beobachten. Dort tritt seit kurzem anstelle des Exports unserer Errungenschaften und entsprechender »Modell«-Experten eine gleichberechtigte Zusammenarbeit, die hauptsächlich Selbsthilfe-Initiativen und Selbsthilfe-Organisationen der Entwicklungsländer fördert (vgl. Uchtenhagen, 1980; Lanz, 1980). Wir sind Zeugen einer langfristigen Emanzipation, die das Verhältnis zwischen Fachleuten und Betroffenen tiefgreifend wandelt.

Die einst hierarchischen Beziehungen zwischen Arzt und Patient, Sozialarbeiter und Klient, Lehrer und Schüler, Politiker und Bürger weichen einer zunehmend partnerschaftlichen und reflektierenden Beziehung. Zu einem Zeitpunkt, da die einen ihre helfenden Fähigkeiten entdecken, fühlen sich die anderen durch ihre eigenen Leiden betroffen. Die hilflosen Helfer sind zum Begriff geworden (Schmid-bauer, 1977). Die Frage, ob Psychotherapeuten kontraphobische Patienten seien, wird ernsthaft diskutiert (Willi, 1975). Selbst in professionellen Therapien wird der Arzt als Ko-Patient und der Patient als Ko-Therapeut empfunden (Richter, 1975). Ähnliches ist bei den Pädagogen zu beobachten: Die Angst des Lehrers vor seinen Schülern rückt anstelle der gewohnten Ängste des Schülers vor seinen Lehrern in den Mittelpunkt (Brück, 1978; Weidenmann, 1977). Die Sozialarbeiter reflektieren in einer Reihe von Artikeln ihre Helferrolle (*Sozialmagazin*, 1979). Die Experten insgesamt beginnen sich schließlich zu fragen, inwieweit sie statt zu helfen nicht entmündigen (Illich u. a., 1979).

Auf diesem Hintergrund ist es zu verstehen, daß einige Fachleute bereits von den betroffenen Gruppen gelernt haben. Ärzte, Psychotherapeuten, Sozialarbeiter und Krankenschwestern erkannten den Wert der selbstorganisierten Kleingruppe für ihre eigene Tätigkeit und Ausbildung. Sozialpädagogikstudenten und Psychoanalytiker haben über ihre Selbstversuche berichtet (siehe S. 75 ff. und S. 72 ff.). Denn leiterlose Gesprächsgruppen eignen sich nicht nur für therapeutische Zwecke: Der regelmäßige, offene Erfahrungsaustausch verbindet berufliches Handeln, Rollenverhalten, den Austausch von Sachkenntnissen und persönliches Erleben eng miteinander. So kann intensive Selbsterfahrung erreichen, was die meisten Ausbildungsgänge sträflich versäumen: persönliche Beteiligung, Einfühlungsfähigkeit, Praxisnähe, Konflikterfahrung, Kenntnis des eigenen Verhaltens und der persönlichen Wirkung auf andere, Solidarität – kurz: psychosoziale Kompetenz.

Das ist nicht nur für die helfenden Berufe von großer Bedeutung, immer stärker wenden sich auch Erzieher und Ausbilder den Selbsthilfegruppen zu (siehe S. 258 und S. 261). Regelmäßige eigenverantwortliche Lerngruppen für Studenten, Lehrer und Schüler steigern die Arbeitsfähigkeit nicht nur durch gemeinsame Aktivierung, sondern vielmehr durch innere Befreiung, und das heißt durch Entschlüsseln der zahllosen konfliktbedingten Lern- bzw. Lehrstörungen. Vor allem aber verwirklichen sie jenes erlebende Lernen, das Person, Lebenssituation und Unterrichtsstoff nicht mehr voneinander trennt, sondern miteinander vereint. Beziehungsfähigkeit, Verantwortungsbewußtsein und Selbständigkeit werden gestärkt, Eigenschaften, die nicht nur für das Alltagsleben, sondern auch für die künftige Arbeitssituation mit ihrer zunehmenden Orientierung an Teamarbeit grundlegend sind. Darüber hinaus dürfte die Gesprächsgruppe das Lei-

stungsprinzip durch das Kreativitätsprinzip ergänzen, weil Phantasien, Gefühle und Konflikte wieder in Zusammenhang mit der eigenen Entwicklung und dem eigenen Lernen gesehen werden können.
Nicht zuletzt erweitert eine Gesprächsgruppe, ganz im Gegensatz zu
den eingeengten Lernzielen des üblichen Unterrichts, die eigene
Erfahrung wie auch Einsicht in andere Lebenswelten oft ungeahnt
und fördert damit die Toleranz und die Fähigkeit, Pluralismus und
Demokratie auch wirklich leben zu können. Aller Voraussicht nach
bieten selbstorganisierte Kleingruppen einen Ausweg aus dem
Dilemma der eintönigen, isolierten, einseitig sachorientierten Erziehung und Ausbildung. Sie könnten für die Zukunft des heute durch
Resignation gekennzeichneten Bildungswesens ebenso Bedeutung
gewinnen wie für den Bereich der Medizin.
Eigenständige Gesprächsgruppen sind jedoch nicht mehr allein auf
das Gesundheits- und Erziehungswesen beschränkt. Jenseits von
Krankheit und Krisen, jenseits von Ausbildung und Beruf haben viele
Menschen zu dieser einfachen und folgerichtigen Lösung gefunden,
sich selbst und die eigene Lage im regelmäßigen Gespräch mit
wenigen anderen klarer zu sehen und wirksamer verändern zu lernen,
so etwa die Frauen und Männer der Emanzipationsbewegung, alte
Menschen, Hausfrauen und Paare. Selbsthilfegruppen sind für jeden
eine Chance geworden, sich selbst zu entdecken, neu zu verstehen und
sinnvolle Perspektiven für die eigene Entwicklung zu finden.
Worauf beruht die große Fähigkeit der Gruppe? Zum einen sehen
viele Augen mehr als zwei. Die Begabung der Gruppe ist höher als die
eines einzelnen, weil die unterschiedlichen Fähigkeiten der Teilnehmer zusammenwirken können, um das gemeinsame Ziel zu erreichen.
Dabei entsteht das Potential der Gruppe nicht nur aus der Aneinan-
derreihung, das heißt der Summe aller Einzelfähigkeiten, sondern vor
allem aus der vielfältigen Kombination und der wechselseitigen
Ergänzung der unterschiedlichen Begabungen. So erschließen sich
der Gruppe Lösungsmöglichkeiten, die sich dem einzelnen nur sehr
schwer oder gar nicht auftun. Das könnte man den *Teamvorteil* der
Gruppe nennen. Er bezieht sich auf ihre Leistungsfähigkeit und kann
aufgrund von vielen Untersuchungen als gesichert gelten.
Doch begründet dieser Aspekt nur zum kleineren Teil die allgemeine
Erkenntnis, daß wir gemeinsam stärker sind. Menschen, die bereits
Gruppenerfahrung haben, empfinden darüber hinaus vor allem die
Ermutigung, die Geborgenheit und die Solidarität einer Gemeinschaft
als wesentlich. Die von gegenseitigem Vertrauen getragenen, vielfälti-
gen Beziehungen in der Gruppe erfüllen und tragen sie. Das Gefühl,

neue Kräfte zu bekommen, beruht, schlicht gesagt, auf der »menschlichen Wirkung« der Gruppe (vgl. Lynch, 1979). Der fast schon grotesk anmutende Begriff signalisiert vielleicht am deutlichsten den fortschreitenden Beziehungszerfall in unserem Alltagsleben. Denn erst wenn Bindungen einmal weitgehend geschwunden sind, läßt sich das vielleicht tiefste, ursprünglichste und notwendigste Verlangen des Menschen erkennen: das Beziehungsbedürfnis. In der Gruppe erfüllt es sich, denn wir sind eigentlich Gruppenwesen. Dafür ist weniger das Aufwachsen in einer Familiengruppe verantwortlich; im Gegenteil, in der heutigen, kaum noch familiär zu nennenden, nahezu vaterlosen Mutter-Einzelkind-Union ist eher unsere Beziehungsunfähigkeit begründet. Die Anlage des Menschen zum Gruppenwesen hat sich in einer Jahrmillionen währenden Evolution herausgebildet. Weil die Menschen der Frühzeit, während ihres unfaßbar langen Entwicklungsprozesses, ausschließlich in Gruppen von etwa 25 Mitgliedern lebten, wovon die Hälfte Kinder waren (vgl. Lenski und Lenski, 1974), mußte sich der Mensch zu einem Gruppenwesen hin entwikkeln. Die menschlichen Fähigkeiten entfalten sich demnach auch am stärksten in der Gruppe. Die kleine, überschaubare Gemeinschaft ist unsere natürliche und deswegen optimale Umwelt. Sie entspricht dem humanökologischen Urzustand, das heißt, unserer ursprünglichen menschlichen Heimat. Dieser lebensbezogene *Milieuvorteil* ist gegenüber dem arbeitsbezogenen Teamvorteil die eigentliche Begründung für die Überlegenheit der Gruppe.

Als Individuen sind wir im Grunde Bruchstücke von Gruppen. Unter dem Einfluß zunehmender Verdünnung, Verkürzung und Versachlichung menschlicher Beziehungen haben wir das jedoch nahezu vergessen. Vereinzelung und Individualismus sind deshalb zugleich die stärksten Kräfte *gegen* Selbsthilfegruppen wie auch *für* sie. Einerseits haben sie uns von der Gruppe entfremdet: Unser Gefühl für Gruppenvorgänge ist nur noch wenig entwickelt, ja, direkte Abneigung gegen Gruppen ist weit verbreitet. Andererseits aber führt gerade unser übersteigerter Individualismus dazu, daß der einzelne, um individuelle Enge, Schwäche und Isolation aufzuheben, das Bedürfnis hat, sich kleinen Gruppen anzuschließen, in der Hoffnung, dort eine freiere, gemeinschaftsfähige Individualität zu gewinnen. Dieser Widerstreit der Kräfte führt nicht nur äußerlich dazu, daß die Selbsthilfegruppen Gegner und Fürsprecher finden; er zeigt sich in jedem Interessierten auch als innerer Konflikt, den er selbst lösen muß.

Daß die Bildung selbstverantwortlicher Gesprächsgruppen zu einer umfassenden sozialen Bewegung geworden ist, ist also kein Zufall. Zu ihren widersprüchlichen Wurzeln gehört neben der fortschreitenden Vereinzelung des Menschen auch die zunehmende Demokratisierung (Elias, 1958). USA, Japan und Westeuropa sind die Domänen der Selbsthilfegruppen. Als Phänomen der siebziger Jahre traten sie das Erbe der großen Protestbewegungen an (siehe Moeller, 1978, S. 73 ff). Doch stehen nun nicht länger ferne, globale Probleme, sondern hautnahe persönliche Alltagssorgen im Mittelpunkt. Daß die Gruppen in eigener Sache handeln, garantiert ihr langfristiges Bestehen und macht sie stark. Ihre vielfache Bedeutung – als Basistherapie in der Medizin, als Ausbildungsbaustein in der Erziehung, als Identitäts- oder Beziehungswerkstatt im Alltag – entspricht der zunehmenden Verflechtung unseres Lebens. Sie übertreffen damit herkömmliche therapeutische oder erzieherische Konzepte – ganz abgesehen von so entscheidenden Vorteilen wie Einfachheit, Kostenlosigkeit und Flexibilität (siehe S. 30 f.). Es ist deshalb schwer, sie einem bestimmten Bereich zuzuordnen. Politisch gesehen sind sie eine psychosoziale Bürgerinitiative.

Von Bürgerinitiativen unterscheiden sie sich allerdings in einem wesentlichen Punkt: Sie setzen neben die Veränderung der sozialen Bedingungen als gleichrangiges Ziel die Selbstveränderung. Bewußt oder unbewußt nehmen ihre Mitglieder die Tatsache ernst, daß sie die Gesellschaft, die sie draußen vorfinden, mit all ihren Widersprüchen und Schwächen verinnerlicht haben. Sie arbeiten also gleichsam an ihren Identifikationen als einer »inneren« Gesellschaftsstruktur ebenso wie an den sozialen Bedingungen und an den Institutionen als der »äußeren«. Darin liegt ihre große Chance und ihre wirkliche Potenz.

Wir vergessen oft, daß die ständigen Veränderungen unseres Daseins im Zuge gesellschaftlichen Wandels nicht nur neue pathogene Situationen schaffen und neuartige Krankheitsbilder hervorbringen, sondern ebenso spontan ungewohnte Lösungen erschließen. Eigenständige Gesprächsgruppen sind eine solche konsequente therapeutische Strategie als Antwort auf eine tiefreichende Krise unseres Zusammenlebens. Bis in Einzelheiten läßt sich begründen, weshalb ihre den Bedingungen und Belastungen des täglichen Lebens entgegentretenden Qualitäten gleichzeitig jene Mängel beheben, die der gegenwärtigen Strukturkrise in Medizin und Erziehung zugrunde liegen (s. S. 224 ff.).

Obwohl es weltweit bereits mehrere hunderttausend Selbsthilfegruppen gibt und sich für Gesunde und Kranke, für ganz allgemeine und sehr seltene Lebenssituationen bereits zahllose Schwerpunkte gebildet haben (vgl. die Liste der Selbsthilfeorganisationen in den USA, Anhang, S. 337), sind die Chancen dieser eigenverantwortlichen Gesprächsgruppen noch längst nicht voll erkannt.

Aber auch ihre Schwierigkeiten blieben zu unklar, um vermieden werden zu können: Ängste vor Selbsthilfegruppen, falsche Erwartungen, vorzeitiges Scheitern, Grenzen und Gefahren. Das Hauptproblem ist in meinen Augen zur Zeit die Aufspaltung des Selbsthilfeziels in ausschließliche und damit fast unpolitische Selbstveränderung einerseits und, ebenso einseitig, ausschließliche Sozialveränderung andererseits (siehe S. 23 ff.). Dieses bedenkliche Phänomen verdient meines Erachtens noch stärkere Beachtung als die zwei anderen wesentlichen Probleme, mit denen Selbsthilfegruppen zu tun haben: 1. die Befürchtung, daß im Falle einer Zusammenarbeit Fachleute die Selbsthilfegruppen vereinnahmen könnten (siehe S. 99 ff.) und 2. die Auffassung, Selbsthilfegruppen seien eine Art Allheilmittel, eine Vorstellung, die einer latenten Sehnsucht nach Erlösung entspringt – gleichgültig, ob diese idealisierende Verkennung der Gruppen nun als persönliche Überzeugung messianisch vorgetragen oder auf andere projiziert und dort mit Vorwürfen bekämpft wird (vgl. S. 63).

Da ich mich für das Erziehungswesen nicht kompetent genug fühle, werde ich überwiegend am Beispiel der heutigen Medizin und der psychosozialen Versorgung deutlich machen, welche großen Möglichkeiten eigenständige Gesprächsgruppen eröffnen und was Fachleute dazu beitragen können. Ich nehme jedoch an, daß auch Erzieher und Pädagogen Gewinn aus dieser Arbeit ziehen werden, weil sie zahlreiche Parallelen zur Struktur ihres eigenen Tätigkeitsfeldes ziehen können, ob es sich nun um das große Gefälle zwischen Lehrenden und Lernenden, um die Funktionalisierung von Beziehungen oder um die ausschließliche Orientierung an einem Sachwissen handelt, dessen Wert für die zukünftige Lebensgestaltung fragwürdig ist.

2

Worum geht es?

1 Wer ist angesprochen?

Während der bereits vorliegende Band über Selbsthilfegruppen (Moeller, 1978) als allgemeines Grundlagenwerk gedacht war und dementsprechend auch als »Handbuch« oder »Ratgeber« für die konkrete Arbeit, unabhängig von besonderen Fachgebieten, bezeichnet wurde, geht es in diesem Buch besonders um die Chancen eigenverantwortlicher Gesprächsgruppen auf Gebieten, in denen traditionell Fachleute arbeiten. Damit werden diese Fachleute nicht überflüssig, im Gegenteil: Die Zusammenarbeit von Experten aus dem Bereich der Medizin, der psychosozialen Versorgung, der Ausbildung und Erziehung mit Selbsthilfegruppen eröffnet Entwicklungsmöglichkeiten, deren Ausmaß heute erst zu ahnen ist.

Angesprochen sind also vor allem die unmittelbaren Partner dieser Zusammenarbeit: alle Angehörigen der sogenannten sozialen Berufe und die jeweiligen Betroffenen. Das Ziel dieses Buches ist es, die besten inneren und äußeren Bedingungen für die Entwicklung eigenständiger Gesprächsgruppen zu schaffen. Das ist undenkbar ohne die Mitwirkung von Journalisten, die ihr Medium – Presse, Rundfunk oder Fernsehen – als ein wichtiges Instrument zur Förderung der Selbsthilfegruppen einsetzen können (siehe S. 89 ff.). Und schließlich kommt eine solche Entwicklung auch nicht ohne einen intensiven Dialog mit den Verantwortlichen im Gesundheits- und Erziehungswesen aus.

Zusammenarbeiten heißt nun aber nicht, daß wieder die Fachleute die Verantwortung und Steuerung der Selbsthilfegruppen übernehmen sollen. Vielmehr müssen sie ihr Wissen und Können auf eine andere Weise zur Verfügung stellen, genauer gesagt, nicht mehr im Rahmen von Abhängigkeitsbeziehungen. Das bedeutet für sie wie auch für die Betroffenen ein grundlegend neues Verständnis ihrer gewohnten Rollen als Therapeuten und Patienten, Lehrer und Schüler. In dieser Überwindung der gewohnten Rolle als Helfer und Erzieher sehe ich zur Zeit die größte Schwierigkeit auf beiden Seiten. Geht man davon aus, daß Helfer und Erzieher aus besonderen persönlichen Motivationen heraus ihren Beruf wählten und an ihm festhalten müssen, dann haben sie die ungünstigsten inneren Voraussetzungen für die Zusammenarbeit mit eigenständigen Gesprächsgruppen. Gleichzeitig aber verfügen sie über die besten äußeren Startbedingungen, denn sie haben bei ihrer Tätigkeit fast ausschließlich mit Menschen zu tun, die Selbsthilfegruppen gut nutzen könnten. Die Betroffenen müßten nicht erst mühsam zusammengeführt werden. Sie sind bereits da.

2 Was heißt Selbsthilfegruppe?

Die Formenvielfalt der Selbsthilfegruppen ist für manche inzwischen recht verwirrend. Sieben Arten lassen sich unterscheiden (vgl. Moeller, 1978, S. 84–98).

Die beiden wesentlichen Typen möchte ich hier herausstellen: die *Gesprächs-Selbsthilfegruppen* – zu denen alle Anonymous-Gruppen, die Frauen- und Männergruppen der Emanzipationsbewegung und zahlreiche nicht nach speziellen Programmen arbeitende selbständige Kleingruppen gehören – und die *Selbsthilfeorganisationen,* wie Rheuma-Liga, Multiple-Sklerose-Gesellschaft und zahllose weitere medizinische und nicht-medizinische Selbsthilfevereine.

Da es in diesem Buch vor allem um die selbstverantwortlichen Gesprächsgruppen geht, zunächst deren Kurzbeschreibung:

Zu einer solchen Gruppe finden sich sechs bis zwölf Personen zusammen. Sie lernen im regelmäßigen Gespräch, ohne die Mitwirkung eines Gruppenleiters oder Therapeuten, mit ihrer inneren und äußeren Situation angemessener umzugehen, und sie versuchen, ihre persönlichen Ziele gemeinsam zu erreichen. Sie treffen sich über mehrere Jahre hinweg einmal in der Woche zu einer Sitzung von etwa zwei Stunden in einem möglichst neutralen Raum.

Die wichtigsten Merkmale dieser Gesprächsgruppen sind:
– alle Gruppenmitglieder sind gleichgestellt
– jeder bestimmt über sich selbst
– die Gruppe entscheidet selbstverantwortlich
– jeder geht um seiner selbst willen in die Gruppe
– was in der Gruppe besprochen wird, soll in der Gruppe
  bleiben und nicht nach außen dringen (Gruppenschweigepflicht)
– die Teilnahme an der Gruppe ist kostenlos.

Von dieser Art Gesprächsgruppe unterscheiden sich die Selbsthilfeorganisationen deutlich. Sie sind oft durchbürokratisiert und verfolgen im wesentlichen äußere Selbsthilfeziele: schriftliche Benachrichtigung der Betroffenen über Broschüren, größere Informationsveranstaltungen, oder Diskussionsrunden in mehrwöchigen Abständen, Forschungsförderung, Öffentlichkeitsarbeit und vor allem Gesetzesänderungen zugunsten ihrer Kranken. Sie nutzen also nicht die Dynamik der Kleingruppe und deren regelmäßigen hochfrequenten Austausch. Auch tritt das Selbsthilfeprinzip zugunsten des Fremdhilfeprinzips zurück.

Arbeitsweise und Wirkungsgrad dieser beiden Hauptformen (von Tracy und Gussow als Typ I und Typ II bezeichnet, 1976) unterscheiden sich also erheblich. Ein Hauptproblem der Selbsthilfegruppen-Bewegung wird an ihnen deutlich: *die Aufspaltung des Selbsthilfeziels.*

Selbstverantwortliche Gesprächsgruppen stehen in der Gefahr, sich nur auf die »innere Selbsthilfe« im Sinne einer Veränderung des persönlichen Verhaltens und Erlebens zu konzentrieren. Sie neigen dazu, über dieser psychologischen Kleingruppenarbeit die dringend notwendige Konsequenz ihres Erkenntnisgewinns zu vergessen: sozialverändernde Initiativen oder – weniger anspruchsvoll – auch nur einfache spontane, gemeinsame Aktivitäten zur punktuellen Verbesserung der eigenen Lage.

Umgekehrt beschränken sich die Selbsthilfeorganisationen häufig nur auf die »äußere Selbsthilfe«. Sie vernachlässigen über ihrer wichtigen und durchaus erfolgreichen sozialverändernden Arbeit die Chance, ja häufig genug die Notwendigkeit einer Selbstveränderung. Viele ihrer Mitglieder erfahren jedoch oft erst durch eine innere Problemlösung wirksame Hilfe. Darüber hinaus könnten sie durch einen intensiven persönlichen Erfahrungsaustausch gemeinsame Aktivitäten angemessener durchdenken und vorbereiten.

»Äußere« oder »innere« Selbsthilfe reicht – jeweils allein verfolgt – nicht aus: sie gehören gleichrangig zusammen. Es kann also nicht um Reden *oder* Handeln gehen. *Reden, um zu handeln,* ist das eindeutige, wenn auch (noch) zu selten realisierte Ziel.

Das Problem enthält jedoch mehr als eine einfache Spaltung. Denn mit der einen Zielrichtung ist die andere jeweils gut abzuwehren: Anspruch auf Reflexion kann die angemessene Tat ebensogut verhindern wie Anspruch auf Handeln die ausreichende Reflexion. Beide Richtungen, einseitig verfolgt, drohen das Selbsthilfepotential erheblich zu schwächen. Es wiederholen sich hier sattsam bekannte Widersprüche und Kontroversen aus den Fachgebieten: Den Psychotherapien wird vorgeworfen, sie paßten die Kranken an die sozialen Mißstände an, während soziologisch orientierte und politisch engagierte Gruppen zu hören bekommen, sie verführten nur zum Ausagieren neurotischer Konflikte im sozialen Feld. Soweit sich die Gelegenheit bietet, den Widerstreit zwischen »psychologisch orientierten« und »aktionsorientierten« Gruppen innerhalb eines Verbandes zu beobachten – wie bei der »Frauenselbsthilfe nach Krebs« (vgl. dazu auch Schafft, 1981) oder im »Verband alleinstehender Väter und Mütter« –, wird allerdings eines deutlich: Nach wie vor scheint die Angst vor sich selbst zur stärkeren Abwehr der nach innen gerichteten psychologischen Arbeit zu führen als umgekehrt die Angst vor der unpersönlichen und hochkomplexen Umwelt zur Abwehr von sozialen Initiativen. Das Unbehagen vieler Leute beruht darauf, daß sie plötzlich ihr eigenes Ich entdecken könnten. In der psychologischen Kleingruppenarbeit muß man aber auch sich selbst und nicht nur die Verhältnisse in Frage stellen. Umlernen und Erkennen werden gefordert. Gerade wegen der höheren Abwehrbarriere scheint es mir notwendig, die reflektierenden Gesprächsgruppen stärker ins Bewußtsein zu rükken. Ihre Möglichkeiten sind auch noch längst nicht so bekannt wie zum Beispiel manche sozialen Initiativen von politisch engagierten Selbsthilfegruppen.

Es wird also entscheidend darauf ankommen, ob es den Selbsthilfegruppen gelingt, eine Vorgehensweise zu entwickeln, in der innere, psychologische und äußere, sozialverändernde Ziele gleichzeitig verfolgt werden können. In dem hier dargestellten Konzept *wöchentlicher Sitzungen kleiner selbstverantwortlicher Gesprächsgruppen und monatlicher Gesamttreffen mehrerer Selbsthilfegruppen einer Region* (siehe S. 104 ff.) ist beides zu verbinden. Mir erscheint dieses Vorgehen nach vieljährigen Erfahrungen trotz aller Schwierigkeiten als das einzig denkbare und praktikable Modell. Es vereint annähernd das Verfahren der Anonymous-Gruppen mit der Organisationsform der Selbsthilfevereine, da das Gesamttreffen Informationschancen und Aktionsplanung in nicht unbeträchtlichem Umfang bietet.

3 Wie können Fachleute und Selbsthilfegruppen zusammenarbeiten?

Die Zusammenarbeit zwischen Fachleuten und Selbsthilfegruppen folgt ebenfalls diesem einfachen Grundmodell: Die einzelnen Gruppen haben jeweils ihren eigenen abendlichen Termin ohne einen Experten. Einmal im Monat treffen sich Mitglieder benachbarter, regionaler Gruppen zu einem zweistündigen Erfahrungsaustausch. An ihm können Fachleute als Selbsthilfegruppen-Berater teilnehmen (vgl. auch Daum und Matzat, 1981 a). Dieses sogenannte Gesamttreffen dient auch als Anlaufstelle für Interessierte (siehe unten S. 104 ff. und ausführlich in Moeller, 1978).

Wo Selbsthilfegruppen noch nicht existieren oder noch keinen Kontakt untereinander aufgenommen haben, beginnt die Arbeit mit einer Gründungsversammlung. Dazu können Experten, interessierte Laien oder schon existierende Selbsthilfegruppen auf unterschiedlichste Weise aufrufen. Persönliches Ansprechen, Handzettel, Aushänge, Kleinanzeigen oder ein von interessierten Journalisten verfaßter Bericht in der Lokalpresse sind die gängigsten Möglichkeiten, Betroffene zusammenzuführen (vgl. ausführlich Moeller, 1978. S. 159 ff). Die Gründungsversammlung ist gleichzeitig eine Art Gesamttreffen (vgl. S. 137 ff.). Ihre Organisatoren sollten die Gunst der ersten Begegnung nutzen

– für ein ausführliches Gespräch der Interessierten miteinander – eventuell in kleineren Untergruppen –, weil so Fremdheitsgefühle und zahlreiche Bedenken am ehesten überwunden werden;
– für die tatsächliche Bildung von Selbsthilfegruppen, die nicht bis zum ungewissen nächsten Mal aufgeschoben werden sollte;
– für die genaue Klärung der Sitzungstermine, die erfahrungsgemäß eine wichtige erste Gruppenleistung darstellen und nicht selten die Zusammensetzung der Gruppe mitbestimmen;
– vor allem aber für die Vereinbarung eines ständigen monatlichen Gesamttreffens (Schema bei uns in Gießen: zum Beispiel jeder dritte Mittwoch oder jeder erste Dienstag im Monat).

So belanglos diese Einzelheiten scheinen mögen, sie gehören nach unseren langjährigen Erfahrungen zu einem sehr wichtigen und meist unterschätzten Aufgabenbereich der Selbsthilfegruppen: zum Erstellen eines stabilen Rahmens (setting), in dem die gemeinsame Gruppenarbeit stattfinden kann. Hier steckt der Teufel im Detail, denn solche Organisationsaufgaben sind ungewohnt. Sie werden in Therapie und Erziehung üblicherweise von Therapeuten und Lehrern vorgegeben. Immer wieder ist auf Gründungsversammlungen zu sehen, wie sich Vorbehalte und Bedenken an konkreten Kleinigkeiten dieser Selbstorganisation entzünden. Der Widerstand, die geheimen Ängste, verschieben sich auf diese äußerlich scheinenden Fragen (siehe S. 168 ff).

4 Warum sollten Fachleute und Selbsthilfegruppen zusammenarbeiten?

Auf eine kurze Formel gebracht: Sie sollten zusammenarbeiten, um gemeinsam die großen Vorteile zu nutzen und all die Schwierigkeiten zu beheben, die bisher oft genug Laien und Experten entmutigt haben.

Ein Verbund zwischen Fachleuten und eigenverantwortlichen Gesprächsgruppen wird nur entstehen, wenn er für beide Seiten Vorteile bringt. Wer sich heute intensiver mit Selbsthilfegruppen befaßt, hofft auf Integration und Zusammenarbeit (Gartner und Riessman, 1977, S. 151; Mowrer, 1977). Für einen Verbund sprechen vor allem zwei allgemeine Gründe:

Wechselseitige Aktivierung: Selbsthilfegruppen werden zur Eigenentwicklung und Gruppenselbstbehandlung fähiger, wenn sie die Erkenntnisse (einschließlich Technologie) der Medizin, Sozialarbeit und Erziehung nutzen können. Das Fachwissen der einzelnen Disziplinen dürfte einen wesentlich höheren Wirkungsgrad erreichen, weil es sich nicht allein in den Händen weniger Experten oder gar in Archiven befindet. – Die Zusammenarbeit wird darüber hinaus einen qualitativ neuen Weg erschließen. Die heute oft beklagte Kluft – Elfenbeintürme einerseits, eine Gesellschaft, die mit der Entwicklung der Wissenschaften nicht Schritt hält, andererseits – könnte kleiner werden. Die Gefahr einer Auseinanderentwicklung und die Vergeudung von Energien wäre damit vermieden. Die Gesellschaft kann wissenschaftlicher und die Wissenschaft gesellschaftlicher werden.

Wechselseitige Ergänzung: Eine Selbsthilfegruppen-Teilnehmerin sagte: »Wenn es mir dreckig geht, möchte ich sprechen, sprechen, sprechen. Ich suche Menschen, mit denen ich reden kann.« Ein Kranker kann mit seinem Arzt heute weder am Krankenbett noch in der Praxis ausführlicher ins Gespräch kommen. Selbst wenn der Arzt es wollte, er könnte dies nur unter größeren finanziellen oder zeitlichen Opfern leisten. Der Stundenplan eines Arztes ist durch die zunehmende Technisierung und durch die Gebührenordnung einfach anders festgelegt. Der Fortschritt der medizinischen Wissenschaft bewirkt zwei Mängel, die mit dem Fortschritt ständig größer werden:
1. Die zunehmende Spezialisierung führt zum *Verlust einfacher und allgemeiner Behandlungsmethoden.*
2. Die zunehmende Entwicklung der technischen Hilfe läßt *kaum noch Raum für persönliche Hilfe,* die jeder Mensch für seine Heilung braucht. Gesprächsgruppen bieten also genau das, was die Medizin versäumt: Sie ermöglichen eine einfache Basistherapie und geben persönliche Hilfe in Form der direkten Bindung und des langfristigen Gesprächs. Im Erziehungsbereich scheint es ähnlich auszusehen: Leistungsforderungen verbauen mit ihrem Zwang zur oft praxisfernen Spezialisierung den Lernenden die Chance, den Umgang mit den alltäglichen

Problemen zu erlernen. Selbst die Grundschule bereitet nicht auf die allgemeinsten Notwendigkeiten des späteren Lebens vor. Die Schüler und Auszubildenden werden zu hohen Fachleistungen getrieben und verlieren in der Konkurrenz und ausschließlichen Sachorientierung ihre Beziehungsfähigkeit. Untersuchungen haben nachgewiesen, daß Höchstleistungen beim Abitur mit Beziehungsunfähigkeit einhergehen (Schott und Schott, 1972). Andere in Ausbildung befindliche Gruppen – wie etwa Lehrlinge – werden häufig einfach vernachlässigt, bestenfalls auf die Ausführung bestimmter Tätigkeiten hin geschult, aber als sich entwickelnde, erlebende, fühlende Menschen im Stich gelassen.

Von einer großen Anstrengung zur Integration der zersplitterten Fachdisziplinen träumen alle. Die neue Einheit ist jedoch nirgends in Sicht, Spezialisierung und Technisierung sind zur Zeit unvermeidlich. Selbstverantwortliche Gesprächsgruppen jedoch können im Verbund mit Therapie und Erziehung der Einengung und Unpersönlichkeit als den am stärksten belastenden Auswirkungen des Fortschritts erfolgreich begegnen.

Selbsthilfegruppen-Vorteile

Ich möchte versuchen, einige Vorteile eigenständiger Gesprächsgruppen möglichst einfach in den Worten eines Teilnehmers zu beschreiben. Diesen Idealvorstellungen stehen in der Praxis natürlich zahllose Schwierigkeiten entgegen:

»In der Selbsthilfegruppe kann ich vor allem besser erkennen, wer ich bin und was ich tun kann. Ich komme heraus aus der Vereinzelung, in der ich wenig erreichen kann, und vielleicht auch aus der Isolation, unter der ich leide. Aber mehr noch: Zwar hat die Gruppe selbstverständlich ihre Grenzen, doch ist sie den Fähigkeiten eines einzelnen überlegen; in der Gruppe fühle ich mich nicht nur geborgener, ich bin auch fähiger. Sie fordert mich heraus, in eigener Sache aktiv zu werden, ob ich nun meine Selbsterfahrung erweitern oder meine Konflikte auflösen möchte. Ich brauche nicht auf ungewisse Angebote von außen zu warten, bin sozusagen nirgends im Stich gelassen, weil ich eine Gesprächsgruppe überall ohne große Schwierigkeiten selbst einrichten kann. Es gibt keine Wartelisten. Ob ich dabei bleibe oder nicht, das hängt von meiner eigenen Erfahrung in der Gruppe ab. In der gleichgestellten Beziehung fühle ich mich schnell wohl. Ich verstehe, was gemeint ist, und komme eher mit meinen Problemen heraus. Das Gruppengespräch entwickelt sich von selbst wie ein

Gespräch in der Familie, unter Freunden, am Stammtisch oder beim Kaffeekränzchen – sogar noch besser, weil wir uns selbst das Thema gesetzt haben, nämlich über unsere eigenen Angelegenheiten zu sprechen. Dafür ist keine Anleitung nötig. Ich bin ein Vorbild für alle anderen, wenn es mir gelingt, einen Schritt weiterzukommen – so wie die anderen Gruppenmitglieder umgekehrt Vorbild für mich sein können. Indem ich auf die anderen reagiere und mich mit den anderen vergleiche, lerne ich meine Möglichkeiten und Schwierigkeiten oft überhaupt erst kennen. Ich kann vergangene Situationen nacherleben; ich kann beobachten und überlegen. Vor allem aber nehme ich teil an dem, was in der Gruppe geschieht und was andere bewegt. Ich lerne sehr viel Neues kennen, meine eigenen Erfahrungen werden deshalb reicher. Durch diese Erlebnisse gewinne ich bessere Möglichkeiten, mich zu entscheiden. Was ich neu erkannt habe, kann ich mit der Rückenstärkung der anderen auch besser durchsetzen. Ich lerne dabei nicht nur mich, sondern auch die Bedingungen meiner Lebenssituation besser kennen so daß ich sie vielleicht ändern kann. Ich brauche dabei nicht zu hetzen, kann in Ruhe meinen Weg suchen. Ich muß keine Angst haben, abgewiesen zu werden. Auch wenn kein Gruppenplatz frei ist, kann ich ja selbst schnell eine neue Gruppe bilden. Dazu sind weder Ausbildung noch bürokratische Formalitäten noch Geld nötig. In der Gruppe werde ich über vieles informiert, was meine eigene Sache angeht – besser jedenfalls, als wenn ich mich alleine orientiere. Wenn die Gruppe einverstanden ist oder auch wenn sich mehrere Gruppen auf ein gemeinsames Treffen zum Erfahrungsaustausch einigen, dann kann ich leichter die Meinung von Fachleuten anhören, die sonst nur unter großen Schwierigkeiten zu erreichen sind. Es gibt im übrigen kaum eine Situation in meinem Leben, in der ich mir nicht durch Gesprächsgruppen helfen könnte – in jeder Lebensphase, in jeder Krise, bei jeder Erkrankung. Wenn deutlich wird, daß eine Gesprächsgruppe mit Reden allein nicht vorankommt, dann können wir Rollenspiele einführen oder andere Dinge versuchen. Vielleicht entdecken wir auch, daß wir unsere Partner oder sogar die ganze Familie mit einbeziehen sollten. Dann könnten wir unsere Gruppe ohne viele Umstände anders zusammensetzen.«
Wenn Fachleute die Vorzüge eigenständiger Gesprächsgruppen zusammenfassen – und damit ein wichtiges zukünftiges Konzept im Bereich von Therapie und Erziehung entwerfen –, dann nennen sie etwa folgende Argumente:
1. *Selbstbestimmung entlastet die überforderte und unzureichende psychosoziale Versorgung und den Erziehungsbereich.*

Selbsthilfegruppen entwickeln Selbstbestimmung, Eigenaktivität und -verantwortlichkeit der Betroffenen; gleichzeitig ermöglichen sie die beste Abstimmung auf die komplexen Bedürfnisse der konkreten eigenen Situation (»Expertentum des Betroffenseins«). Daraus erwächst eine Entlastung der heute überforderten therapeutischen und pädagogischen Einrichtungen, deren Reichweite angesichts der immer komplizierter werdenden und miteinander verflochtenen psychosozialen Belastungen zu kurz gerät; denn Lernstörungen zum Beispiel haben außerhalb des Ausbildungsbereiches, Erkrankungen außerhalb des engeren medizinischen Gebietes ihre Hauptwurzel.

2. *Die Kosten sinken, weil menschliche Bedürfnisse und Möglichkeiten ohne Umwege erfüllt werden.*

Selbsthilfegruppen sind fast kostenlos (von kleinen Raummieten und einer eventuellen Vergütung der Selbsthilfegruppen-Berater abgesehen). Ihre Effizienz – die nachgewiesen ist – vorausgesetzt, sind sie angesichts der hohen Kosten im Gesundheits- und Bildungswesen allein schon deshalb attraktiv. Sie dürften jedoch darüber hinaus durch den präventiven Effekt der psychologisch-therapeutischen und sozial orientierten Gruppenarbeit die Erkrankungsbereitschaft sowie ernste Erkrankungen der Teilnehmer reduzieren und somit enorme Krankheits- und Krankheitsfolgekosten einsparen.

Aufgrund ähnlicher Berechnungen wurde ja die professionelle Psychotherapie überhaupt erst von den Kassen übernommen. Im Erziehungsbereich dürfte Lernstörungen, dem Abbruch der Ausbildung, vor allem aber der Resignation angesichts eines als sinnleer und unpersönlich empfundenen Lernens vorgebeugt werden. Dadurch entfallen ebenfalls erhebliche Unkosten.

Kosteneinsparungen – das ist hier zu betonen – sollten jedoch gerade im Bereich von Therapie und Erziehung nicht das ausschlaggebende Argument sein. Sie ergeben sich als sekundärer Vorteil. Wesentlicher ist, daß Selbsthilfegruppen grundlegenden menschlichen Bedürfnissen und Möglichkeiten entsprechen. Sie können nicht – wie es bei den Experten im Bereich von Therapie und Pädagogik so häufig der Fall ist – am Menschen vorbeigehen und eben dadurch kostentreibend wirken.

3. *Zahlreiche praktische Vorteile werden kombiniert.*

Selbsthilfegruppen bieten praktische Vorteile, die in ihrer Kombination von keinem bisherigen Versorgungs- und Erziehungskonzept erreicht werden dürften:

– sie sind von jedermann einfach einzurichten und zu erhalten;
– sie sind für jedermann leicht erreichbar;

- sie können in unbeschränkter Zahl entstehen, das heißt, ihre Kapazität ist unbegrenzt;
- ihre Anwendungsbereiche sind außerordentlich vielseitig;
- sie sind sehr flexibel, können also rasch auf neue Bedürfnisse reagieren;
- sie bieten bei gleichem Grundkonzept eine Vielfalt von Variationsmöglichkeiten: Einzelpersonengruppen, Paargruppen, Familiengruppen, Jugendlichengruppen, Kindergruppen, Angehörigengruppen usw.;
- die Probleme, mit denen sie sich beschäftigen, sind alltagsnah, die Teilnehmer sprechen ihre eigene Sprache und bei entsprechender Anregung bleibt ihr Angebot nicht nur auf eine soziale Schicht beschränkt;
- sie lassen sich, falls die oft versteckte Dominanz der Experten vermieden wird, in vielfältiger Weise mit professioneller Versorgung oder Ausbildung verbinden. Sie können programmiert und auch nicht programmiert verfahren; bevor eine Gruppe zur Selbsthilfegruppe wird, kann sie eine leiterzentrierte Anleitungsphase absolvieren; Selbsthilfegruppen können im Anschluß an eine professionelle Therapie oder Ausbildung gebildet werden und als Nachfolgegruppen weitermachen; sie können phasenweise Therapeuten oder Ausbilder heranziehen usw.

Nachteile, die gemeinsam zu beheben sind

Jeder der genannten Vorteile wäre allein schon ein Anlaß, eigenverantwortliche Gesprächsgruppen zu fördern. Nun ist aber jedem Vorteil etwas Nachteiliges entgegenzusetzen. Trotzdem bleibt das positive Ergebnis dasselbe: Gerade in der Zusammenarbeit von Selbsthilfegruppen und Fachleuten lassen sich die aus der Situation erwachsenden Nachteile am ehesten beseitigen.

Die größte Schwierigkeit, die alles zunichte machen kann, ist der *Widerstand der Betroffenen* gegen Selbsthilfegruppen (vgl. Moeller, 1978, S. 173ff). Treffend formulierte eine Teilnehmerin es so: »Es gehört zwar kein Geld dazu, aber Mut!« Die wichtigsten Angstbarrieren sind dabei:

Vorbehalte gegen Selbsthilfe: Die Vorstellung, gleichgestellt und ohne Leiter zu arbeiten, widerspricht einer verbreiteten, tief sitzenden Führungsbedürftigkeit und der gewohnten passiven Patientenrolle. Selbständige Gruppen werden deswegen skeptisch betrachtet – nicht nur von Laien, sondern besonders auch von denen, die von Berufs

31

wegen helfen und erziehen. Daß Selbsthilfegruppen nachgewiesenermaßen erfolgreich arbeiten, will vielen nicht einleuchten (Stübinger, 1977).

Scheu vor der Gruppe: Die meisten Menschen ahnen nicht einmal, wie persönliche, höchst private Probleme in einer Gruppe zur Sprache kommen können, obwohl die von Therapeuten durchgeführte Gruppenbehandlung schon seit Jahrzehnten zum festen Bestand bewährter psychotherapeutischer Maßnahmen gehört.

Fremdenfurcht: Sie gehört zu den am stärksten verbreiteten archaischen Ängsten des Menschen. Die meisten haben es zuvor noch nie erlebt, wie schnell Fremdenfurcht einem intensiven Vertrautheitsgefühl in der Gruppe weicht.

Angst vor den eigenen Problemen: Keiner begegnet gern seinen eigenen Schwierigkeiten und Schwächen. Das macht den wohlbekannten Widerstand gegen jede Psychotherapie aus. Andererseits kann man jedoch Konflikte nicht lösen, wenn man sie ständig vermeidet. Im übrigen wird es einem schnell leichter, darüber zu reden, wenn man in der Gruppe spürt, daß kein Mensch ohne ernsthafte Konflikte ist und alle im selben Boot sitzen.

Angst, sich zu verändern: Sie entspricht der Angst vor Unbestimmtem, Unbekanntem, Neuem. Auch sie hängt mit der Angst vor den eigenen Konflikten zusammen, meint aber noch etwas anderes. Das gewohnte Verhalten aufzugeben, die eigene Lage ganz anders einzuschätzen, sein vertrautes Selbstempfinden und Lebensgefühl verändern zu müssen, wird als unbehaglich oder gar bedrohlich erlebt. Ein russisches Märchen hat diesen ängstigenden Verlust der alten, vielleicht lästigen, aber doch Geborgenheit bietenden Identität zum Thema: »Geh dahin, ich weiß nicht wohin; hole das, ich weiß nicht was.«

Furcht vor schädigendem Ruf: Viele beschleicht die Furcht, sie könnten schief angesehen werden, wenn sie in eine solche Gruppe gehen. Sie lassen sich auf diese Weise von der Meinung anderer steuern. Viel bedenklicher aber ist, daß sie sich damit der gefährlichen Vorstellung anschließen, Gesundheit sei gleichbedeutend mit Konfliktlosigkeit. Gesundheit aber gründet im Gegenteil gerade auf Konfliktfähigkeit. Und gerade diese Fähigkeit, Konflikte wahrzunehmen und mit ihnen besser umzugehen, wird in jeder guten Selbsthilfegruppe entwickelt. Besonders in Kleinstädten oder auf dem Land gilt wegen der Furcht, den guten Ruf zu verlieren, die Bildung selbstverantwortlicher Gesprächsgruppen wohl zu Recht als äußerst schwierig. Immerhin entstand zum Beispiel in Kempten bereits eine Regionale Arbeitsgemeinschaft Selbsthilfegruppen (Kapsel). In Friedberg/Hessen haben sich zwei Selbsthilfegruppen gebildet. In so kleinen Gemeinden ist die befürwortende Haltung einflußreicher Personen (Schlüsselfiguren bzw. Fachleute im psychosozialen Bereich, wie Ärzte, Lehrer, Gemeindeschwestern usw.), vor allem aber der Kirchen eine wichtige Voraussetzung für die Überwindung dieser Vorbehalte.

Angst vor der Kränkung, es nicht allein zu schaffen: Schließlich ist die Tatsache, daß die Gruppe mehr kann als der einzelne, eine meist uneingestandene, angsterregende Kränkung für überzeugte Einzelgänger und individualistische Einzelkämpfer, die ja gerade durch zunehmende Isolation in der Masse und durch die moderne Leistungsgesellschaft sehr begünstigt werden. Weit verbreitet ist auch die falsche Auffassung, daß der gesunde Mensch alles alleine schaffen müsse und könne. Fast ist in Vergessenheit geraten, daß der unbefangene Austausch mit anderen, also die Gruppenfähigkeit, ein Kernmerkmal seelischer Gesundheit und der beste Krisenschutz ist. Darüber hinaus lassen sich noch weitere Nachteile nennen (siehe auch S. 64 ff.):

Anfangshürden: Wenn einige trotz dieser inneren Barrieren kommen, so bleiben jedoch viele von ihnen in den ersten Wochen wieder weg – bei den Übergewichts-Selbsthilfegruppen in den USA (TOPS – »Take off pounds sensibly«) zum Beispiel die Hälfte (Stunkard, 1972). Da helfen also weder größere Geborgenheit noch Stärkung des Selbstvertrauens noch Erweiterung der eigenen Fähigkeiten durch die Gruppe. Das Ich leistet stärkeren Widerstand. So breit die Anwendungsmöglichkeiten sind, die meisten wollen sich gar nicht so intensiv mit ihren eigenen Problemen auseinandersetzen. Sie merken nicht einmal, daß man Konflikte nicht löst, indem man sie vermeidet.

Unkenntnis der Möglichkeiten von Selbsthilfegruppen: Selbst bei denen, die dabei bleiben, hinkt die Phantasie hinter den realen Möglichkeiten her. Seit vierzig Jahren gibt es Selbsthilfegruppen, und jeder spricht vom Wert eines guten Betriebsklimas – aber wie lange dauert es, bis einem einmal einfällt, Selbsthilfegruppen am Arbeitsplatz zur Klärung von Beziehungs- und Rollenschwierigkeiten einzurichten.

Keine Zielbindung: Wenn die Gruppe gewisse Erfahrungen nicht beachtet (vgl. S. 168 ff.), macht sie keine Fortschritte, weder im Hinblick auf gesteigerte Wahrnehmungsfähigkeit noch im Hinblick auf die entschiedene Realisierung des gesteckten Ziels. Ich denke an eine Übergewichts-Selbsthilfegruppe, in der die Hälfte der Mitglieder sich nicht mehr an das gesetzte Ziel halten wollte. Statt seelische Probleme zu besprechen, beabsichtigte sie, nur noch Diätpläne zu diskutieren. Und das war eine Gruppe, in der eine Teilnehmerin bereits sechs Kilo

Gewicht verloren hatte, eben weil sie über ihre Probleme gesprochen hatte. Also war nicht etwa die Unkenntnis über den Zusammenhang zwischen Konflikten und übermäßigem Essen, sondern der Widerstand gegen die eigene Konfliktbearbeitung ausschlaggebend für den Zielverlust – ähnlich dürfte es auch bei vielen anderen Selbsthilfegruppen sein.

Einseitigkeit: Viele Gruppen beschränken sich, wie erwähnt, nur darauf, sich selbst zu ändern, ohne gleichzeitig eine Veränderung der sozialen Situation in ihre Überlegungen mit einzubeziehen. Sie spalten das eigentliche Ziel also auf, Selbstveränderung und Sozialveränderung gleichrangig und aufeinander bezogen anzustreben. Sie bleiben damit zum Teil ihrer Abhängigkeit verhaftet.

Fehlende Ausdauer: Viele Gruppenmitglieder sehen die Notwendigkeit, regelmäßig und langfristig zu arbeiten, nicht ein. Sie erwarten fälschlicherweise eine schnelle Lösung ihrer Probleme und verkennen, daß nur mühsame, langfristige Arbeit zu Veränderungen führt.

Fehlende Öffentlichkeit: Viele Betroffene und Interessierte erfahren gar nichts von den Selbsthilfegruppen-Möglichkeiten. Da nützt dann auch nichts, daß diese unbeschränkt sind. Die Selbsthilfegruppen-Arbeit muß bekannt werden.

Was nichts kostet, ist nichts wert: Die Kostenlosigkeit mag ein Vorteil sein. Die andere Seite der Medaille ist: Was nichts kostet, das kann auch nichts wert sein. Eine Behandlung, die tausend Mark kostet, muß eben mehr bedeuten als eine, für die man kaum etwas aufbringen muß. Das ist in einer kapitalistischen Gesellschaft und besonders angesichts der ungeheuren Kosten im Gesundheits- und Erziehungswesen eine sehr verbreitete Überzeugung. So scheint die Kostenlosigkeit der Selbsthilfegruppen ebensovielen Menschen den Weg dahin zu verbauen wie zu ebnen.

Falsches Selbstverständnis der Fachleute: Aber auch Kosten, die gar nicht unbedingt entstehen müssen, werden groteskerweise von Experten ins Feld geführt, um eine Selbsthilfegruppen-Bewegung zu verhindern. So gibt es Beispiele, wie die Gründung einer Selbsthilfegruppe glatt verboten wird, weil begleitende Fachleute nicht zur Verfügung stünden und – was ja nun gerade nicht geschehen soll – »niemand die Verantwortung übernehmen könne«.

Unbrauchbares Fachwissen: Auch der Vorteil, daß Selbsthilfegruppen wissenschaftliche Erkenntnisse besser nutzen können, kann zum Nachteil werden: Es geht weniger um die Frage, was Selbsthilfegruppen mit diesem Wissen anfangen können, als darum, ob dieses Wissen überhaupt etwas mit ihrer Art und Weise des Vorgehens zu tun hat.

Selbsthilfegruppen arbeiten zum Beispiel nach einem anderen Konzept als von Fachleuten geleitete Gruppen. Deswegen gibt es gruppendynamisch gesehen den »Schatten des Gruppenleiters«, das Omega, den Sündenbock erheblich seltener, und Selbsthilfegruppen laufen seltener Gefahr, sich Prügelknaben zu schaffen, um diese schließlich zur eigenen Entlastung aus ihrem Kreis hinauszuwerfen. Auch ist die Verbreitung von Erkenntnissen, die noch nicht voll abgesichert sind, bedenklich. Die Schizophrenics Anonymous in den Vereinigten Staaten und Kanada arbeiten mit Psychiatern zusammen, die der sogenannten Mega-Vitamin-Theorie anhängen. In diesem Falle handelt es sich um eine vergleichsweise unschädliche Theorie, man kann sich jedoch leicht vorstellen, daß auch einmal bedenklichere Auffassungen vermittelt werden.

Distanz der Fachleute zu den Betroffenen: Die Erreichbarkeit von Fachleuten fördert nicht immer die Zusammenarbeit. Wenn man sieht, wie manche Experten angesichts von Selbsthilfegruppen ihr Fachwissen vermitteln, dann gelangt man oft zu dem Eindruck, daß hier Türen eher zugeschlagen als geöffnet werden. Solche Vermittlung schürt den bedenklichen Antiprofessionalismus der Selbsthilfegruppen. Die Wirklichkeit des Alltags und die Wirklichkeit ausgebildeter Fachleute liegen oft weit auseinander: Verständnisschwierigkeiten, Gefühle der Überlegenheit bis hin zur Besserwisserei; ständige unterschwellige Signale, daß die Gruppen ohne die Hilfe von Experten ja doch nicht auskommen – dies zeigt das Dilemma, in dem Ausbildung und Praxis der medizinisch/psychosozialen Versorgung stecken: die Distanz zwischen Betroffenen und Fachleuten (vgl. den sehr instruktiven Bericht »Frauenselbsthilfe und professionelle Beratung«, Edding, 1979).
Es ist eine harte Aufgabe, diese Nachteile zu beheben. Im Zentrum muß die Auflösung des Widerstandes stehen. Das gilt für uns Fachleute wie für die Betroffenen. Es geht aber auch darum, all den anderen Nachteilen mit konkreten Maßnahmen zu begegnen (siehe S. 125 ff.). Erst wenn man weiß, daß Selbsthilfegruppen in ihrer labilen Anfangsphase schon daran scheitern können, daß sie keinen geeigneten Raum finden, sieht man zum Beispiel die Notwendigkeit überbrückender, stützender Maßnahmen ein.

3

Warum Fachleute Bedenken gegen Selbsthilfegruppen haben

Widerstand gibt es auf seiten der Betroffenen wie auf seiten der in Frage kommenden Fachleute. Da echte äußere Hindernisse fehlen, ist der *Widerstand die entscheidende Barriere* bei der Bildung, Verbreitung und Weiterentwicklung von Selbsthilfegruppen. *Seine Auflösung durch Einsicht* wird deswegen *zur sozialpolitischen Hauptaufgabe.* Es ist interessant, daß die inzwischen recht umfangreiche internationale Literatur über Selbsthilfegruppen auf das Phänomen des Widerstandes kaum eingeht. Das kann nicht nur daran liegen, daß sich Psychoanalytiker bisher nur wenig mit Selbsthilfegruppen befaßt haben. Wahrscheinlich ist gerade das Auslassen des Widerstandsaspektes selbst das deutlichste Widerstandsphänomen. Da Selbsthilfegruppen therapeutisch wirksam sind, da sie ohne Aufwand entstehen können, nichts kosten, keine Verwaltung und keine Ausbildung benötigen, da sie auch jenseits von Krankheit und Krise die Selbsterfahrung fördern und der Selbstverwirklichung dienen können, kurz, da sie von jedem einzelnen ohne weiteres einzurichten sind, erstaunt die schnelle Verbreitung der eigenständigen Gesprächsgruppen nicht. Es gibt keine äußeren Barrieren. Der Weg ist frei, jeder könnte beginnen.

Es ist notwendig, diese selten günstige Ausgangslage in voller Klarheit zu sehen und nicht etwa mit der Bemerkung zu vertuschen, das sei zu schön, um wahr zu sein. Denn erst, wenn wir in vollem Umfang begreifen, daß hier eigentlich jedem ein wirksames therapeutisches und pädagogisches Instrument zur Verfügung steht, erst wenn wir die Möglichkeiten selbstverantwortlicher Gesprächsgruppen in vollem Umfang erfassen, gewinnt ein Phänomen klare Konturen, das wir vorher nicht wahrhaben konnten: der Widerstand gegen Selbsthilfegruppen.

Die Wirksamkeit dieses Widerstandes wird erst dann deutlich, wenn wir erkennen, daß es kaum echte Hindernisse gibt. Dann nämlich fragt man sich, warum eigentlich Selbsthilfegruppen sich nicht noch schneller verbreiten und differenzieren.

Wegen der Bedeutung und der Allgegenwärtigkeit des Widerstandes stelle ich dieses Kapitel dem Bericht über Zusammenarbeit und Anwendungsgebiete voran. Ich folge damit der bewährten psychoanalytischen Regel, der Widerstand müsse vor jedem Inhalt bearbeitet werden. Wenn wir nämlich diese Gegenkräfte in uns außer acht lassen, behindern sie jede konkrete Realisierung der Selbsthilfegruppen-Arbeit.

So stehen wir vor einem neuen Befund. Äußere Barrieren bei der Bildung von Selbsthilfegruppen sind praktisch nicht vorhanden; die unsichtbaren inneren Barrieren, die Widerstände, werden unser Hauptarbeitsgebiet.

Wenn ich hier so sehr den Widerstand als »innere« Barriere bei Teilnehmern und Fachleuten betone, darf das nicht darüber hinwegtäuschen, daß Widerstand natürlich in dem Augenblick äußerlich wird, in dem zum Beispiel ein Therapeut aus seinen eigenen Vorbehalten heraus Patienten davor warnt, Selbsthilfegruppen zu gründen oder an ihnen teilzunehmen. Entsprechende Drohungen sind oft sehr massiv und können die Bildung einer Gruppe von Anfang an ersticken.

Die Auflösung – nicht die Bekämpfung – des Widerstandes ist ein Vorgang des Verstehens, der kritischen Reflexion der eigenen sozialen Position und der sozialen Kräfte, denen man ausgesetzt ist. Bevor der Widerstand nicht erkannt und teilweise aufgehoben ist, bleibt jeder weitere Schritt blockiert oder erfolglos.

Die Auflösung von Widerständen ist eine mühsame Arbeit. Sie erfolgt am günstigsten im gemeinsamen Gespräch. Ich habe das in der Zusammenarbeit mit Gießener Selbsthilfegruppen von Anfang an und über Jahre hinweg am eigenen Leib gespürt. *Trotz* meines großen persönlichen Engagements würde ich nachträglich sagen, daß ich allen erdenklichen Widerstand leistete, den ein Experte gegen Selbsthilfegruppen nur entwickeln kann. Diese konkrete Erfahrung kann jetzt allerdings eine große Hilfe für andere sein, für Teilnehmer, die selbst mit Experten zusammenarbeiten, und für Experten, die an Selbsthilfegruppen-Arbeit interessiert sind. Wenn ich auch – trotz der energischen Mithilfe der Gruppenteilnehmer – nicht davon ausgehen kann, daß ich meine eigenen Widerstände voll verstanden habe, so ist es doch ein Anfang; vor allem hat er mir eine wesentliche Aufgabe bewußt gemacht.

Dieses »Arbeitsgebiet Widerstand« klar herauszustellen und zu zeigen, daß Widerstand durch Einsicht aufgelöst und nicht durch irgendwelche besonderen Maßnahmen überwunden werden kann, scheint mir ein gutes Beispiel zu sein für einen Beitrag, den psychodynamisch orientierte Fachleute zur Entwicklung von Selbsthilfegruppen leisten können.

Ebenso aber können wesentliche Erkenntnisse aus zahlreichen anderen Disziplinen für Selbsthilfegruppen genutzt werden: aus der Lerntheorie, aus den Erziehungswissenschaften, aus der Sozialarbeit, der Gruppendynamik, der Psychiatrie und Soziologie usw. (vgl. dazu etwa Jörg Fenglers »Selbstkontrolle in Gruppen«, 1978). Daraus könnte eine multiprofessionelle Zusammenarbeit im Sinne einer psychosozialen konzertierten Aktion entstehen. Ihre Konturen sind schon jetzt deutlich zu erkennen.

Der Widerstand ist – wie die Psychoanalyse seit langem erkannt hat – nicht nur ein lästiges Hindernis, das es zu beseitigen gilt. Vielmehr ist in ihm vieles enthalten, was zur Selbsterkenntnis und zur Erkenntnis der sozialen Verhältnisse sehr hilfreich ist. So kann die Selbsthilfegruppen-Arbeit ebenso wie die psychoanalytisch orientierte Therapie u. a. als eine Arbeit an den Widerständen definiert werden.

1 Verdächtige Unkenntnis

Die medizinische Versorgung ist aufgrund ihrer körperorientierten Krankheitsauffassung und ihrer hochspezialisierten Organisation nicht in der Lage, den psychosozialen Bereich ihrer Patienten zu erfassen, obwohl nach neuesten Untersuchungen der überwiegende Teil der Erkrankungen dort seinen Ursprung hat. Sie krankt an Kostenexplosion und Bürokratismus. Sie wird sich in ihrer weiteren Entwicklung immer noch mehr auffächern und »apparatisieren«. Sie entfernt sich durch den eigenen Fortschritt vom »ganzen Patienten«, weil sie ihn in immer kleinere Details aufspaltet und diese Teilmenschen nur noch als Laborbefunde identifizieren kann. Eine solche Versorgung müßte eigentlich Selbsthilfegruppen als willkommene psychosoziale Ergänzung der technologisierten und medikamentösen Behandlung außerordentlich begrüßen. Doch das ist keineswegs der Fall.

Das Erziehungswesen wird mit seinen hohen, einzig sachorientierten Leistungsansprüchen der Grundaufgabe jeder Bildung und Ausbildung nicht gerecht, ein wachsames Bewußtsein für menschliche Beziehungen zu entwickeln. Sein Leistungszwang erzieht den Schüler geradezu zur Beziehungsunfähigkeit. Die Schule wird mit einem steigenden Anteil von Schülern konfrontiert, die an Verhaltensstörungen, psychosomatischen Beschwerden und Selbstmordneigungen leiden und die bereits zu 25 Prozent regelmäßig medikamentös behandelt werden. Es gibt noch keinen Weg zu intensiver Selbsterfahrung, um die dringend benötigte Konflikt- und Beziehungsfähigkeit der Schüler oder Auszubildenden zu erhöhen. Ein solches Erziehungswesen hätte schon längst die einzigartige Chance ergreifen können, um den Zusammenhang von Erleben, Erkennen und Erlernen zu bewahren und zu vertiefen. Auch das ist nicht eingetreten. Nehmen Schule und Universität den einzelnen tatsächlich ab, »was sie sich längst nicht mehr zutrauen: die Verantwortung für das, was sie sind?« (von Hentig, 1971, S. 9).

Eine psychiatrisch-psychotherapeutische oder psychosoziale Medizin, die in einer umfassenden Bestandsaufnahme (Deutscher Bundestag, 1975) ihre quantitative und qualitative Notlage festgehalten hat, die darüber hinaus selbst bei größten Anstrengungen bei weitem nicht so viele Fachleute ausbilden kann, wie zu einer einigermaßen angemessenen Versorgung der Bevölkerung nötig wären, müßte doch Selbsthilfegruppen als die gegebene Entlastung ansehen und fördern. Davon ist nicht viel zu spüren. Vielmehr ist es eher umgekehrt: Selbsthilfegruppen werden entweder gar nicht zur Kenntnis genommen, außer acht gelassen oder aber ganz gemieden. Sie gehören mehr oder weniger zu den Tabu-Themen (Faberow, 1963).

Wir finden hier eine erste Äußerung des Widerstandes: die erstaunliche Unkenntnis über Selbsthilfegruppen in Expertenkreisen. Es wäre selbstverständlich eine Übertreibung, jedes Nichtwissen als Widerstandsphänomen anzusehen. Wenn man jedoch die große Verbreitung der Selbsthilfegruppen betrachtet – allein die Anonymen Alkoholiker zählen zur Zeit weltweit über eine Million Mitglieder – und bedenkt, wie rasch ihre Bedeutung als Ergänzung und Alternative zur unterentwickelten psychosozialen Versorgung zu erkennen sein müßte, dann beginnt man über dieses Ausmaß an Uninformiertheit nachzudenken. Hört man dann noch die Reaktionen von Therapeuten auf Nachrichten über Selbsthilfegruppen, dann wächst die Überzeugung, daß die Unkenntnis nicht allein auf einem Mangel an Information beruhen kann, sondern auf einem Ausblenden der Möglichkeiten der Gruppenselbstbehandlung bzw. Gruppenselbsterziehung. Sofern nämlich Experten von Selbsthilfegruppen gehört haben, ist ihre erste Reaktion oft Mißtrauen und Skepsis. »Das sind doch Kranke, die viel zu kaputt sind, um sich selbst helfen zu können«; »Das ist ein Spiel mit dem Feuer, es könnte zu gefährlichen Entgleisungen kommen« – dies sind typische Bemerkungen. Natürlich ist auch nicht jeder Vorbehalt gleich Widerstand, doch die Einwände folgen einem ganz bestimmten stereotypen Muster, das letztlich dem Konzept entspricht, Patienten seien durchweg hilflos und passiv und könnten sich deswegen nicht selbst helfen. Möchte dann aber einmal ein Experte mit Selbsthilfegruppen beginnen, wie es etwa bei Selbsthilfegruppen-

Seminaren für Angehörige sozialer Berufe oft genug zu hören war, dann untersagt es die vorgesetzte Behörde: Unkontrolliertes könnte geschehen. Welche Ordnung geht hier in die Brüche? Welche Gefahr bedeuten Selbsthilfegruppen? Dem allem liegt eine sehr komplexe Widerstandsorganisation zugrunde.

Um Mißverständnissen vorzubeugen, möchte ich noch einmal auf typische Erfahrungen im Umgang mit dem Widerstand aufmerksam machen: Bekanntlich ist Widerstand meist unbewußt, in der Regel bemerken wir ihn gar nicht. Nur selten läßt sich Widerstand klar als solcher erkennen. Im übrigen erleben wir Verhalten, in dem sich Widerstand äußert, oft als passives Ereignis, als Zufall, an dem wir unbeteiligt sind. Die Fehlleistungen – zum Beispiel das Vergessen durch Verdrängen – erleben wir so. Oder aber wir meinen zu unserem Verhalten durch dieses oder jenes Argument gezwungen zu sein. Und schließlich werden wir in der Regel immer etwas verärgert oder gereizt, wenn es darum geht, unseren Widerstand zu erkennen. Diese Reaktion ist spontan und natürlich, weil durch Auflösung von Widerstand aggressive Energien frei werden und wir wegen des Verlusts an Angstschutz in eine unbehagliche Lage geraten. Es empfiehlt sich schon deswegen, die eigenen Erfahrungen zu schildern. Ich möchte dies, soweit es geht, im folgenden versuchen. Mir bleibt auch kaum etwas anderes übrig. Das Thema ist sonst noch nicht aufgegriffen worden.

2 Versuch, den Widerstand an mir selbst zu zeigen

Nachträglich gesehen sind mir das Ausmaß meiner früheren Unwissenheit, was Selbsthilfegruppen betrifft, meine Reserviertheit und meine Vorbehalte gegen sie fast unverständlich. Ich würde es nicht glauben, wenn ich es nicht selbst erlebt hätte. Doch mir ist klar geworden, daß die Mehrzahl der Experten heute eben so unwissend und skeptisch ist, wie ich es auch einmal war. Obwohl ich mich bis 1971 recht intensiv mit vielen Aspekten der psychosozialen Medizin befaßt hatte und es sich zudem um eine Zeit handelte, in der Selbsthilfegruppen in den USA aufblühten, erfuhr ich entweder nichts über sie oder ich beachtete sie nicht.

Zunächst geht es um die Unkenntnis als Ergebnis eines komplexen individuellen und institutionellen Widerstandes. Später, wenn die Bekanntschaft mit Selbsthilfegruppen schließlich doch nicht mehr zu umgehen ist, beginnt man zu zögern und zu zweifeln. Ich möchte versuchen, die vielfachen Bedingungen des Widerstandes etwas aufzufächern. Der Psychoanalytiker Wolfgang Loch (1972) hat einmal von vielfachen, einander umgreifenden Realitätsprinzipien gesprochen. Diese Beobachtung halte ich für wichtig, weil sie zweierlei deutlich macht: Wir leben nicht in einer einzigen Wirklichkeit, vielmehr sind wir von mehrfachen Realitäten umgeben, die uns beeinflußt haben und noch beeinflussen. Und wir können mehrfach˙in Konflikte geraten, wenn sich diese Realitätsprinzipien widersprechen. Die Soziologie spricht hier von Rollenkonflikten und Rolleninkonsistenzen, die aber nur einen Teil dieser Problematik ausmachen.

Um die Bedingungen meines Widerstandes zu erkennen – als Beispiel für den Widerstand eines Experten –, hätten wir etwa folgende Schichten meiner Realität zu beachten:

1. Inwieweit lassen die gesellschaftlichen Normen Beziehungen auf der Grundlage von Gleichstellung und Selbstverantwortlichkeit zu, wie sie für Selbsthilfegruppen charakteristisch sind?

2. Inwieweit widerspricht die medizinische Versorgung – als mein spezieller Arbeitsbereich – dem Konzept der Selbsthilfegruppen?

3. Inwieweit schließt die Organisation meiner Institutionen, in denen ich wirke und durch die ich geprägt werde, das Konzept der Gruppenselbstbehandlung aus – zum Beispiel die Organisation der Deutschen Psychoanalytischen Vereinigung und das Zentrum für Psychosomatische Medizin?

4. Kann ich die Selbsthilfegruppen mit meiner Berufsrolle vereinbaren, wie sie mir während meiner medizinischen und psychoanalytischen Ausbildung vermittelt wurde und wie ich sie nunmehr als Person erfülle?

5. Wie wirkt sich die Dynamik der Arbeitsgruppen aus, deren Mitglied ich bin, bzw. wie beeinflussen mich die Auffassungen der Personen, mit denen ich täglich zusammenarbeite?

6. Wie fügt sich die Gruppenselbstbehandlung in den Prozeß wissenschaftlichen Arbeitens, in dem ich mich ständig befinde, durch den ich mich weiterentwickle und der von zwei Aspekten bestimmt ist: dem eher abstrakt-theoretischen Zeitschriften-, Buch- und Kongreßwesen einerseits und der eher praxisnahen Kommunikation im unmittelbaren Gespräch mit Kollegen andererseits (vgl. Fürstenau, 1979).

7. Wie fern oder wie nah sind Selbsthilfegruppen meiner unmittelbaren beruflichen Praxis, meinem konkreten alltäglichen Tun, meinem speziellen Aufgabenbereich?

8. Kann ich das Konzept der Gruppenselbstbehandlung mit mir

selbst vereinbaren, mit meinem Lebenskonzept aufgrund meiner spezifischen Lebensgeschichte und Persönlichkeitsstruktur oder – anders gesagt, entstehen dadurch Konflikte mit meinen eigenen Vorstellungen von Erkranken, Heilen und Gesunden? Wenn ich von mir ausgehe, spreche ich vor allem als Therapeut. Ich glaube aber, daß jeder, der erzieherisch tätig ist oder sonst beruflich mit Menschen zu tun hat, die Beispiele leicht auf seinen Bereich übertragen kann. Ein kleiner Streifzug durch diese mehrfachen Widerstandsbedingungen soll dies verdeutlichen.

Gesellschaftliche Norm: Abhängigkeit ist üblich

Wir sind in fast allen Bereichen unseres täglichen Lebens allzusehr eine Beziehungsform gewohnt, in der einer bestimmt und der andere bestimmt wird. Diese autoritativen, wenn nicht autoritären Beziehungen gelten – trotz deutlicher Veränderung auf eine Gleichstellung hin – in der Regel noch immer in der Familie, in der Schule, am Arbeitsplatz und nicht zuletzt im Umgang mit Behörden. Der hierarchische Aufbau zwischenmenschlicher Beziehungen ist so verbreitet, daß wir ihn für selbstverständlich halten. Dementsprechend ist noch heute für 80 Prozent der Eltern Gehorsam die erste Tugend ihrer Kinder (Caesar, 1972). Wir werden auf Abhängigkeitsbeziehungen eingeschworen. In West und Ost wird dieses Ungleichgewicht der Rollen im sozialen Bereich deswegen beklagt, weil es so festgefahren bzw. institutionalisiert ist und ungefragt hingenommen wird. Angesichts dieser gesellschaftlichen Realität haben Selbsthilfegruppen mit der völligen Gleichstellung der einzelnen Mitglieder etwas Befremdliches an sich. Sie sind zumindest ungewohnt, wenn ihnen nicht sogar ein Hauch von Protest und Aufruhr anhaftet. Auch ich habe hinter meiner Wertschätzung und Parteinahme für alle emanzipatorischen Bestrebungen Selbsthilfegruppen zunächst als kuriose Randerscheinungen abgetan, als einen »abartigen Versuch«, der letztlich zu nichts führen würde. Alles Neue macht zwar neugierig, aber eben auch ängstlich. Gegen diese Angst schützt eine Abwehrhaltung. Ganz speziell ist jedoch dieser Widerstand gegen symmetrische Beziehungen und damit auch gegen Führerlosigkeit gerichtet. Da überkommen einen dann Gedanken, die bar jeder Selbstkritik sind, wie: »Die sind doch nicht ›richtig‹!« »Da fehlt doch eine kompetente Anleitung!« »Wer lenkt die denn?« »Das kann doch nicht in Ordnung sein« usw. Tatsächlich »in Ordnung« im Sinne unserer gewohnten Ordnung sind Selbsthilfegruppen in der Tat nicht – aber vielleicht ist gerade das richtig. Eine solche Überlegung lag mir damals allerdings sehr fern.

Versorgungswesen: Gesund wird, wer den Weisungen folgt

Noch vehementer aber dürfte dieser Widerstand werden, wenn ich mich nicht nur in meiner Eigenschaft als Mitglied einer weitgehend asymmetrisch strukturierten Gesellschaft betrachte, sondern als Arzt, als jemand, der auf dem Feld der medizinischen Versorgung arbeitet. Das traditionelle medizinische Weltbild, das unsere Haltung prägt, ist als komplexe Gesamtfiguration institutionalisierter Widerstand gegen Selbsthilfegruppen. Im Zentrum steht die Auffassung der Fürsorge, der karitativen Haltung, der Fremdhilfe. Der hilflose Patient kann überhaupt nur gesund werden, wenn er den Weisungen des Arztes folgt. Es gibt keinen anderen Weg der Therapie – und zwar weder in der gesamten Organmedizin noch in der Psychiatrie. Dies mag überspitzt klingen. Wenn ich als Arzt in einer Diskussion über den – sagen wir – »aktivierten Patienten« säße, fielen mir auch andere Formulierungen ein. Aber was ist das allein für ein Wort, »der aktivierte Patient«? Schon das enthüllt die ganze asymmetrische Beziehung. Denn wer aktiviert hier wen? Natürlich der weisunggebende Arzt den Patienten. Von selbst kann und darf der Patient nicht aktiv werden. Wir müssen uns darüber im klaren sein, daß die strukturierende und steuernde Haltung von seiten der Versorgenden weit über das zur Behandlung notwendige Maß hinausgeht und sich längst auf die ganze menschliche Beziehung erstreckt. Das ist die Macht der Halbgötter in Weiß seit eh und je. An ihr wirkt natürlich eine entsprechende passive Einstellung auf seiten der Patienten bzw. der Bevölkerung kräftig mit. Auch unsere Krankheitslehre, das heißt unsere Vorstellung davon, wie und wodurch wir erkranken und gesunden, ist geprägt von einer Anschauung, die zum passiven Patienten paßt: Wir *erleiden* eine Krankheit, wir werden sozusagen noch immer von ihr heimgesucht. Und so passiv wir einem Leiden ausgeliefert sind, so passiv sind wir auch bei der Behandlung: Die Krankheit wird uns durch Medikamente, Apparate, Kuren und durch die anordnenden Ärzte wieder ausgetrieben. Passiv genommen wie passiv gekommen – wir *werden* behandelt. Die Krankheit weicht. Nichts erregt natürlich ein Versorgungssystem, das Hilfe leistet und auf passive Empfänger eingestellt ist, mehr als Kranke, die eigene Schritte unternehmen. Hier gerät etwas aus der Kontrolle, Unordnung steht ins Haus.

Angst, der Ruf nach den Verantwortlichen, Verordnungen sind regelmäßig die Folge. Natürlich gibt es heute auch schon andere Reaktionen. Sie kommen im Abschnitt über die Integration des Selbsthilfeprinzips zur Sprache (s. S. 177ff.). Doch es bleibt kein Zweifel: Die heutige Medizin und dementsprechend die Institutionalisierung der Versorgung stehen in direktem Gegensatz zum Konzept der Selbsthilfegruppen. Die traditionelle Medizin ist körperorientiert, auf Details spezialisiert, sie versucht die Krankheit zu objektivieren und löst sie dabei vom Kranken. Der Kranke ist gegenüber seiner Krankheit und der Behandlung eher passiv. Das ganze Konzept ist durch eine sehr einseitige Auffassung von Krankheit bestimmt, die sich auf einen als absolut gesetzten Sektor, den Körper, beschränkt. Es ist vom Wund- und Infektionsmodell der Krankheit beherrscht. Dieses alle Ausbildung und alle Institutionen dominierende Krankheitskonzept bedingt den Widerstand gegen Selbsthilfegruppen. Denn deren »Medizin« ist zunächst eine psychosoziale Therapie, im Prinzip aber eine *konfliktbehebende Verhaltensform*. Sie ist keinesfalls nur auf den Körper orientiert, vielmehr teilt sie mit allen psychodynamischen Therapien eine beziehungs- und verhaltensorientierte Auffassung von Erkrankung. Sie versucht den ganzen Menschen in seiner konkreten Lebenssituation einzubeziehen. Sie versucht, die Krankheit zu subjektivieren, das heißt, sie eben nicht vom Kranken als ein abstraktes Ding abzulösen, sondern umgekehrt die Krankheit wieder als Handlungs- und Erlebnisweise des Menschen zu erfassen. Diesem Konzept liegt also ein Konfliktmodell von Erkrankung zugrunde.

Der Stein des Anstoßes ist vor allem die daraus folgende unterschiedliche Auffassung von Therapie: hier der als gesund betrachtete, Verantwortung tragende, aktive Arzt, der seinem passiven und ganz und gar mit der Krankheit identifizierten Patienten wieder auf die Beine hilft – also die klassische asymmetrische Zweierbeziehung –, dort die selbstverantwortlichen, aktiven, sich teils als krank, teils aber auch als gesund empfindenden Personen, die sich gemeinsam selbst heilen – eine inzwischen ebenso klassische symmetrische Gruppenbeziehung. Es ist gleichgültig, welchen Bereich des medizinischen Versorgungssystems wir herausgreifen – alles ist geprägt von diesem Prinzip der Fremdhilfe, dieser asymmetrischen Beziehungsstruktur. Von der Entfremdung, die dadurch zwischen Medizin und Kranken eingetreten ist, brauche ich hier nicht zu sprechen. Sie verschärft den Widerstand nur noch. Aber selbst dann, wenn es diese Entfremdung nicht gäbe, also auch in einem von vollem wechselseitigen Vertrauen zwischen Versorgenden und Versorgten geprägten Verhältnis, stünde die traditionelle Grundauffassung in einem deutlichen Gegensatz zum Vorgehen der Selbsthilfegruppen. Und so befremdete meine Kollegen wie mich die Gruppenselbstbehandlung erheblich. Ich war Informationen wahrscheinlich gar nicht zugänglich, weil Selbsthilfegruppen für meine medizinische Position, für die Ideologie meines Standes, einfach undenkbar waren. Sie paßten nicht in das System, sie waren ein »Unding«. »Das ist doch absurd«, sagte ein Kollege zu mir, »Sie glauben doch nicht, daß Kranke sich wirklich behandeln können. Die machen sich eher noch mehr kaputt. Bestenfalls wiederholen sie nur ihre Störungen. Das ist doch ein Blinde-Kuh-Spiel.« Und ähnlich dachte ich auch. Allein aus diesem Grunde ließ ich alles, was ich von Selbsthilfegruppen hörte, außer acht.

Institutionelle Zugehörigkeit: an hochentwickelte Therapien gebunden

Das gilt auch für die beruflichen Institutionen, denen ich angehöre, zum Beispiel die Deutsche Psychoanalytische Vereinigung und das Zentrum für Psychosomatische Medizin, dessen Krankheitslehre vom Konzept der traditionellen Medizin allerdings erheblich abweicht. Ich war und bin nicht nur in der medizinischen Versorgung tätig, sondern auch in psychoanalytischen Institutionen, und stand von daher der Krankheitsauffassung der Selbsthilfegruppen entschieden näher; dennoch ergab sich auch hieraus ein Anteil Widerstand. Denn einmal ist die Psychoanalyse eine sehr hochdifferenzierte Disziplin, die nicht jedermann ausüben kann. Zum anderen beruht die Psychoanalyse auf dem Wiedererleben der frühen Lebensgeschichte, wobei die Arzt-Patient-Beziehung als Modell der Eltern-Kind-Beziehung dient und – auf dem Hintergrund der Abstinenz des Psychoanalytikers – durch die Übertragung der Elternqualitäten auf den Therapeuten oft extrem asymmetrisch wird; neben dem Gefälle der Übertragungsbeziehung besteht ein Arbeitsbündnis zwischen Therapeut und Patient auf der Basis der Gleichstellung. Hohe theoretische Differenzierung und starke Asymmetrie dieser mir vertrauten und von mir für richtig befundenen Therapie widersprachen natürlich dem Selbstverständnis von Selbsthilfegruppen. Vor allem aber ist die Therapeutenlosigkeit beunruhigend. Lassen wir einmal beiseite, daß selbst die professionelle Gruppenbehandlung noch heute von einigen als unvereinbar mit der Psychoanalyse angesehen wird und folgerichtig natürliche Laiengruppen erst recht als undenkbar gelten. Allein die Tatsache, daß Personen mit psychischen Konflikten, also Kranke, ohne

45

Therapeuten einen Behandlungsprozeß in die Wege leiten wollten, konnte nur zur Meinung führen, hier werde »blind agiert«, hier würden gemeinsam »pathologische Abwehrsysteme stabilisiert«. So neigte man zu der Auffassung, die Anonymen Alkoholiker setzten statt des Akohols die Gruppe als Rauschmittel ein. Psychoanalytisch gesprochen, es gehe nicht um Heilung, sondern um Verschiebung und Ersatzbefriedigung usw. Natürlich sind das alles ernstzunehmende oder mindestens zu überprüfende Arbeitshypothesen. Der tiefere Sinn dieser Bemerkungen war aber eben nicht, sie der Verifizierung durch Untersuchungen auszusetzen, sondern die Selbsthilfegruppen in ihrer therapeutischen Wirkung anzuzweifeln und abzulehnen. Das zeigte sich vor allem in der Tatsache, daß solche Urteile entstanden, ohne daß man überhaupt konkrete Kenntnisse über die Selbsthilfegruppen-Arbeit besaß. In einer Berufsgruppe genügen bekanntlich die Meinungen einiger Mitglieder, um solchen Widerstand unter Verwendung fachspezifischer Begriffe zu festigen.

Dem Zentrum für Psychosomatische Medizin in Gießen, dem ich zugehöre, kann man wahrlich nicht nachsagen, es sei für die psychosoziale Dimension und für die Arbeit im sozialen Feld nicht aufgeschlossen. Aber selbst für diese psychosozial offene Klinik war die Vorstellung, Kranke behandelten sich selbst in Gruppen, zunächst zuviel. Heute, nach acht Jahren, ist das natürlich ganz anders geworden. Damals aber überwog auch dort die Vorstellung von den hilflosen Patienten, die sich wechselseitig kaputtmachen. Sie entsprach sehr stark dem traditionellen medizinischen Konzept, das dem Kranken keine gesunden Anteile zuschreibt.

Selbst unsere psychoanalytische Orientierung und unsere besondere Auffassung von der therapeutischen Beziehung, nach der die sogenannten konfliktfreien Ichanteile im Arbeitsbündnis zwischen Therapeut und Patient einen nicht unerheblichen Stellenwert haben, kamen gegen das traditionelle Konzept nicht an. Außerdem war unsere Institution dem Fachbereich Humanmedizin zugehörig und mit unserer Studentenberatung dem Präsidenten der Universität direkt verantwortlich. Wenn uns auch subalternes Denken fremd war, so war das Eingebundensein in so große universitäre Institutionen doch verpflichtend. Diese Verpflichtung erhöhte die Verantwortungsängste, mahnte zu besonderer Vorsicht und ließ natürlich den Widerstand gegen selbsttätiges therapeutisches Handeln von Patienten erheblich wachsen. Jede Institution, in der letztlich menschliche Beziehungen und Handlungsnormen festgelegt sind, ist an sich schon Widerstand gegen Veränderung und bindet die in ihnen wirkenden

Menschen in diese Abwehrhaltung ein. Die Stabilität des Widerstandes resultiert nicht nur aus der institutionellen Festigung durch vorgeschriebene Rollen, durch Beziehungen dieser Rollen zueinander und durch Aufgabenbegrenzung. Vielmehr verleihen Institutionen vor allem deswegen dem Widerstand Stabilität, weil sie offene Kommunikation, freie Gespräche und damit einen die eigene Lage reflektierenden Austausch zwischen allen Ebenen und Subgruppen verhindern. Der Widerstand einer Organisation steigt also in dem Maße, in dem ihre Struktur die handelnden Personen voneinander trennt. Sie blockiert die Reflexion über die Institutionalisierung bzw. engt sie auf die Interessen der höheren Ebene ein. Auf diese Weise schützt sich jede Organisation vor Veränderungen, zu denen sie nicht von außen gezwungen wird. Obwohl diese Widerstandsqualität in unserem Zentrum durch kontinuierliche Versuche, den offenen Austausch zu ermöglichen, vergleichsweise schwach sein dürfte, reichte sie damals aus, um Selbsthilfegruppen zunächst als Möglichkeit auszuschließen. Auch meine eigenen Bedenken waren in einem solchen »Setting« einer verantwortlichen universitären Institution zu hoch. Ähnlich sagte mir der Leiter der Studentenberatung an der Universität Zürich, er traue sich nicht, für Selbsthilfegruppen einzutreten, da er von der Universität schließlich für alles verantwortlich gemacht werde. Bei näherem Hinsehen entdeckt man an diesem Widerstand zwei Anteile: Erstens den Verdacht, Selbsthilfegruppen könnten etwas »Schlimmes anrichten« – und zweitens das falsche Verständnis von Selbsthilfegruppen: insgeheim werden sie doch wieder als Patienten angesehen, für die ein Therapeut verantwortlich sein muß. Das Hauptmerkmal der Selbsthilfegruppen ist aber ihre Selbstverantwortlichkeit, und diese hat eine erhebliche therapeutische Bedeutung. Fast stereotyp übersehen wir Experten diese Eigenschaft – selbst in einer psychoanalytisch orientierten Klinik. Das mag tröstlich sein für zahlreiche Mitglieder der Deutschen Arbeitsgemeinschaft Selbsthilfegruppen, die sich in viel autoritärer strukturierten, manchmal vor Orthodoxie strotzenden Institutionen befinden und ebenso unverblümten wie unbegründeten Verboten von oben ausgesetzt sind, Selbsthilfegruppen zu fördern. Anders verhalten sich wiederum Institutionen, die sich geschäftig über Selbsthilfegruppen zu informieren suchen, trotz dieser Initiative aber zu keiner konkreten Kooperation mit Selbsthilfegruppen kommen. Am eindeutigsten läßt sich Widerstand an dem festmachen, was schließlich in der Praxis geschieht bzw. nicht geschieht.

Als wir den Widerstand, uns mit Selbsthilfegruppen zu befassen, bereits aufgelöst hatten und uns schon mitten in der Praxis befanden, lernten wir einen anderen institutionellen Widerstand kennen. Wir boten 150 niedergelassenen Ärzten in einem Brief an, über einen kleinen Aushang in ihrer Praxis und mit Hilfe von Informationszetteln, die im Wartezimmer ausgelegt werden sollten, Selbsthilfegruppen für Übergewichtige anzuregen. Wir hatten den Brief sorgfältig und sehr entgegenkommend verfaßt und auch überlegt, daß gerade Übergewichtige besonders schwer in der Praxis zu therapieren sind, gleichzeitig aber gerade wegen ihres extremen Krankheitsrisikos dringend einer Behandlung bedürfen. Unser Gesamttreffen bot sich als günstiges Kommunikationszentrum an. Zu unserer Verblüffung antworteten aber nur fünf Ärzte. Wir konnten uns diese Reaktion nicht ganz erklären und baten diese fünf Ärzte zu einem Gespräch. Unsere Widerstandsanalyse ergab zwei Dinge: Der Brief erreichte die Ärzte auf unkonventionellem Wege insofern, als er außerhalb der institutionellen Bahnen direkt und nicht über die Kassenvereinigung an die Praxis gerichtet war. Und zum zweiten hatten die Ärzte trotz unserer Hinweise, daß die Patienten selbstverständlich in ihrer Betreuung bleiben würden, offensichtlich Angst gehabt, die Patienten könnten ihnen sozusagen weggenommen werden. Das gemeinsame Gespräch zur Auflösung dieses Widerstandes war sehr fruchtbar: Als wir dann den Weg über die Post der Kassenärztlichen Vereinigung wählten, antworteten immerhin sechzig Ärzte. Die Ängste der niedergelassenen Kollegen, ihnen würden die Patienten weggenommen, sind wahrscheinlich am günstigsten in Fortbildungsseminaren zu beheben. Sie leiten über zum nächsten Aspekt des Widerstands.

Berufsrolle: volle Verantwortung übernehmen

Es geht um den Anteil des Widerstandes, der unserer Berufsrolle als Arzt, Psychologe, Erzieher, Krankenschwester, Sozialberater, Pfarrer usw. entstammt.
Er wird in Expertenseminaren zur Zusammenarbeit mit Selbsthilfegruppen besonders deutlich sichtbar. Natürlich hängt er mit den vorgenannten Widerständen aufgrund von Versorgungssystem und Institution eng zusammen, und doch ist er etwas »hautnäher«.
Die Rolle, von der ich spreche, bezieht sich natürlich besonders auf unser berufliches Tätigkeitsfeld, sie wirkt sich jedoch als professionelle Deformation auch auf unser Gesamtverhalten aus. Sie erfaßt unsere Vorstellungen, prägt unsere Überzeugungen und unser Denken. Diese Verinnerlichung der Rolle ist es schließlich, die zum Widerstand wird. Wenn man tagtäglich gewohnt ist, für seine Patienten zu

sorgen, Verantwortung für sie zu übernehmen, sich auf ihre Störungen zu konzentrieren, dann kommt man schließlich gar nicht mehr auf den Gedanken, daß es auch anders gehen könnte: daß sich zum Beispiel die Patienten selbstverantwortlich helfen könnten; daß sie trotz ihrer Störung noch gesund genug sind zur Selbstbehandlung. Da wir aber diese Auffassungen fälschlicherweise als persönliche Überzeugungen erleben, fällt es uns schwer, den Einfluß der Rolle auf unser Verhalten zu reflektieren. Wir merken nicht, wie sehr sich Rolle und Person durchdringen, wie stark wir konditioniert werden durch den beruflichen Alltag. Besonders schwierig scheint eine Distanzierung von der eigenen Rolle dadurch zu werden, daß langfristige Wiederholung, selbst wenn sie zunächst neutral oder gar nicht angenehm sein mag, die Tendenz hat, einem vertraut, lieb und teuer zu werden. Man gewöhnt sich vielleicht nicht an alles, aber an erstaunlich vieles. So erklären sich Tierverhaltensforscher neuerdings die nicht angeborenen Feindbilder aus der einfachen Tatsache, daß die Feindtiere sehr selten auftreten, das heißt, im Vergleich zu den umgebenden Artgenossen ein ungewohnter und deswegen auch unsympathischer Anblick sind (Wickler u. Seibt, 1977). Wiederholung führt also zur Sympathie. Man mag in diesem Liebwerden der Gewohnheit jene Haftung und »Klebrigkeit der Libido«, von der Freud spricht (Freud, 1917, S. 360), aus lerntheoretischer Perspektive wiederfinden. Unsere Berufsrolle dürfte für uns eben deswegen nicht nur eine sachlich notwendige Bedeutung haben, sondern mit der Zeit auch zur lieben Gewohnheit geworden sein. Vielleicht hängen wir mit stiller Sympathie mehr an ihr, als wir denken. Umgekehrt wird das Ungewohnte, in diesem Falle also ein Kranker, der sich selbst behandelt, allein deswegen, weil es nicht in die übliche Umgebung paßt, zum argwöhnisch beäugten Fremden, wenn nicht gar zum Feindbild. Jedenfalls konnte ich es sehr gut nachfühlen, als es in einem Seminar hieß:»Da kommen nun Leute und bilden sich ein, sie könnten allein ihre Konflikte lösen, ohne uns, die wir uns jahre-, teilweise jahrzehntelang um die nötige Erfahrung und Erkenntnis bemüht haben.« In dieser Empörung wird die Kränkung deutlich. Denn wir haben die Rolle ja aufgrund einer langen Ausbildung erworben. Wir müssen versuchen, diese zum Teil sehr heftigen Vorbehalte der Ärzte als Ausdruck ihrer speziellen Ängste zu verstehen. Dafür ist es sehr hilfreich, sich offen mit der Lage auseinanderzusetzen, in die wir Experten emotional geraten, wenn wir von psychologisch-therapeutischen oder psychodynamisch orientierten Selbsthilfegruppen hören. Diese eigenständigen Gesprächsgruppen arbeiten genau in dem

Bereich, den auch wir für unsere Arbeit als zentral ansehen. Was heißt das für uns? Es bedeutet in jedem Falle, daß wir uns mit einer konkurrierenden Form der Behandlung, und das heißt dann Rivalitätsgefühlen und unseren eigenen Unsicherheiten auseinandersetzen müssen. Es bedeutet auch, daß wir uns in unserer Position als Experten gekränkt fühlen, eine Position, die wir nicht nur durch eine lange Ausbildung, sondern auch in ständigem Miterleben psychischer Konflikte in unserer therapeutischen Tätigkeit erworben haben. Die Macht dieser latenten Rivalitätsgefühle und der unbewußten Kränkung ist kaum zu überschätzen. Wir kennen sie ja zu Genüge aus den heftigen Auseinandersetzungen der verschiedenen psychotherapeutischen Schulen untereinander, zum Beispiel aus dem Gefecht zwischen psychoanalytischer Therapie und Verhaltenstherapie. Unsere emotionale Verunsicherung führt zu verschiedenen Formen der Ablehnung von Selbsthilfegruppen. Dabei überwiegt eine aggressive Abwertung. So hatte ich, obwohl ich über Arbeit und Technik von Selbsthilfegruppen zunächst wenig wußte, wie viele meiner Kollegen ausgesprochen finstere Vorstellungen über Verlauf und Ergebnis solcher Selbstbehandlungen. Ich nahm die Teilnehmer, wie gesagt, unwillkürlich als hilflose, zu autonomen Entscheidungen unfähige Personen wahr. Abgesehen von unserer eigenen unbewußten Motivation, gerade diesen Beruf zu ergreifen, auf die ich noch einmal zu sprechen kommen werde, wird diese Einstellung auch außerordentlich gefördert durch unsere übliche Versorger-Haltung, in der wir unsere Patienten – wie krank oder gesund sie auch sein mögen – als hilfsbedürftig und ohnmächtig ansehen. Die Verhältnisse liegen in der Psychotherapie grundsätzlich nicht anders als in der Organmedizin und im Bereich der psychosozialen Versorgung nicht anders als in der Erziehung. Die Psychotherapieforschung hat schon lange erkannt, daß die Patienten den Arzt idealisieren, ihm also zu viele Fähigkeiten zuschreiben. Weniger bekannt ist allerdings das entsprechende Verhalten auf seiten des Arztes: Wir Therapeuten unterschätzen nämlich unsere Patienten im gleichen Maße, wie diese uns überschätzen. So werden denn aus unserer alltäglich eingeübten Arzt-Rolle, das heißt aus dieser gewohnten Unterschätzung der Patienten, unsere Widerstandsreaktionen in Form von Infantilisierung, Angst und Aggressivität den Selbsthilfegruppen gegenüber verständlich. Dieser durch die Berufsrolle bedingte Widerstand hindert uns nicht nur daran, uns mit Selbsthilfegruppen zu befassen, er wirkt sich auch, wie ich schon betont habe, vor allem bei der Zusammenarbeit aus. Der Experte ist dann unfähig, aus seiner professionellen Rolle als Verantwortlicher herauszutreten und die Aufgabe als Berater einer Selbsthilfegruppe zu übernehmen.

Die Auffassung meiner Arbeitsgruppe:
Es könnte schiefgehen und uns überfluten

Ein weiterer Widerstandsanteil läßt sich mit der Dynamik von Arbeitsgruppen erklären. Ich habe über die Reserviertheit berichtet, mit der meine sonst so aufgeschlossenen Kollegen anfänglich auf meine Überlegungen reagierten, Selbsthilfegruppen im Rahmen der psychotherapeutischen Poliklinik und Studentenberatung zu initiieren. Sie meinten schließlich wohlwollend und drohend zugleich, wenn ich selbst die Verantwortung dafür übernehmen könne, sollte ich es eben versuchen. Doch war keine rechte Resonanz zu spüren. Ich fühlte mich allein. Ich wollte und konnte aber nicht so isoliert, im Alleingang und ohne Rückhalt von den Kollegen, arbeiten und mich durch ein solches Vorhaben, gleichsam auf masochistische Weise, aus dem Gruppenzusammenhang ausschließen.

Mit der Zeit brachen die Ängste in der Kollegengruppe deutlicher auf und gipfelten in einer bezeichnenden Phantasie: »Was machen wir, wenn die Selbsthilfegruppen sich nicht helfen können und in unsere sowieso schon überfüllte Ambulanz strömen? Wir haben doch nicht soviel Versorgungskapazität. Das können wir uns nicht leisten . . .«

Auch dieser Widerstand setzt sich aus mehreren Vorstellungen zusammen: Man glaubt, Selbsthilfegruppen könnten sich ja gar nicht helfen, im Gegenteil, sie machten ihre Teilnehmer erst recht krank und hilfsbedürftig. Das wäre psychoanalytisch gesehen ein typisches Beispiel für eine projektive Identifikation. Man identifiziert die Gruppe mit einer eigenen destruktiven Tendenz, die man aus sich heraus in die Selbsthilfegruppe verlagert bzw. projiziert und dort als selbstzerstörerische Kraft wirksam sieht. Letztlich entspricht das einer Delegation selbstzerstörerischer Tendenzen, etwa nach dem Muster jener aggressiven Phantasien, die einen anderen zum Selbstmord treiben wollen bzw. ihn durch Übertragung eigener destruktiver Impulse unbewußt dazu anstiften. Eine solche »suizidale« Phantasie ist auch in der unbegründeten Behauptung der Experten wirksam, Selbsthilfegruppen trieben sich in den Suizid. Ich komme darauf noch einmal zu sprechen. Es geht mir zunächst darum, aufzuzeigen, daß solche projektiven Identifikationen durch unsere Berufsrolle und durch die Potenzierung solcher Tendenzen im Rahmen einer Arbeitsgruppe außerordentlich gefördert werden. Natürlich entspricht sie auch der Persönlichkeitsstruktur von sozialen Helfern im Sinne des erwähnten Helfer-Syndroms (Schmidbauer, 1977).

Bezeichnenderweise folgt in der damit verbundenen zweiten Vorstellung die Rettung auf dem Fuße, wenn auch in negierter Form: Es sei ja vorauszusehen, daß die Selbsthilfe-Geschädigten unter die Fittiche der Therapeuten zurückkehren würden und dort selbstverständlich gerettet werden könnten – aber: das alles wolle man tunlichst vermeiden, es wäre viel zu belastend. Diese Bedenken kann man als Lieblingsbefürchtung der Experten bezeichnen, sie entspricht der Phantasie einer »overprotective mother«, einer überfürsorglichen Mutter. Wenn die Schäfchen davonziehen, gehen sie kaputt und kehren zurück. Aber auch diese Rückkehr ist nicht die reinste Freude. Letztlich will man mit den Schäfchen nicht zuviel zu tun haben. Die fast regelmäßig auftauchende Vorstellung einer zwangsläufigen »Rückkehr der verlorenen Patienten« zum Therapeuten bzw. Arzt illustriert das Helfer-Syndrom vorzüglich; auch ich hatte sie mir schließlich zu eigen gemacht.

Wissenschaft: Selbsthilfegruppen unbekannt

Auch der wissenschaftliche Prozeß, dem jeder Experte wesentliche Entwicklungsreize verdankt, ist eine Quelle von Widerständen. In der wissenschaftlichen Literatur findet man kaum etwas über selbstverantwortliche Gesprächsgruppen; das wenige, das es gibt, bleibt dort isoliert und archiviert, statt öffentlich bekannt gemacht zu werden. Kaum ein Fachmann spricht auf Kongressen darüber. Es entwickelt sich eine unsichtbare Mauer des Widerstandes. Sei es auf theoretischer Basis in den entsprechenden Zeitschriften, sei es praxisbezogen und informell – in medizinischen und psychoanalytischen Kreisen tauchen Überlegungen und Untersuchungen zu Selbsthilfegruppen eben nicht auf. Sie scheinen weit entfernt von allem Offiziellen. Sie finden noch nicht einmal als Thema Beachtung und gehen unter, selbst dann, wenn sie doch einmal angesprochen werden. Sie werden abgestoßen wie ein Fremdgewebe. Wer seine wissenschaftliche Identität in der Psychoanalyse findet, ist dadurch eo ipso von der Selbsthilfegruppen-Arbeit abgeschirmt. Dieser stille Widerstand ist sozusagen doppelt gesichert: Zum einen stößt man, wie gesagt, gar nicht auf entsprechende Arbeiten und wird so innerhalb der wissenschaftlichen Fachwelt in keiner Weise mit Gruppenselbstbehandlung konfrontiert; zum anderen findet man keine Resonanz, falls man sich als einzelner doch zu Aktivitäten in dieser Richtung entschließen möchte. Erst in den letzten Jahren hat sich hier etwas verändert.

Engeres Tätigkeitsfeld:
Konditionierung durch die berufliche Praxis

Ein anderer Anteil des Widerstands resultiert aus der täglichen beruflichen Praxis. Wer zum Beispiel täglich als Therapeut in der Klinik arbeitet, womöglich noch stationär, sitzt sozusagen viel fester im Widerstand als jemand, dessen Schwerpunkt etwa im sozialen Feld liegt. Nicht zufällig sind die meisten, die sich bisher intensiv mit Selbsthilfegruppen-Arbeit befaßt haben, Wissenschaftler, die nicht in der therapeutischen Praxis, sondern eher in der Sozialarbeit, in der öffentlichen Gesundheitspflege, in der Sozialpsychologie, in Sozialmedizin und Soziologie ihren Schwerpunkt haben. So war auch mein Widerstand sehr wesentlich durch die tägliche klinische Arbeit bedingt. Schon die zeitliche Beanspruchung durch die intensive psychoanalytische Behandlungsform, das Absorbiertsein durch die andauernde Konfliktarbeit mit den Patienten und die starke Wendung zur Introspektion, die in unserem Beruf notwendig ist, bauen einen solchen Widerstand gegen die Öffnung nach außen auf. Wir als Psychoanalytiker bewegen uns vorwiegend in der ganz anders gearteten archaischen Wirklichkeit des Unbewußten, in der Wirklichkeit der Primärprozesse, die uns unsere Patienten bieten; schon allein dadurch ist unser Handlungsspielraum eingeengt. Bei mir kam allerdings noch ein besonderes Gebiet hinzu. Dadurch, daß ich als Psychoanalytiker auch in der Studentenberatung tätig war, also mit der psychotherapeutischen Versorgung der Studierenden in Berührung kam, wurde ich, nachträglich gesehen, in eine fruchtbare Konfliktlage gebracht. Der Widerstand, der sich aus der therapeutischen Praxis ergab, wurde aufgelockert oder, besser gesagt, gesprengt durch die Aufgabe, nicht nur für den einzelnen Studenten, der vor mir saß, sondern sozusagen offiziell für die Belange der Studentenschaft insgesamt mitverantwortlich zu sein. Das brachte mich in Konflikt mit meinem therapeutischen Handeln. So sehr ich von seinem Nutzen überzeugt war, so wenig reichte es hier aus. Die sich daraus ergebenden Überlegungen, wie psychotherapeutische Versorgung sich zu organisieren habe, um eine breitere Wirkung zu entfalten, ließen mich das Verhalten der Studenten, die zu mir in die Sprechstunde kamen, neu verstehen. Ich fand, daß es nicht nur konfliktdurchsetzt, pathologisch und irrational war, sondern vielmehr auch ein großes Selbsthilfepotential enthielt (Moeller, 1972). Dieser Gedanke entsprang der Notlage in meinem spezifischen Aufgabenbereich und entwickelte sich zunächst ganz unabhängig von irgendeiner Bekanntschaft mit Selbsthilfegruppen. Ich hatte mich sozusagen aus einer Art »Leidensdruck« in bezug auf mein Tätigkeitsfeld heraus »durch den Widerstand hindurchgearbeitet«, der sich aus eben dieser meiner Tätigkeit ergeben hatte.

Lebensgeschichte und Selbstbild:
Helfersyndrom oder »Selbstverantwortliche Gesprächsgruppen wollen mir nicht in den Kopf«

Schließlich hat der Widerstand seine Wurzeln auch in der Persönlichkeitsstruktur, die größtenteils das Ergebnis der Familiendynamik in der eigenen Ursprungsfamilie und der eigenen Lebensgeschichte ist. Hier dürfte vor allem das Helfersyndrom als Widerstandskern anzusehen sein. Soweit die in sozialen Berufen Tätigen an der Verarbeitung einer narzißtischen Störung leiden, neigen sie oft dazu, direkte wechselseitige Beziehungen zu meiden, indirekt aggressiv zu reagieren, zu dominieren und in perfektionistischer Weise geordnete Verhältnisse anzustreben. Allein diese Tendenzen stellen Widerstandsfaktoren gegen Selbsthilfegruppen dar. Denn in eigenverantwortlichen Gesprächsgruppen gibt es keine abgehobene Expertenposition, die Dominanzwünsche und Distanzbedürfnisse befriedigt. Die Beziehungen sind nicht abgegrenzt und wohlgeordnet im Sinne eines perfektionistischen Ideals, sondern unmittelbar, direkt und manchmal verwirrend. Es hängt natürlich noch von zahllosen weiteren Persönlichkeitsmerkmalen ab, inwieweit man als Therapeut Selbsthilfegruppen eher abgeneigt oder zugewandt ist, inwieweit sie Unbehagen und Angst auslösen oder im Gegenteil Freude und Befriedigung bringen. Bei den koordinierten gruppentherapeutischen Sitzungen und den damit zusammenhängenden Gegenübertragungsproblemen wird das besonders deutlich (siehe S. 180 ff.).
Wer im sozialen Leben und in seinen eigenen Beziehungen eher zurückhaltend ist, lieber für sich allein bleibt und die Ruhe schätzt, wird sich für Selbsthilfegruppen weniger erwärmen können. Wer selbst in einem größeren Familienkreise, vielleicht mit mehreren Geschwistern, aufgewachsen ist, wer ein gewisses Maß an Gruppenvertrauen erworben hat, wer Selbständigkeit schätzt und an gemeinsamen Unternehmungen gern aktiv mitwirkt, ist für Gesprächsgruppen sicher aufgeschlossener. Eine Studie zum Thema »Selbsthilfe-

gruppen-Affinität und Selbsthilfegruppen-Aversion« wäre sicherlich lohnend. Wesentlich erscheint mir beim persönlichkeitsbedingten Widerstand gegen Selbsthilfegruppen zweierlei: das Verhältnis von Fixierung versus Flexibilität in der beruflichen Rolle und das Verhältnis von eigenen Abhängigkeits- versus Autonomietendenzen. Natürlich gibt es bei Experten wie bei Teilnehmern auch den Fall, daß gerade ein betontes Eintreten für die Selbsthilfegruppen im Dienste der Abwehr, zum Beispiel von starken Abhängigkeitsängsten, stehen kann (siehe S. 64 ff.) Man könnte die Widerstandsorganisation noch erheblich stärker differenzieren. So spricht zum Beispiel alles dafür, daß Männer verglichen mit Frauen in der Regel einen stärkeren Widerstand gegen Selbsthilfegruppen entwickeln. Vor allem ist mit all dem, was ich gesagt habe, noch keine konkrete Analyse institutioneller und gruppendynamischer Zusammenhänge geleistet, da ich mich in dieser Darstellung doch weitgehend als Person isolieren muß. Doch mag die Aufzählung genügen, um das komplexe Bedingungsgefüge des Widerstandes deutlich zu machen, das mit Abweichungen für jeden gilt – für jeden Experten wie auch für jeden Teilnehmer.

In den genannten Aspekten, die das eigene Verhalten bestimmen, zeigt sich eine Ausweitung des psychoanalytischen Verständnisses auf die gesamte psychosoziale Lebenssituation des einzelnen einschließlich unbewußter interpersonaler und institutioneller Zusammenhänge (Fürstenau, 1979; Bach, 1977). Stavros Mentzos hat der institutionalisierten Abwehr kürzlich eine eigene Arbeit gewidmet (1976). Worum es mir letztlich geht, das ist die konsequente Beachtung der Bedingungen, die meine Gesamteinstellung hervorbringen und vor allem mein emotionales und spontanes Verhalten gegenüber Selbsthilfegruppen bestimmen; es geht mir also um Bedingungen der sogenannten Gegenübertragung, auch sofern sie über den lebensgeschichtlich bedingten Anteil meiner Individualität hinausreichen. Georges Devereux (1967) hat darauf aufmerksam gemacht, daß wir in allen Bereichen der Verhaltenswissenschaften diese Gegenübertragung zu beachten haben.
So betrachtet, erscheint es natürlich künstlich, bei der Analyse des Expertenwiderstandes das Verhalten der Selbsthilfegruppen völlig auszuklammern. Es ist ganz klar, daß ihr Auftreten die gesamte Gegenübertragungsreaktion mit bestimmt. Zu denken ist hier nur an ihren Antiprofessionalismus. Für den Überblick, den ich an dieser Stelle geben will, möge das Gesagte jedoch vorerst genügen.

Dieser kurze Streifzug hat gezeigt, daß wir *alle* mit Widerstand bei uns selbst rechnen müssen. Wir können in der Regel davon ausgehen, daß Experten voreingenommen sein müssen. Zur Auflösung des Widerstandes ist die gemeinsame Reflexion die beste Voraussetzung. Zur Verdeutlichung seien noch einmal einige typische Erscheinungsformen des Widerstandes bei Experten, soweit ich sie bisher beobachten konnte, dargelegt. Als grundlegende Form von Widerstand, die sich aber als Abwehr gar nicht unmittelbar zu erkennen gibt, gilt es *Unkenntnis und Ahnungslosigkeit* über Selbsthilfegruppen in Betracht zu ziehen. Sie entspringt überwiegend nicht der Unmöglichkeit, Informationen zu erhalten, sondern dem institutionellen/individuellen Widerstandsgefüge, das entsprechende Informationen gar nicht erst durchdringen läßt.

Der Widerstand kann sich ferner in *Gleichgültigkeit oder gutmütigem Abtun* äußern. Am häufigsten jedoch treten bündelweise *Bedenken* auf. Um es noch einmal zu wiederholen: Es ist natürlich unzulässig, jedes Bedenken als Widerstand aufzufassen, Selbsthilfegruppen haben selbstverständlich ihre besonderen Schwierigkeiten und Nachteile (siehe S. 31 ff. u. 168 ff.). Doch muß stets bedacht werden, daß diese Vorbehalte Widerstand ausdrücken *können*. Dies nachzuweisen ist für Selbsthilfegruppen im Bereich der Versorgung einfach, wenn es etwa um Zweifel an der therapeutischen Wirksamkeit von Selbsthilfegruppen geht – die auch und gerade ohne Kenntnis der Arbeitsweise selbstverantwortlicher Gesprächsgruppen besonders laut vorgetragen werden –, denn die therapeutische Wirkung der Gruppenselbstbehandlung ist glücklicherweise mehrfach nachgewiesen.

»Sind Selbsthilfegruppen Therapie?« war das Thema eines Vortrags, dessen Grundzüge ich hier kurz wiedergeben will. Zunächst hat die Frage einen standespolitischen Gehalt: Darf man die Arbeit der Selbsthilfegruppen im Vergleich zu anerkannten professionellen Therapien offiziell als eine Therapie bezeichnen? Angesichts der Vielfalt ständig neu entstehender Psychotherapieformen und angesichts der aktuellen Diskussionen um das sogenannte Psychologengesetz darf dieser standespolitische Gesichtspunkt nicht übersehen werden.

Folgen wir juristischen Definitionen, so können Selbsthilfegruppen keine Therapien durchführen und auch keine Therapie sein, weil die Mitglieder ihre seelischen Störungen ohne Mitwirken eines offiziell ausgebildeten Therapeuten zu beheben versuchen. Wer den großen

Widerstand kennt, den wir Experten gegen die psychodynamisch orientierte Selbsthilfegruppe einfach entwickeln müssen, da dies im Bereich der Psychotherapie, der Psychiatrie und speziell der Gruppenbehandlung Konkurrenz bedeutet, der wird die Beruhigung förmlich spüren, die eine solche juristische Klarstellung für uns Experten bewirkt.

Sind uns allerdings juristische Definitionen nicht so wesentlich, so handelt es sich bei dieser Frage um eine Frage nach dem Erfolg von Selbsthilfegruppen. Mit dem Nachweis des Behandlungserfolges wäre aber die Frage, ob Selbsthilfegruppen Therapie sind, zu rasch beantwortet. Denn der Zweifel, der hinter dieser Frage steckt, wird damit nicht aufgehoben. Der Psychoanalytiker Michael Balint soll einmal gesagt haben: »Auf eine Frage erhält man nur eine Antwort, mehr nicht.« Wir sollten versuchen, das zu vermeiden. Die gestellte Frage enthält nämlich meines Erachtens auch den typischen Vorbehalt der Experten gegenüber Selbsthilfegruppen. Nachdem wir soeben die Komplexität und mehrfache Determiniertheit dieses Widerstandes kennengelernt haben, werden wir nicht mehr im Ernst glauben, daß sich diese Frage mit einer einzigen Antwort begnügt. Die eigentliche Antwort läge in einer genaueren Analyse, warum uns diese Frage denn so wesentlich ist. Ihr Widerstandsgehalt ist entscheidend. Wenn wir uns noch einmal unsere Ängste vergegenwärtigen, unsere Ängste vor Kränkung, vor Konkurrenz, vor der Aufgabe jener herkömmlichen Beziehung zum Patienten, in der wir bestimmen können und in der wir unser eigenes Sicherheitsgefühl stabilisieren, ja, unsere Ängste vor Zweifeln an der von uns durchgeführten Therapie, dann wird es vielleicht schon etwas durchsichtiger, warum wir gerade diese Frage stellen: »Sind Selbsthilfegruppen Therapie?« Denn die gleiche Frage wurde in den eigenen Reihen immer wieder und wird auch heute noch gestellt. In den Auseinandersetzungen zwischen verschiedenen Schulen taucht sie regelmäßig auf: Ist Psychoanalyse Therapie? Ist Verhaltenstherapie Therapie? Ist Gesprächstherapie Therapie? Ist Encounter Therapie? Ist Gruppentherapie wirklich Therapie? Hier wird die Frage zu einer Art Prüfungsfrage. Und in jeder richtigen Prüfung geht es, analog einem Initiationsritus, um die Frage der Identität. Dabei ist allerdings die Identität des Prüfers, des Fragenden, Voraussetzung und Maßstab der Identität des Prüflings. Somit steht in gewissem Sinn auch die Identität des Prüfers zur Debatte. Wenn wir also fragen, ob Selbsthilfegruppen Therapie seien, dann ist die Identität unserer professionellen Therapie Voraussetzung oder Maßstab für die Anerkennung dieser neuen Therapieform, und damit wendet sich die

Frage plötzlich auch an uns selbst. Was machen wir? Machen wir Therapie oder machen wir keine Therapie? Ja, was ist Therapie überhaupt? Hier geht es also plötzlich um unsere Existenzberechtigung. Jeder, der mit Psychotherapieforschung vertraut ist, ahnt, wieviel Unbeantwortbares eine solche Frage letztlich enthält. *Es könnte sein, daß wir die Frage auf die Selbsthilfegruppen verschoben haben.* Interessant in diesem Zusammenhang ist übrigens, daß das vielleicht umfangreichste Vorhaben einer koordinierten Untersuchung von Methodik und Erfolg verschiedener Psychotherapieformen in den Vereinigten Staaten nach längeren Diskussionen aufgegeben wurde zugunsten eines eindringlichen Appells, statt dessen natürliche Psychotherapieformen im Alltag, insbesondere die Arbeit psychologisch-therapeutischer Selbsthilfegruppen zu erforschen, weil ihnen höhere Bedeutung zukomme (Hartig, 1975).

Rücken nun Selbsthilfegruppen gleichsam näher heran – wenn etwa eine Zusammenarbeit konkret angeboten oder nur darüber diskutiert wird, inwieweit sie für das eigene Versorgungsgebiet hilfreich sein könnte –, dann verhärtet sich auch häufig der Widerstand: *Aggressive Abwertungen* der Selbsthilfegruppen-Arbeit überwiegen. Sie geben sich besonders dort als Abwehr zu erkennen, wo die Gruppenselbstbehandlung in ihrer Arbeitsweise noch unbekannt ist: »Experten warnen vor gefährlicher Inflation der Selbsthilfegruppen« hieß es zum Beispiel in einem kleinen Presseartikel (*Münchener Merkur*, 1978, Nr. 280).

In den Kreisen der Helfer und Erzieher, um die es hier ja geht, ist die aggressive Verurteilung häufig in die berufsspezifischen Verantwortungsängste eingekleidet. Die hohe Verantwortung, die plötzlich auf den Plan kommt, resultiert aus der verstärkten Angst, es könnte etwas schief gehen, die Gruppen könnten selbstdestruktiv werden oder wie kleine Kinder einen (therapeutischen oder erzieherischen) Unfall erleiden. Ich habe das schon mehrfach betont. Diese ängstlichen Vorstellungen entsprechen aus psychoanalytischer Sicht abgelehnten Tendenzen und Wünschen, ein solches Mißgeschick möge eintreten; damit wäre nämlich die Rückkehr in den ordnungsgemäßen Rahmen der Therapie und Pädagogik wieder garantiert. Die Intensität der eigenen Verantwortung für die Selbsthilfegruppen zeigt, wie sehr man wieder in die Rolle des Therapeuten und Erziehers hineinschlüpft, die ihnen gegenüber ja völlig fehl am Platze ist. Sie widerspricht dem Prinzip von Selbsthilfegruppen, daß sie selbstverantwortlich sein wollen und *müssen*. Das Ansteigen von Verantwortungsängsten gerade gegenüber Selbsthilfegruppen bedeutet, daß Selbsthilfegruppen-Mitglieder mehr oder weniger unbewußt eben wieder als abhängige Patienten gesehen werden. Damit wird in der Theorie die Fähigkeit zur Selbstbestimmung in Zweifel gezogen und in der Praxis eine erfolgreiche Gruppenselbstentwicklung behindert.

4 Zwei Lieblingsbefürchtungen

Diese Verantwortungsängste haben auch einen typischen Inhalt – ich meine die beiden hauptsächlichen Bedenken von Therapeuten: Zum einen, die Gruppen könnten sich in den Suizid treiben oder in die Psychose, weil sie nicht wissen, was sie tun; zum andern, die Kranken seien zu passiv, um eine Gruppenselbstbehandlung von sich aus durchführen zu können. Diese Lieblingsbefürchtungen der Experten – wie ich sie nennen möchte – kommen Einschüchterungsversuchen, wenn nicht gar Drohungen gleich, da sie viele Hoffnungen im Keim ersticken können. Ich möchte versuchen, sie mit einigen Überlegungen zu entkräften.

Zur Auffassung,
Selbsthilfegruppen trieben sich in den Suizid oder in die Psychose

Ich habe schon erwähnt, daß es sich hierbei um einen sehr spezifischen Vorgang der projektiven Identifikation handelt, mit dem es einem gelingt, eigene destruktive Anteile in eine andere Person oder auch in Personengruppen zu projizieren, die dort als selbstzerstörerische Vorgänge wirksam werden können. Im folgenden möchte ich aufweisen, wie schwer sich diese Bedenken gegen Selbsthilfegruppen rational begründen lassen.
1. In Selbsthilfegruppen, denen eine solche negative Entwicklung zugeschrieben wird, finden sich Menschen zusammen, die unter aktuellen und chronischen seelischen Konflikten leiden. Es ist selbstverständlich, daß sie eine Risikogruppe darstellen, die im Vergleich zur sonstigen Bevölkerung vermehrt mit suizidalen Impulsen und vielleicht auch mit Psychoseanfälligkeit konfrontiert ist. Wenn wir in eine stärkere seelische Krise geraten, sind wir selbst in einer ähnlichen Situation – allerdings im allgemeinen nicht unter der günstigen Voraussetzung, unsere Probleme in kontinuierlichen Gesprächen mit anderen vorbringen zu können. Es ist also nichts Ungewöhnliches, sondern im Gegenteil zu erwarten, daß es in Selbsthilfegruppen häufiger zu Suizidversuchen oder zum Aufbrechen einer Psychose kommt. Die Lage ist dieselbe wie im Bereich professioneller Therapie.

2. Eben weil die Selbsthilfegruppen eine Form der Behandlung darstellen, muß die entscheidende Frage gerade umgekehrt lauten: Wieviele Suizidversuche und Psychosen werden durch Selbsthilfegruppen verhindert? Das ist schwer zu ermessen. Die therapeutische Effektivität der Selbsthilfegruppen (zum Beispiel das Absinken von Depressivität und der Rückgang seelischer Probleme) ist nachweisbar; und ausführliche kasuistische Selbstdarstellungen zeigen, daß mit großer Wahrscheinlichkeit Selbsthilfegruppen schwere seelische Krisensituationen, die sonst unter Umständen zu einem Suizid oder dem Ausbruch einer Psychose führen würden, eher verhindern. Eine sehr aktive Teilnehmerin zum Beispiel spricht anderen gegenüber offen von ihren vier Selbstmordversuchen, die sie unternommen hatte, bevor sie in eine Selbsthilfegruppe ging. Seit sie dort teilnimmt, liegt ihr jeder weitere Selbstmordversuch fern. Ein anderer Teilnehmer, der an einer paranoiden Psychose leidet, fühlt sich jetzt in der Gruppe geborgener als zuvor in seiner relativen Isolation und Stigmatisierung. Wenn er wieder einen psychotischen Schub erleidet, fällt er nicht aus der Welt. Seine Gruppe besucht ihn in der Klinik. Er bleibt in seinen festen Beziehungen, die früher in einem solchen Falle stets abrissen. Er hat nicht mehr das Gefühl, daß man ihn meidet.

3. In der Bundesrepublik ergeben jüngste Daten (1974) eine sehr hohe Selbstmordhäufigkeit (Bundesminister für Jugend, Familie und Gesundheit, 1977). Die Todesfälle durch Selbstmord gleichen jetzt denen durch Verkehrsunfall: 13–14000 pro Jahr. Die Dunkelziffer bei Selbstmordversuchen ist nicht abzuschätzen. Es kommt zu zigtausend Selbstmordversuchen im sogenannten freien Feld. Es ist eine fragwürdige Haltung, wenn wir uns über diese Suizidversuche, die unbemerkt und in der Isolation geschehen, wenig erregen, uns aber, wenn sie sich tatsächlich einmal in einer Selbsthilfegruppe ereignen, entrüsten, die Selbsthilfegruppen verurteilen und damit vielen die einzige Chance nehmen, mit Hilfe der Gruppenselbstbehandlung eine größere Fähigkeit zu erwerben, Krisen zu bewältigen.

4. In sieben Jahren haben sich in Gießen 40 Selbsthilfegruppen gebildet. Dabei ist es ein einziges Mal bei einem neuen Gruppenmitglied zu einem Suizidversuch gekommen, der nach unserem ausführlichen Erfahrungsaustausch im Gesamttreffen mit der Selbsthilfegruppen-Arbeit nicht in Zusammenhang gebracht werden konnte. Vielmehr schien es dem Teilnehmer in diesem Fall nicht gelungen zu sein, bereits während der ersten Sitzungen sein Problem in die Selbsthilfegruppe einzubringen. Nie ist auch nur ein Gruppenmitglied, geschweige denn die ganze Gruppe, in die Psychose getrieben worden.

5. Es mutet wie eine Ironie des Schicksals an, daß Selbsthilfegruppen ganz im Gegensatz zu den Lieblingsbefürchtungen der Experten da erfolgreich heraushelfen, wohinein manche Fachleute sie getrieben sehen. Die Suicides Anonymous und Psychotics bzw. Schizophrenics Anonymous sind dafür ein Beispiel.

Zur Auffassung, die Kranken seien »zu passiv«

Die Vorstellung, Kranke seien zu passiv, um sich in Selbsthilfegruppen selbst zu behandeln, ist ebenso stereotyp und verbreitet wie die von der erhöhten Suizidalität. Der aufmerksame Beobachter erkennt darin sofort die gewohnte traditionelle Unterschätzung des Patienten. Der Patient ist ja aufgrund seiner Definition passiv – dem Arzt, der Behandlung wie auch den Krankheitsursachen gegenüber. Er wird auch weitgehend in dieser passiven Rolle gehalten. Ein Blick in orthodoxe psychiatrische Krankenanstalten genügt, um selbst die sogenannte Aktivierung als ein Ritual zu erkennen, das die passive Abhängigkeit nur verstärkt. Aber auch in der Praxis eines traditionellen niedergelassenen Arztes hat der Patient passiv den Anordnungen zu folgen.

Die Auffassung der Experten, das Haupthindernis für die Entwicklung von Selbsthilfegruppen sei die übergroße Passivität der möglichen Mitglieder, ist leider selbst das größte Hindernis. Natürlich unterlag auch ich einmal diesem Glauben, als ich eine sogenannte »Organisationsschwäche« der Selbsthilfegruppen als eine Art ichpsychologischer Störung aufgrund seelischer Konflikte diagnostizieren zu müssen glaubte. Dieses Urteil stammte aus den Anfangszeiten unseres Gesamttreffens. Ich glaubte bei den Gruppen, eine krankheitsbedingte Unfähigkeit zu erkennen, die »äußeren« Aufgaben durchzuführen, die zu einer Gruppenselbstbehandlung gehören: erste Kontakte aufzunehmen, eine Gruppe zu bilden, sich einen Raum zu besorgen, kontinuierlich zu arbeiten usw. Im Laufe der Zeit entpuppte sich aber folgendes: daß nämlich *mein* Bedürfnis nach klarer Struktur und Organisation nicht erfüllt wurde, weil es übertrieben, unnötig, wenn nicht gar hinderlich war. Man denke in diesem Zusammenhang besonders an die offizielle Diagnostik hinsichtlich einer Gruppe von Patienten, deren »Ichschwäche«, »Strukturverlust«, »symptomatische Unzuverlässigkeit«, »Passivität«, »Entscheidungsunfähigkeit«, kurz, deren infantile Hilflosigkeit kaum zu überbieten scheint: die der Süchtigen. Welcher Experte würde Alkoholikern, Drogensüchtigen, Eßsüchtigen und Arzneimittelabhängigen auf dem Hintergrund die-

61

ser diagnostischen Urteile ohne weiteres zutrauen, sich selbst in Gruppen zu behandeln? Tatsächlich aber sind geradezu schwerpunktmäßig im Bereich der Süchte Selbsthilfegruppen entstanden: die Anonymen Alkoholiker, Synanon, Day Top, Addicts Anonymous, Narcotics Anonymous, Fatties Anonymous, Overeaters Anonymous, Gamblers Anonymous Checks Anonymous, Overspenders Anonymous usw. usw. Sicherlich kann die Passivität von Kranken als deren Widerstandsphänomen gegen jede Form von Behandlung oder aufgrund der entmündigenden Wirkung professioneller Therapie bzw. der Haltung der Familie bei der Initiierung und Begleitung von Selbsthilfegruppen zu einem Problem werden. Das kann man dann in der Zusammenarbeit gemeinsam zu lösen versuchen. Es ist jedoch fruchtbarer, das Thema Passivität, das oft genug auch auf die »psychisch entleerte«, angeblich zu keiner Initiative fähige Unterschicht bezogen wird, im Rahmen des Widerstandes der Experten gegen Selbsthilfe überhaupt zu verstehen: Das Problem der Passivität wird aus unbewußter Abwehr von den Experten außerordentlich überschätzt.

Selbstverständlich läßt sich der Widerstand der Experten selten offen beobachten. Die Gegnerschaft tritt in ehrfurchtgebietendem wissenschaftlichen Gewand auf. Deshalb bin ich hier so ausführlich darauf eingegangen. Wie das Beispiel meiner falschen Diagnose »Organisationsschwäche« vielleicht am besten zeigt, sind es in der Regel scheinbar gut abgesicherte und begründete Meinungen. Mein Urteil paßt ausgezeichnet in die ichpsychologisch orientierte Diagnostik bzw. zu den neueren Auffassungen von ichstrukturellen Störungen. Das darf jedoch von dem möglichen Rationalisierungscharakter nicht ablenken. Einige Vorwände sind leicht zu durchschauen, andere sehr geschickt verarbeitet. Im übrigen kann sich der Widerstand besonders gut dort entfalten, wo er von einer zutreffenden Beobachtung ausgeht, diese dann aber unangemessen ausdehnt. So sind ja Süchtige tatsächlich zahlreichen Realitätsproblemen gegenüber passiv, aber sie sind offensichtlich nicht zu passiv, um Selbsthilfegruppen aufzubauen und durchzuführen. Ihre Aktivität, ihre Findigkeit und ihr Organisationstalent, also ihr ganzes ichpsychologisches Potential sowie ihre teilweise hochdifferenzierten Fähigkeiten, die jeden normalen ichintakten Bürger in den Schatten stellen, sind im übrigen durchaus greifbar: wenn es nämlich in den Anfangsphasen der Suchterkrankung um die Beschaffung der Suchtmittel selbst geht.

Auf eine besonders undurchschaubare und subtile Form des Widerstands möchte ich noch aufmerksam machen: die Idealisierung der Selbsthilfegruppen. In diesem Falle sind Experten zunächst begeistert von den Möglichkeiten und den Arbeiten der Selbsthilfegruppen. Ihre Zustimmung gilt ohne Einschränkung, am liebsten wollen sie sofort mit der Zusammenarbeit beginnen. Sie geraten ins Schwärmen. Diese Reaktionen sind nicht selten. Im Rahmen von Vorträgen und Arbeitsdiskussionen an psychiatrischen und psychotherapeutischen Institutionen erlebe ich sie immer öfter, und manchmal ergibt sich in den Arbeitsgruppen dann eine heftige Polarisierung zwischen Skeptikern und Befürwortern. Diese Idealisierung besagt psychoanalytisch, daß man die eigenen negativen Einstellungen durch Überbetonung der positiven Haltungen quasi unter Verschluß hält. So zeigt das Ausmaß an enthusiastischer Zustimmung bedauerlicherweise oft den Grad latenter Ablehnung. Es besteht dennoch Grund zu Hoffnung, untersucht man die Entstehung dieser Abwehr. Wir müssen tatsächlich eine positive Grundeinstellung zu etwas haben, sonst wären wir gar nicht in der Lage, diese überzubetonen. Wir hätten sozusagen nicht den Stoff für diesen Abwehrmechanismus. Und so packt man diese Anfangsbegeisterung am besten wie eine Verliebtheit am Schopfe, um die Startenergie für die ernsthafte Arbeit zu nutzen. Die Konflikte lassen natürlich nicht auf sich warten, aber man hat dann bereits eine bessere Ausgangsposition: die Chance zum gemeinsamen Gespräch. Eine andere noch realitätsfernere Form der Idealisierung gehört nicht direkt zum Widerstand gegen Selbsthilfegruppen, wirkt sich aber ähnlich negativ aus. Sie ist in der mehr oder weniger spürbaren Auffassung wiederzufinden, Selbsthilfegruppen seien eine Art Allheilmittel. Dieser Glaube entspringt einem tiefreichenden, latenten Erlösungswunsch. Angesichts der hohen Belastungen, denen Menschen in der heutigen Industriegesellschaft ausgesetzt sind, ist er mehr als verständlich und viel verbreiteter, als zunächst vermutet. Der Zulauf zu Sekten und Poona – wie deren erbitterte Bekämpfung – weisen darauf ebenfalls hin. Da sich nur wenige aufgeklärte Zeitgenossen eine solche Heilserwartung bewußt machen und selbst eingestehen, werden derartige Allmachtsvorstellungen von Selbsthilfegruppen bezeichnenderweise fast immer als Vorwurf gegen andere geäußert – also sozusagen in der Verneinung. Anders gesagt: Die peinliche Sehnsucht wird auf andere projiziert und dort mehr oder weniger scharf bekämpft. So beginnen dann Leute, die keinerlei Erfahrungen mit Selbsthilfegruppen haben, mit Vorhaltungen wie: man müsse sich doch dagegen verwahren, daß Selbsthilfegruppen so häufig als Allheilmittel angesehen würden. Wird die Selbsthilfegruppen-Arbeit mit einem solchen Erlösungswunsch legiert – sei es in projektiver Vorwurfsform oder durch die Beteiligten selbst –, dann geraten sie in eine heftige Abwehr dieser allzu menschlichen Sehnsucht und werden manchmal geradezu als Sektenformation verfemt (zum Vergleich mit Sekten siehe Seite 287 ff.). Die Verführung dazu ist groß. Wer allerdings konkret an Selbsthilfegruppen teilnimmt oder mit Selbsthilfegruppen zusammenarbeitet, dem vergeht angesichts der mühseligen Realitäten diese illusionäre Verkennung bzw. der entsprechende symptomatische Vorwurfsdruck recht schnell. Dem Ansehen der Gruppenarbeit ist eine solche Idealisierung auf die Dauer immer abträglich.

6 Wechselseitige Verstärkung des Widerstands bei Fachleuten und Teilnehmern

Wie ich bereits erwähnte, gilt die Widerstandsorganisation für Experten wie für Teilnehmer.

Beide sind ja Mitglieder dieser Gesellschaft, halten autoritative Beziehungen für selbstverständlich und entwickeln wahrscheinlich Vorbehalte gegenüber ganz gleichgestellten Beziehungen. Auch die Teilnehmer sind ein bestimmtes medizinisches System gewohnt, auch sie arbeiten in Institutionen, in denen der hierarchische Aufbau üblich ist. Sie haben die unterschiedlichsten Berufsrollen, deren Nähe und Ferne zum Konzept der Gruppenselbsthilfe im übrigen ein lohnendes Untersuchungsthema wäre. Sie gehören zu Arbeitsgruppen, deren Meinungen ihre Auffassungen mitbestimmen, und auch sie nehmen am wissenschaftlichen Prozeß teil, zwar nicht direkt, aber indirekt über die Medien. Da sich das Ausmaß des Widerstandes gegen Selbsthilfegruppen nicht zuletzt durch die Dynamik der Ursprungsfamilie, durch die Lebensgeschichte und damit durch die Persönlichkeitsstruktur bestimmt, dürfte also grundsätzlich der Widerstand gegen Selbsthilfegruppen bei möglichen Teilnehmern ähnlich groß sein wie der bei den Angehörigen sozialer Berufe.

Das illustriert der Brief einer Frau, die in einer Stadt eigenständige Gesprächsgruppen angeregt hatte:

»In der Vorbereitungszeit und auch danach habe ich unendlich viele Gespräche geführt mit Menschen, die eigentlich gerne kommen würden, weil, wie sie selber sagen, ihnen das Wasser bis zum Halse steht, aber der Ehepartner es nicht gestattet, daß häusliche Probleme nach außen getragen werden. In einem Extremfall drohte der Ehemann, sich und seine drei Kinder umzubringen, wenn die Frau in eine Selbsthilfegruppe gehen würde. Zahlenmäßig scheinen die Männer mehr Hemmungen zu haben, sich frei und ungezwungen zu äußern. Trotz all der vielen Bestrebungen nach Emanzipation gibt es für die meisten Frauen keinen Freiraum, Dinge einmal allein, aus Interesse oder auch nur in Notsituationen zu unternehmen. Das geht durch alle Schichten durch. Das gibt es bei dem Taxifahrer wie bei den Führungskräften bedeutender Wirtschaftsunternehmen.

Bei den verschiedenen Treffen, die wir nach Ihrem Vortrag organisiert hatten, wurden viele Bedenken gegen eine Selbsthilfegruppe vorgebracht. Ein wichtiges Argument war: ›Ich kann doch nicht einfach ‚du‘ zu jemandem sagen, den ich nicht kenne. Ich kann und will mich nicht an eine Gruppe binden, ich kann mich nicht richtig ausdrücken und ich will mich auch nicht mit Problemen anderer auseinandersetzen.‹ Und was ganz wichtig ist, viele haben Angst, daß die Dinge, die in einer Selbsthilfegruppe zur Sprache kommen, nach außen gelangen könnten. Bedenklich scheint mir, daß viele, auch wenn sie von der Sache überzeugt sind und selbst sagen, daß sie Hilfe brauchen, auf unwichtige Dinge nicht verzichten wollen (zum Beispiel den Bridge-Abend).«

Wenn wir zum Beispiel nur innerhalb der Gießener Studentenschaft – Studenten stellen bekanntlich eine psychisch besonders stark/belastete Gruppe dar – viertausend Handzettel mit ersten Informationen und einer Einladung verteilen, erscheinen in der Regel sechzig Personen, also 1,5 Prozent. Untersuchungen haben ergeben, daß aber etwa zwölf Prozent unter behandlungsbedürftigen seelischen Störungen leiden. Es ist also trotz der zahlreichen äußeren Möglichkeiten, die jemanden von einem solchen Treffen abhalten, zu erwarten, daß auch der Widerstand eine erhebliche Rolle spielt.

Ich möchte hier das Panorama des Widerstandes nicht neu entfalten, sondern nur noch einmal auf die wesentlichen Unterschiede zur Expertensituation hinweisen. Teilnehmer entwickeln natürlich andere Widerstände als Experten, Widerstände, die aus der gewohnten Vorstellung einer passiven Patientenrolle resultieren und Widerstände gegen eine aktive Teilnahme in einer Selbsthilfegruppe: Führungsbedürftigkeit, Gruppenscheu, Konfliktabwehr, Stigmatisierungsangst, Fremdenfurcht, Angst vor innerer Veränderung und vor der Kränkung, es nicht allein zu schaffen! (s. S. 31 ff.).

Die traditionellen Rollen von Arzt und Patient, Lehrenden und

Lernenden usw. sind genau aufeinander abgestimmte Paßformen. Die Intensität des Widerstandes gegen Selbsthilfegruppen wird dadurch noch potenziert. Die traditionelle Beziehung zwischen Arzt und Patient zum Beispiel ist eine Art fester Abwehrverbund gegen Selbsthilfegruppen, eine Interaktionsabwehr, ein in ungeschriebenen Rollenvorschriften fixiertes, also institutionalisiertes unbewußtes Zusammenspiel. Diese Form der Abwehrkollusion kennen wir aus dem gemeinsamen Widerstand, den zum Beispiel Ehepaare gegen ihre unbewußten Konflikte richten (Dicks, 1967; Willi, 1975). Die Arzt-Patient-Kollusion hat zahlreiche Varianten (Beckmann, 1974). Im Bereich der Psychosomatik/Psychotherapie lassen Forschungen mehr als zehn Typen von Arzt-Patient-Beziehungen erkennen, in denen die beiden Partner jeweils miteinander interagieren (Moeller, 1981). Einmal ist der Therapeut eine Mutter, die ihre Patientenkinder ans Herz drückt und mit der Zeit auch entsprechend geneigte Patienten um sich schart. Es kann sich aber auch eine mehr pädagogisch geprägte Lehrer-Schüler-Beziehung ergeben (Apfelbaum, 1958). Es können Beziehungen entstehen, die durch große wechselseitige Berührungsangst gekennzeichnet sind (dies gilt besonders für die Verhaltenstherapie), und wieder andere, für die ständige wechselseitige latente Kritik charakteristisch ist. Alle Varianten aber beziehen sich auf ein Grundmodell: die asymmetrische Beziehung zwischen einem Helfer, der gleichsam auf einem Podest sitzt, und einem hilflosen Schützling. In der Medizin ist darüber hinaus die Arzt-Patient-Beziehung geprägt vom körperorientierten Krankheitskonzept mit allen Konsequenzen für das Verhalten zwischen dem Therapeuten und dem Kranken (Scheer u. Moeller, 1976 a,b). Analoges gilt für das Erzieher-Zögling-Verhältnis: »Schulbildung . . . erzeugt, wo sie aus dem Gefälle von Lehrer zu Schüler, von Gelernthaben und Noch-lernen-müssen entsteht, eine scheinbar natürliche und darum schwer zu bekämpfende Hierarchie, ein Bewußtsein von Minderwertigkeit bei dem einen und Überlegenheit bei dem anderen, das alle gegenläufige Erfahrung verhindert« (von Hentig 1971, S. 10).

Für die Betrachtung des Widerstandes gegen Selbsthilfegruppen können wir vom traditionellen Grundmodell der Arzt-Patient-Beziehung ausgehen. Hier wird dem Arzt zuviel Gesundheit und Aktivität und dem Patienten zuviel Krankheit und Passivität zugeschrieben. Das entspricht in keiner Weise den realen Verhältnissen. Betrachtet man die Diskrepanz zwischen der zur Schau getragenen »Gesundheit« der Ärzte und den tatsächlichen Verhältnissen und überträgt man dies auf die offiziell als völlig krank identifizierten Patienten, dann könnte deutlich werden, wieviel gesünder die Kranken trotz ihrer Krankheit vermutlich sind. Zwar empfinden sich die Ärzte selbst als seelisch außerordentlich stabil. In einer Untersuchung gaben von 10 000 Ärzten nur 0,5 Prozent an, daß sie an seelischen Störungen litten (Schmidbauer, 1977, S. 14). Ihr Selbstbild entspricht also voll ihrer Rolle als Gesunde. Doch werden Ärzte öfter in psychiatrische Kliniken aufgenommen als andere Bürger, die Selbstmordhäufigkeit ist bei ihnen nach einer Untersuchung 2,5mal so hoch wie die bei vergleichbaren Bevölkerungsgruppen. Sie sind in jeder Hinsicht eine psychisch gefährdete Risikogruppe (Schmidbauer, 1977; Willi, 1976). Das sollte sie nicht beschämen. Der ärztliche Beruf ist durch seine Nähe zu Leiden, Krisen, Katastrophen und Tod selbstverständlich psychisch stärker belastend als andere Berufe. Es ist kein Wunder, daß Ärzte selbst häufiger in Krisensituationen geraten. Das Problem liegt in der Abwehr, in der Verleugnung dieser Gefährdung und der eigenen Schwäche. Dazu mag die pathogene Rollenvorschrift, ein Arzt bzw. ein sozialer Helfer habe gesund zu sein, erheblich beitragen. Wie schon erwähnt, finden aber auch ganz bestimmte Personen in die sozialen Berufe, die mit Hilfe eben dieser Rolle ihre persönliche Abwehr gegen eigene narzißtische Schäden panzern. Außer diesem als Helfer-Syndrom bekannten Phänomen sorgen – wenigstens bei den Ärzten – die Selektion durch den Numerus clausus und ein Studium, das fast ausschließlich der Apparatemedizin gilt, für eine weitere Distanzierung vom Kranken (vgl. Beckmann, Moeller, Richter, Scheer, 1974).

Nicht jeder Kranke ist darüber unglücklich. Denn Arzt- und Patientenrollen sind wie gesagt Paßformen. Nicht jeder ist wie Leonardo da Vinci der Auffassung:»Wenn du krank bist, hüte dich vor Ärzten« (zitiert nach Schmidbauer, 1977, S. 46). Neben dem arztmeidenden Verhalten gibt es ein arztzugewandtes Verhalten, und zwar besonders dort, wo die Arzt-Patient-Beziehung sich strikt auf den körperlichen Aspekt der Krankheit beschränkt (Moeller, 1974). Wenn nämlich die Erkrankung als rein körperliche Angelegenheit gesehen wird, dann ist man in der Regel auch entschuldigt und jeder Verantwortung ledig. Es ist dann nicht nötig, sich mit sich selbst und seiner sozialen Lage auseinanderzusetzen. Beide, Arzt und Patient, sind dieser Meinung. Sie bestätigen und stabilisieren sich gegenseitig, indem sie die selbstkritische *und* die sozialkritische Reflexion ausklammern (vgl. dazu Scheer u. Moeller, 1976 a, b, S. 43). 20 bis 50 Prozent der Patienten, die in die Praxis des Allgemeinarztes kommen, sind nicht primär körperlich krank, sondern leiden an psychosozialen Störungen. Soweit

Arzt und Patient in der organmedizinischen Abwehrkollusion gefangen bleiben, verursachen sie immense Kosten, denn sie führt unvermeidlich zu einer Symptom- bzw. Teilbehandlung, und damit zu einer Fehlversorgung. Die traditionelle Arzt-Patient-Kollusion, also der verschränkte Widerstand, ist die eigentliche, mächtige Mauer gegen Selbsthilfegruppen. Bei der oben erwähnten Initiative, gemeinsam mit niedergelassenen Ärzten Selbsthilfegruppen für Übergewichtige anzuregen, war dies deutlich zu erkennen: Zunächst antwortete kaum ein Arzt; als dann über den Weg der Institution die Resonanz größer war, blieben die Patienten aus: es kamen nur sechs in einem halben Jahr. Es war aber offensichtlich nicht nur der Widerstand der einzelnen Patienten, sondern die Verquickung ihres Widerstandes mit dem des Arztes, die zu dieser extremen Zurückhaltung führte. Das ergab sich aus einem Gespräch mit denjenigen, die gekommen waren. Sie brachten dieses Stück Widerstand selbst mit. Auch sie hatten befürchtet, der Arzt könne sie als »untreu« erleben, »so, als ob man von ihm weggeht«. Angesichts der offiziellen Zustimmung ihrer Ärzte schien das zunächst eher eine vorgeschobene Entschuldigung zu sein. Doch entsprachen diese Bedenken genau dem Gefühl der Ärzte, die Patienten könnten ihnen weggenommen werden. Die Patienten scheuten sich zudem davor, mit ihrem Erscheinen bei den Selbsthilfegruppen zu bekunden, daß die ärztliche Behandlung nicht geholfen habe. Ein anderes Beispiel für diese Form des interaktionellen Widerstands: Das außerordentlich verdienstvolle »Münchner Schülerforum« arbeitet mit Schüler-Selbsthilfegruppen. Zu Beginn, auf einer Art Gründungsversammlung, wurden mit allen Teilnehmern und Leitern Bedürfnisse und Erwartungen besprochen. In einem Bericht heißt es, daß sich bei dieser Gelegenheit alle sehr aktiv beteiligt hätten. Dagegen bemerkten die Gruppenleiter in der ersten Kleingruppensitzung eine große Passivität der Schüler. Es war eine bestimmte, eng umschriebene Aufgabe gestellt worden: Jeder Schüler sollte seinen durchschnittlichen Tagesplan erstellen und darin verzeichnen, wie er seine Energien verteile. Wie war die Reaktion? »Ein Teilnehmer stimmte begeistert für den Vorschlag, alle anderen schlossen sich durch Gemurmel an« (Arzberger, 1978, S. 80f). Die Leiter berichten unter anderem: »Die Methode wurde mit dem Ziel vorgeschlagen, einen Zugang zur Frage zu finden, wer bin ich als Schüler und was betrifft mich als Schüler (Schüler-Identität) . . . Die Art der Zustimmung verriet nicht viel Auseinandersetzung mit der Sache, sondern eine selbstverständliche Übernahme der Leitervorstellung. In die gleiche Richtung wies die Art der Rückfragen (Rückfragen zur Klärung und Vertiefung wurden durchgehend von den Leitern gestellt). Die Auswertung verlief zäh und stockend, man hatte nicht den Eindruck, daß bei den Teilnehmern große Betroffenheit ausgelöst worden war. Die gesamte Interaktion ließ uns vermuten, daß das schulische Handlungsmuster – ›Es wird immer gesagt, was gemacht wird, und was der Lehrer sagt, ist richtig‹ – auch in dieser Situation die Teilnehmer in Schülerrollen und uns in Lehrerrollen zwang.« An diesem Beispiel wird das unbewußte Zusammenspiel zwischen Lehrern und Schülern deutlich. Nicht nur die Schüler, sondern auch die Leiter wirken an der doppelten Abwehr gegen selbstverantwortliche Gruppen mit. Die Gefahr, die eine solche Aufgabenstellung mit sich bringt – so sinnvoll sie an sich sein mag –, war vorweg nicht angesprochen worden. Man hätte vielleicht schon von vornherein darauf aufmerksam machen können, daß der Inhalt der Aufgabe unterlaufen wurde durch die Art und Weise, wie (von wem und an wen) sie gestellt wurde. Kurz: das »Was« ist vom »Wie« stark behindert worden. Alle waren ausgezogen, eine selbständige Einstellung zu erreichen, landeten aber alsbald im alten Lehrer-Schüler-Verhältnis.

Da gibt es nur eines, das erkannten auch die Leiter der Schülergruppen:»Wir beschlossen, dies in der nächsten Sitzung zu thematisieren« (Arzberger, 1978, S. 80f). Nur im *gemeinsamen* Gespräch lassen sich wechselseitig aufeinander abgestimmte Rollen auflösen oder, besser gesagt, weiterentwickeln. So ist jede Emanzipation ein Vorhaben, das nur durch den Dialog beider Seiten miteinander verwirklicht werden kann.

7 Was heißt nun also Widerstand?

Widerstand ist Gegnerschaft. Das Merkwürdige am Widerstand gegen Selbsthilfegruppen ist folgendes: Er richtet sich gegen etwas, das einem helfen könnte. Da aber gerade der Zweifel an der Wirksamkeit von Selbsthilfegruppen zu den verbreitetsten Erscheinungsformen des Widerstandes gehört, möchte ich auf den einfachsten Nachweis ihres Erfolges aufmerksam machen, auf die Tatsache nämlich, daß sie sich überhaupt gebildet haben. Wären sie erfolglos, hätten sie sich nämlich nicht halten und schon gar nicht verbreiten können. Nun gehört ja der Widerstand gegen die Heilung zu den größten Entdeckungen Sigmund Freuds. Diesen Widerstand in seinen manchmal chamäleonartigen Verwandlungen zu verstehen, macht die Hauptarbeit aller psychoanalytischen Therapien aus. Jeder Widerstand ist mehrfach bedingt, die Gegenkräfte haben also nicht nur eine, sondern zahlreiche Quellen. Sie lassen sich jedoch auf einen gemeinsamen Nenner bringen: Sie werden stets durch *Angst* mobilisiert. So reicht es nicht aus, Widerstand nur als Feindseligkeit zu verstehen; er ist zugleich ein *Angstschutz;* er schützt vor seelischen Schmerzen. Auch wenn dieser Schutz nicht ausreicht, wenn also die Abwehr unvollständig ist, so versucht sie doch immerhin, die Angst zu dosieren. Angst ist die Reaktion auf eine Gefahr. Uns interessiert deshalb, welche Gefahren Selbsthilfegruppen bedeuten könnten, und dies vor allem für zwei Gruppen: die Teilnehmer an den Selbsthilfegruppen und die professionellen Helfer und Erzieher, die ihnen möglicherweise beratend zur Seite stehen könnten.

Widerstand soll hier aber keinesfalls nur als intraindividuelles Phänomen aufgefaßt werden. Das Individuum ist sozusagen nur der Ort, in dem sich der Widerstand manifestiert. Wodurch er bedingt ist, dies ist eine andere Frage. Nur wenn man das Individuum als isoliertes Wesen auffaßt, als »soziales Atom«, kann auch Abwehr bzw. Widerstand als individuelles Phänomen aufgefaßt werden. Wir alle sind, was den seelisch-geistigen Bereich angeht, vom Augenblick unserer Geburt an miteinander verbunden. Unsere seelisch-geistige Welt ist wie ein Geflecht (eine Matrix, Foulkes, 1975), in das wir durch unsere Beziehungen zueinander eingebunden sind. Wenn also ein potentieller Selbsthilfegruppen-Teilnehmer oder ein Helfer sich gegen Selbsthilfegruppen ausspricht, so haben wir die Ursache nicht allein in ihm als Individuum zu suchen, wir müssen sie aber durch ihn ergründen.

Man kann die Widerstände bei Teilnehmern und Experten nach unterschiedlichen Gesichtspunkten betrachten. Der Widerstand der Experten zum Beispiel sinkt, wo Selbsthilfegruppen die Versorgung entlasten bzw. ergänzen oder dort, wo Ärzte mitwirken. Er wird dann nicht mobilisiert, wenn Selbsthilfegruppen außerhalb des traditionellen Versorgungssystems ansetzen, zum Beispiel Schüchterne eine Gruppe gründen. Er steigt, wo Selbsthilfegruppen in irgendeiner Form direkte Konkurrenz oder auch indirekte Kritik bedeuten könnten. Widerstand läßt sich auch nach den Faktoren ordnen, die ihn bedingen: Ist er gegen die Veränderung, gegen etwas Neues, Ungewohntes gerichtet? Gegen die Konfrontation mit den eigenen Störungen? Gegen das Gruppenarrangement? Gegen das Konzept der Selbstbehandlung? Wesentlich ist jedoch, daß wir von der ganzen Lebenssituation ausgehen. Dazu gehört die Lebensgeschichte mit all unseren erlernten Gewohnheiten; mit verdrängten Konflikten, vor deren Auftauchen wir uns ängstigen; mit Normen und Wertvorstellungen; mit unseren Auffassungen darüber, wie unsere Konflikte und Krankheiten entstehen und wie wir sie am besten kurieren können. Dazu gehört aber auch die augenblickliche Lebenssituation, unsere Schichtzugehörigkeit, unsere Berufsrolle, unser Leidenszustand und die Gruppen, in denen wir leben. Es geht also einmal um einen entwicklungsgeschichtlichen, *vertikalen* Aspekt, das heißt um frühere Erfahrungen und Verinnerlichungen, zum anderen aber um den aktuellen, *horizontalen* Aspekt, das heißt um unsere augenblicklichen Aktualisierungen und Abhängigkeiten. Beide Aspekte sind kaum voneinander zu trennen. Individuum, Familie, Lebensgruppen, Beruf, Gesellschaft als isolierte Einheiten voneinander zu trennen, ist nicht möglich. Gehen wir von dieser *sich ständig fortentwickelnden Mensch-Umwelt-Gestalt* aus, dann wird klar, daß die Widerstände gegen Selbsthilfegruppen nicht nur innerseelisch, und das heißt lebensgeschichtlich, sondern auch durch aktuelle Bedingungen vielfach determiniert sind. Innerhalb dieses Mensch-Umwelt-Gefüges geht es im wesentlichen um eine Veränderung der traditionellen Rollen, um ein neues therapeutisches oder pädagogisches Selbstverständnis jenseits der herkömmlichen Arzt-Patient- bzw. Lehrer-Schüler-Beziehung. Sprechen wir von der unbewußten Qualität des Widerstandes, so heißt dies, daß wir den Widerstand zunächst nicht bemerken. Wir ahnen oder fühlen ihn vielleicht, nehmen ihn aber nicht bewußt wahr. Selbstverständlich wappnen wir uns im Dienste des Widerstandes mit genügend scheinbar rationalen Begründungen. Diese Begründungen müssen wir jedoch sorgfältig überprüfen. Meist entpuppen sie sich – besonders, wenn es um die verdächtigen »vollen« Überzeugungen geht – als Rationalisierungen. Falstaff sagt: »Gründe sind so gemein wie die Brombeeren.«

4

**Probieren geht
über Studieren**

»Sie glauben doch nicht im Ernst,
daß dabei etwas Vernünftiges herauskommt« – dieser Satz kehrt bei jedem
Selbsthilfegruppen-Seminar, das ich
in den letzten Jahren mit beruflichen
Helfern und Erziehern durchführte,
wieder. Bei hochspezialisierten Fachärzten wie bei Sozialarbeitern, Krankenschwestern und Fürsorgern, bei
Hochschulprofessoren und bei
Grundschullehrern, bei Sozialpädagogen und Kindergärtnerinnen gibt
es wohl immer nur ein bedeutendes Hindernis für die Zusammenarbeit mit Selbsthilfegruppen: die eigenen Bedenken. Sie scheinen den
Widerstand der möglichen Teilnehmer womöglich noch zu übertreffen.

Vielleicht lassen sich einige Vorurteile durch die Darstellung von zwei
gelungenen Versuchen abbauen: ein Versuch von hochspezialisierten
Psychoanalytikern, der andere von Sozialpädagogikstudenten.

1 Psychoanalytiker berichten über ihre Selbsthilfegruppe

Zunächst geht es um eine leiterlose Gesprächsgruppe von Fachleuten,
die eine lange Ausbildung zum Therapeuten hinter sich hatten und
die nun zum Teil selbst als Ausbilder tätig waren.

Manche mögen einwenden, man könne hier nicht von einer Selbsthilfegruppe sprechen, handele es sich doch um acht therapeutische
Fachleute, die alle ihre psychoanalytische Ausbildung beendet hätten
(Kline, 1972). Das sei doch etwas anderes als eine Laiengruppe.
Natürlich ist eine solche Gruppe etwas anderes, sie kennt sich in
psychodynamischen und gruppendynamischen Vorgängen aus. Doch
trügt die Vorstellung, daß diese Spezialisten in einer Selbsthilfegruppe aufgrund ihrer beruflichen Erfahrung und aufgrund ihrer
Eigenanalyse sehr viel leichter arbeiten könnten als andere. Der
größte Unterschied zu den Laien-Selbsthilfegruppen liegt nämlich
darin, daß solche Teilnehmer ihr gesamtes professionelles Instrumen-
tarium äußerst geschickt zur Festigung einer fast undurchdringlichen
Abwehrorganisation nutzen können.

Die acht Experten kamen aufgrund eines Artikels von Martin Grotjahn (1969) zusammen, selbst ein hochangesehener Psychoanalytiker
in Los Angeles. Sie trafen sich wie jede andere Selbsthilfegruppe

einmal in der Woche für zwei Stunden. Niemand litt unter schweren seelischen Störungen. Doch zeigte sich bald, daß alle ein Gefühl der Isolation und der Einsamkeit, mehr unbewußt als bewußt, teilten. Vielleicht entspricht das einer speziellen Berufsschädigung bei Psychoanalytikern, die sich ja aufgrund der Abstinenzregel in der eigenartigen »Beziehung einer Nichtbeziehung« (Fürstenau, 1979) mit ihren Patienten befinden. Obwohl alle Psychoanalytiker eine erfolgreiche Praxis hatten, einige von ihnen auch als Dozenten im Rahmen der psychoanalytischen Ausbildung tätig waren und sich von ihren Kollegen, ihrer Familie und von ihren Patienten geachtet fühlten, zeigte sich recht schnell eine grundlegende Unzufriedenheit mit ihrer Arbeit und ihrem Leben. Der Bericht läßt das Helfer-Syndrom durchscheinen, von dem ja schon öfter die Rede war (s. S. 54 ff.): »Therapeuten sind von Natur aus schwierige Patienten, weil es so schwer für sie ist, vertrauensvolle Kinder zu werden« (Morgan, 1971), heißt es in einem Zitat. Alle wollten einen näheren, wärmeren Kontakt, waren aber unfähig, den Panzer, den sie aufgrund ihrer persönlichen Pathologie, ihrer Ausbildung und ihrer beruflichen Praxis gebildet hatten, zu durchbrechen. Ihr Hauptproblem hing mit ihrer beruflichen Motivation zusammen, eine »Übermutter« (»Mother Superior«) zu werden. Hinzu kam die unter Psychoanalytikern ausgeprägte Neigung, phantasievoll zu intellektualisieren und zu theoretisieren. Im Selbsthilfegruppen-Prozeß, in dem ja keiner in die sonst so gewohnte Therapeutenrolle schlüpfen sollte, beobachteten sie nun, daß sie ebenso naiv waren wie ihre Patienten; was sie taten, unterschied sich nicht wesentlich davon, wie auch Laien sich verhalten. Sie versuchten, als liebevolle, hilfreiche Geschwister miteinander umzugehen, ohne damit weiterzukommen. Sie übernahmen natürlich sofort und erleichtert die Therapeutenrolle, wenn einer einmal riskierte, ein persönliches Problem vorzubringen. Was wesentlich war, wurde möglichst herausgehalten. Keiner traute zunächst dem anderen, schon gar nicht dem Gruppenprozeß. Kurz, schon an der ersten Phase dieser Gruppenselbstbehandlung läßt sich der Widerstand der Experten festmachen. Dazu gehört auch der Widerstand, sich mit den eigenen Konflikten auseinanderzusetzen. Erst als Langeweile, Zorn und Empörung über die Zurückhaltung der Mitglieder und über die Fruchtlosigkeit des ganzen Unternehmens zu Affektausbrüchen führten, trat eine Wende ein. Wie bekannt müssen all denjenigen, die sich etwas mit dem Expertenwiderstand gegen Selbsthilfegruppen vertraut gemacht haben, die Reaktionen der Gruppe auf das Gruppengeschehen vorkommen! Emotionale Ausbrüche wurden zunächst als

»destruktiv«, »psychotisch« und »hemmungslos« bezeichnet. Als sie sich dann aber keinesfalls als zerstörerisch erwiesen, kam ein intensiverer Prozeß in Gang, der für alle Mitglieder in vielfacher Hinsicht therapeutisch wirksam war.

Die Besonderheit dieser Selbsthilfegruppe liegt nur vordergründig im Expertentum ihrer Mitglieder, entscheidender sind spezielle persönliche Merkmale. Dem Bericht nach handelte es sich um hochbegabte, exzessiv unabhängige Personen, die mit ihren Abhängigkeits- und Unterwerfungswünschen kontraphobisch umgingen, das heißt, ihre passiven Bedürfnisse durch betonte Selbständigkeit zu bewältigen suchten. Das ist bemerkenswert, weil aus psychoanalytischer Perspektive die Motivation zur Teilnahme an einer Selbsthilfegruppe folgendermaßen erklärt werden könnte: Da Selbsthilfegruppen Eigenverantwortlichkeit fordern, da sie keinen Therapeuten haben, von dem man abhängig werden könnte, besitzen sie insbesondere für kontraphobische Personen große Anziehungskraft, für Menschen also, die starke passive Bedürfnisse hinter betonter Aktivität und Selbständigkeit verstecken. Da Psychotherapeuten diese Form der Abwehr häufig aufweisen – der schon erwähnte Titel eines Vortrags von Jürg Willi hebt eben diese Eigenschaft hervor: »Sind Psychotherapeuten Patienten mit kontraphobischer Abwehr?« (Willi, 1975 a) –, können wir die Aufregung, die Selbsthilfegruppen in Expertenkreisen verursachen, jetzt noch besser verstehen: Gerade Psychotherapeuten müßten eigentlich fasziniert sein von der Gruppenselbstbehandlung, sie kommt ihrer Struktur sehr entgegen. Das erhöht natürlich sowohl Ambivalenz wie Widerstand erheblich.

Man muß daraus nun keineswegs schließen, daß die Gruppenselbstbehandlung in kontraphobisches Agieren ausarte. Setzt man nämlich diese Abwehrorganisation der kontinuierlichen Bearbeitung durch die Gruppe aus, dann wird sie schnell entlarvt. Meines Erachtens liegt der Hauptgrund für diese therapeutische Auflösung der Abwehr in der einfachen Tatsache, daß mehrere Menschen über längere Zeit hinweg zusammenkommen und dabei sich selbst, ihr Verhalten, Fühlen und Denken als Thema haben. Das eigene Verhalten wird da, ob man will oder nicht, kontinuierlich reflektiert, alle sogenannten Externalisierungen, Projektionen, Delegationen, Rollenvorschriften werden dem Betroffenen in der Gruppe wieder zurückgespiegelt; der einzelne kann sie nicht ausstoßen, sie loswerden wie im täglichen Leben, vielmehr sieht er sich ständig und unausweichlich mit ihnen konfrontiert. Das wird anhand des Berichtes sehr deutlich. Diese Spiegelung entspricht dem Gruppenprinzip und auch dem Selbsthilfe-

prinzip, auf das ich im Rahmen des Konzeptes der Gruppenselbstbehandlung ausführlicher eingegangen bin (Moeller, 1978, S. 256ff).
Die Experten-Selbsthilfegruppe war erstaunt darüber, daß sie schließlich ohne Führer auf kooperativer Basis funktionierte. Auch das Ergebnis überraschte die Teilnehmer, zumal es sich erst um einen Zwischenbericht nach eineinhalb Jahren handelte. Alle Teilnehmer bemerkten positive persönliche Veränderungen. Sie wurden fähiger, ihre Bedürfnisse nach direkten Beziehungen zu anderen zu äußern. Sie konnten eher Hilfe von anderen annehmen. Kurz, sie hatten begonnen, ihre hochgradig kontraphobische Charakterpanzerung aufzulösen. Sie waren nicht länger nur auf die helfende Rolle von Vater, Mutter und älteren Geschwistern fixiert, das Familienleben verbesserte sich. Auch die therapeutische Tätigkeit profitierte: Patienten, deren Behandlung lange Zeit stagniert hatte, machten plötzlich große Fortschritte.

2 Sozialarbeiter schildern die Anfangszeit und die Auswirkungen ihrer Selbsthilfegruppe

Unter dem Titel »Bildung als Selbstverwirklichung« haben zwei Sozialpädagogen, Christina Frey und Ingo Jäckel, die Entwicklung und den Verlauf einer Selbsthilfegruppe für Sozialpädagogikstudenten dargestellt (1971). Zwei Sätze skizzieren die Ausgangssituation: »Nachdem wir erlebt haben, wie schwierig es ist, die Vielfalt der Methoden einzuordnen, entstand der Anspruch, einen eigenen Weg und Standpunkt für uns selbst und die Gruppe zu finden« (Teil 1, S. 2). Neben diesem Versuch einer selbstbestimmten Orientierung angesichts einer Fülle unterschiedlicher Ansätze und der daraus resultierenden Orientierungslosigkeit, die nicht nur für Sozialarbeiter, sondern für die gesamte psychosoziale Versorgung zunehmend zum Problem wird, geht es aber nicht nur um eine theoretische Auseinandersetzung: »Wir verarbeiten nicht nur rein kognitives Wissen, sondern wir erleben uns selbst mit unseren Gefühlen und setzen sie zu anderen Gruppenmitgliedern in Beziehung. Die zentrale Bedeutung unserer Gruppe sehen wir auch darin, selbst Gruppenprozesse zu erkennen und mit Konflikten umgehen zu lernen. Dadurch, daß wir die Gruppe ohne Leiter durchführen, ist jeder einzelne für sich selbst und die anderen verantwortlich. Wir lernen und erfahren uns in einer realeren Situation und können somit durch den eigenen Prozeß mehr Sicherheit gewinnen« (Teil 1, S. 1f).
Die Gruppe hatte neun Mitglieder: fünf Studentinnen, vier Studenten.

Sie war aus einem gruppendynamischen Wochenende entstanden und traf sich zunächst vierzehntägig. Als die Gruppe begann, gab es den Zwiespalt zwischen dem »Wunsch, mit den Teilnehmern Neues im Rahmen spontaner Aktionen zu erleben, und dem Bedenken, den Verlauf solcher Erlebnisse nicht vorplanen, absehen und steuern zu können« (Teil 1, S. 12). So fand der Vorschlag, die Gruppenabende anhand bestimmter Richtlinien vorzubereiten, allgemeine Zustimmung. Da zwei der Mitglieder sich entschlossen, über diese Gruppe einen Bericht zu machen (s. o.), mußte dies ausführlicher besprochen werden. Es geschah vor Beginn der fünften Selbsthilfegruppen-Sitzung, aus der ich den folgenden Ausschnitt bringen möchte:

»Nach der Besprechung der Hausarbeit entstand wieder eine lockere, lustige Stimmung in der Gruppe, die einen ernsthaften Anfang erschwerte.

Christina unterbrach, indem sie sagte: ›Ich habe andere Erwartungen heute abend. Mir fällt es schwer, hier mitzumachen, weil ihr so lustig seid. Ich bin in einer anderen Stimmung, ich möchte keine Spielchen machen . . .‹ Sie machte danach den Vorschlag, uns gegenseitig mal Feedback zu geben, wobei sie sich die Übung mit dem ›heißen Stuhl‹ vorstellen könnte.

Alle Gruppenmitglieder außer Claudia gingen auf den Vorschlag ein und waren bereit, eine ernstere Übung mitzumachen. Während dieses Gespräches äußerten viele ihr Wohlbefinden. Claudia sagte jedoch, sie fühle sich unwohl, weil sie von einer vorhergehenden Bemerkung von Christina verletzt sei. Claudia fühlte sich Christina gegenüber oft unsicher, was sie sinngemäß folgendermaßen äußerte: Sie habe oft den Eindruck, daß Christina irgend etwas schlecht an ihr fände und dies ihr verschweige. Christina sei oft so ernst, und sie wisse nicht, was sie davon halten solle. Sie sei sich häufig unsicher, ob Christina ihr Verhalten gut oder nicht gut finde und dann treffe es sie ziemlich stark, wenn Christina es mal rauslasse. Bruno stellte dabei fest: ›Du machst dir Gedanken, was andere über dich denken. Dieses Thema von dir, Claudia, zieht sich wie ein roter Faden durch die Gruppe.‹ Claudia empfand dies als Vorhaltung und konnte es so, wie er es sagte, nicht annehmen.

Mehrere Teilnehmer bestätigten Brunos Aussage und versuchten Claudia klarzumachen, daß sie jederzeit das Recht habe, dieses Thema wieder in die Gruppe einzubringen. Einige Gruppenmitglieder bekräftigten, daß sie die Thematik auch stark betreffe, sie aber nicht den Mut wie Claudia aufbrächten, dies so offen in der Gruppe zu äußern.

Stellvertretend für die vielen Beiträge dazu sagte Peter: ›Mir ist auch aufgefallen, daß du schon zwei oder dreimal angesprochen hast, daß du dir Gedanken machst, was andere über dich denken. Aber das macht mir nichts aus und regt mich auch nicht auf. Ich habe nur gemerkt, daß es in die Gruppe eingebracht war und das kann ich gut akzeptieren. Die Gedanken habe ich auch wie du, bloß bring ich sie nicht so wie du ein.‹

Fränzi bemerkte noch, daß oft Mißverständnisse nicht geklärt würden, weil sie gar nicht angesprochen würden.

Es folgte ein Rundgespräch aller Teilnehmer mit feedback und sharing. Danach fühlte sich Claudia auch wieder besser. Für Christina blieb aber noch eine Spannung. Das erneute Gespräch konnte jedoch auch nicht klären, warum sich Claudia gerade bei ihr so unsicher fühlt.

Christina sagte dann zu Claudia: ›Wie du dich verhalten sollst, weiß ich nicht – ich weiß nur für mich, was ich besser zum Ausdruck bringen will, was ich denke, und zwar nicht nur nonverbal.‹

Danach trat eine Pause ein, in der sich die Atmosphäre in der Gruppe wieder lockerte. Nach der Frage, ob noch eine Übung gemacht werden sollte, kamen einige Vorschläge. Bruno fand es wichtig, nicht einfach eine Übung zu machen, sondern darauf zu achten, daß die Übung auch zur Thematik bzw. zum Gruppengeschehen paßt.

In einem weiteren Rundgespräch äußerten die Teilnehmer, wo sie standen und was sie noch machen sollten.

Christina unterbrach die Runde und sagte, daß sie sich außerhalb der Gruppe fühle. Alles habe sich vorher auf Claudia gerichtet, und sie habe sich dabei allein empfunden.

Bruno fragte zurück, ob sie sich vernachlässigt gefühlt habe, worauf Christina antwortete, daß sie der Konflikt mit Claudia betroffen gemacht habe und sie jetzt feststelle, daß ihr Kopfweh im Zusammenhang mit den Spannungen zwischen ihr und Claudia stehe.

Nachdem Bruno gefragt hatte, was sie jetzt wolle, antwortete sie, sie fühle sich jetzt besser, weil sie es in der Gruppe angesprochen habe.

Die Anspannung in der Gruppe löste sich wieder . . . Der Konflikt, den wir gemeinsam angegangen hatten, die Offenheit und der Verlauf des Gruppenabends verstärkten den Zusammenhalt und die Hoffnung in der Gruppe« (Teil 1, S. 29–31).

Diese selbstorganisierte Gruppe arbeitete – vermutlich im Anschluß an vorangegangene gruppendynamische Sitzungen – zunächst recht stark mit Übungen. Sie ließ im übrigen auch zu, daß sich das gemeinsame Gruppengespräch in viele Einzelgespräche auflöste. Als Gruppenanalytiker würde ich das als eine Abwehrformation der Gruppe ansehen (Fraktionierung der Gruppe). Doch ist es keineswegs ausgemacht, ob eine solche Deutung der Gruppe entscheidend weiterhilft. Die Unbefangenheit, mit der diese Gruppe das freie Gespräch mit Übungen, das »Rundgespräch« mit parallelen »Einzelgesprächen« verbindet, zeugt von einer großen Flexibilität und Gruppenkohäsion. So können die beiden Autoren zur Entwicklung des Gruppenprozesses einschließlich dieser Sitzung zusammenfassend sagen, »daß die größere Eigenverantwortlichkeit bzw. Selbstbestimmung, die Offenheit und die Bemühung, mit sich an der Gruppe zu arbeiten, den Wert der Gruppe für den einzelnen steigerten und dies zu einer kontinuierlichen Entwicklung des Gruppenprozesses führte« (Teil 1, S. 35). Eine so günstige Einschätzung nach erst fünf Sitzungen ist erstaunlich, zeugt von einer guten Gruppenzusammensetzung und liegt in diesem besonderen Fall sicherlich auch mit an den vorausgegangenen gruppendynamischen Sitzungen.

Die Gruppe hatte in einer Art Selbsterforschung die Sitzungen gemeinsam ausgewertet. Die positiven Erfahrungen der einzelnen Teilnehmer lassen sich folgendermaßen zusammenfassen: »Die Gruppe zeichnete sich vor allem in der Anfangszeit durch das gelokkerte, kreative und spontane Gruppenklima aus. Der einzelne konnte sich frei entfalten und sich in der Vielfalt von Ausdrucksmöglichkeiten, Ideenreichtum und phantasievollem Erleben immer wieder in neuen Bereichen entdecken und kennenlernen. So betonen einige ihr Wohlbefinden in einer angenehmen Gruppenatmosphäre. Die Gruppe ist somit nicht nur ein Ort von Streß, Auseinandersetzung und Aufarbeitung von Problemen, sondern bietet auch Möglichkeiten, Spaß und Freude mit sich und den anderen zu haben. Durch das neue Erleben, Nähe, Wärme und Zuneigung haben sich Wege geöffnet, offener auf andere zuzugehen, Beziehungen intensiver zu gestalten, sich selbst ernster und wichtiger zu nehmen, kurz, Schritte nach vorne zu machen.«

Zu ähnlichen Einschätzungen kommen auch andere Selbsthilfegruppen bei näherer Untersuchung. Das schließt natürlich typische negative Erfahrungen nicht aus: »Negative Erfahrungen wie Unpünktlichkeit, Nachlässigkeit in organisatorischen Fragen und Verantwortungslosigkeit wurden in der Gruppe öfters angesprochen. Diese Problematik ist in stärkerem Maße erst durch das Ablösen des Trainers hinzugekommen. Der einzelne mußte erst lernen, mit der neuen Situation – Verantwortung für sich selbst zu übernehmen und vor allem für die Gruppe – umzugehen. Weitere Schwierigkeiten machten auch die unterschiedlichen Ansprüche und Erwartungen, vor allem, weil es nicht allen in gleicher Weise gelang, ihre eigenen Vorstellungen einzubringen und durchzusetzen. So kam es auch in Entscheidungssituationen öfters zu Unzufriedenheit, weil einige keine klaren Vorstellungen hatten. Die Gruppe wurde dann als unentschlossener Haufen gesehen, der Entscheidungen verschleiert und aufschiebt. Erst in dem Maße, wie einzelne versuchten, offen das zu artikulieren, was in ihnen war, entwickelte sich auch eine direktere Kommunikation. Solange wir uns noch mit Samthandschuhen anfaßten, blieben wir sehr an der Oberfläche der Beziehungen und Probleme hängen und vertuschten die eigentliche Problematik. Anfänglich gelang es den Gruppenmitgliedern auch nicht, das notwendige Einfühlungsvermögen den anderen gegenüber aufzubringen. Beiträge fielen unter den Tisch, Ängste konnten nicht angesprochen werden, Unzufriedenheiten wurden öfters nicht gesehen und belastende Beziehungen blieben ungeklärt.«

Dennoch ergab sich schließlich in einer Bewertungsskala, daß die Gruppe als »ziemlich hilfreich« eingeschätzt wurde; Stellenwert und Bedeutung der Gruppe waren also für den einzelnen »recht hoch«. Interessant ist auch, wo die Mitglieder die Grenzen einer Selbsthilfegruppe sehen. Dazu die Bemerkung eines Gruppenmitgliedes: »Die Grenzen liegen hauptsächlich in mir, in meiner Bereitschaft, Vertrauen zu investieren, meinem Gefühl, angenommen zu sein.« Und ich würde zustimmen, wenn die Autoren meinen, »daß die Vielzahl der Bedenken und Ängste gegenüber Gruppenerfahrungen vor allem in der Unsicherheit wurzeln, sich auf Veränderungen einzustellen und damit zu leben. Der Mensch fühlt sich in seinem Selbst, das er im Laufe seiner Sozialisation verfestigt hat, bedroht und muß erst lernen, darüber hinaus neue Erfahrungen zu machen, seine Einstellungen zu verifizieren und zu erweitern und dementsprechend sein Verhalten zu ändern« (Teil 1, S. 58). Eben diese Möglichkeit aber sehen sie in den Selbsthilfegruppen für alle sozialen Berufe und für jede Art von Ausbildung.

Ich werde weiter unten noch auf die »Selbstanwendung« eigenverantwortlicher Gesprächsgruppen für professionelle Helfer und Erzieher zu sprechen kommen. Sie haben in mehrfacher Hinsicht Bedeutung: als Selbstbehandlung, als Teil der Ausbildung, als Chance, die helfende und pädagogische Beziehung weiterzuentwickeln; und natürlich, als optimale Grundlage für die Zusammenarbeit mit Selbsthilfegruppen. Die größten Probleme sind auch hier nicht die tatsächlichen äußeren Schwierigkeiten beim Aufbau selbstorganisierter Gruppen, sondern der ungebrochene, irrational bedingte, wenn auch sich rational gebende Widerstand.

Vielleicht können wir Wissenschaftler von den
Selbsthilfegruppen lernen, bevor wir sie zu Tode
analysieren, evaluieren und schließlich beraten.

Ilona Kickbusch

1 Wer kann mit Selbsthilfegruppen zusammenarbeiten?

Zusammenarbeit soll hier in erster Linie heißen: Selbsthilfegruppen anregen, unterstützen und beraten. Auf weitere Möglichkeiten, Selbsthilfegruppen zu fördern, komme ich später zu sprechen. Wer mich nach geeigneten Beratern fragt, genau den spreche ich gern als ersten an. Sie als Leser dieses Buches gehören dazu. Was könnten Sie tun?

5
Wie sieht die
Zusammenarbeit mit
Selbsthilfegruppen aus?

– Sie könnten Selbsthilfegruppen unter denjenigen anregen, *mit denen Sie unmittelbar zu tun haben:* unter Ihren Klienten, Schülern, Patienten, unter den in Ausbildung Befindlichen, aber auch unter Ihren Kollegen.
– Sie könnten *unabhängig von Ihrem engeren Tätigkeitsfeld* dort initiativ werden, *wo Sie selbstverantwortliche Gesprächsgruppen für besonders sinnvoll halten.* Mir erscheinen zur Zeit Selbsthilfegruppen für chronisch Leidende und Behinderte sowie für Familien mit Unfallverletzten als besonders nötig.
– Sie könnten mit Ihren näheren Arbeitskollegen eine *Arbeitsplatz-Selbsthilfegruppe* bilden, wobei Sie wahrscheinlich am schnellsten auf die typische Verfilzung berechtigter und unberechtigter Bedenken stoßen dürften.
– Sie könnten schließlich für sich selbst und andere, die nicht Ihre unmittelbaren Arbeitskollegen sind, eine *selbstverantwortliche Gesprächsgruppe* ins Leben rufen, was vielleicht die meisten Schwierigkeiten machen wird.

Zumindest diese vier Möglichkeiten hat jeder. Die meisten Leser dieses Buches werden als Angehörige der sozialen Berufe im Gesundheitswesen, in Erziehung und Ausbildung, im Bereich Arbeit und Soziales oder bei kirchlichen Einrichtungen tätig sein. Die große *Berufsgruppe der psychosozialen Helfer und Erzieher,* die *Betroffenen,* die interessierten *Journalisten* und die *zuständigen Politiker* sind die vier Hauptkräfte bei der Entwicklung selbstverantwortlicher Gesprächsgruppen.

Viele Berufe kenne ich nur vom Hörensagen, meine Aufzählung muß also lückenhaft bleiben. Es kommt aber auch mehr darauf an, aufgrund der hier gegebenen Anregungen selbst zu entdecken, was aus der eigenen Position heraus getan werden könnte.

83

Dabei ist der im Berufsleben oft so wichtige Platz in der hierachischen Ordnung für die Zusammenarbeit mit Selbsthilfegruppen an sich gleichgültig. Ob die Zusammenarbeit mit Selbsthilfegruppen von höchster Stelle anerkannt wird oder nicht, kann einer Krankenschwester, einem Sozialarbeiter, einem Pfleger oder einer Kindergärtnerin allerdings nicht gleichgültig sein. Ich kenne eine Sozialbehörde, die ihren Familienbetreuern die Begleitung von Selbsthilfegruppen zunächst untersagte und erst nach langwieriger Aufklärungsarbeit einlenkte. Solche Arbeitgeber wissen nicht, was sie tun: Erstens haben sie kaum eine Ahnung von der Selbsthilfegruppen-Arbeit, das heißt von dem, was sie da eigentlich verbieten. Zweitens ist die Zusammenarbeit mit Selbsthilfegruppen auch streng juristisch gesehen keine Beziehung, in der jemand für einen anderen Verantwortung übernimmt. Man kann sie daher ebensowenig verbieten wie ein Gespräch. Dennoch ist es natürlich von Vorteil, wenn auch die Institution, in der man arbeitet, hinter einer Sache steht. Vielen bleibt also die mühsame Arbeit nicht erspart, auch innerhalb bzw. mit ihrer jeweiligen Institution auf die Förderung von Selbsthilfegruppen hinzuarbeiten, das heißt, auch die offiziellen Ziele daraufhin auszurichten.

Erzieher

Wer erzieherisch tätig ist, hat mit den unterschiedlichsten Gruppen und Menschen in häufig problematischen Situationen zu tun. Er könnte sie zu selbstverantwortlichen Gesprächsgruppen ermutigen. Mich überraschte vor kurzem der von mir sehr geschätzte Inhaber meiner Stammbuchhandlung mit dem dringenden Vorschlag, Selbsthilfegruppen für Lehrlinge in die Wege zu leiten: »Die sind in einer seelisch sehr belastenden Lage, oft unzufrieden mit ihren Lehrstellen und dem, was sie da tun und lernen. Sie sehen sich dann einer Prüfung gegenüber, vor der sie Angst haben, weil dort auch vieles verlangt wird, was ihnen abgelegen erscheint. Und schließlich kommen sie oft in eine für sie völlig unbekannte oder unüberblickbare Lebenssituation.« Er wisse das aus seiner Tätigkeit als Vorsitzender des Prüfungsausschusses für Buchhändler der Industrie- und Handelskammer. – Von ihm könnte zum Beispiel eine Initiative ausgehen. Noch günstiger sieht es aus für Erzieher, die stärker mit ihren »Zöglingen«, mit Schülern oder Studenten, in Kontakt stehen: für alle Lehrer an Grund-, Berufs- und höheren Schulen, ferner diejenigen, die unmittelbar für die praktische Berufsausbildung, etwa für die Lehre, verantwortlich sind; für Heil- und Sonderpädagogen; für Kindergärtnerinnen und Jugenderzieher; für Erzieher, die in Heimen arbeiten; für alle Hoch- und Fachhochschullehrer. So machte ich vor kurzem einem Schulleiter, der neben seinen Verwaltungs- und Unterrichtsaufgaben auch noch als Gesprächspartner bei den Konflikten seiner hundert Lehrer verfügbar sein muß, in einer Unterhaltung folgenden Vorschlag: Er solle doch die Selbsthilfegruppen-Idee nicht nur bei den Schülern · und Lehrern zur Diskussion stellen, sondern auch andere Schulleiter zu einer gemeinsamen Gesprächsgruppe anregen, da sie ja ähnliche Konfliktsituationen und Belastungen durchzustehen hätten wie er.

Helfer

Die meisten meiner Beispiele stammen natürlich aus dem Bereich der medizinischen Versorgung, dem ich selbst angehöre. Die Gruppenselbstbehandlung steht deshalb im Vordergrund. Doch möchte ich immer wieder hervorheben, daß die Selbsthilfegruppen-Arbeit in ebenso starkem Maß der persönlichen Lebensgestaltung, der Identitätsbildung, also der eigenen Entwicklung dienen und den engeren Bereich der Erziehung wie den der medizinisch-psychosozialen Versorgung weit überschreiten kann. Selbsthilfegruppen entsprechen einer psychosozialen Bürgerinitiative. Jedoch haben gerade diejenigen, die in der medizinisch-therapeutischen bzw. in der psychosozialen Versorgung im weiteren Sinn tätig sind, die beste Ausgangsposition zur Zusammenarbeit mit Selbsthilfegruppen.
Das erkannte zum Beispiel eine Gymnastiklehrerin im Vorort einer Großstadt, die mit Herzinfarktkranken, aber auch mit ihrer mehr oder weniger gesunden Klientel kurzerhand ein Informationstreffen über selbstverantwortliche Gesprächsgruppen vereinbarte. Auf diese Weise entstanden zwei Selbsthilfegruppen, die weitere Gruppen anregen werden.
Genauso könnten Sozialarbeiter, Krankenschwestern, Pfleger, Fürsorger, Praktische Ärzte und Fachärzte aller Richtungen, Gemeindeschwestern, Psychologen, Berater in den unterschiedlichsten Beratungsstellen, Pfarrer und vor allem Psychotherapeuten ohne weiteres beginnen; kurz alle, die in irgendeiner Weise im Rahmen einer Organisation für Menschen sorgen.
Es hat große Mühe gekostet, bis die Anonymen Alkoholiker direkt in Kliniken und Gefängnissen arbeiten konnten. Es wird umgekehrt für einen beruflichen Helfer auch nicht einfach sein, die schützende Institution wenigstens teilweise zu verlassen. Für einen Therapeuten

ist es eben ungewohnt, etwa mit Hilfe von Anzeigen Selbsthilfegruppen anzuregen, statt wie üblich in seinem Zimmer zu sitzen und auf das Klopfen eines Bedürftigen zu warten.

Betroffene

Natürlich sind es die Betroffenen selbst – unter ihnen besonders diejenigen, die schon Erfahrung mit Selbsthilfegruppen haben – die zur Verbreitung der Selbsthilfegruppen-Idee am meisten beitragen können. Man denke nur an die Möglichkeiten des Bundesverbandes »Hilfe für Behinderte«, in dem sich 30 medizinische Selbsthilfeorganisationen mit etwa 250000 Mitgliedern zusammengetan haben. Hier könnten selbstverantwortliche Gesprächsgruppen die bisherige »äußere« Selbsthilfe sinnvoll ergänzen.

Von Sozialmedizinern zu Taxifahrern

Daneben gibt es noch viele andere, deren Mitarbeit zum Erfolg von Selbsthilfegruppen beitragen könnte. Da sind zum Beispiel all diejenigen, die recht gut Bescheid wissen über sogenannte Risikogruppen: Medizinsoziologen, Sozialmediziner und Meinungsumfrageinstitute. So hat das Psydata-Institut Frankfurt durch eine qualitative Umfrage – das heißt, in Diskussionsgruppen mit Betroffenen – herausbekommen, was Eltern mit verhaltensauffälligen Kindern als wesentliche Hilfe erwarten: selbstorganisierte Elterngruppen (1978). Es gibt andere Berufsgruppen, die sozusagen den seelischen Puls ihrer Zeitgenossen fühlen. Ein Masseur sagte mir vor kurzem: »Sie glauben gar nicht, was ich alles zu hören bekomme. Ich bin dem kaum noch gewachsen. Meine Massage ist im Grunde ganz nebensächlich. Die Leute sprechen sich hier aus – über ihre Probleme, über Familienkrach und Schwierigkeiten bei der Arbeit. Die müßten alle zum Psychotherapeuten.« Zur Zeit spreche ich Taxichauffeure an, was sie davon halten, wenn man Handzettel über Selbsthilfegruppen austeilen würde an alle, die ihrer Meinung nach daran Interesse haben könnten. Zu meiner Überraschung rannte ich offene Türen ein. Ein Taxichauffeur hat Gäste, die abends nur deshalb ins Taxi steigen, um sich mal über ihre Konflikte aussprechen zu können. Ein anderer sagte mir, er fahre nur Taxi, um seinen Fahrgästen bei der Lösung ihrer Probleme behilflich zu sein. Besonders nachts sind Taxichauffeure offensichtlich die Psychotherapeuten der Nation.

Auch Angehörige anderer Berufe könnten anregen und mitorganisie-
ren: Friseure, Gastwirte, Einzelhändler, der Mann und die Frau im
Kiosk, Barkeeper, kurz alle Berufsgruppen, wo man mit vielen ande-
ren ins Gespräch kommt. So steht zum Beispiel im Protokoll der Arbeitsgemeinschaft Selbsthilfegruppen, Region Zürich (ASZ), vom 20. 1. 1979:»Frau K. hat
außerdem Kontakt aufgenommen mit Herrn S. O., einem Theater-
fachmann, der bereit wäre, zu prüfen, ob die Selbsthilfegruppen des
ASZ als *Theater* an die Öffentlichkeit gelangen könnten. Herr O. wird
mit einigen der heute anwesenden Gruppen Kontakt aufnehmen.«
Die Realität übertrifft manchmal die kühnsten Phantasien.

Politisch Verantwortliche im Gesundheits-, Bildungs- und Sozialwesen

Neben den Fachleuten, Betroffenen und Journalisten können die
politisch Verantwortlichen im Gesundheits- und Sozialwesen sowie
im Bildungsbereich die Entwicklung der Selbsthilfegruppen entscheidend vorantreiben.

Ihr Beitrag bezieht sich vor allem
– auf die *Unterstützung der Selbsthilfegruppen-Forschung,* wie sie bei unserem mehrjährigen Projekt vom Bundesministerium für Jugend,
  Familie und Gesundheit bereits geleistet worden ist;
– auf die Finanzierung entsprechender *Modellversuche,* wie sie zum
  Beispiel im Rahmen unseres Selbsthilfegruppen-Projekts innerhalb
  der Hochschulausbildung für Soziologen in Aussicht steht;
– auf die Unterstützung *ganz bestimmter Einrichtungen,* wie etwa die
  Gemeindewerkstätten in den Niederlanden (siehe S. 204 f.) oder wie
  das Nationale Institut für Selbsthilfegruppen in New York bzw.
  Toronto;
– schließlich auf entsprechende *Gesetze;* schon jetzt wurden in wenigstens fünf Fällen die Forderungen der Selbsthilfeverbände berücksichtigt (Funcke, 1977, S. 474).
Solche gesundheitspolitischen Maßnahmen sind mit Kosten verbunden. Doch die psychologisch-therapeutischen Selbsthilfegruppen bei
uns werden noch längst nicht in dem Maße unterstützt, wie etwa die
ebenfalls therapeutisch wirkenden Wohnblock-Selbsthilfegruppen in
den Slums der Vereinigten Staaten. Das *Time Magazin* vom 3. 4.
1978 schreibt:»Selbsthilfegruppen, die sich zusammentun, um die
Nachbarschaft zu verbessern, können im kommenden Steuerjahr
Regierungszuschüsse über insgesamt 100 Millionen Dollar beantra-
gen.« Warum sollte eine ähnliche Unterstützung im Bereich der

psychosozialen Selbsthilfegruppen eines Tages nicht auch bei uns möglich sein? Zunächst allerdings gilt es, Maßnahmen zu ergreifen, die insgesamt kaum Kosten verursachen, aber dennoch einen sehr hohen Effekt haben dürften: Der wirkungsvollste und *einfachste Beitrag aller Gesundheitsbehörden bestünde zuerst darin, neutrale, gut erreichbare Räume für Selbsthilfegruppen abends kostenlos zur Verfügung zu stellen.* Dasselbe gilt für die Verantwortlichen des Bildungswesens. Auf regionaler Ebene stehen ihnen in den Schulen sicherlich Raummöglichkeiten zur Verfügung. Ehe jedoch Räume, obwohl sie abends leerstehen, für vernünftige, erwachsene Bürger aufgeschlossen werden, können Jahre vergehen. Dies ist eine ernstzunehmende Barriere; nicht die vielzitierten Kosten sind nämlich das Problem zwischen Gesundheitsbehörden und Selbsthilfegruppen, sondern die festgefahrene Struktur, das nicht zu Veränderung fähige Verhalten, kurz: die Ideenrigidität und Phantasielosigkeit einer Bürokratie. Bürokratische Organisationsstrukturen sind eben selbst für kleinste Innovationen ungeeignet. Diese Rigidität hat ihre psychodynamische Quelle unbewußt in der Ablehnung der Selbsthilfegruppen, was die ohnehin vorhandene Distanz zwischen den Bürgern und den Organen, die eigentlich für ihre Gesundheit da sein sollten, noch vergrößert. Diese institutionalisierte Unbeweglichkeit wiegt deshalb um so schwerer, weil die Befangenheit Behörden gegenüber bei der deutschen Bevölkerung ohnehin weit verbreitet ist. Ein Umfrageergebnis von Infratest zum Thema »Bürger und Sozialstaat« führte am 16. 1. 1980 zu folgender Schlagzeile des *Hamburger Abendblattes:* »Jeder zweite hat Angst vor Behörden«. Die Scheu der Bevölkerung und die Behördenstarrheit bilden in unseliger Gemeinsamkeit eine ernste Behinderung für die Entwicklung von Selbsthilfegruppen.

Nach unseren Erfahrungen sind die »bürgerferneren« höheren Ränge des Gesundheitswesens aufgeschlossener als diejenigen, die regional oder lokal unmittelbar mit der Bevölkerung zu tun haben.

Natürlich können auch Behörden ihr Bewußtsein ändern. Wenn die Gesundheits- und Bildungspolitiker auf allen Ebenen lokale psychosoziale Selbsthilfegruppen-Initiativen aufmerksam beobachteten, wäre eine Änderung der Einstellung vermutlich am ehesten zu erreichen. Sie würde nicht nur die Entwicklung der Selbsthilfegruppen unterstützen, sondern vor allem einer sinnlosen Gegnerschaft zwischen Behörden und Bürgern wenigstens in diesem Bereich vorbeugen. Manchmal gelingt dies auch. In Hamburg beabsichtigt das Referat für Gesundheit, in den Gesundheitsämtern aller Bezirke Räume für

Selbsthilfegruppen zur Verfügung zu stellen. Da ein einziger Raum in der Regel für fünf Selbsthilfegruppen reicht (fünf Abendtermine in der Woche), wäre damit schon viel getan.

2 Warum haben Journalisten und Massenmedien eine überragende Bedeutung für die Zusammenarbeit?

Von der nicht zu überschätzenden Bedeutung aller Massenmedien – Presse, Rundfunk, Fernsehen, Buchmarkt – für die Entwicklung der Selbsthilfegruppen und damit von der Aufgabe für Journalisten, Betroffene anzuhören und anzusprechen oder Gesprächsgruppen in Form von Berichten zu fördern und mitzuorganisieren, habe ich bereits in dem vorangegangenen Buch über Selbsthilfegruppen gesprochen (Moeller, 1978, S. 197 ff). Patienten wissen, wohin sie sich wenden können. Sie haben in der ärztlichen Praxis und medizinischen Klinik ihre »Bezugspersonen«. Schüler und Auszubildende haben ihre Lehrstätte. Wenn aber ein Querschnittsgelähmter mit anderen, die vom gleichen Leiden betroffen sind, Kontakt aufnehmen möchte, um eine Gesprächsgruppe ins Leben zu rufen, findet er keine entsprechende Institution vor. Für ihn führt der günstigste Weg zu den anderen über einen Bericht in der lokalen Tageszeitung. Selbst wenn er eine Regionale Arbeitsgemeinschaft Selbsthilfegruppen (siehe Anhang) in seinem Ort vorfände, wäre die Zusammenarbeit mit einem Journalisten aus Presse, Rundfunk oder Fernsehen dennoch unerläßlich für ihn.

Als ein Mitarbeiter von mir, Hans Kronsbein, Selbsthilfegruppen für Multiple-Sklerose-Kranke anregte, dachten wir trotz unserer langjährigen guten Erfahrungen mit den Massenmedien – die zum Beispiel unsere Gründungsversammlungen bekanntgemacht hatten –, daß sich in diesem Fall die Betroffenen über die Neurologischen Kliniken am besten erreichen ließen. Dies stellte sich als falsch heraus. Von den 90 persönlich angeschriebenen, ehemals klinischen Patienten kamen nur neun, während über die Berichte in der Tagespresse dreißig motiviert wurden.

Wie Kliniken für Patienten sind die Massenmedien *die* Institution für Selbsthilfegruppen. Das macht die überragende Bedeutung von Presse, Rundfunk und Fernsehen für die Anregung eigenverantwortlicher Gesprächsgruppen und deren Zusammenarbeit mit Fachleuten aus. Damit aber kommt nicht nur eine ungewohnte und verantwortungsvolle Aufgabe auf Journalisten zu, umgekehrt müssen auch Teilnehmer von Selbsthilfegruppen und Fachleute sich in diesem für sie zunächst befremdlichen Bereich zurechtfinden lernen. Die durchweg ermutigenden Erfahrungen lassen die Frage aufkommen, ob uns nicht in den Massenmedien ein therapeutisches Instrument heranwächst, das alle institutionalisierten Versorgungsmöglichkeiten weit übertreffen könnte.

Wie sehen die Aufgaben für Presse, Rundfunk und Fernsehen konkret aus? Ende 1979 gab es innerhalb von vier Wochen drei im ganzen Bundesgebiet ausgestrahlte Fernsehsendungen zu Selbsthilfegruppen. Die ZDF-»Kontakte«-Sendung berichtete über Depressionen und in diesem Zusammenhang über die Möglichkeit, selbstverantwortliche Gesprächsgruppen zu bilden, um seelische Probleme zu bearbeiten. Die Gießener Gruppen waren gefragt worden, ob sie bereit wären, eine Gruppensitzung aufnehmen zu lassen. Dieser – übrigens von Journalisten verständlicherweise oft geäußerte – Wunsch ließ sich nicht erfüllen, weil die Angst, sich zu sehr bloßzustellen und dadurch etwa beruflichen Schaden zu erleiden, bei vielen Mitgliedern zu groß war. Es fanden sich aber aus verschiedenen Gruppen einige Teilnehmer, die in einem offenen Gespräch vor der Kamera über ihre Gründe, in die Gruppe zu gehen, über ihre positiven und negativen Erfahrungen berichteten. Es folgte später ein Bericht im ZDF »Gesundheitsmagazin Praxis« und, speziell auf Herzinfarkt-Selbsthilfegruppen zentriert, ein Report im ARD »Ratgeber Gesundheit«.

Solche überregionalen und regionalen Berichte in Presse, Rundfunk und Fernsehen erfüllen verschiedene, sehr notwendige Aufgaben:
– Sie machen vor allem die breite Bevölkerung, aber auch Fachleute und Verantwortliche im Gesundheits- bzw. Bildungswesen mit der Idee der selbständigen Gesprächsgruppen bekannt und können so deren Bedeutung bewußt machen.
– Sie ermutigen Betroffene, sich Selbsthilfegruppen anzuschließen, was sich zum Beispiel ganz konkret realisieren läßt, wenn die Fernsehanstalt mit einer Selbsthilfegruppen-Organisation (in den genannten Fällen mit der Deutschen Arbeitsgemeinschaft Selbsthilfegruppen) zusammenarbeitet. Auf die genannten Fernsehsendungen erhielt die Arbeitsgemeinschaft etwa 1500 Anfragen.
– Wenn die Berichte ganz gezielt informieren, was besonders über die regionale Presse möglich ist, können sie Betroffene aus ihrer Isolation befreien und zusammenführen – eine Möglichkeit, die medizinische Institutionen nur selten haben. So entstanden in Gießen die unterschiedlichsten Selbsthilfegruppen vor allem über lokale Zeitungsberichte: für Übergewichtige, für Paare, für Berufstätige mit seelischen Konflikten, für »werdende Eltern«.

– So können Berichte, die regelmäßig gebracht werden, eine kontinuierliche Arbeit der Selbsthilfegruppen am besten garantieren. Das setzt allerdings schon einen festen Kontakt zu ihnen voraus. So streben wir in Gießen eine vierteljährliche Berichterstattung in der lokalen Presse über unsere Paar-Selbsthilfegruppen an, wodurch weiteren Interessierten diese Möglichkeit ja erst bekannt wird.

– Sie können durch Diskussionen, Kritik, Kommentare und kontroverse Stellungnahmen das Konzept der Selbsthilfegruppen deutlich machen, klären und verbessern helfen. Das erreichte etwa eine Sendung des Norddeutschen Rundfunks über eine Podiumsdiskussion »Hausarzt – Selbsthilfegruppen – Medizinsystem« im Rahmen des 2. Deutschen Hausärzte-Tages in Hannover (1979).

– Sie können die unterschiedlichsten Anwendungsmöglichkeiten demonstrieren und so auch dort Selbsthilfegruppen anregen, wo diese bisher nicht existierten. Beispielhaft ist etwa die Selbsthilfegruppen-Serie der schweizerischen Frauenzeitschrift *Femina*, in der regelmäßig über unterschiedliche Gruppen berichtet wird (*Femina*, 1979, 1980).

– Schließlich können die Medien ganz konkrete, kleinere Dienste leisten, wie zum Beispiel Hilfe bei der Beschaffung von Räumen oder kostenlose Bekanntgabe der Selbsthilfegruppen-Termine im Veranstaltungskalender oder im Anschluß an Nachrichten.

Was sich bei dieser Zusammenarbeit zwischen Massenmedien und Selbsthilfegruppen abzeichnet, läuft auf ein langfristiges Arbeitsbündnis hinaus. Wir haben deshalb in der Deutschen Arbeitsgemeinschaft Selbsthilfegruppen eine eigene sogenannte *Mediengruppe* gegründet, zu der inzwischen fünfzig Journalistinnen und Journalisten gehören. Sie haben sich mit Selbsthilfegruppen intensiv befaßt und werden als kenntnisreiche Gesprächspartner Selbsthilfegruppen-Mitgliedern empfohlen. Ihnen sind die Schwierigkeiten vertraut, die zwischen Betroffenen und Berichterstattern aufkommen können.*

---

* Als Beispiel mag ein Bericht aus einem etwas anderen Zusammenhang dienen. Der Journalist und Filmemacher Hans Dieter Grabe schildert die »Wand der Ablehnung«, die die Bergleute anläßlich des Grubenunglückes von Lengede gegenüber Journalisten aufbauten, ihr Mißtrauen, ja ihre Feindseligkeit. Er schreibt: »Ihre Unerfahrenheit im Umgang mit den Massenmedien, die sich anfangs in zu großer Arglosigkeit ausdrückte, ließ sie Äußerungen machen, deren Folgen sie nicht vorhersehen konnten. Privateste Mitteilungen wurden Schlagzeilen. Zitate wurden verändert, verfälscht und erfunden. Unversehens sah sich der unwissenschaftlich, mißverständlich oder fälschlich Zitierte Angriffen ausgesetzt, fand er sich isoliert in der Gruppe der Geretteten, im Kreis der Kollegen, am Wohnort oder in der Familie.«

Ist einmal eine verläßliche Vertrauensbeziehung geschaffen, kann man das Interesse der Journalisten als Beweis werten, daß sie eine Sache ernst nehmen:
»Für mich (bzw. uns) sind die hierher gekommen. Meinetwegen haben sie alles aufgebaut. Ich bin es, dem sie stundenlang zuhören« *(Süddeutsche Zeitung, 7. 3. 1979)*. Was Hans Dieter Grabe über die vom Grubenunglück betroffenen Bergleute schreibt, kann ohne weiteres auch auf Betroffene in Selbsthilfegruppen übertragen werden.

Eine Vertrauensbeziehung entsteht am ehesten im persönlichen Gespräch von Journalisten mit einer ganzen Gruppe oder auch mit mehreren Gruppen auf einem Gesamttreffen. Dabei ist auf seiten der Journalisten Geduld und Einfühlungsvermögen, auf seiten der Selbsthilfegruppen-Mitglieder Verständnis für schnelles Arbeiten und gute Organisation nötig.

Alle wichtigen Medien haben bisher solidarisch und kritisch die Entwicklung der Selbsthilfegruppen gefördert. Die Aufgeschlossenheit ist inzwischen so groß, daß Laien und Fachleute, die selbstverantwortliche Gesprächsgruppen anregen möchten, in den Redaktionen auf Interesse und Kooperationsbereitschaft stoßen dürften.

Dennoch gibt es natürlich Probleme. Als es um die oben erwähnte Anregung einer Gruppe von Multiple-Sklerose-Kranken ging, weigerte sich eine lokale Zeitung zum Beispiel, einen Bericht zu bringen, falls die Konkurrenz das gleiche vorhabe. Solche ansonsten verständlichen Exklusivansprüche sind auf dem Gebiet der Anregung von Selbsthilfegruppen deswegen unsinnig, weil sie dazu führen, daß ein Teil der Bevölkerung von der Information ausgeschlossen bleibt.

Ferner steht zu befürchten, daß eine auch in größeren Abständen erfolgende, aber doch regelmäßige Berichterstattung mit der Tendenz der Massenmedien kollidiert, möglichst immer über Neuigkeiten zu berichten. Es könnte sein, daß der redaktionelle Stellenwert der Berichte auf Dauer eher absinkt als ansteigt. Hier müßte das Bewußtsein für diese sehr verantwortungsvolle Arbeit, die im Grunde nur die Massenmedien übernehmen können, wachgehalten werden.

Die schnelle Arbeit der Journalisten lebt vom kurzfristigen Erfolg. Es ist aber zur Anregung von Selbsthilfegruppen viel Geduld und Ausdauer nötig. Es ist uns einige Male passiert, daß auf einen Bericht hin zu wenig Interessenten kamen, um eine Selbsthilfegruppe zu gründen. Eine solche vorläufige »Erfolglosigkeit« darf nicht zum Abbrechen der Zusammenarbeit führen.

Ein weiteres Problem schließlich sollte bei der Zusammenarbeit zwischen Journalisten und Selbsthilfegruppen nicht übersehen werden:

Wer in den Massenmedien arbeitet und vorankommen will, hat häufig das Naturell eines hochbeweglichen Einzelkämpfers, wenn nicht gar Einzelgängers, dem nicht nur feste Schwerpunktaufgaben unattraktiv scheinen, sondern dem vor allem der Zugang zur Gruppenarbeit äußerst schwerfällt.»Wissen Sie, ich halte nichts von Gruppen und glaube nicht an die Wirksamkeit des gemeinsamen Redens«, antworteten fast gleichlautend und unabhängig voneinander eine Redakteurin und ein Redakteur, die in angesehenen überregionalen Zeitungen arbeiteten. Diese Abneigung gegen Gruppen, wenn nicht sogar Unfähigkeit, in Gruppen mitzuarbeiten, gibt es natürlich nicht nur bei Journalisten. Wie erwähnt ist sie in einer Zeit, in welcher der Individualismus sehr stark ausgeprägt ist – nur allzu oft handelt es sich dabei um eine euphemistische Verbrämung von Isolation und Einsamkeit – eine der wesentlichsten Kräfte gegen die Entwicklung von Selbsthilfegruppen.

3 Was können Fachleute zu Selbsthilfegruppen beitragen?

Die typische Frage eines niedergelassenen Arztes lautet:»Was kann ich denn für Selbsthilfegruppen tun? Ich denke, die sollen alles alleine machen. Wozu heißen die denn ›Selbsthilfegruppen‹? Was soll denn ›selbständig‹ sonst bedeuten?«
Oder ein Schulleiter:»Wissen Sie, ich verstehe davon doch nichts, und ich bin weit weg vom Schuß. Das sollen die Schüler oder Lehrer mal selber machen. Ich kann dazu nichts beitragen.«
Oder eine Gymnastiklehrerin:»Ich habe doch etwas Angst davor. Was kommt da alles auf mich zu? Ich habe da jetzt schon Gespräche über Gespräche. Soviel Zeit hätte ich gar nicht.«
All diese Fragen beruhen auf falschen Voraussetzungen. Die erste Antwort lautet: Selbsthilfegruppen können ganz für sich arbeiten, mehrere Hunderttausend tun es bereits. Aber Fachleute können deren Entwicklung außerordentlich fördern und dabei für ihre eigene berufliche Tätigkeit noch gewinnen.
Dem niedergelassenen Praktiker könnte ich etwa folgendes entgegnen: Was kann ein Hausarzt Besseres für seine zu dicken Patienten tun? Was kann er seinen Patienten bieten, die chronisches Rheuma haben und bei jeder seelischen Belastung mit Schmerzen zu ihm kommen? Welche Behandlungsmöglichkeiten hat er bei den larvierten Depressionen, die sich nur in Körperbeschwerden zeigen? Was macht er angesichts der funktionellen Störungen, deren Ursache psychosoziale Belastungen sind und die, wie in Untersuchungen nachgewiesen ist,

schon fast die Hälfte aller Krankheiten ausmachen, mit denen die Patienten zum Arzt kommen? Ist nicht das unbehagliche Gefühl, zu wenig mit den Patienten sprechen zu können, eben gerade der deutlichste Hinweis, daß Gespräche nottun? Sollte er nicht gerade deswegen selbstverantwortliche Gesprächsgruppen vorschlagen? Er braucht nur darauf zu achten, ob jemand dafür Interesse hat. Er hätte dadurch keinerlei zusätzliche Belastung, aber er hätte etwas Sinnvolles in die Wege geleitet.

Dem Schulleiter könnte ich antworten: »Warum müssen Sie denn alles schon von vornherein verstehen, wenn Sie doch nur etwas anregen sollen? Die Teilnehmer brauchen ja keine Anleitung. Da gibt es für Sie nichts zu lehren. Versuchen Sie doch mal, mit ein paar Kollegen oder Schülern über die Idee zu reden. Setzen Sie nur eine Diskussion in Gang. Sie sollen ja nicht alles alleine machen. Viele Probleme lösen sich in diesen Vorgesprächen schon von selbst.«

Der Gymnastiklehrerin sagte ich: »Da sehen Sie mal, wie sehr Sie glauben, für alles selber sorgen zu müssen. Überall tragen Sie wieder die berüchtigte ›volle Verantwortung‹. So ging es mir auch. Das ist unsere Berufskrankheit. Statt der erhöhten Belastung, die Sie befürchten, wird genau das Gegenteil eintreten: Wenn Sie Gesprächsgruppen anregen, haben die Menschen eine Gelegenheit, sich endlich untereinander aussprechen zu können. Es wird also für Sie nicht schlimmer, vielmehr werden Sie selbst eher mehr Zeit haben – und die anderen eine bessere Möglichkeit, mit ihren Problemen wirklich fertigzuwerden.«

Die Zusammenarbeit der Fachleute mit Selbsthilfegruppen ist noch weit vielfältiger, als diese wenigen Beispiele ahnen lassen. Der Aufwand dafür ist unterschiedlich: Er kann unerheblich sein – wie das Auslegen von Handzetteln in Wartezimmern und Schulräumen –, es läßt sich aber auch eine ganze Stelle damit ausfüllen – etwa eine Psychologenstelle bei der Städtischen Beratung in Bielefeld, die extra zur Anregung von und Zusammenarbeit mit Selbsthilfegruppen geschaffen wurde.

Was wir Fachleute zu selbstverantwortlichen Gesprächsgruppen beitragen können, läßt sich in sechs Worten zusammenfassen:

Wir können   anregen
                unterstützen
                beraten
                erforschen
                entwickeln
                teilnehmen

Anregen

Wir können die Selbsthilfegruppen-Idee in einem einfachen Gespräch unseren Patienten, Klienten, Schülern, Studenten, Auszubildenden, Lehrlingen usw. *vermitteln* und sie damit zur Gruppenbildung anregen. In unserer Psychosomatischen Poliklinik geschieht das regelmäßig. Wir können unsere *Kollegen* darauf aufmerksam machen: im Gespräch, in Ausbildungsveranstaltungen, in eigens dafür einberufenen Arbeitskreisen, in Seminaren. Für die Einrichtung von Selbsthilfegruppen in der landärztlichen Praxis habe ich zum Beispiel in Bayern einmal eine Fortbildungsveranstaltung geleitet. Die Deutsche Arbeitsgemeinschaft Selbsthilfegruppen veranstaltet mehrmals im Jahr überregionale Treffen, zu denen alle, die an Selbsthilfegruppen interessiert sind, kommen können. Selbsthilfegruppen können auch *schriftlich* über Fachpublikationen bekannt gemacht werden. Oder durch Bücher wie dieses.

Einen Schritt weiter geht die Anregung von *Nachfolge-Selbsthilfegruppen*. Im Versorgungsbereich betrifft das die Patienten oder Patientengruppen, deren Behandlung abgeschlossen ist, im Erziehungsbereich geht es um Fortbildungs-Selbsthilfegruppen nach Abschluß einer Grundausbildung. Diese Gruppen nutzen ihre zuvor erworbenen Kenntnisse. Vielen Experten fällt die Anregung solcher Gruppen leichter, weil sie in diesem Fall besser zu wissen glauben, worum es geht; ihre Angst ist dann geringer.

Einen Kompromiß zwischen Nachfolgegruppen und völlig freien Selbsthilfegruppen stellen Gruppen dar, die für die ersten zehn Sitzungen durch eine Fachkraft *zur Selbsthilfegruppen-Arbeit angeleitet* werden. Das geschieht zum Beispiel im Gesundheitspark in München mit Gesprächsgruppen für Frauen, die an Brustkrebs erkrankt sind. Sie lernen zunächst die sogenannte »Themenzentrierte Interaktion« kennen, eine Gruppenmethode, die sehr gut im Rahmen von Selbsthilfe angewandt werden kann.

Die Anregung zu *freien Selbsthilfegruppen* kann dadurch erfolgen, daß wir besondere Personenkreise direkt ansprechen oder über Briefe, Aushänge, Handzettel, Interviews, Berichte in Presse, Rundfunk oder Fernsehen Interessierte zusammenführen (Beispiele siehe Anhang; vgl. auch Moeller, 1978, S. 159–202). Es geht zunächst nur darum, zwei oder drei Interessenten zu gewinnen, die dann die nächsten Schritte selbst tun – eventuell in gemeinsamer Beratung mit dem Experten/der Expertin. Das erste größere Treffen wäre die Gründungsversammlung. Dort können sich Selbsthilfegruppen bilden und ein monatliches Gesamttreffen vereinbaren. Das Gesamttreffen ist der

Ort der unmittelbaren Mitwirkung der Fachleute – die Achse des Selbsthilfegruppen-Experten-Verbundes (siehe S. 104 ff.).

Unterstützen

Wir können bei der Raumsuche behilflich sein oder gar selber *Räume zur Verfügung stellen*. Sie sollten möglichst neutral sein. Wir können die *Selbstorganisation der zukünftigen Gruppen unterstützen* oder sogar *Organisatoren anbieten*. Bei uns sorgen Zivildienstleistende für Informationsaustausch, Aushänge, Vermittlung einer Gruppe usw. Die Deutsche Arbeitsgemeinschaft Selbsthilfegruppen und die Regionalen Arbeitsgemeinschaften Selbsthilfegruppen sind eine Art Sammelbecken für alle Aktivitäten hinsichtlich Selbsthilfegruppen. In diesen lockeren *Organisationen,* die den Informationsaustausch der Selbsthilfegruppen untereinander und deren Entwicklung fördern, ist unsere Mitwirkung sehr hilfreich. Wir haben oft – allerdings längst nicht immer – den besseren Überblick. Vor allem aber können wir kraft unseres Amtes die Selbsthilfegruppen *nach außen wirkungsvoll mitvertreten.* Dafür ist eigens ein wissenschaftlicher und öffentlicher Beirat im Rahmen der Deutschen Arbeitsgemeinschaft vorgesehen. Sollte einmal irgendeine *finanzielle Unterstützung* nötig sein, können wir die Anträge besser durchsetzen. So erhalten die Selbsthilfegruppen an Brustkrebs erkrankter Frauen von der Bundesregierung zur Zeit einen Unkostenzuschuß von DM 5,– monatlich pro Teilnehmerin (zum Beispiel für Fahrt- und Portokosten u. a.).
Dennoch sollte man sich keinen allzugroßen Hoffnungen auf finanzielle Unterstützung hingeben. Und wenn irgend möglich, ist auch hier Selbsthilfe besser, denn jeder Geldgeber kann die Selbstverantwortlichkeit der Gruppe direkt oder indirekt beschneiden.

Beraten

Die Beratung *mit* Selbsthilfegruppen (nicht: Beratung *der* Selbsthilfegruppen) erfolgt auf dem Gesamttreffen (siehe S. 104 ff.) und nicht etwa in Selbsthilfegruppen-Sitzungen, wo sie nur stören oder gar Abhängigkeiten schaffen würde. Wie bereits angedeutet, ist dazu ein neues Arbeitsbündnis nötig, das nichts mehr mit einer therapeutischen, erzieherischen oder »fürsorgenden« Abhängigkeitsbeziehung zu tun hat; die Teilnehmer am Gesamttreffen und die Fachleute sind Erwachsene, die jeder für sich selbst verantwortlich sind und die miteinander über bestimmte Probleme diskutieren. Damit ist auch juristisch das Arzt-Patient- bzw. Lehrer-Schüler-Verhältnis gelöst. Diese Form der Beratung ist also eine Aufgabe, aus der sich eine neue Funktion und ein neues Tätigkeitsfeld des Helfers entwickeln könnten. Es gibt in den Vereinigten Staaten bereits Ausbildungsgänge dafür (Queens College in New York). Ich gehe auf diese für Fachleute wohl wichtigste Aufgabe in der Zusammenarbeit mit Selbsthilfegruppen im Rahmen einer auf Tonband aufgezeichneten Beratung gesondert ein (siehe S. 142ff.). Zur Beratung kann auch die Entwicklung von einfachen bis sehr komplizierten *Anleitungen* oder gar *Programmen* gehören. Sie können von Experten vorgegeben werden, wobei hier die Gefahr, den eigenständigen Charakter der Gesprächsgruppen zu schwächen, außerordentlich hoch ist (vgl. das Regelsystem von O. H. Mowrer für die »Integritätsgruppen« [Mowrer u. Vattano, 1977]). Solche Programme können aber auch gemeinsam von Teilnehmern und Fachleuten erarbeitet werden, was der Gruppenselbsthilfe natürlich weit mehr entspricht. Wir haben nur einfache Informationszettel erstellt. Unsere Gruppen ziehen das »Programm der Programmlosigkeit« allen detaillierteren Anleitungen vor. Es wird aber sicher nicht mehr lange dauern, bis man Selbsthilfegruppen nach dem Gesichtspunkt einteilen kann, welche Schule wie stark die »Eigenständigkeit« der Selbsthilfegruppen beeinflußt hat.

Erforschen

Ideal ist die *Begleitung einer Gruppenselbsterforschung*, wozu die Teilnehmer allerdings meist erst motiviert werden müssen. Bei uns haben Selbsthilfegruppen-Mitglieder einen einfachen Persönlichkeitstest durchgeführt, und zwar am Anfang und dann wieder in gewissen Zeitabständen. Einige machten Tonbandaufzeichnungen. Die einfachste Form wäre, eine Anwesenheitsliste zu führen, welche den Durchstrom, das heißt das Ausscheiden und Hinzukommen, der Mitglieder festhalten könnte. Die Lust dazu ist in der Regel nicht sehr groß.
Wir Fachleute haben natürlich Interesse an wissenschaftlichen Fragestellungen, wenn aber die Betroffenen selbst daran nicht sonderlich interessiert sind – weil sie die Ergebnisse ja selbst am eigenen Leibe spüren –, wozu wird dann überhaupt geforscht? Dieser hochinteressanten Frage kann ich hier nicht weiter nachgehen. Im Rahmen unseres Forschungsprojektes »Psychologisch-therapeutische Selbsthilfegruppen«, das für vier Jahre vom Bundesministerium für Jugend,

Familie und Gesundheit finanziert wird, werden wir einen eigenen Band dazu veröffentlichen. International und zunehmend auch in Deutschland liegen *wissenschaftliche Untersuchungen* vor. Die Forscher waren natürlich auf die Mitwirkung der Selbsthilfegruppen angewiesen, was aber nicht einer Gruppenselbsterforschung im engeren Sinne entspricht. Selbstverständlich werden alle Ergebnisse den Teilnehmern zurückgemeldet. Die Untersuchungen weisen den therapeutischen Erfolg der Selbsthilfegruppen eindeutig nach. Ein Teilnehmer sagte dazu:»Sonst wären wir auch gar nicht da. Nur wenn die Gruppe was bringt, bleibt sie bestehen.« Er hat recht: die Existenz einer Selbsthilfegruppe ist der einfachste Nachweis ihres Erfolges. Es gibt ja sonst keine zusätzlichen Bindungen wie etwa die Beziehung zum Therapeuten oder Kassenverträge. Aber auch durch Beobachten und Nachdenken können wir *das Konzept* und den *Verlauf* eigenverantwortlicher Gesprächsgruppen *klären helfen.* Fachleute haben hier bereits Wesentliches geleistet (Caplan u. Killilea, 1976; Katz u. Bender, 1976; Gartner u. Riessman, 1977; Robinson u. Henry, 1977; Antze, 1976; Back u. Taylor, 1976; Hurvitz, 1976; Levy, 1976; Moeller, 1975, 1978, S. 203–280, 1979; Liebermann, Borman u. a., 1980; Kickbusch u. Trojan, 1981).

Entwickeln

Zur Zeit setze ich mich am stärksten für Paar-Selbsthilfegruppen ein. Damit *entwickle* ich das Konzept von Selbsthilfegruppen weiter: von der Einzelpersonengruppe zu einer Gruppe, in der Zweierbeziehungen thematisiert werden. Aus der psychoanalytischen Erkenntnis heraus, daß in jeder Paarbeziehung ein gemeinsames Unbewußtes wirksam ist, das die seelische Gesundheit beider Partner wie auch der Kinder bestimmt, sind mir diese Art von Selbsthilfegruppen wichtig. Familien-Selbsthilfegruppen wären dann ein weiterer Schritt. Diese gibt es bereits in den USA: Families Anonymous; auch die Al-Anon-Gruppen bei den Alcoholics Anonymous.
Auch *besondere Techniken* können wir anbieten: der gute Erfolg der Rollenspiel-Selbsthilfegruppen (Thomas, 1978) zeigt das. Ein weiteres Beispiel ist das Tandem-Verfahren: Eine Gruppe beobachtet eine zweite bei einer ihrer Sitzungen und berichtet dann über ihre Eindrücke – und umgekehrt. Telefonketten und begleitende Zweiergespräche (sogenanntes co-counseling, Scheff, 1977) sind weitere Vorschläge, die Fachleute eingebracht haben.

Teilnehmen

Für uns Fachleute selbst wäre die Teilnahme an selbstverantwortlichen Gesprächsgruppen vielfach sehr lohnend (siehe S. 265 ff.), doch stößt gerade diese Anregung immer auf die größten Schwierigkeiten. Wir müssen ja durch unseren eigenen Widerstand hindurch, den wir freilich erst in den Gesprächsgruppen am besten auflösen können.

4 Fachleute zweifeln: Zerstört die Zusammenarbeit nicht die Eigenverantwortlichkeit der Selbsthilfegruppen?

»Erreichen Sie nicht genau das Gegenteil von dem, was Sie wollen, wenn Sie fortlaufend Selbsthilfegruppen anregen? Geraten die Gruppen nicht eben dadurch in Abhängigkeit? Zerstören Sie nicht die Selbsthilfegruppen-Idee, statt sie zu fördern? Stirbt auf diese Weise die Selbstverantwortlichkeit nicht ab?« So lauten die typischen Bedenken von Fachleuten. Ihre Skepsis ist ernstzunehmen. Tatsächlich wäre es das Ende jeder Selbsthilfe, wenn Fachleute in ungebrochenem traditionellen Rollenverhalten »Selbständigkeit« vorschrieben oder verordneten. Das hieße das Prinzip der Anregung, Begleitung und Förderung von Selbsthilfegruppen gründlich mißverstehen. Die Fachleute müssen ihr entmündigendes Verhalten aufgeben, das durch ihre gewohnte Rolle vorgegeben ist. Auf eine kurze Formel gebracht, heißt das: Die Fachleute beraten die Gruppen nicht, sondern sie beraten *mit* ihnen.

Wie aber können Fachleute das erforderliche neue Selbstverständnis erreichen? Der beste und sinnvollste Weg zu diesem Ziel ist das gemeinsame Gespräch mit den Betroffenen. Denn auch sie müssen sich ja aus ihrer passiven, unselbständigen Rolle als Patienten oder Schüler lösen.

Ich erinnere mich an die Gründungsversammlung der Paar-Selbsthilfegruppen. Damals fühlte ich mich in meiner ungewohnten Rolle als Selbsthilfegruppen-Berater wenig sicher. Mir schien es das Beste, meine eigene Unsicherheit wie auch die Gefahr, ich könnte in ein Therapeutenverhalten hineingeraten, den interessierten Neulingen offen zu sagen. »Eine Schwierigkeit«, sagte ich also, »liegt darin, daß ich hier ja nicht Ihr Therapeut bin, sondern ein Berater, der gemeinsam und gleichgestellt mit Ihnen den besten Weg für die Bildung und für die Arbeit einer Selbsthilfegruppe herausfinden möchte. Ich bin eine solche Beratung von meiner therapeutischen Tätigkeit her nicht gewohnt. Ich werde also Gefahr laufen, mich wie ein Therapeut zu verhalten. Und umgekehrt sind Sie ja auch nicht meine Patienten, sondern selbstverantwortliche Erwachsene, die gemeinsam ein Vorhaben verwirklichen möchten. Vielleicht können wir wechselseitig darauf achten, daß wir hier nicht unversehens eine Arzt-Patienten-Beziehung herstellen«. Wir beschlossen dann übrigens, unserem labilen neuen Selbstverständnis eine kleine äußerliche Hilfe zu geben: Ich wurde aus dem Kreis der Teilnehmer erst einmal herausgenommen und nahm als stiller Beobachter so lange am weiteren Geschehen teil, bis ich um Informationen gebeten wurde.

Nun sind solche harmlosen Überbrückungshilfen nicht ausreichend, um die gesamte Struktur im Bereich der Versorgung oder Erziehung zu verändern. Wenn man die Führungsbedürftigkeit vieler Menschen vor Augen hat, so wird schnell deutlich, daß die Selbstverantwortlichkeit einer Selbsthilfegruppe nicht schon mit ihrer Bildung gegeben ist, sondern erst das Ergebnis jahrelanger Gruppenarbeit sein kann. Selbsthilfegruppen anregen heißt, Betroffene auf einen Weg aufmerksam zu machen, den sie selbst bisher nicht gekannt haben; gehen müssen sie ihn dann allein. Dabei leuchtet es mir nicht ein, warum Fachleute ihre Kenntnis, daß Selbsthilfegruppen eine gute Möglichkeit für viele bieten können, zurückhalten sollten. Ich bin im Gegenteil der Auffassung, daß sie Impulse geben müssen.

Aber auch mir scheint Wachsamkeit geboten, daß Fachleute nicht »einfach affirmativ losdüsen« oder »blind in der Versorgung panschen« (diese Zitate stammen aus einem Erfahrungsaustausch mit der medizinsoziologisch orientierten Projektgruppe »Gesundheitsselbsthilfegruppen«, Universitätsklinik Hamburg, Januar 1980). Zweifel, ob man als Experte Selbsthilfegruppen anregen und begleiten darf, kommen selbstverständlich am ehesten bei jenen auf, die sich für Selbsthilfegruppen stark machen. Auf einem Fortbildungsseminar für Studienberater der westdeutschen Universitäten, die sich schließlich einhellig für die Förderung studentischer Selbsthilfegruppen aussprachen, wurden diese Bedenken ausführlich diskutiert. Diese Skepsis spiegelt noch etwas anderes wider: die Macht der Institutionen über uns Fachleute. Sind wir denn nicht selbst in das ganze Gefüge so eingebunden, daß wir gar nicht fähig sind, andere aus diesem System herauszuholen?

Andererseits frage ich mich, wie die Veränderung eines Systems denn vonstatten gehen soll, wenn nicht durch das Handeln seiner Mitglieder. Experten haben in dieser Hinsicht manchmal einen Positionsvorteil, weil sie aufgrund ihrer beruflichen Erfahrung Zusammenhänge besser zu durchschauen vermögen. Insofern müssen wir tatsächlich

»Systemveränderer« sein – wenigstens in dem einen Schritt auf Hilfe zur Gruppenselbsthilfe hin. Mir scheint diese Aufgabe nicht nur möglich, sondern geradezu geboten.

Sind aber Fachleute tatsächlich schon so von ihrer institutionellen Rolle durchsetzt, daß sie deren Dominanz und Einfluß auch dann für unvermeidlich halten, selbst wenn sie diese Rolle bewußt schon verlassen haben? Selbst Eltern können doch ihre abhängigen Kinder zur Selbständigkeit erziehen, das heißt, sie »von sich weg erziehen«. Woher kommt diese Vorstellung des »Alles oder Nichts«, des »Entweder-ich-bin-dabei-und-mache-abhängig« oder »Ich-bin-nicht-dabei-und-lasse-selbständig-werden«? Ich meine, hier werden auch unsere eigenen geheimen Allmachtsphantasien deutlich. Wir phantasieren, daß unsere bloße Gegenwart ein Beweis für unsere Unentbehrlichkeit sei und die anderen von uns abhängig mache. So steigt auch in der Verneinung – »Fachleute sollten sich raushalten« – die Omnipotenz wie ein Phönix aus der Asche. Mit dieser Seite in uns müssen wir ständig rechnen. Selbsthilfegruppen bedeuten für die narzißtische Störung, an der viele von uns leiden und die viele von uns zu ihrer Berufswahl motiviert hat, eine Belastung. Sie sind uns ständige Kränkung und Konkurrenz.

Die Befürchtung, Fachleute könnten Selbsthilfegruppen vereinnahmen, ist bezeichnenderweise auch vorwiegend eine Angst der Experten, nicht der Selbsthilfegruppen. Wir, die Fachleute, halten die Selbsthilfegruppen für so schwach, als ob sie uns keinen Widerstand entgegensetzen könnten, und unserer Steuerung binnen kurzem erliegen müßten. Ähnlich bemerken Forscher des erwähnten Projektes »Gesundheitsselbsthilfegruppen« zum Abschluß einer Arbeit mit dem Titel »Selbsthilfegruppen vor der Vereinnahmung? Zur Verflechtung von Selbsthilfezusammenschlüssen mit staatlichem und professionellem Sozialsystem« (Behrendt, Deneke, Itzwerth, Trojan, 1981, Seite 39): »Wer Zusammenarbeit von Selbsthilfegruppen mit professionellen/staatlichen Stellen nicht anders als ›Vereinnahmung‹ oder ›Korrumpierung des Selbsthilfegedankens‹ sehen kann, verrät, für wie schwach er die Mitglieder von Selbsthilfegruppen hält. Bezeichnenderweise kennen wir diese Angst auch vor allem von uns selbst und anderen (auch wohlmeinenden) Professionellen, nicht aber aus den Selbsthilfegruppen. Wir Professionelle, die Selbsthilfegruppen vor der Vereinnahmung bewahren wollen, müssen uns davor hüten, den Betroffenen als unmündigen Patienten zu sehen, der seine Interessen nicht selbst vertreten kann.«

»Aber«, so fragte mich ein Studienberater einmal, »was bringt dann

Sie eigentlich dazu, mit Selbsthilfegruppen zu arbeiten, wenn die Dinge so stehen? Sie arbeiten damit doch gegen sich.« – Bei dieser Frage wurde mir klar, daß uns noch etwas anderes motiviert, diesen Beruf auszuüben. Ich erlebe es als Erfüllung meines therapeutischen Berufes, wenn ich sehe, wie Menschen (mich selbst eingeschlossen) schließlich fähig werden, Leiden und Probleme selbst zu lösen.

5 Mißbrauch des Selbsthilfeprinzips

Gartner und Riessman haben darauf aufmerksam gemacht, daß die große Unterstützung der Selbsthilfegruppen durch Fachleute und regierungsnahe Organisationen im Versorgungswesen der USA der bedenklichen Motivation entspringt, auf diesem Wege alle weiteren Anstrengungen und Kosten auf dem Sektor des Gesundheitswesen einzusparen (1977, S. 158). Diese Gefahr darf nicht übersehen werden, und mit Recht wird sie von sozialpolitisch besonders engagierten Fachleuten vorgebracht. Ein Gegenmittel ist nicht zur Hand. Selbsthilfegruppen-Mitglieder und -Berater müssen wachsam beobachten, inwieweit die Unterstützung selbstverantwortlicher Gesprächsgruppen Gesundheits- und Bildungspolitikern als Vorwand dienen könnte, sich der sozialen Verantwortung zu entziehen. In der Bundesrepublik Deutschland ist die Entwicklung noch kaum in diese Richtung gegangen. So ist noch Gelegenheit, von vornherein darauf zu achten.

Es gibt eine Reihe bedenklicher Motive, Selbsthilfegruppen zu fördern, doch ist dieses das gefährlichste. Auf die anderen verweise ich nur kurz; leider sind sie alle inzwischen in irgendeiner Weise Realität geworden. Selbsthilfegruppen können gefördert werden
– um sich einen speziellen Kundenstamm als Absatzmarkt für bestimmte Waren heranzuziehen (vgl. Moeller 1978, S. 233 ff);
– um der eigenen privatwirtschaftlichen Therapieinstitution einen möglichst progressiven, bevölkerungsnahen Nimbus zu verschaffen, das heißt, im Sinne eines Etikettenschwindels mit Selbsthilfegruppen für sich Reklame zu machen;
– um der eigenen therapeutischen Praxis eine »lebende Warteliste« anzugliedern, die mit besonderen professionellen Behandlungsangeboten verführt werden kann;
– um ein spezielles Konzept zu verbreiten, besonders wenn es indirekte Einnahmen verspricht (diesen Verdacht muß sich zum Beispiel eine der Megavitamintheorie anhängende Schizophrenie-Selbsthilfeorganisation in den USA gefallen lassen);
– zum Schein, das heißt unter Verwendung des attraktiven Namens

»Selbsthilfegruppen«, um sie dann doch direkt anzuleiten und mit
diesem Programm ein Geschäft aufzuziehen;
– nicht zuletzt deshalb, um für eine besondere spirituelle oder politische Überzeugung missionarisch tätig werden zu können.
Ich habe konkrete Hinweise weggelassen, weil sie der Sache nicht
weiterhelfen würden. Abgesehen davon, daß keiner der genannten
»Förderungsmodi« untersagt werden kann, ist es natürlich besonders
schwierig, die dahinterstehenden Einstellungen juristisch zu be-
weisen.

In diesem Zusammenhang möchte ich allerdings betonen, daß ich es
für legitim, ja sogar für notwendig halte, wenn Fachleute für die
Beratung mit Selbsthilfegruppen eine Vergütung erhalten (siehe
S. 200 f.). Allerdings ist in jedem Fall darauf zu achten, inwieweit sich
der Einfluß des Beraters auf die Teilnehmer dadurch verstärkt und
das Prinzip der Gleichstellung aufgegeben wird.

6 Wo kann Zusammenarbeit stattfinden?

Im eigenen Berufsfeld

In der Zusammenarbeit hat jeder der genannten sechs Tätigkeitsbe-
reiche – anregen, unterstützen, beraten, erforschen, entwickeln, teilnehmen – seinen besonderen Stellenwert. Stets ist aber zunächst das
eigene Berufsfeld der Experten im Bereich der Versorgung oder
Erziehung die Basis – gleichgültig, ob es sich um eine Schule, eine
ambulante Beratungsstelle, eine allgemeine Praxis, eine Kirche, einen
Kindergarten oder eine Klinik (vgl. dazu Ott, 1977) handelt. Folgende Zeitungsmeldung des *Bielefelder Tageblattes* vom 13. 2. 1979
macht das deutlich:

Selbsthilfegruppen bilden sich
Im Anschluß an die Sendung über Selbsthilfegruppen mit Carmen Thomas in
Bielefeld am 25. Januar haben sich rund 40 Interessenten für neue Gruppen
zu einer Vorbesprechung zusammengefunden. Es bildeten sich fünf neue
Gruppen, davon eine für Paare, eine für Übergewichtige und drei Gesprächsgruppen, die zunächst mit einem festen Programm zum sozialen Lernen
beginnen. Da die Gruppen zum Teil noch weitere Interessenten aufnehmen
können, besteht die Möglichkeit, sich in den nächsten Tagen beim Psychologischen Beratungsdienst, Telefon 66008, für eine Gruppe anzumelden, oder
direkt zur ersten Sitzung zu kommen. Die Gruppe für Übergewichtige trifft
sich am Dienstag, den 13. Februar, um 20.00 Uhr, die Gruppe für Paare am

Mittwoch, 14. Februar, 20.00 Uhr, die Gruppe zum sozialen Lernen am Mittwoch, den 14. Februar, 20.00 Uhr. Ort ist jeweils der Psychologische Beratungsdienst, Nebelswall 11. Die Gruppe zum sozialen Lernen tagt am Freitag, den 16. Februar, um 20.00 Uhr im DPWV-Gebäude, Stapenhorststraße 5.

Die Anregung erfolgte hier über eine Rundfunksendung und schließlich über diesen Zeitungsbericht. Die Gründungsversammlung fand am berufseigenen Ort der Selbsthilfegruppen-Beraterin statt: im Psychologischen Beratungsdienst. Nach Möglichkeit sollten in einem solchen Fall die Selbsthilfegruppen bald eigene neutrale Räume finden, damit keine Abhängigkeit von dieser Seite her entsteht.

Darüber hinaus gibt es zwei besonders organisierte Kontaktzentren, die für jede Zusammenarbeit mit Selbsthilfegruppen unumgänglich sind: das Gesamttreffen und die regionale Arbeitsgemeinschaft.

Im Gesamttreffen

Zum Thema Gesamttreffen, das ich für eine sehr günstige Möglichkeit halte, die Arbeit jeder Selbsthilfegruppe zu verbessern, habe ich bereits in einem vorangegangenen Buch ein Kapitel verfaßt. Dort sind Modell und Wirklichkeit des Gesamttreffens, das Problem der stillen Auswahl und seine sieben Aufgabenbereiche samt ihren Schwierigkeiten ausführlich dargestellt (Moeller, 1978, S. 281–326).

Das Gesamttreffen hat drei Schwerpunkte:
– Wechselseitiger *Erfahrungsaustausch,* der die Gruppen bereichern kann;
– *Achse der Zusammenarbeit,* da die Fachleute nur hier – und nicht in den wöchentlichen Sitzungen selbst – mit den Gruppen sprechen können;
– die Chance, über gemeinsames Handeln auch zu einem erweiterten *sozialpolitischen Bewußtsein* zu kommen und im größeren Verbund tatsächlich *soziale Änderungen* bewirken zu können.

Im folgenden der einfache Text unserer Faltblattinformation über das Gesamttreffen:

Was ist das Gesamttreffen?
Zum Gesamttreffen finden sich zwei bis höchstens zehn Selbsthilfegruppen aus einer näheren Umgebung zusammen, um Erfahrungen auszutauschen und über gemeinsame Angelegenheiten zu beraten. Das Gesamttreffen ist also sozusagen die »Selbsthilfegruppe der Selbsthilfegruppen«. Alle Teilnehmer

sind dazu eingeladen und sollten auch nach Möglichkeit kommen. Das etwa zweistündige Gesamttreffen kann regelmäßig einmal monatlich vereinbart werden. Größere Abstände sind für die wechselseitige Beratung ungünstig. Der Erfahrungsaustausch findet in Form eines offenen Gesprächs statt.

Was ist das Ziel des Gesamttreffens?

1. Der *wechselseitige Erfahrungsaustausch* über den Verlauf der Selbsthilfegruppen-Arbeit ist der erste und wichtigste Aufgabenbereich. Vor allem geht es um die lebendige Darstellung dessen, was in der laufenden Gruppe geschieht. Die einzelnen Gruppen blicken damit über ihren eigenen Kreis hinaus und können voneinander lernen. Es sollen also nicht so sehr persönliche Probleme besprochen werden, sondern Probleme, welche die Gruppe als Ganzes hat.

2. *Neue* können ins Gesamttreffen kommen, mit erfahrenen Teilnehmern sprechen und sich entweder bestehenden Gruppen anschließen oder selbst eine neue Gruppe bilden.

3. Über das Gesamttreffen können (und sollten) Selbsthilfegruppen hilfreiche oder notwendige *soziale Veränderungen* einleiten. Das Gesamttreffen kann solchen Forderungen größeren Nachdruck verleihen als eine vereinzelte Gruppe. Die Sozialveränderung durch das Gesamttreffen ist das gleichrangige Gegenstück zur Selbstveränderung durch die Gesprächsgruppe und ergibt sich in der Regel aus dem wachsenden Bewußtsein für die eigenen Belange. Ein Beispiel: Gesprächsgruppen für werdende Eltern können das Rooming-in, die Aufhebung der 24-Stunden-Trennung von Neugeborenen und Müttern zu erreichen versuchen; sie können für die ambulante Geburt oder für die Hausgeburt eintreten. Hundert Müttern und Vätern gelingt das eher als zehn. Damit verstehen sie ihre gedrückte oder unausgeglichene Stimmung als gesunde Reaktion auf eine unzureichende, wenn nicht gar krankmachende Institution und nicht etwa als »persönliche Depression«. Sie »psychologisieren« also nicht soziale Mißstände.

4. *Selbstorganisation:* Kontakt zu anderen Selbsthilfegruppen (Besuch oder Einladung), zu Institutionen und Massenmedien, Mitwirkung in einer Regionalen Arbeitsgemeinschaft oder Selbstdarstellungen (in Broschüren oder Presseinterviews) werden vom Gesamttreffen realisiert.

5. *Alltägliche gemeinsame Aufgaben oder Aktivitäten* werden organisiert und durchgeführt, zum Beispiel Aushänge, Anzeigen in Zeitungen, Besorgung von Räumen, besondere Gruppenunternehmungen, informierende Vorträge, Diskussion spezieller Themen usw.

6. Das Gesamttreffen entwickelt auch *neue Ideen* für die einzelnen Selbsthilfegruppen; dabei kann es sich zum Beispiel um eine wechselseitige Beratung von nur zwei Teilnehmern in besonderen Situationen oder Krisen handeln,

um die wechselseitige Beobachtung zweier Selbsthilfegruppen während ihrer üblichen Sitzungen oder ein Wochenendgesamttreffen.

7. Am Gesamttreffen können auch *psychotherapeutische Fachleute oder andere Experten* teilnehmen. Sie sind hier keine Therapeuten, sondern Selbsthilfegruppen-Berater. Sie schreiben also nichts vor, vielmehr stellen sie ihre Kenntnisse zur Verfügung. Es geht also nicht um eine Beziehung, in der etwa ein Arzt Verantwortung für Patienten übernimmt, sondern um ein Verhältnis, in dem jeder für sich selbst verantwortlich ist.

Was macht man in einem Gesamttreffen?
Erfahrungsgemäß ist es günstig, zunächst mit dem freien Bericht der Teilnehmer über die einzelnen Gruppen zu beginnen. Die wechselseitige Gruppenberatung sollte auf die ersten eineinhalb Stunden beschränkt werden. Erst danach folgen organisatorische Aufgaben, Entwicklung neuer Ideen usw. Die Fachleute sind in der Regel schon beim Erfahrungsaustausch anwesend. Parallel zum Erfahrungsaustausch findet das Gespräch der Neuen mit erfahrenen Teilnehmern statt – wenn möglich in einem Nachbarraum. Es ist selbstverständlich, daß das, was im Gesamttreffen besprochen wird, zwar den Selbsthilfegruppen bekannt werden, sonst aber nicht nach außen dringen soll.

Es gibt bei uns in Gießen inzwischen mehrere Gesamttreffen, weil die unterschiedlichen Selbsthilfegruppen ihre jeweils besonderen Bedingungen haben: Gesamttreffen für studentische Selbsthilfegruppen; Gesamttreffen für Selbsthilfegruppen Berufstätiger; Gesamttreffen für Paar-Selbsthilfegruppen; Gesamttreffen für »werdende Eltern«. Ein kleines Beispiel: Die »werdenden Eltern« tauschen sich im Gesamttreffen auch mit einem Frauenarzt der Universität und gelegentlich mit einer Hebamme aus. Dabei wurde zum Beispiel der Wunsch laut, das an sich eingeführte »Rooming-in« auf den Geburtshilfestationen noch zu verbessern. Im Gesamttreffen »werdende Eltern« wäre u. a. folgendes möglich: Die Eltern lernen nicht nur sich selbst und ihre Reaktionen auf die Schwangerschaft kennen, ihre Freuden, ihre Zwiespältigkeiten, ihre Konflikte usw., sie erfahren auch Neuigkeiten. Sie beginnen zu begreifen, was Stillen im Vergleich zur Ernährung mit der Flasche für Mutter und Kind bedeutet; sie hören von der natürlichen im Gegensatz zur programmierten Geburt; sie hören, daß ambulante Geburten möglich sind. Im Gespräch bilden sich bei ihnen Wünsche heraus, die sie vorher vielleicht noch gar nicht hatten; und gleichzeitig lernen sie die Realitäten besser kennen. Als Folge solcher Arbeit kommt es schließlich zu einem klaren Bewußtsein dafür, was geändert werden sollte und könnte. Die Realisierung neuer Bedürfnisse hat aber nur dann Aussicht auf Erfolg, wenn sie von vielen unterstützt wird. Mit den Teilnehmern von zehn Selbsthilfegruppen, das heißt mit einem Gesamttreffen, geht es leichter als mit einem einzigen Grüppchen.

In einer regionalen Arbeitsgemeinschaft Selbsthilfegruppen

Noch wirksamer wäre eine Zusammenarbeit mit Selbsthilfegruppen aus anderen Bereichen, die ein Vorhaben mit unterstützen könnten. Darüber hinaus hat ein Zusammenschluß mehrerer unterschiedlicher Gesprächsgruppen auch praktische Vorteile: Man kann leichter Räume finden und – wenn alle ihre Sitzungen in einem Gebäude haben – über Aushängetafeln leichter untereinander Kontakt aufnehmen. Auch ein Telefondienst läßt sich dann leichter einrichten. Vor allem aber schafft Gemeinsamkeit ein starkes Bewußtsein für die eigene Sache und deren Möglichkeiten. Aus diesem Grunde fördert die Deutsche Arbeitsgemeinschaft Selbsthilfegruppen regionale Arbeitsgemeinschaften. Zur Zeit sind zehn Gruppen im Entstehen. Neben der Gießener Arbeitsgemeinschaft Selbsthilfegruppen die Berliner, Bielefelder, Düsseldorfer, Essener, Hamburger, Homburger, Kemptener, Münchener und Züricher Arbeitsgemeinschaft (Faltblatt und Adressen im Anhang). Sie können bei ausreichender Stabilisierung im Verbund mit Psychosozialen Arbeitsgemeinschaften (vgl. zu diesen z.B. Richter, 1980 b) wirken.
Eine solche Arbeitsgemeinschaft kann ihre Hauptaufgaben auf drei gleichrangigen Ebenen sehen:
1. Neue Gruppen anregen (auch in bisher noch nicht erschlossenen Bereichen) und über die Gesamttreffen beraten.
2. Organisationen und Behörden motivieren.
3. Öffentlichkeitsarbeit leisten.

Beispiel: Arbeitsgemeinschaft Selbsthilfegruppen Zürich
Einen kleinen Einblick in die Anfangszeit einer regionalen Arbeitsgemeinschaft bietet das stark gekürzte Protokoll einer Sitzung der »Arbeitsgemeinschaft Selbsthilfegruppen Region Zürich« (ASZ):

Protokoll der Sitzung der ASZ vom 23. November 1978.

Tagesordnung:
1. Vorstellung der anwesenden Gruppierungen
2. Zweck und Ziel der Arbeitsgemeinschaft Selbsthilfegruppen, Region Zürich (ASZ)

3. Außenkontakte und Informationen über die Arbeitsgemeinschaft Selbsthilfegruppen, Region Zürich
4. Fragebogen
5. Tagesordnungspunkte für die nächste Sitzung

1. Vorstellung der heute anwesenden Gruppierungen
IGEP – Interessengemeinschaft ehemaliger Psychiatriepatienten. Ende 1973 gegründet. Ziele der IGEP sind Erfahrungsaustausch, gegenseitige Hilfe, Arbeit in Kliniken, Öffentlichkeitsarbeit, Erstellen von Arbeitsblättern und Dokumentationen, Freizeitgestaltungsgruppe, Wohngemeinschaftsgruppe, Patientenkontakte und Besuche.
KIO Zürich – Arbeitsgemeinschaft Zürcherischer Kranken- und Invaliden-Selbsthilfeorganisationen. Dieser Organisation sind viele Selbsthilfeorganisationen angeschlossen. Die Blindenfürsorge organisiert monatlich einmal Gruppenzusammenkünfte.
Das Band, Ortsgruppe Zürich. Ursprünglich Patientenorganisation von TBC-Kranken; heute Personen mit Bronchialasthma und anderen Lungenleiden.
Stoma, Zürich. Patientenvereinigung von Personen mit künstlichen Blasen- und Darmausgängen. Vor eineinhalb Jahren gegründet. Es besteht eine Beratungsstelle.
Offene Tür. Die psychologische Beratungsstelle Offene Tür organisiert Selbsthilfegruppen und betreut sie auch. Falls Interessenten da sind, werden Vorgespräche geführt. Bei der ersten Zusammenkunft einer Selbsthilfegruppe ist der Experte noch dabei, dann bleibt die Gruppe allein. Jede Gruppe delegiert zwei Mitglieder einmal monatlich zum Gesamttreffen.
Koordinationsgruppe Jugendarbeit. Arbeit mit Jugendlichen in Selbsthilfegruppen. Zum Beispiel die Gruppen Speak-out, Drop-in, Rehabilitationszentren, Selbsthilfeorganisationen, die sich mit Wohnproblemen u. ä. befassen, Nachbetreuung von Krebspatienten, insbesondere von Brustkrebspatientinnen.
Das Band, Kontaktgruppen. In verschiedenen Kantonen der deutschen Schweiz Kontaktgruppen im Selbsthilfeprinzip für Langzeitkranke und Behinderte. Zur Zeit zwölf Gruppen. Bis Mitte nächsten Jahres sind weitere zwölf Gruppen geplant.
Emotions Anonymous. Eine aus den Anonymen Alkoholikern hervorgegangene Selbsthilfeorganisation. Zur Zeit finden monatlich einmal Informationsabende für die Öffentlichkeit statt.
Al-Anon. Familiengruppen, Angehörige oder Freunde von Akoholikern.
Anonyme Alkoholiker. 17 AA-Gruppen. Kontaktstelle in Zürich täglich von 19–21 Uhr geöffnet.
Weight Watchers. Hauptziel der Weight Watchers ist es, in kleinen Gruppen oder Klassen an Gewicht abzunehmen. Diätprogramme. Nicht kostenlos.

BAN – Bernische Arbeitsgemeinschaft Nichtrauchen. USA Raucherentwöhnungs-programm. Gründung von Selbsthilfegruppen für die Nachbetreuung der Tabakentwöhnten geplant.

2. Zweck und Ziel

der Arbeitsgemeinschaft Selbsthilfegruppen Region Zürich
Die ASZ bietet den Gruppen, die mitarbeiten:
– Erfahrungsaustausch;
– gegenseitige Information;
– Rückhalt bei den Bemühungen um Anerkennung bei Experten;
– konkrete gegenseitige Inanspruchnahme von Hilfsangeboten;
– ein übergeordnetes Solidaritätsbewußtsein: das heißt, ein möglichst großer Fächer von Leuten erkennt, daß in vielen verschiedenen Bereichen ähnliche Sorgen vorhanden sind (Jugendgruppen, Rauchergruppen, Gruppen für Alkoholiker, Patientengruppen usw.);
– Solidarität besteht also nicht nur zwischen den einzelnen Mitgliedern der Selbsthilfegruppen, sondern auch zwischen den verschiedenen Gruppen;
– gemeinsame Öffentlichkeitsarbeit;
– gemeinsamen Kontakt mit Ämtern und Institutionen;
– persönlichen Kontakt unter den Mitarbeitern.

3. Außenkontakte und Information über die Arbeitsgemeinschaft
Die ASZ hatte sich bei der Deutschen Arbeitsgemeinschaft beraten. Sie gewann mit Hilfe der Namensliste der »Selbsthilfegruppen-Nachrichten« interessierte Experten im Raum Zürich zur Mitarbeit. Das Gesundheits- und Wirtschaftsamt der Stadt Zürich stellte ihr ein Lokal zur Verfügung. Mit der Schweizerischen Gesellschaft für Gesundheitspolitik zeichnete sich ein Erfah-rungsaustausch ab.
(Punkt 4 und 5 des Protokolls können hier entfallen).

7 Ärzte, Sozialarbeiter und Krankenschwestern fragen

Die Haltung gegenüber Selbsthilfegruppen wird durch Fragen bestimmt, in denen sich unbegründete Zweifel und Vorbehalte wie auch wohlbegründete Einwände mischen. Von dieser Situation müs-sen wir ausgehen. Um dies zu verdeutlichen, möchte ich die Diskus-sion mit einer aufgeschlossenen Gruppe von Psychiatern herausgrei-fen. Bei diesen mobilisiert der Umgang gerade mit schwer gestörten und oft hilflosen Patienten in stärkerem Maße als bei anderen Grup-pen einerseits Bedenken, andererseits auch größere Hoffnungen im Hinblick auf die Entwicklung eigener therapeutischer Aktivitäten in

Selbsthilfegruppen. So sind die Fragen, die sie stellen, radikaler als etwa in einem Gespräch mit Lehrern oder Sozialarbeitern.

Ich war eingeladen worden, weil Patienten innerhalb eines fortschrittlichen Psychiatrischen Krankenhauses in Bremen spontan eine Art Selbsthilfegruppe gebildet hatten. Die Therapeuten waren an der Einrichtung von Selbsthilfegruppen sehr interessiert, wußten aber nicht genau, wie sie sich verhalten sollten. Auf die Problematik von Selbsthilfegruppen im Rahmen einer Klinik gehe ich weiter unten ein (siehe S. 219 ff.). Nach meinem einführenden Bericht folgte eine Kleingruppen-Diskussion dieses Vortrags. Dann wurden Fragen gestellt. Diese Fragen bezogen sich natürlich zum Teil auf die konkrete Bremer Situation. Dabei schälten sich vier Themenbereiche heraus: Ärzte, Sozialarbeiter und Krankenschwestern stellten Fragen zur Gruppenbildung, zur Gruppenberatung und zur Beziehung zwischen Fachleuten und Selbsthilfegruppen sowie zu besonderen Bedenken. Meine damaligen Antworten habe ich zum Teil ergänzt.

Fragen zur Gruppenbildung

1. Wie soll eine Anfangsinformation aussehen, um die Schwellenangst bei den potentiellen Mitgliedern zu überwinden? Sollen die ersten gewonnenen Mitglieder diese Information geben oder sollen das die Experten machen? Wie sollen sie es machen?

Die beste Anfangsinformation ist das persönliche Gespräch. Aus praktischen Gründen empfehlen sich Handzettel. Über die ersten Schritte informiert der Abschnitt »Erste Kontaktsuche« in meinem Buch *Selbsthilfegruppen* (Moeller, 1978, S. 159–202). Experten sollten zunächst einige wenige Personen aus ihrer Klientel für die Selbsthilfegruppen-Idee gewinnen. Alle weiteren Schritte, also auch das erste Gespräch, sollte nach Möglichkeit den Betroffenen überlassen bleiben. – Im Rahmen unserer Psychosomatischen Poliklinik haben wir eine Selbsthilfegruppen-Sprechstunde eingeführt. Es handelt sich um eine Stunde in der Woche, in der vier Mitarbeiter interessierte ambulante Patienten beraten (Daum u. Matzat, 1980b). Das hilft sehr, Bedenken und Ängste zu verringern. Handzettel kann jeder selbst verfassen. Über die Deutsche Arbeitsgemeinschaft Selbsthilfegruppen (Adresse siehe Anhang) können einige Handzettel, die eine allererste Orientierung enthalten, von jedem angefordert werden.

2. Wie stiftet ein professioneller Helfer überhaupt eine Selbsthilfegruppe?

110

Dazu ein Beispiel: Eine siebzehnjährige Schülerin kommt wegen Übergewicht zum Psychotherapeuten. Sie ißt aus Kummer. Die neuen Erfahrungen mit ihrer Sexualität und mit Partnern verwirren sie. Die Eltern haben veraltete Vorstellungen, mit denen sie nichts anfangen kann. Die Lehrer haben keine Zeit, sich mit ihr auseinanderzusetzen. Der Therapeut rät ihr, eine Schüler-Selbsthilfegruppe zu bilden, um solche Probleme in Ruhe besprechen zu können. Eben dafür stellt die Deutsche Arbeitsgemeinschaft Selbsthilfegruppe Handzettel mit ersten Informationen zur Verfügung. Der Therapeut bleibt mit der Schülerin im Gespräch, bis sie eine Selbsthilfegruppe gebildet hat.

Die Schüler können dann später versuchen, jemanden, der ihnen gefällt und der mit ihnen beraten kann, für die Zusammenarbeit zu gewinnen. Der Psychotherapeut hat die Gruppe nur »gestiftet«. Stiften heißt also: Entscheiden und Handeln, soweit wie möglich, den Betroffenen überlassen. Der Therapeut stärkt ihnen sozusagen nur den Rücken. Jeder Angehörige eines sozialen Berufes – Krankenschwestern, Pfleger, Lehrer, Fürsorger, Pfarrer usw. – kann auf diese Weise tätig werden. Stiften heißt nicht nur Leuten beistehen, die eine Selbsthilfegruppe bilden möchten, sondern auch, Leute mit der Idee der Selbsthilfegruppen überhaupt erst bekanntmachen.

3. Werden die Patienten, die an einer Selbsthilfegruppe teilnehmen sollen, durch die Experten ausgewählt?

Nein, keinesfalls. Das ist Sache der Mitglieder. Natürlich gibt es Ausnahmen: zum Beispiel bei sogenannten Nachfolge-Selbsthilfegruppen. Diese bestehen in der Regel aus Patienten, die gemeinsam eine Gruppentherapie abgeschlossen haben. Oder auch bei den sogenannten koordinierten Selbsthilfegruppen. Das wären Selbsthilfegruppen, die parallel zu einer stationären Behandlung laufen (siehe S. 221 ff.).

In Gießen haben sich zum Beispiel zwei Paar-Selbsthilfegruppen nach Beendigung einer therapeutischen Paargruppenanalyse und eine nachstationäre Selbsthilfegruppe nach Abschluß der etwa zwölfwöchigen Behandlung an unserer Psychosomatischen Klinik gebildet. Hier sind die Teilnehmer also ursprünglich einmal von den Therapeuten ausgewählt worden – aber natürlich nicht für die Gruppenselbstbehandlung. Einen gewissen Einfluß auf die Auswahl haben Ärzte und Psychologen unserer Poliklinik insofern, als seit einiger Zeit geeignet erscheinenden ambulanten Patienten Selbsthilfegruppen routinemäßig und gleichrangig mit fünfzehn anderen Behandlungsformen empfohlen werden. Natürlich kann das nicht mehr und nicht weniger sein als eine Empfehlung an die Patienten, diese Möglichkeit zu erwägen und selbst zu entscheiden, ob sie teilnehmen möchten. Interessierte Patienten können sich entweder direkt ins nächste Gesamttreffen begeben oder sich vorher in der erwähnten Selbsthilfegruppen-Sprechstunde beraten lassen.

4. Wie findet die Gruppenbildung statt?
Interessierte setzen die Gruppe selbst zusammen. Dazu gibt es einige Erfahrungen. Sie entsprechen allerdings meist auch den immer wieder auftretenden, spontanen Wünschen der Teilnehmer. Zum Beispiel: Es sollen ebensoviele Männer wie Frauen in der Gruppe sein. – Im übrigen ist die Zusammensetzung erst nach einer Probezeit von einigen Monaten abgeschlossen. Bei Selbsthilfegruppen von Übergewichtigen in den USA konnte man zum Beispiel feststellen, daß etwa die Hälfte der Teilnehmer in den ersten Wochen wieder ausschied (Stunkard, 1972). Einige gehen, andere kommen hinzu, bis sich schließlich eine Gruppe herausgebildet hat, deren Teilnehmer miteinander arbeiten können. Die Indikation wird also durch die Gruppe selbst gestellt.

5. Sie sprachen von krankheitsspezifischen Gruppen (zum Beispiel »Schizophrenics Anonymous«). Bleiben diese Gruppen in der Praxis tatsächlich so rein oder vermischen sie sich mit der Zeit? In diesem Zusammenhang stellt sich auch die Frage nach der Alterszusammensetzung: Gibt es Probleme zwischen Jungen und Alten? Sollten die Gruppen heterogen oder homogen sein?
In der Praxis neigen die Gruppen dazu, sich zu vermischen. Es sei denn, sie halten sehr streng an einem bestimmten Ziel fest, so etwa die Anonymen Alkoholiker, die Übergewichts-Selbsthilfegruppen usw. Von diesen Sonderfällen abgesehen, ist »gemäßigt gemischt« der günstigste Ausgangspunkt – sowohl hinsichtlich des Alters wie hinsichtlich der Art der Störungen.
Doch ist die Frage manchmal ebenso ernst wie schwer zu entscheiden: Sollen Herzinfarktkranke mit ihrer unbezwingbaren Neigung zu konkurrieren tatsächlich in eine Gruppe für Infarktkranke gehen, oder wäre es nicht günstiger, wenn sie sich mit anderen mischten, die zum Beispiel eine gelassenere Einstellung haben, passive Wünsche eher zulassen und damit zu hilfreichen Vorbildern werden könnten? Wie ist es mit Schizophrenen, mit Menschen, die an Selbstmordimpulsen leiden, mit Personen, die tödlich erkrankt sind? Sind Heart Clubs,

Schizophrenics Anonymous, Suicide Anonymous oder Make Today Count nicht eine erneute Gettoisierung? Ich glaube das nicht. Das Getto ist eine gesellschaftliche Ausstoßung. Hier aber finden sich doch Menschen zusammen, die sich solidarisieren und sich selbst helfen wollen; diese Form der Gruppenbildung hat eine ganz andere Qualität. Wer von Gettoisierung spricht, setzt still voraus, daß man »denen« hätte helfen müssen. Er spricht also indirekt – wieder einmal – von Verantwortung für die Schwachen, von Fremdhilfe. Aber gerade das wollen die Selbsthilfegruppen-Teilnehmer ja nicht.

Ein anderes Problem ist dagegen die Auswirkung der Zusammensetzung einer Gruppe auf die Gruppenarbeit selbst. Ob gemischte Gruppen günstiger sind oder nicht, das kann nur die Praxis zeigen. Einheitliche und gemischte Gruppen scheinen fast gleichgewichtige Vor- und Nachteile zu haben. Eine einheitliche (homogene) Gruppe kann gezielter arbeiten, aber auch gezielter abwehren. Sie kommt vielleicht schneller voran – fährt sich dafür aber auch schneller fest. Die »Rühr-mich-nicht-an-Phase« der Psychoanalytiker-Selbsthilfegruppe zeigt das deutlich (siehe S. 72 ff.).

6. Die Frage ist, ob wir hier im Psychiatrischen Krankenhaus überhaupt schon Selbsthilfe-Aktivitäten haben. Unsere Patientenclubarbeit ist in keiner Weise mit Selbsthilfegruppen zu vergleichen, da in solchen Clubs ständig Experten anwesend sind. Selbsthilfe findet am ehesten noch in den sogenannten »Kränzchen« statt.

Mir scheint es wichtig, daß Patientenclubs wegen ihrer starken indirekten Steuerung durch Experten nicht einfach mit autonomen Selbsthilfegruppen gleichgesetzt werden.

Fragen zur Gruppenberatung

7. Ist es nicht notwendig, in irgendeiner Form eine technische Anleitung zu geben, oder entwickelt sich der Gruppenprozeß von selbst? Die heutige Struktur und Praxis der Selbsthilfegruppen-Arbeit beruht auf Erfahrung. Die Kleingruppengröße, das Gespräch (oder eine ähnlich wechselseitige Kommunikation wie beim Rollenspiel [Thomas, 1978]), Regelmäßigkeit und das Ziel, eigene Erfahrungen einzubringen – das sind die wichtigsten Momente, welche die Selbstregulation der Gruppenarbeit garantieren. Ich habe das Prinzip der Kleingruppen, der Kontinuität und der Selbsthilfeinteraktion, die Werte der Selbstbestimmung, der Echtheit, der Hoffnung und der Solidarität in dem vorangegangenen Buch ausführlich dargestellt (Moeller,

113

1978; vgl. auch Daum und Matzat, 1980a).»Erfahren statt Geführt-
werden« ist die entscheidende Zielvorstellung.

8. Wie funktioniert der Gruppenprozeß eigentlich ohne Therapeuten?
Werden nicht zum Beispiel Leute, die gut reden können, automa-
tisch zum Ersatztherapeuten? Was machen die aber, wenn einer
von ihnen einen psychotischen Schub erleidet, zum Beispiel
manisch wird? Oder könnte es einem Manischen nicht sogar gelingen, eine ganze Gruppe in den Griff zu bekommen?
Der Gruppenprozeß läuft ohne Therapeuten recht gut. Wir können
uns das deshalb so schwer vorstellen, weil wir selbst *zu führungsbedürf-
tig* sind. Die Überschätzung der Führerfunktion und die Unterschätzung der Selbststeuerung hängen natürlich eng miteinander zusammen; und bei Fachleuten sind sie vielleicht am ausgeprägtesten. Dies
beruht nicht nur auf der geheimen Programmierung durch unseren
beruflichen Alltag, die uns Abhängigkeitsbeziehungen als etwas ganz
Selbstverständliches erscheinen läßt; es hängt auch mit unserer eigenen inneren Hilflosigkeit zusammen, die uns gerade einen helfenden
Beruf ergreifen ließ. Diese Hilflosigkeit beruht meist auf dem Erlebnis
einer frühkindlichen Umwelt, in der den eigenen Fähigkeiten allzu
wenig Vertrauen und Anerkennung entgegengebracht wurde. Es fehlt
uns also an Möglichkeiten, ein gesundes Selbstvertrauen zu entwikkeln; gleichzeitig aber wurden wir durch überzogene Erziehungsforderungen im Hinblick auf Leistung einseitig überzüchtet (Schmidbauer,
1977). Dies ist eine heute allgemein zu beobachtende Tendenz, die
aber bei den Vertretern der helfenden Berufe besonders auffällig in
Erscheinung tritt. So können wir Fachleute nur schwer glauben, daß
sich etwas aus sich selbst heraus gut entwickeln könnte: daß eine
Wunde von selbst heilt, daß ein Schüler von sich aus Interesse hat,
etwas zu lernen, daß ein Patient sich durchaus auch selbst behandeln
kann, daß er also – wie es auf einer Tagung hieß (vgl. Schipperges,
1980),»ein gesunder kranker Mensch« ist.
Auch der zweite Teil der Frage, der die»Machtübernahme« durch
einen Ersatztherapeuten betrifft oder gar durch einen Gruppenteilnehmer, der psychotisch wird, beruht auf der geheimen Führungsbedürftigkeit der Fragesteller. Ebenso verbreitet wie irrig ist die Vorstellung, zum Führer einer selbständigen Kleingruppe werde derjenige,
der die Macht an sich reiße. Sie brauchen sich nur vorzustellen, Sie
wären selbst Gruppenmitglied, um sogleich einzusehen, daß es im
allgemeinen nicht so gehen wird. Sie würden nämlich kräftig prote-
stieren und fragen, was der eigentlich will und was denn hier los sei.

Wenn überhaupt jemals eine Situation entsteht, in der eine einzige Person das Heft in die Hand nehmen muß – wem würden Sie dann die Führung überlassen? Doch sicher demjenigen, der mit der Situation am besten umzugehen versteht. Zum Beispiel demjenigen, bei dem Echtheit, Wärme und Einfühlung am stärksten ausgeprägt sind (vgl. Weiss, Leuprecht, Graze, 1979). So machen es auch die Selbsthilfegruppen. Aber die führenden Personen wechseln in der Regel. Wer sich zum Beispiel ständig in die Therapeutenrolle drängt, wird bald mit der Feststellung konfrontiert werden, daß er sich und seine Probleme auf diese Weise geschickt heraushält. Nach gruppendynamischen Erkenntnissen wird stets der zum Führer, der den Bedürfnissen der Gruppe am besten gerecht wird. In der Regel kann das die Gruppe als Ganzes besser als ein einzelner.

Daß einer in der Gruppe manisch wird, ist sicherlich ein extrem seltener Fall, doch beherrscht diese Vorstellung das Denken der Experten. Auch die Vorstellung, jemand werde in oder gar durch die Selbsthilfegruppe psychotisch, gehört zu den Lieblingsbefürchtungen der Experten (siehe S. 59 ff.). Sollte dies tatsächlich einmal geschehen, so ist es viel realistischer anzunehmen, daß der Maniker von seiner Gruppe als solcher erkannt und getragen wird, als daß er das Zepter übernimmt.

9. In der Gruppe entwickeln sich doch sehr intensive Beziehungen. Was sagen eigentlich die Partner der Gruppenteilnehmer, Ehepartner oder Freunde, dazu? Entwickeln sich da Eifersucht oder sonstige Probleme?

Das ist ein Grundproblem bei jeder psychotherapeutischen Behandlung. Die Lösung wäre: Auch der Partner geht in eine Selbsthilfegruppe, das kann er ja jederzeit. Oder beide Partner bzw. die Angehörigen gehen in eine Paar- oder Familien-Selbsthilfegruppe. Oft reicht es aber auch schon, wenn die Schwierigkeiten des Partners als Eifersucht erkannt werden.

10. Sie sprachen von neutralen Räumen für Selbsthilfegruppen. Sind aber nicht auch Privaträume möglich und manchmal vielleicht sogar vorzuziehen, da viele Teilnehmer auf diese Weise auch ganz einfache soziale Fähigkeiten lernen können, wie zum Beispiel Gäste empfangen usw? Natürlich müßten die Privaträume abwechselnd von jedem Mitglied der Gruppe zur Verfügung gestellt werden.

Soziale Fähigkeiten lernen die Mitglieder in einer Selbsthilfegruppen-

Sitzung oder beim Gesamttreffen. Private Räume verlocken oder verpflichten zu angenehmer Bewirtung. Im Gegensatz zu einem allgemein verbreiteten Glauben stärkt solch trauliche Gemütlichkeit die Gruppenbindung nicht, sondern schwächt sie, weil Probleme und Ängste zu wenig angesprochen werden. Im übrigen ist es nur selten zu bewerkstelligen, daß jeder seine Wohnung einmal zur Verfügung stellt. Dadurch kommen die Gastgeber wohl oder übel in eine Sonderrolle, die das Gruppengleichgewicht auf einer unbewußten Ebene empfindlich stört. Aber vielleicht haben Sie für schwer gestörte Psychiatrie-Patienten mit Ihrem Vorschlag recht, weil bei ihnen die sozialen Fähigkeiten doch oft sehr stark behindert sind.

11. Ist eigentlich die zeitliche Begrenzung auf zwei Stunden pro Woche von Vorteil? Selbsthilfe könnte sich doch über die ganze Woche erstrecken und damit auch die Lebenszusammenhänge der einzelnen Mitglieder mit einbeziehen, zum Beispiel durch wechselseitige Besuche, Telefonate, gemeinsame Aktivitäten usw.

Bis zu einem gewissen Grade geschieht das ohnehin. Es soll in den Vereinigten Staaten Gruppen geben, die sich bis zu viermal wöchentlich treffen. Die Kehrseite ist aber die Gefahr, daß die Gruppe dann für die einzelnen Mitglieder zum Lebensinhalt wird. Im allgemeinen vermeidet man diese Selbstisolation, doch sicher können solche Inseln für Psychiatrie-Patienten der erste Schritt zu einer selbständigen, sozialen Existenz werden.

12. Ist bei dem Gesamttreffen eine Mischung verschiedener Experten (Ärzte, Psychologen, Sozialarbeiter, Krankenschwestern usw.) von Vorteil, oder sollte eher nur ein Experte oder eine homogene Gruppe (zum Beispiel nur Schwestern oder nur Sozialarbeiter usw.) daran teilnehmen?

Eine Mischung scheint mir vorteilhafter, sofern sich die Experten untereinander verstehen (vgl. zu diesem Thema z. B. Richter, 1980 a). Ich habe andernorts die *konzertierte therapeutische Aktion* als die angemessenste Lösung beschrieben (Moeller, 1978, S. 316 ff). Probleme bleiben natürlich nicht aus. Wenn Krankenschwestern mit Fachärzten zusammenarbeiten oder – wie bei unseren Selbsthilfegruppen für werdende Eltern – Hebammen mit Gynäkologen der Universität, kommen drei grundsätzliche Schwierigkeiten auf:
Die Einstellung zu den Teilnehmern des Gesamttreffens ist sehr unterschiedlich: Weniger Professionalisierte gehen in der Regel viel unkomplizierter, viel direkter mit den Selbsthilfegruppen-Mitgliedern

um, sie befinden sich schneller auf einer Ebene mit ihnen, kommen also leichter mit dem Arbeitsbündnis innerhalb einer Selbsthilfegruppen-Beratung zurecht als die Hochspezialisierten, die eine stärkere berufsgewohnte Distanz zu überwinden haben und autoritativer bzw. fachspezifischer sprechen.

Das Gefälle zwischen den Berufsgruppen kann durschlagen – besonders, wenn mehrere Berater aus der gleichen Institution kommen. Einer will dann mehr zu sagen haben als der andere. Oder die Schwestern und Hebammen wagen nicht, sich offen zu äußern und dem Gynäkologen vielleicht zu widersprechen. Hier ist es besonders wichtig, daß die Bedürfnisse der Teilnehmer die Beratung steuern; so ist am ehesten für die Gleichstellung aller gesorgt.

Schließlich können grundsätzliche Differenzen bei der Beratung selbst auftreten – so entstand bei uns zum Beispiel eine Kontroverse um die programmierte, das heißt durch und durch kontrollierte und damit auch technisierte Geburt einerseits und die natürliche Geburt andererseits. Das schadet den Teilnehmern natürlich nicht. Im Gegenteil, sie können sich dann selbst mit dem Problem auseinandersetzen und auf der Grundlage der Diskussion besser entscheiden. Die Beziehung der Berater untereinander erfährt dadurch natürlich eine Belastung.

Fragen zu besonderen Bedenken

13. Was geschieht mit denen, die ausscheiden oder von der Gruppe ausgestoßen werden? Übernimmt die Selbsthilfegruppe für sie Verantwortung, zum Beispiel wenn Suizidgefahr besteht?

Wer ausscheidet, ist in einer Situation, wie sie jeden Bürger treffen kann: Er kann eine andere Selbsthilfegruppe oder eine professionelle Behandlung oder keines von beiden wählen. Uns ist ein solcher Fall bisher nicht bekannt geworden. Wenn so etwas vorkommt, dann ist das Gesamttreffen sowohl für den betroffenen Teilnehmer als auch für seine Gruppe der günstigste Ort, eine solche Situation zu erörtern.

Die Suizidvorstellung gehört zu den Lieblingsbefürchtungen von Experten (siehe S. 59 ff). Dahinter steckt die Vorstellung, daß Selbsthilfegruppen eine destruktive Wirkung haben könnten. Um aus der Schlinge der Befürchtungen herauszukommen, hilft meist ein Trick: Wenn man sich vorstellt, man sei Gruppenmitglied, schwinden viele finstere Phantasien, Projektionen eigener destruktiver Impulse können sich dann nicht mehr halten. Die Selbsthilfegruppe kann nicht mehr zum Sündenbock werden. Es wird zum Beispiel schnell klar, daß selbständige Menschen ebenso verantwortlich handeln wie Helfer und Erzieher. Das geheime Zwei-Klassen-System zwischen fähigen Helfern und Erziehern und unfähigen Patienten bzw. Schülern gelangt auf diese Weise ins Bewußtsein und kann dadurch wenigstens teilweise aufgehoben werden. – Eine kleinere Drop-out-Untersuchung hat übrigens gezeigt, daß nicht diejenigen ausschieden, die unter schweren Problemen litten – wie häufig befürchtet wird –, sondern, ähnlich wie in der professionellen Psychotherapie, diejenigen, deren Leidensdruck nur gering war (Bormuth, 1977). Von »Gruppengeschädigten« kann also nicht die Rede sein. Eher wird durch diese in den USA »tasters« genannten Personen umgekehrt die Gruppe irritiert. Bei den ca. 40 Gießener Gruppen ist in sieben Jahren ein einziger Selbstmord vorgekommen. Wir versuchten, ihn ausführlich mit der Gruppe zu besprechen und zu verstehen. Viel häufiger gewinnen wir den Eindruck, daß Selbstmordimpulse, die vor oder während der Teilnahme an einer Selbsthilfegruppe auftreten, im Zuge der Gruppenarbeit aufgelöst werden können (vgl. dazu S. 59 ff.).

14. Aus gruppendynamischen Kleingruppen kennt man doch psychische Zusammenbrüche. Man wird vorher gefragt, ob man physisch oder psychisch einigermaßen gesund sei. Wie sieht das nun in Selbsthilfegruppen ohne Therapeuten aus, dazu noch bei Leuten, die schon von vorneherein psychisch belastet sind?

Im Gegensatz zu einem gruppendynamischen Laboratorium sind hier die Gruppenmitglieder auf die Konfrontation mit psychischen Konflikten eingestellt. Sie werden also durch diese Konflikte nicht überrascht. Im übrigen hat man entdeckt, daß psychische Zusammenbrüche in der Gruppendynamik fast ausschließlich dort auftreten, wo die Trainer psychiatrisch orientiert sind (Vandenberg, 1974). Hier hat der Zusammenbruch einen unbewußten Appellcharakter. Man darf auch nicht vergessen, daß gruppendynamische Laboratorien leiterzentriert arbeiten. Es ist also auch für das unbewußte Seelenleben eine Zentralfigur da, an die zu wenden sich lohnt. Für Selbsthilfegruppen wäre diese Gefahr also besonders dann gegeben, wenn sie in eine stärkere Abhängigkeit von Experten gerieten.

15. Können Selbsthilfegruppen für ihre Mitglieder nicht eine Art soziale Insel werden, das heißt, die Gefahr mit sich bringen, daß sie sich im Leben isolieren? Oder gelingt es den Teilnehmern, auch neuen Kontakt zu Personen außerhalb ihrer Gruppe zu finden?

Davor, die Gruppe als Lebensersatz zu mißbrauchen, warnen die

Selbsthilfegruppen-Teilnehmer selbst sehr energisch. Wahrscheinlich kommt es deswegen gar nicht erst dazu, daß sie zur »sozialen Insel« werden. Im Gegenteil, unsere Untersuchungen zeigen, daß die Teilnehmer nach einer gewissen Zeit der Gruppenselbstbehandlung intensive neue Beziehungen außerhalb der Gruppe aufnehmen (Stübinger, 1977; vgl. auch Frage 11).

16. Wie schon gesagt, haben wir hier in unserer Psychiatrischen Station sogenannte »Kränzchen« initiiert, also eine Art Selbsthilfegruppe. Die Kränzchen leiden aber an der Trägheit der Mitglieder. Keiner hat rechte Lust, da mitzumachen. Wie sieht es da bei der Initiierung regulärer Selbsthilfegruppen aus?

Die Trägheit macht natürlich auch bei Selbsthilfegruppen zu schaffen. Doch gibt es da wohl einen wesentlichen Unterschied, der in der therapeutischen Gesamtsituation liegt: Reguläre Selbsthilfegruppen sind wirklich autonom und mobilisieren deswegen stärker eine aktive Haltung. Kränzchen sind durch die Klinik und die Ärzte wärmstens empfohlen und machen auf diese Weise doch indirekt wieder passiv. Ich könnte mir vorstellen, daß die Trägheit dadurch verursacht wird. Die Patienten kommen aus ihrer passiven Situation durch die Kränzchen eben nicht heraus. Dabei sehe ich die größte Gefahr im Entstehen *unauthentischer* Selbsthilfegruppen; deren Mitglieder sind überzeugt, sich selbst zu helfen, handeln in Wirklichkeit aber in tiefer Abhängigkeit von der Institution.

Andererseits ist Trägheit, wie gesagt, natürlich auch bei Selbsthilfegruppen-Teilnehmern zu beobachten. Sie entspringt dem Widerstand gegen die Bearbeitung der eigenen Konflikte. Dieser ist in keiner Weise geringer als in einer professionellen Therapie, im Gegenteil: Er kann sich hier noch stärker auswirken, weil das Wegbleiben offensichtlich leichter fällt als in einer Therapie herkömmlicher Art. Durch Wegbleiben kann auch schon einmal eine Selbsthilfegruppe zerbröseln – vor allem in Phasen stärkeren Widerstandes, also leider gerade dann, wenn wesentliche Konflikte anstehen (siehe S. 168 ff.).

17. Sie sprachen von Selbsthilfegruppen bei Personen, die sich sprachlich relativ gut äußern können. Was ist aber mit denen, die sich sprachlich nicht besonders gut artikulieren können, was machen die?

Wir müssen hier zwischen zwei Situationen unterscheiden: Einmal kann es in einer Gruppe Leute geben, denen das Reden leicht fällt, und andere, die schwer aus sich herauskommen, obwohl sie sich sprachlich ganz gut artikulieren könnten. Das gibt es in jeder Gruppe und muß als Problem der Gruppenarbeit überlassen bleiben. – Ganz anders ist die Lage derjenigen, die tatsächlich sprachlich nicht so gewandt sind. Ich würde aber erwarten, daß auch sie miteinander sprechen – wenn auch unbeholfener. Es geht in den Gruppen nicht um die Geschicklichkeit mit Worten, sondern um den Gehalt des Gespräches. Im Gegensatz zu früheren Auffassungen stehen Untersuchungen, die zeigen, daß Angehörige der Unterschicht und der unteren Mittelschicht, zum Beispiel Arbeiter, ihre Gefühle ebenso in Worten ausdrücken können wie Personen aus der Mittel- und Oberschicht. Was viel wichtiger ist als Sprachgeschicklichkeit, ist ein tiefes, ungebrochenes Vertrauen (vgl. dazu die Begegnung mit Marie, S. 303 ff.). Nun mag es durchaus sein, daß Menschen, die nicht besonders wortgewandt sind, das Rollenspiel vorziehen. Zwischen der reinen Gesprächsgruppe und der reinen Rollenspielgruppe gibt es zahllose Mischformen, weil jede Gesprächsgruppe auch mit Rollenspielen und jede Rollenspielgruppe auch mit Gesprächen arbeiten kann. Elf Hausfrauen, die eine Rollenspiel-Selbsthilfegruppe bildeten, haben darüber einen sehr lebendigen Bericht veröffentlicht (Thomas, 1978).

18. Kann jede psychiatrische Station, wie hier bei uns im Krankenhaus, Selbsthilfegruppen initiieren? Bei Patienten, die an akuten Störungen leiden, erscheint es mir nach Ihrem Bericht einleuchtend. Wie aber ist es mit chronischen Patienten, besteht auch hier eine Chance?
Man sollte es auf alle Fälle versuchen. Zu oft haben wir Experten die Passivität unserer Patienten überschätzt. Erfolge durch Aktivierung zur Selbsthilfe, wenn auch nicht in Selbsthilfegruppen, werden sogar von tiefretardierten Patienten berichtet (Hoover u. a., 1965; Christmas, 1967; Dilley, 1969; Chen, 1972; Gould u. a., 1975).
Hätten die Anonymen Alkoholiker nicht bereits mehr als eine Million Mitglieder und wären uns ihre Therapieerfolge nicht bekannt, so hätten wir heute genauso große Zweifel an der Wirksamkeit dieser Form der Selbstbehandlung wie die Experten zur Gründungszeit vor mehr als 40 Jahren. »Diese ichschwachen und starkgeschädigten Kranken versacken doch eher gemeinsam in der Kneipe als vom Alkohol loszukommen«, so würde das überhebliche Urteil der Fachwelt nach wie vor lauten. Statt diese Vorurteile zu pflegen, ist es unsere wesentlichste therapeutische Aufgabe, die Betroffenen, die sich aus den unterschiedlichsten Gründen noch nicht anschließen können, zur Teilnahme in einer Selbsthilfegruppe zu befähigen.

19. Sind Selbsthilfegruppen nicht sozialpolitisch auch insofern bedenklich, als durch sie der Versorgungsnotstand im professionellen Bereich stabilisiert werden könnte?

Ja – insofern sind sie bedenklich. Noch bedenklicher aber wäre, sich aus diesem Grunde nicht für Selbsthilfegruppen einzusetzen. Der quantitative und qualitative Versorgungsnotstand ist zur Zeit noch so groß, daß selbst eine massive Entwicklung der Selbsthilfegruppen-Bewegung den Druck auf den Ausbau des professionellen Bereiches nicht allzusehr verringern dürfte. Dennoch ist es natürlich notwendig, auf diese Gefahr ständig aufmerksam zu machen.

Fragen zur Beziehung zwischen Fachleuten und Selbsthilfegruppen

20. Für die Initiierung von Selbsthilfegruppen ist im Bundesgebiet durch die deutsche Autoritätshörigkeit im Hinblick auf das Verhältnis zu den Experten eine ganz andere und schwierigere Situation gegeben als in den offensichtlich weniger expertengläubigen Vereinigten Staaten. Sind nicht in der Bundesrepublik die Tendenzen, sich passiv unterzuordnen, sehr viel stärker und erschweren sie nicht die Bildung von Selbsthilfegruppen?

Ja, das ist wohl der Fall. Allerdings sind, wie schon gesagt, auch die Fachleute nicht frei von dieser Führungsbedürftigkeit.

21. Eine grundsätzliche Frage: Ist die klinisch psychiatrische Institution – vielleicht auch andere Institutionen – nicht allein durch ihre Existenz sozusagen selbsthilfegruppenfeindlich? Selbst wenn die Institutionen für die Einführung von Selbsthilfegruppen wären, sind dennoch ständig Ärzte da, die ihre Patienten in der Patientenrolle halten, auch dann, wenn sie nicht unmittelbar vor dem Patienten stehen. Handelt es sich denn überhaupt um eine Selbsthilfegruppe, wenn der Arzt dieser Patienten sich im benachbarten Stationszimmer aufhält?

Das ist in der Tat ein Grundproblem, die üblichen Versorgungsinstitutionen sind in der Regel selbsthilfegruppenlähmend. Die Patienten sind juristisch Patienten und in der Verantwortung der Ärzte. Die Abhängigkeit ist sozusagen zementiert. Selbsthilfegruppen sind nur außerhalb, zum Beispiel nach Abschluß der stationären Behandlung, wirklich möglich. Dennoch können auch im Stationsbereich sogenannte koordinierte Sitzungen eingerichtet werden, die auf die spätere Selbsthilfegruppen-Arbeit schon vorbereiten können und im übrigen auch die Wirkung der professionellen Behandlung außerordentlich fördern (siehe S. 221).

22. Wie kann sich ein Therapeut überhaupt verhalten, ohne direktiv zu wirken? Wir hatten hier im Rahmen unserer Station eine Situation, aus der heraus sich direkt oder indirekt ein ständiger Einfluß des Arztes auf die Patienten ergab. So sagte zum Beispiel ein Patient:»Ich muß in diese Gruppe gehen, damit ich später auch entlassen werden kann usw.«
Genau! Die Abhängigkeit ist kaum zu vermeiden. Es gäbe im stationären Bereich eben nur eine *Vorbereitung* auf Selbsthilfegruppen. Es sei denn, man revolutionierte die Abhängigkeiten fixierende Institution und löste das traditionelle Arzt-Patienten-Verhältnis ganz auf.

23. Was haben Sie für Erfahrungen mit Patienten von niedergelassenen Ärzten gemacht? Es ist ja zu erwarten, daß die Selbsthilfegruppen-Teilnehmer einmal Patienten bei verschiedenen Ärzten waren, die selbst wiederum sehr unterschiedliche Einstellungen zur Krankheit und insbesondere zu Selbsthilfegruppen haben. Wie verträgt sich dieses Gemisch in einer Gruppe?
Eine interessante Frage. Sie geht von einem sehr starken Einfluß der Ärzte auf die Vorstellungen des Patienten aus. Ist dieser Einfluß so stark oder hätten wir Ärzte das gern? Unsere Erfahrungen reichen nicht aus, um darüber Gültiges zu sagen. Wenn ein Arzt voller Entsetzen vor Selbsthilfegruppen warnt, dann werden seine Patienten vielleicht gar nicht erst kommen. Häufiger sind Treuekonflikte der Patienten. Drei übergewichtige Frauen sagten einmal, sie scheuten sich zu kommen, weil ihr Arzt denken könnte, sie würden ihm untreu und hielten seine Behandlung für unzureichend. Ich möchte in diesem Zusammenhang betonen, daß selbstverständlich für alle medizinischen Probleme nach wie vor der behandelnde Arzt zuständig bleibt. Die Ängste der Ärzte, ihnen könnten Patienten verlorengehen, sind unbegründet (vgl. auch Daum, 1980).

24. Die Bedeutung des Experten bei der Bildung einer Selbsthilfegruppe ist uns noch unklar. Es kommt hier die Frage auf, wieviel Verantwortung er übernehmen soll. Er solle einen »Schubs« geben, hieß es. Wann und inwieweit soll er sich zurückziehen?
Das Problem, wieweit wir uns zurückziehen sollen und können, ergibt sich aus der Angst vor unserer eigenen Neigung, zuviel Verantwortung zu übernehmen. Zurückziehen sollen und können wir uns dann, wenn es uns und den Gesamttreffen-Teilnehmern gemeinsam gelungen ist, alle Aufgaben auch tatsächlich auf die Betroffenen zu verteilen.

25. Wäre es nicht besser, der Therapeut macht überhaupt nicht mehr mit, sobald sich eine Selbsthilfegruppe gebildet hat – also auch nicht beim Gesamttreffen? Wäre es nicht besser, er käme nur, wenn er gerufen würde?

Das ist ja heute noch die Regel – aber sicher auch deswegen, weil die Perspektive einer möglichen Zusammenarbeit von Selbsthilfegruppen und Experten immer noch so undeutlich ist und weil sich bisher nur wenig Fachleute für Selbsthilfegruppen engagiert haben. Ihre Auffassung könnte allerdings auch der Vorstellung von der »Nullbeziehung« entsprechen, das heißt der verbreiteten, aber etwas seltsamen Vorstellung von Experten, daß die Selbständigkeit der Betreuten nur durch die Auflösung der Beziehung zum Arzt zu erreichen sei. Dem entspräche auf seiten der Teilnehmer der Antiprofessionalismus. Beide Auffassungen schütten das Kind mit dem Bade aus. Selbständigkeit bedeutet ja eben nicht die Auflösung aller Beziehungen, sondern im Gegenteil die Fähigkeit, Beziehungen möglichst voll leben zu können. Warum sollten denn die Fachleute im psychosozialen Bereich ihr Wissen, ihre Erfahrungen, ihr Können nur abhängigen Patienten und Klienten weitervermitteln können? Ist es nicht viel sinnvoller, wenn die Spezialisten ihr angesammeltes Wissen autonomen Partnern zur selbständigen Verwendung weitergeben? Akzeptiert man diese Form der Zusammenarbeit, dann hätte ein sporadisches Gerufenwerden des Beraters gerade in der Anfangszeit allerdings einen großen Nachteil: Selbsthilfegruppen und sogenannte Experten wären dann nicht in der Lage, ihren beiderseitigen Widerstand in gemeinsamer Arbeit aufzulösen, das heißt ihre »Kollusionen« zu verstehen – etwa einen Rückfall in die abhängige Arzt-Patientenbzw. Lehrer-Schüler-Beziehung; die Gegenabhängigkeit bzw. die übertriebene Selbständigkeitshaltung; oder die Nullbeziehung (Moeller, 1978, S. 319ff). Auch könnten sie dann kaum eine gemeinsame Sprache finden. Außerdem könnte der Therapeut dann nur schwer in seine Funktion als Selbsthilfegruppen-Berater hineinwachsen. Er würde bei seinen sporadischen Auftritten vermutlich kaum aus seiner Rolle als Therapeut oder Erzieher herausfinden. Meines Erachtens bietet die kontinuierliche Zusammenarbeit größere Chancen, sich aus den alten, hinderlichen, komplementären Rollen herauszuentwickeln.

26. Wir haben ein besonderes Problem auf unserer Suchtstation. Wir arbeiten gut mit den Anonymen Alkoholikern zusammen. Wir müssen aber als Krankenschwestern einige Alkoholiker besonders in einer Anfangszeit von ein bis zwei Monaten ständig auffordern,

doch in die AA-Gruppen zu gehen. Tun wir das nicht, bleiben sie einfach weg. Erst nach einiger Zeit stabilisiert sich die aktive Teilnahme. Sie aber sagten, daß eine solche sehr starke, aktive Unterstützung von seiten der Experten in der Regel vermieden werden solle. Wie sehen Sie dieses Problem? Wenn meine Einschätzung richtig ist und ich die konkrete Situation bedenke, würde ich hier tatsächlich von der Regel abweichen: Die Alkoholiker sollten so lange ermutigt werden, bis ihre Gruppenbindung stark genug ist. Es kommt natürlich auf die Art an, wie man sie auffordert. Eine solche Aufforderung kann ja als Ermutigung, die Selbständigkeit fördert, oder als kaum verhüllter Befehl, der Abhängigkeit schafft, ausgesprochen werden. Die Anonyme Alkoholikergruppe, um die es hier geht, ist ja außerhalb der klinischen Institution und insofern tatsächlich autonom. Ein stationärer Patient ist aber in einer besonders passiven Rolle. Vielleicht erscheint mir deswegen in diesem Falle ein stärkerer Anstoß möglich oder auch nötig – sozusagen als Gegengewicht zur institutionellen Abhängigkeit. Die Patienten sollten aber nicht allzusehr gedrängt werden, ihre Fähigkeit zur Selbstbestimmung sollte vielmehr gefördert werden.

6

**Beratung mit
Selbsthilfegruppen**

Selbsthilfegruppen-Berater sind nicht »die Verantwortlichen«, sondern Mitwirkende. Sie beraten nicht die Gruppen, sie beraten *mit* den Gruppen. Deswegen ist eine besondere psychologische Ausbildung nicht unbedingt notwendig. Es ist von Vorteil, wenn Sie bereits Erfahrung in Gruppenarbeit haben, aber auch das ist nicht zwingend erforderlich. Vielleicht können kurze, einführende Seminare (die wir allerdings erst planen) dazu ermutigen, in unserer professionalisierten Welt auch einmal mit wenig zu beginnen. Worauf es ankommt, das ist die lebendige Erfahrung der Selbsthilfegruppen-Beratung.

Haben Sie also keine Scheu davor, anzufangen. Es geht darum, gemeinsam mit den Selbsthilfegruppen-Teilnehmern Wege zu suchen, Dinge zu entwickeln und notwendige Vorhaben auch tatsächlich zu realisieren. Ziel der Zusammenarbeit ist es, die besten inneren und äußeren Bedingungen für die Entwicklung der Selbsthilfegruppen zu schaffen. Wesentlicher als alle Kenntnisse ist die innere Einstellung eines Beraters, zum Beispiel die Überzeugung, daß Gruppengespräche sinnvoll sind. Und die größte Bedeutung des Selbsthilfegruppen-Beraters liegt in seiner Anwesenheit. Sie stabilisiert und belebt wie ein Katalysator die Beratung der Gruppen untereinander. In erster Linie sollten Sie also Wechselgespräche anregen und mit dazu beitragen, daß ein für den Erfahrungsaustausch günstiges Klima entsteht. Erst in zweiter Linie kommt es darauf an, daß Sie den Teilnehmern mit Rat und Tat zur Seite stehen. Dabei werden die Gruppen selbst sehen, inwieweit Ihre Beiträge hilfreich sind oder nicht. Fachleute können also hier auf ihre gewohnte Angst verzichten: ob sie denn auch über das »richtige Wissen« verfügen oder nicht. Unangebrachte Vorschläge fallen im allgemeinen von selbst unter den Tisch. Denken Sie daran, daß Sie nicht allein stehen: Sie haben in den Selbsthilfegruppen-Mitgliedern zahlreiche selbstverantwortliche Gesprächspartner, die mit Ihnen gemeinsam die Probleme erwägen. Da schadet es nichts, mit Worten wie diesen zu beginnen: »Ich habe selbst noch keinerlei Erfahrung, aber ich hoffe, wir werden gemeinsam Mittel und Wege finden.«

125

Seit sieben Jahren arbeite ich in dieser Rolle mit Selbsthilfegruppen zusammen. Ich nehme wie jedes andere Gruppenmitglied am gemeinsamen Erfahrungsaustausch mehrerer Selbsthilfegruppen im Gesamttreffen teil. Es findet in Form eines offenen, etwa zweistündigen Gesprächs unter höchstens 30 Personen zu einem festen monatlichen Termin statt.

Es gibt nur eine wirkliche Gefahr: Es ist schwer, sich aus der Haltung als Therapeut oder Erzieher zu lösen, aus der Neigung also, zuviel Verantwortung und Aktivität zu übernehmen oder umgekehrt, sich in einer Gegenreaktion zu stark zurückzuziehen (siehe S. 293 ff.). Erfahrene Selbsthilfegruppen-Teilnehmer haben es als Berater deswegen leichter, sie stehen nicht in diesem Rollenkonflikt. Es geht darum, auf eine ganz alltägliche Art mit anderen Erwachsenen zu beraten, ohne daß man die Teilnehmer als Patienten, Schüler und so weiter mißversteht, umsorgt, belehrt und steuert. Das neue Arbeitsbündnis, das Selbsthilfegruppen-Berater und Selbsthilfegruppen-Teilnehmer eingehen, beruht also auf einer absoluten Gleichstellung. Mir hilft am meisten die Vorstellung, ich würde mich mit Freunden beraten. Das ist in der Regel nicht so einfach, wie es scheint – auch nicht für die Teilnehmer; sie müssen ja ebenfalls einen Weg aus ihrer Rolle herausfinden.

Zwei kritische Bereiche der Selbsthilfegruppen-Arbeit verdienen besondere Aufmerksamkeit:

1. *Der konkrete Anfang,* das heißt, die Probleme, die sich stellen, während die Gruppe noch im Entstehen begriffen ist, weil in dieser Phase natürlich die Gruppenselbsthilfe noch nicht wirksam werden kann.

2. Das Bewußtwerden eines *Gesamtzusammenhangs,* der sich in der Einzelgruppenarbeit und in der Konzentration auf die besonderen eigenen Belange nur schwer erschließt.

Selbsthilfegruppen-Berater gewinnen durch wiederholte Erfahrungen mit Gruppen, die sich neu bilden, schnell einen Informationsvorsprung. Da sie oft auch an unterschiedlichen Gesamttreffen teilnehmen, erkennen sie viel eher die Bedeutung des Gesamtzusammenhangs und können ihn überzeugter vermitteln.

Der Gesamtzusammenhang ergibt sich für die einzelnen Gruppen erst sehr langsam. Dies ist auch die Lage der – im übrigen weit verbreiteten – amerikanischen Selbsthilfegruppen, wie ein Satz von Alan Gartner und Frank Riessmann deutlich macht: »Es gibt zu wenig Verknüpfungen des im wesentlichen fragmentierten Netzwerkes der Selbsthilfegruppen« (1977, S. 152). Man kann die Selbsthilfegruppen gar nicht anders als ein Netzwerk auffassen, doch fehlt dem Netzwerk eben das, was es überhaupt erst dazu macht: die Verknüpfung der einzelnen Teile. Diese größere Gemeinsamkeit ist letztlich nur durch gestufte Zusammenschlüsse möglich, zum Beispiel durch die Einrichtung von Gesamttreffen, dann von regionalen und schließlich von überregionalen Gruppierungen. Doch muß der Gesamtzusammenhang auch während der Beratung im Gesamttreffen immer wieder ins Bewußtsein gerufen werden. Erst mit diesem wachsenden sozialen Bewußtsein ist das doppelte Ziel aller Selbsthilfegruppen, Selbstveränderung *und* Sozialveränderung, realisierbar. Den einzelnen Selbsthilfegruppen werden dadurch ihre eigenen großen Entwicklungschancen immer wieder vor Augen gestellt. Die Teilnehmer können die Grundidee selbstverantwortlicher Gesprächsgruppen wirksam weitertragen. Sie sind also in der Lage, das mitzugestalten, woran sie selbst teilnehmen.

2 Gesamttreffen und Gründungsversammlungen – Kurzprotokolle

In Gießen mußten wir die ursprüngliche Praxis, ein einziges Gesamttreffen für alle Selbsthilfegruppen durchzuführen, bald aufgeben. Wir bedauerten das etwas, weil dadurch der Gesamtzusammenhang aller Gesprächsgruppen weniger deutlich wurde und sich eine gemeinsame Solidarität aller Teilnehmer schwerer entwickeln konnte. Es war aber nicht anders zu machen. Studierende und Berufstätige zum Beispiel hatten so unterschiedliche Lebenswelten und Auffassungen, daß sie einander in der Arbeit eher störten als anregten. Auch »werdende Eltern« und Paare haben sehr verschiedenartige Probleme. Für die einen war nicht interessant und wesentlich, was die anderen erörtern wollten. Selten ist mir so deutlich zu Bewußtsein gekommen, was »Subkulturexplosion« in unserer hochkomplexen Gesellschaft wirklich heißt. Wir alle leben in einer Vielzahl kleiner, voneinander deutlich abgegrenzter Gruppen. Vielleicht ist Identitätsbildung heute nicht anders möglich.

Um also wenigstens noch einen Rest von Zusammengehörigkeitsgefühl zu bewahren, bedarf es größerer regionaler Gesamttreffen – etwa über ein Wochenende einmal oder zweimal im Jahr –, sie sind dazu besser geeignet als der laufende Erfahrungsaustausch.

Im folgenden wird kurz über eine Reihe monatlicher Gesamttreffen und über zwei Gründungsversammlungen berichtet. Der jeweilige Selbsthilfegruppen-Berater fertigt nachträglich ein kleines Protokoll zum Hausgebrauch an. Damit bietet er den anderen Beratern Einblick in die Entwicklung von Gruppen, die sie nicht selbst begleiten. Sehr herzlich möchte ich meinen Mitarbeitern dafür danken, daß sie mir ihre Berichte überließen. Karl Werner Daum und Jürgen Matzat, beide Diplom-Psychologen, sind im Projekt Selbsthilfegruppen an der Psychosomatischen Klinik tätig. Dr. med. Hans Kronsbein arbeitet als Facharzt für Psychiatrie und Neurologie ebenfalls psychotherapeutisch an unserer Klinik. Gerhard Sauer, Heil- und Sozialpädagoge, und Hans Weber, Soziologiestudent, sind Zivildienstleistende im Bereich der Selbsthilfegruppen-Beratung.

Gesamttreffen der Selbsthilfegruppen für Übergewichtige

Anwesend sind zwei Ernährungswissenschaftlerinnen und ich sowie etwa zehn Betroffene; davon sind drei Gäste aus der Gruppe Siegen. Es stellt sich heraus, daß die Gießener Gruppe, die jeden Montag tagt, relativ konstant geblieben ist. Sie ist mit ihrer Arbeit einigermaßen zufrieden, obwohl es zunächst mal eine etwas »flache« Kennenlernphase gab, in der natürlich auch, wie es sich gehört, viel über Abnehmen, Essen und Diät gesprochen wurde. Die zweite Montagsgruppe, die sich nur 14tägig treffen wollte, ist möglicherweise vom Zerfall bedroht. Wir besprechen die Notwendigkeit einer regelmäßigen Teilnahme und weisen darauf hin, daß es sicher nicht zufällig ist, wenn die in zweiwöchigem Abstand tagende Gruppe größere Zerfallserscheinungen zeigt als die wöchentlich tagende.

Die Siegener Gruppe berichtet dann ausführlich von den Schwierigkeiten, die sie haben. Sie sind dadurch entstanden, daß in der Gruppe sozusagen Linienkämpfe aufgetaucht sind. Da sind einerseits ein paar Frauen, die Kontakt suchen und ein bißchen Kaffeeklatsch wollen, und auf der anderen Seite gibt es die Frauen, die tatsächlich den psychischen Ursachen ihres Suchtverhaltens nachspüren wollen. Interessant ist auch die Tatsache, daß eine der Hauptfiguren der Gruppe (übrigens die jüngste der Teilnehmerinnen) in den ersten Wochen rapide abgenommen, in der Zwischenzeit aber mehr als die abgenommenen Kilo wieder zugenommen hat. Sie führt dies darauf zurück, daß die Gruppe in gewisser Weise auch eine psychische Belastung darstelle; daß sie insbesondere mit ihrer eigenen Aggressivität und auch mit der Wirkung, die diese Aggressivität auf andere Gruppenmitglieder habe, schlecht zurecht gekommen sei und daß auch das Verhältnis zu ihrem Mann nicht unberührt geblieben sei. Die Gießener Gruppe reagiert darauf etwas verschreckt. Es fallen Sätze wie:»Oh Gott, was blüht uns da noch.«

Der Unterschied zwischen der erfahreneren Siegener Gruppe und der neu entstandenen noch unsicheren Gießener Gruppe wird recht deutlich. Ich habe zeitweise das Gefühl, daß sie eigentlich wenig miteinander anfangen können. Die Erwartung der Siegener, in der anderen Gruppe einen kompetenten Gesprächspartner zu finden, ist sicherlich enttäuscht, und die Gießener Gruppe ist doch ein bißchen erschreckt darüber, was die Siegener so über Psychodynamik zu berichten haben. Interessant ist, daß auf dem Gesamttreffen auch sehr viel über Diätpläne, Eßverhalten und ähnliches gesprochen wurde. Diese Themen erhalten natürlich durch die Ernährungswissenschaftlerinnen noch stärkeres Gewicht. Sie fühlen sich darin kompetent und angesprochen. Sehr deutlich wird auch die Angst dieser beiden, als die Gießener Gruppe von ihren Problemen und ihren psychodynamischen Prozessen etwas berichtet. In schöner Symptomzentriertheit meinen sie, daß etwas in der Gruppe nicht richtig gelaufen sei, wenn eines der Mitglieder sogar zugenommen hätte – obwohl die Betroffene selbst trotz der Gewichtszunahme keinen Moment einen Zweifel daran gelassen hatte, daß sie weiterhin in die Gruppe gehen wollte, weil ihr das was bringe und sie auch wieder abnehmen werde.

Nachtrag:

In einem Telefongespräch einige Tage später sagte eine der Frauen aus der Siegener Gruppe, daß sie darüber enttäuscht gewesen sei, auf so viele alte Frauen zu treffen. Die Tatsache, daß die mangelnde Erfahrung der Gießener Gruppen für sie eigentlich hätte enttäuschend sein müssen, spricht sie gar nicht an.

Jürgen Matzat

Gesamttreffen der Paar-Selbsthilfegruppen

Anwesend waren: eine Person aus der Gruppe A; eine Person aus der Gruppe B; die gesamte Gruppe C (drei Paare); eine Person aus der Nachfolge-Selbsthilfegruppe; sechs neue Paare; M. L. Moeller und ich.

Zum Gesamttreffen waren sechs interessierte neue Paare gekommen, drei waren durch den Artikel in der »Gießener Allgemeinen« angesprochen worden und drei sind über die Poliklinik des Zentrums bzw. über die Selbsthilfegruppen-Sprechstunde gekommen. Nach einer »Vorstellungsrunde« einigten sich alle darauf, den Erfahrungsaustausch der existierenden Gruppen und das Informationsbedürfnis der Neuen so miteinander zu verbinden, daß anhand von Fragen der Neuen die Selbsthilfegruppen-Teilnehmer Einblick in ihre Gruppenarbeit geben sollten. (Die Fragen der Neuen: Wie kann das überhaupt ohne Therapeut gehen? Was macht man denn in der Gruppe, wenn da *nur* Gleichrangige sitzen? Wie arbeitet eine Gruppe? Wie groß muß die Gruppe sein? usw.) Die existierenden Paargruppen berichten von ihrem äußeren und inneren Konzept, wobei jede Gruppe wegen der Verschiedenartigkeit und der unterschiedlichen Bedürfnisse der Teilnehmer ganz spezifische Meinungen vertrat. So fand eine Gruppe, daß drei Paare die geeignete Größe sei, eine andere Gruppe meinte, man sollte ruhig mit fünf oder sechs Paaren arbeiten, um mehrere und unterschiedliche Rückmeldungen zu erhalten. Zu Ende des Gesamttreffens ging es dann um eine eventuelle Gruppengründung beziehungsweise um die Integration der neuen Paare in bestehende Gruppen. Zwei Gruppen suchten zwar Neue, aber die sechs neuen Paare entschieden sich, gemeinsam eine Gruppe anzufangen.

Die neue Gruppe will sich am nächsten Donnerstag zur ersten Sitzung zusammenfinden.

Karl-Werner Daum

Gesamttreffen der Selbsthilfegruppen für Berufstätige

Es sind ca. 25 Personen anwesend, davon sieben neue Interessenten und Vertreter aus allen vier existierenden Gruppen. Der Gruppenaustausch erfolgt in der fast schon gewohnt positiven Weise. Dabei berichten die beiden Geschwistergruppen (Montag, Dienstag), daß sie momentan in einer gewissen Stagnation stecken. Die meisten Gruppenmitglieder hätten nun etwas von sich erzählt, man würde sich ein wenig kennen, wisse aber jetzt nicht so recht, wie es weitergehen solle. Im Verlaufe des Gespräches wird immer deutlicher, daß es im Grunde um die Angst vor zunehmender emotionaler Verwicklung geht. Aus einer der beiden Gruppen wird berichtet, daß es sehr viele Außenaktivitäten von Subgruppen gibt, meistens Zweier- oder Dreiergruppen, und daß zwischendurch viel telefoniert wird. Auf diese Weise kommen zwar viele intensive Gespräche zustande, die jedoch nicht in die Gruppe zurückgemeldet werden. Das Gesamttreffen weist die Gruppe deutlich darauf hin und macht sie darauf aufmerksam, daß der Gruppenprozeß dadurch ziemlich behindert werde. Ich habe den Eindruck, daß die Mitglieder dieser Gruppe davon tatsächlich betroffen sind. Sie verbalisieren es auch mal leise – etwa in dem Sinne, daß sie noch vor einem Monat als eine sehr tüchtige, funktionierende und beliebte Gruppe angesehen worden sind und heute ganz schön kritisiert werden. Eine Frau sagte: »Ich finde uns trotzdem ganz toll!«

Nach dem Gesamttreffen zu urteilen, hat die jüngste Gruppe (Freitag) recht gut zueinander gefunden und sich auf einen anspruchsvollen psychotherapeutischen Weg gemacht. Von den sieben neuen Interessenten gehen zwei (Frauen) in die Donnerstagsgruppe, die mittlerweile nur noch aus ca. sechs Mitgliedern besteht, wobei »Männerüberschuß« herrscht. Vier neue Interessenten gründen eine neue Gruppe, die sich auch freitags treffen will. Ein Interessent kann sich nicht zur Teilnahme entschließen.

Jürgen Matzat

Gesamttreffen der Selbsthilfegruppen für »Werdende Eltern«

Es waren insgesamt vier Frauen mit ihren Kindern anwesend, drei davon aus der Gruppe von Frau X, und eine neue Interessentin. Wir haben lange über Sinn und Zweck des Gesamttreffens gesprochen. Frage, warum es so wenig genutzt wird und durch welche Modifikationen es den Bedürfnissen der Gruppen besser angepaßt werden könnte. Es bleibt als einziger konkreter Vorschlag, den Termin zukünftig auf *19 Uhr* zu verlegen, weil der für Eltern mit kleinen Kindern besser einzuhalten sei. Es wird deutlich, daß eigentlich nur eine der anwesenden Frauen (eine erfahrene Selbsthilfegruppen-Teilnehmerin) starkes Interesse an der Existenz eines Gesamttreffens hat. Zur Bildung einer neuen Gruppe sollen in der Wochenendausgabe der Gießener Zeitungen unter der Rubrik »von privat zu privat« Kleinanzeigen erscheinen. Außerdem hatten die anwesenden Frauen in ihrem Bekanntenkreis drei bis vier Interessentinnen, zwischen denen ein Kontakt vermittelt werden sollte. Es wurde besprochen, daß die Frauen bei ihren Besuchen bei Frauenärzten, Kinderärzten, in der Schwangerschaftsgymnastik und in den Kliniken die Gelegenheit nutzen sollten, auf die Gruppen aufmerksam zu machen und auf diese Weise bei den Ärzten und Institutionen ein selbsthilfefreundlicheres Klima zu erzeugen.

Jürgen Matzat

Gesamttreffen der Studenten-Selbsthilfegruppen

Anwesend waren 14 Personen, wovon drei – alles Männer – eine Gruppe suchten. Nach wechselseitigem Vorstellen berichteten mehrere Leute aus ihren Gruppen:
E. erzählte, wie es seiner Gruppe ergangen war, nachdem sie zwei neue Leute aufgenommen hatten. Anfangs hätten sich die alte Gruppe

131

und die neuen Leute ziemlich fremd gegenüber gestanden. Man habe von »ihr« und »wir« geredet und es habe eine Zeit gedauert, bis man sich insgesamt als Gruppe fühlte. Sehr lang und ausführlich berichtet E. über die Schwierigkeiten der Gruppe, mit der starken Depressivität und dem Suizidgedanken einer Frau zurechtzukommen. Diese Problematik sei für die Gruppe absolut beherrschend gewesen, man habe über nichts anderes mehr reden können und sei kaum noch zu sich selbst gekommen. Auch sei die Angst mit der Zeit immer größer geworden, mit dem Problem nicht mehr fertigzuwerden beziehungsweise der betreffenden Frau nicht genügend Liebe geben zu können. So habe sich die Frau, aber auch die Gruppe entschlossen, Karl-Werner Daum zu einem Beratungsgespräch einzuladen, um gemeinsam einen Ausweg zu finden. Diese Beratung hat vor einer Woche auch stattgefunden und war für alle Seiten gleichermaßen befriedigend.

Aufgrund dieses Berichts ergab sich eine engagierte Diskussion, in der es besonders darum ging, ob Selbsthilfegruppen, wenn sie in Schwierigkeiten geraten, auf Experten zurückgreifen sollen. Dabei ging es weniger um die Frage, ob dadurch das Selbsthilfegruppen-Prinzip zerstört werde als um die These, daß man sich durch das Zurückgreifen auf Experten in Notsituationen eigentlich mehr schade als helfe. K.., eine Frau aus einer der zwei neuen Gruppen, die seit Mai 1979 bestehen, berichtete aus ihrer Gruppe: Die Gruppe trifft sich im Raum der Fachschaft Tiermedizin und besteht aus sieben bis neun Leuten, die alle regelmäßig teilnehmen. Durch die regelmäßige Teilnahme ist die Gruppe inzwischen schon sehr stabil.

Die Gruppe, die aus einem Seminar nach dem vergangenen Wintersemester entstanden ist, berichtete, daß sie sich mittwochabends in der Evangelischen Studentengemeinde trifft. Die Gruppe besteht aus zwölf Leuten, die alle regelmäßig und konstant teilnehmen.

Eine schon lange bestehende Gruppe war auf dem Gesamttreffen erschienen, um sich nach neuen Interessenten umzusehen. Es wurde vereinbart, daß Interessenten, die eine neue Gruppe suchten, sich mit dieser Gruppe nächste Woche treffen sollten.

Gerhard Sauer

Gründungsversammlung: Selbsthilfegruppe für ältere Menschen

Es waren insgesamt zehn Personen – acht Frauen und zwei Männer im Alter zwischen fünfzig und siebzig Jahren – zum Treffen erschienen. Von diesen Personen kamen sechs, weil sie sich durch den

Zeitungsartikel angesprochen fühlten. Frau G., Frau H. und Herr S. waren persönlich eingeladen worden. Eine Frau gab an, kein Interesse zu haben. Sie sei nur als Begleitung einer anderen Frau mitgekommen. Als Selbsthilfegruppen-Berater waren Karl-Werner Daum und ich anwesend.

Karl-Werner Daum begann das Gespräch, indem er Herrn S., der schon in einer Selbsthilfegruppe ist, und mich vorstellte. Er versuchte die Gründe für unsere Aktivitäten darzulegen. Doch gleich zu Anfang wurde er von einer Interessentin unterbrochen. Sie ging sofort auf die Problematik des anwesenden Personenkreises ein. Sie meinte, daß für junge und alte Leute (Altenclubs) einiges gemacht werde, nicht aber für die, die dazwischen stehen. Sie schilderte, daß es ihr nie gelungen sei, den Kontakt zu Gleichaltrigen herzustellen. Sie wies auf ihre Schwierigkeiten mit ihren Kindern hin, die, sobald sie selbständig geworden seien, kein offenes Ohr mehr für ihre Probleme gehabt hätten. Außerdem erzählte sie von den Schwierigkeiten der Mann-Frau-Beziehung, wie sie sich in ihrem Alter ergeben. Diese Frau meinte, sie brauche andere Menschen, mit denen sie intensiver reden könne; es solle aber kein »Bla-bla-Gerede« sein. Sie erhielt große Zustimmung. Zwei Frauen äußerten sich direkt dazu und erklärten ihre Motivation, in eine Selbsthilfegruppe zu gehen. Besonders zu erwähnen sind die Gründe der einen Frau. Sie meinte: Ihr gehe es eigentlich ganz gut. Sie könne abends nicht früh schlafen gehen, schaue daher viel fern, könne deswegen aber auch morgens länger schlafen. Sie gehe jeden Tag einkaufen, weil sie nicht soviel auf einmal tragen könne. Dieses Einkaufen nehme meist den ganzen Vormittag in Anspruch. Sie habe öfter Schmerzen, die von den Ärzten bisher nicht behoben werden konnten. Ihre Tochter – die Kontakt zu mir aufgenommen hatte – habe ihr dann immer wieder gesagt, sie sei depressiv. Sie habe das nie so sehen können. Ihre Tochter sei es auch gewesen, die sie zu diesem Treffen geschickt habe. Sie sei gewissermaßen »strafversetzt«. Sie meinte, ihre Tochter habe sie mittlerweile so gut bearbeitet, daß sie nun selbst glaube, sie sei depressiv. – Ihre Schilderung war eigentlich sehr locker.
Die andere der beiden Frauen erzählte, daß sie über den örtlichen Schwimmclub versuchte habe, Kontakt zu Gleichaltrigen zu bekommen. Da bestünden aber schon kleine Gruppen, in die man nicht aufgenommen würde. Niemand würde mal fragen, wie es einem eigentlich so gehe. Sie fühle sich auch durch ihre leichte Gehbehinderung zurückgesetzt. Mittlerweile gehe sie nur noch dort hin, weil ihr Schwimmen wirklich gut tue. Sie drückte ihre Hoffnung aus, daß eine

Selbsthilfegruppe ihr helfen könne, ihre Probleme zu bearbeiten. Sie bestätigte und ergänzte die Probleme, die von der Frau, die das Gespräch begonnen hatte, angeführt wurden.

Dieser erste Gesprächsaustausch war lebhaft und spielte sich hauptsächlich zwischen den drei Frauen ab. Die anderen waren eher still und drückten ihre Teilnahme dadurch aus, daß sie den dreien zustimmten.

Das Dreiergespräch hätte gewiß noch eine Weile angedauert, wenn Karl-Werner Daum nicht gefragt hätte, welches denn die Motivationen der anderen gewesen seien, zu diesem Treffen zu kommen. Die Frau, die das Gespräch begonnen hatte, stimmte ihm zu: die Männer sollten auch einmal etwas dazu sagen. Ein Mann antwortete, er habe immer Schwierigkeiten, wenn er mit so vielen Frauen zusammen sei. Das freundliche Lachen, das diesem Bekenntnis folgte, bedeutete, er solle ruhig erzählen. Er sagte, er sei selbst erst Mitte fünfzig, aber für den Arbeitsprozeß nicht mehr tauglich. Eigentlich sei er seit 1968 nicht mehr berufstätig. Er schilderte, daß er viel mit Jugendlichen zu tun habe, doch er sei ziemlich frustriert, bei der heutigen Jugend ein Leistungs- und Prestigegedenken zu erkennen, das die Menschlichkeit ziemlich unterdrücke. Er erzählte, daß er den letzten Krieg immer noch nicht verarbeitet habe. Heute ängstige ihn besonders die Bewegung nach rechts in der Jugend. Er meinte, vor allem die Studenten, die nicht mal fähig seien, einen Hammer richtig zu halten, würden nur an Karriere und Geld denken. Jedes Interesse an anderen Menschen sei verschwunden. Seine sehr politisch gefärbte Kritik wurde von den anderen Teilnehmern als sein persönliches Problem verstanden.

Danach erzählte der andere Mann, er sei schon in einer Gruppe mit jüngeren Leuten. Er hoffe, durch eine neue Gruppe wieder etwas mehr mit seiner Zeit anfangen zu können. Dies war ein Stichwort, wodurch ein zweites, sehr lebhaftes gemeinsames Gespräch zustande kam. Hierzu hatten alle etwas zu sagen, und es war nicht selten, daß zwei, drei Personen zur gleichen Zeit redeten.

Bei diesem Gespräch meinte die Frau, die nur als Begleitung einer anderen Frau mitgekommen war, das Problem von zuviel freier Zeit habe sie nicht. Sie helfe gerne anderen Leuten, und diese kämen auch zu ihr, um sie um Rat zu fragen. Sie meinte, ihre Bekannte könne das bestätigen. Diese stimmte ihr zu. Zwei andere drückten ihre Bewunderung für diese Frau aus, indem sie sagten, daß man auch so jemanden in der Gruppe brauche. Danach schilderte sie, sie sitze eigentlich nie vor dem Fernseher, sie stehe morgens früh auf und sei dann mit ihrem Papagei beschäftigt, anschließend trinke sie gemütlich Kaffee. Die anderen betonten ihr Bedürfnis, lieber mit einem Menschen als mit einem Papagei zu frühstücken. Die Frau erzählte dann weiter, daß sie sich jeden Tag Mittagessen koche, weil sie sich nur dann körperlich wohl fühle. Hier regte sich erheblicher Widerspruch. Mehrere fragten, wozu man eigentlich nur für sich allein kochen solle. Die Frau, die gleich zu Anfang das Gespräch begonnen hatte, fragte sie mit bösartigem Unterton, ob sie sich immer so wichtig vorkomme. Die Angesprochene erwiderte darauf, sie könne heute noch nicht sagen, welche Probleme sie habe. Danach erzählte eine weitere Frau, sie sei noch nie berufstätig gewesen. Sie wolle gern mit anderen zusammen etwas arbeiten und dies in der Gruppe ein bißchen üben. Ich fragte nach, was sie denn mit »in der Gruppe üben« meinte. Sie meinte, sie habe schon viele Volkshochschulkurse besucht und wolle mit der Gruppe arbeiten. Man beließ es dabei.

Die nächste Frau begann zu erzählen, daß sie eigentlich sehr beschäftigt sei. Sie habe fünf Kinder und einen Mann, der zwanzig Jahre älter sei als sie. Durch diese Altersdifferenz gebe es oft Probleme, und sie wolle nun versuchen, mit anderen Personen diese Probleme zu besprechen, weil sie dies mit ihrem Mann nicht könne. Sie wurde gefragt, ob ihr Mann nicht auch kommen wolle. Sie meinte, daß er dazu nicht zu bewegen sei. Zwar belaste es sie sehr, daß er Probleme mit seinem Alter habe und sich so allein fühle, aber sie wolle endlich etwas für sich selbst tun. Hierin wurde sie von der Frau, die zu Anfang das Gespräch eröffnet hatte, unterstützt; sie meinte, ihr Mann hätte wissen müssen, was er tat, als er eine zwanzig Jahre jüngere Frau heiratete. Man besprach, wie es wohl sei, wenn eine der anwesenden Frau einen zwanzig Jahre jüngeren Mann heiraten würde.

Die Frauen meinten, daß die Männer Angst hätten, die Probleme des Älterwerdens zu akzeptieren und auszudrücken; dies zeige sich auch daran, daß nur zwei erschienen seien. Die Männer würden sich lieber in eine Kneipe setzen. Dies sei aber etwas, was ihnen als Frauen versagt sei. Die Frau, die Kontakt über den Schwimmclub gesucht hatte, erzählte dann von einem Mann, der im gleichen Haus wie sie gewohnt habe und auch allein sei. Dieser Mann habe Zuflucht in der Kneipe gesucht und sei auf diese Weise zum Alkoholiker geworden. Sie meinte, einem anderen Mann, der vor kurzem eingezogen sei, würde es wohl genauso gehen. Ihr sei es nicht möglich, ihn einmal zum Kaffee einzuladen; da gerate man gleich in Verruf. Die Leute, die sich allesamt als Christen bezeichneten, würden sich nur über andere aufregen, anstatt sich etwas um diese zu kümmern. Die anderen stimmten ihr zu und äußerten, es sei nicht nur schwierig, mit alleinstehenden Leuten anderen Geschlechts ins Gespräch zu kommen, wegen des Geredes der Nachbarn, sondern auch mit Verheirateten. Eine Frau erzählte, sie wisse zwar, daß eine 30jährige Frau eifersüchtig sein könne, aber daß es bei einer 75jährigen nicht anders sei, habe sie doch erstaunt. Irgend jemand fragte dann, ob es denn trotz des Geredes nicht möglich sein müßte, mit anderen Menschen Kaffee zu trinken oder zu reden. Man war sich einig, daß man dazu »ein dickes Fell« brauche. Oder aber, meinte eine andere Frau, man brauche einen Rückhalt. Hierüber war man sich einig, und man gab gemeinsam der Hoffnung Ausdruck, vielleicht in einer Selbsthilfegruppe diesen Rückhalt finden zu können.

Karl-Werner Daum schlug vor, zum Schluß eine Adressenliste umgehen zu lassen. Die meisten waren zunächst dagegen. Wer noch einmal kommen wolle, käme auch so. Die Teilnehmer beschlossen, sich am nächsten Dienstag um 17.00 Uhr wieder zu treffen. Eine Frau bemerkte noch, das nächste Mal könne sie zwar kommen, doch würde sie danach für drei Wochen in Urlaub fahren. Sie müßte sich daher an jemand wenden können. Eine andere Frau meinte, ihr sei es manchmal nicht gut, und dann könne sie vielleicht einmal nicht kommen. Man einigte sich daher, doch eine Adressenliste anzufertigen. Es trugen sich bis auf die »Begleiterin« und eine andere Frau alle ein. Während die Liste herumging, wurden noch einige Informationen ausgetauscht. Eine Frau meinte, es wäre vielleicht auch aus dem Grunde gut, wenn man seine Adresse daließe, weil man sich dann eher dazu verpflichtet fühle, wiederzukommen. Die anderen stimmten ihr zu, betonten aber, daß das nächste Kommen kein Muß sein dürfe. Der Mann, der über das politische Desinteresse der Jugendlichen gesprochen hatte, fragte, ob die Veranstalter mit dem Informationstreffen zufrieden gewesen seien. Das wollten die anderen auch wissen. Karl-Werner Daum sagte, er habe sich über das Gespräch sehr gefreut und würde die Frage auch gern zurückgeben. Die anderen zeigten sich ebenfalls sehr zufrieden. Zum Schluß vergewisserte man sich noch einmal, ob am nächsten Dienstag wirklich wieder ein Treffen stattfinde.

Mittlerweile waren knapp zwei Stunden vergangen, ohne daß eine Schweigepause eingetreten wäre.

Das zweite Treffen
Das zweite Treffen fand, wie vereinbart, am darauffolgenden Dienstag

um 17.00 Uhr statt. Ich besuchte die Gruppe zu Beginn des zweiten Treffens. Diesmal kamen noch sieben Personen – fünf Frauen, zwei Männer. Etwas verspätet erschienen noch zwei weitere Frauen, die zum Ersttreffen nicht hatten kommen können. Man besprach zunächst allgemeine Probleme. Ich wies darauf hin, daß dies Themen seien, die auf dem Gesamttreffen diskutiert würden. Die Gruppe beschloß, regelmäßig zum Gesamttreffen der Berufstätigen zu gehen. Nach etwa einer halben Stunde waren die Probleme so weit ausdiskutiert, daß man beschloß, die Gruppe solle nun allein weitertagen.

Hans Weber

Gründungsversammlung
für Multiple-Sklerose-Kranke aus Gießen und Umgebung

In einer Plakat- und Zeitungsaktion hatte ich ein Treffen für Multiple-Sklerose-Kranke und ihre Angehörigen an einem Donnerstagabend angekündigt. Ich war sehr im Zweifel, ob auf diese Ankündigung hin überhaupt jemand kommen würde. Außerdem war die Uhrzeit im Zeitungsartikel falsch angegeben. Die Journalistin hatte mir den Text der Pressemitteilung vor der Veröffentlichung nicht zur Korrektur gegeben und mich auch telefonisch nicht mehr verständigt. So kam es dann, daß in den Aushängen 20.00 Uhr und in der Zeitung 18.00 Uhr als Beginn angegeben war.

Meine Erwartungen an diese Veranstaltung, bei der ich zur Gründung einer Selbsthilfegruppe anregen wollte, waren gleich null. Ich glaubte nicht mehr daran, daß sich auch nur eine Gruppe bilden würde, wie ich es mir in den Wochen der aktiven Vorbereitungsphase erhofft hatte. Mit meinen Aktivitäten (Plakate entwerfen, Handzettel entwickeln, Pressemitteilungen vorbereiten, Kliniken und niedergelassene Kollegen von meinem Vorhaben benachrichtigen) hatte ich mir wohl über die Angst hinweggeholfen, mein Versuch könnte scheitern.

Nun war es soweit. Um dem ganzen einen kleinen offiziellen Rahmen zu geben, hatte ich einen im Behindertenbereich sehr aktiven Politiker, einen Neurologen, Michael Lukas Moeller und zwei weitere Selbsthilfegruppen-Berater mit eingeladen. Wegen der schief gelaufenen Pressemitteilung war ich schon vor 18.00 Uhr am Treffpunkt. Mit einigem Erstaunen stellte ich fest, daß schon vor 18.00 Uhr etwa 20 Leute da waren. Offensichtlich waren diese Interessenten aufgrund der Pressemitteilung gekommen. Die meisten blieben nach meiner

Entschuldigung wegen dieser Panne im Veranstaltungsraum sitzen, einige wenige fuhren in die Stadt und wollten sich bis 20.00 Uhr in eine Gastwirtschaft setzen.

Ich befürchtete, daß die meisten der Wartenden gehen würden, zumal die Kranken – von denen viele im Rollstuhl saßen – nach meiner Meinung kaum fähig sein würden, eine so lange Zeit auszuhalten. Als ich jedoch um 20.00 Uhr in den Veranstaltungsraum kam, der für etwa 40 Personen gedacht war, fand ich kaum noch einen Platz. Ich hatte mir vorgestellt, in kleinem Kreise, an einem Tisch sitzend, meinen Kurzvortrag über die Selbsthilfegruppen halten zu können und mich dabei an meinem Manuskript zu orientieren. Das war nun nicht möglich.

Etwa zehn Minuten redete ich über meine eigene Motivation, Selbsthilfegruppen für Multiple-Sklerose-Kranke anzuregen, über meine Erfahrungen mit den Anonymen Alkoholikern und wie ich mir Selbsthilfegruppen-Arbeit für Multiple-Sklerose-Kranke vorstellte. Das Konzept lehnte sich an die Selbsthilfegruppen-Erfahrung an, die ich mit Neurotikern gemacht hatte, ging aber davon aus, daß die Behinderten im Laufe der Gruppenarbeit, ihren eigenen Bedürfnissen entsprechend, einige Modifikationen entwickeln würden.

Ich betonte vor allem
1. die Notwendigkeit, regelmäßige Treffen von etwa zwei bis drei Stunden Dauer zu einem festen Termin in einem neutralen Raum zu vereinbaren;
2. das gemeinsame Ziel, über persönliche Probleme offen zu reden,
3. die Bedeutung des Erfahrungsaustauschs im Gesamttreffen.

Nach dem Kurzvortrag begann eine Diskussion im Plenum, die Gefahr lief, in grundsätzliche Erwägungen über die Selbsthilfegruppen-Arbeit einzumünden.

Vor meinem Vortrag hatte ich bemerkt, daß alle bereits in irgendeiner Weise miteinander sprachen. Jetzt redeten nur einige wenige mit mir. Daher schlug ich vor, in den vier Ecken des Raumes Kleingruppen zu bilden, um solche Fragen zu erörtern wie die, ob die Anwesenden selbst eine Gruppe bilden wollten.

Das lebhafte Gespräch, das sich vor meinem Vortrag spontan entwickelt hatte, kam nun wieder in Gang. Ich setzte mich zu einer Gruppe, die anderen Selbsthilfegruppen-Berater verteilten sich ebenfalls.

In dieser halben Stunde Kleingruppengespräch erschütterte mich das Ausmaß an persönlichem Elend, das da zum Ausdruck kam; ich lernte dabei, obwohl ich Arzt bin, eigentlich erst das wahre Bild dieser Krankheit kennen: Einsamkeit, Angst und Rückzugsverhalten. In der

Vorstellung dieser Menschen wurde die Selbsthilfegruppe als ein Ort erlebt, in dem Kontakte wiedergefunden und das Gefühl des Alleinseins und des Abgeschobenwerdens gemildert werden könnten. Fragen waren unter anderem: Was soll man denn da miteinander reden? Hilft mir das Gruppengespräch bei meiner Krankheit? Es wurden Ängste darüber geäußert, durch die Gruppe immer wieder an das Kranksein erinnert zu werden. Gerade die jüngeren Multiple-Sklerose-Kranken befürchteten dies. Wer schon länger krank war, berichtete, daß er diese Ängste früher auch gehabt, sie jedoch im Laufe der Zeit überwunden hatte. Dazu gehörte auch, daß man sich wegen der Krankheit und deren Symptomen schämte. Einer berichtete, wie schwer es ihm gefallen sei, eine Gehstütze zu benutzen, wegen der Angst, als Krüppel angesehen zu werden. Ein anderer konnte über ähnliche Ängste vor dem Rollstuhl berichten.

Nach dem Kleingruppengespräch konnten sich die meisten vorstellen, an einer Gruppe teilzunehmen. Zwei jüngere Frauen mit nur ganz leichten, fast vollständig zurückgegangenen Krankheitssymptomen mochten sich nicht zu den Kranken zählen.

In der anschließenden Plenarrunde wurde über die einzelnen Gruppengespräche berichtet. Es zeichnete sich ab, daß sich die Gruppen nicht in der zufälligen Zusammensetzung des heutigen Abends, sondern regional nach den Wohnorten der Teilnehmer bilden wollten. Gleichzeitig wurden auch allgemeine Fragen gestellt, die ich beantworten sollte.

Die Gruppenbildung und eine gleichzeitige Grundsatzdiskussion schienen sich gegenseitig zu behindern. Aus diesen gegenläufigen Interessen entstand ein allgemeines Chaos, das die zaghaften Ansätze zur Gruppenbildung zu zerstören drohte. Ich unterstützte deshalb diejenigen, die auf der Suche nach potentiellen Gruppenmitgliedern waren. Die Situation erschien mir sehr heikel, weil manche, die im Kleingruppengespräch durchaus Interesse für die Teilnahme an einer Selbsthilfegruppe gezeigt hatten, nun nicht mehr den Mut hatten, sich offen zu äußern. Diejenigen, die eine Gruppe gründen wollten, gaben ihren Wohnort bekannt. So kristallisierten sich dann einige Gruppen heraus. Zwei mittelgroße Städte und mehrere Kleinstädte wurden in fünf Regionen gegliedert (zum Beispiel Gießen Stadt; Gießen Land; Grünberg – Lich – Laubach und so weiter). Von einer Region war nur ein Kranker da. Er nahm sich vor, an seinem Heimatort mit anderen Kranken, die er aus Klinikaufenthalten kannte, eine Selbsthilfegruppe zu gründen.

Damit sich die Selbsthilfegruppen-Interessenten der einzelnen Regionen auch kennenlernen und Adressen austauschen konnten, wurden aus den Teilnehmern der genannten Regionen noch einmal Kleingruppen gebildet. Fast alle Teilnehmer dieser Informationsveranstaltung schlossen sich den gegründeten Regionalgruppen an. Zwei Fragen waren noch offen: Wann und wo treffen wir uns wieder? Für eine Übergangszeit, bis die Gruppen selber Räume finden würden, konnte ich Räumlichkeiten anbieten. Diskutiert wurden dann noch die Zeiten für das nächste Treffen, das möglichst innerhalb der nächsten Woche stattfinden sollte, um die frisch geknüpften Verbindungen nicht abreißen zu lassen. Ort und Zeitpunkt aller Gruppensitzungen wurden allgemein bekanntgegeben. Auch für das Gesamttreffen, bei dem sich alle Gruppen zum Erfahrungsaustausch zusammenfinden wollten, wurde auf einen monatlichen festen Termin vereinbart: jeden zweiten Donnerstag im Monat, am gleichen Ort, von 20.00–22.00 Uhr.

Hans Kronsbein

Erstes reguläres Gesamttreffen der Selbsthilfegruppen für Multiple-Sklerose-Kranke

Es waren ca. 25 Personen im Besprechungsraum der Arbeiterwohlfahrt anwesend, wobei auffiel, daß die Leute der jeweiligen Kleingruppen zusammensaßen. Es gab insgesamt vier Regionalgruppen. Doch es fehlten die Mitglieder der Gruppe Grünberg-Lich-Laubach. Allerdings waren aus dieser Gegend ein neues Paar und ein einzelner dabei, die noch keinen Anschluß an die Gruppe gefunden hatten. Diesen Neuen wurde vorgeschlagen, sich an die Kontaktperson der regionalen Gruppe zu wenden; ferner bekamen sie das Merkblatt mit den Anschriften der Gruppenteilnehmer, die als Kontaktpersonen fungierten. Nach der Gründungsversammlung hatten sich die beiden Gießener Gruppen (Stadt und Land) nicht mehr getroffen. Dies wurde mit der dazwischenliegenden Weihnachtszeit begründet und mit der Tatsache, daß einige Gruppenmitglieder auch außerhalb der offiziellen Gruppentreffs zusammengekommen waren. Das Ganze habe sich nun so eingespielt, daß die Selbsthilfegruppen-Sitzungen zweimal monatlich, also 14tägig, stattfänden. Die einzelnen Gruppenteilnehmer hielten das für ausreichend. Es wurde befürchtet, bei zu häufigen Treffs könne der Gesprächsstoff ausgehen (!) oder man könne einander auf die Nerven fallen und Streit miteinander bekommen (!) usw. Nur einzelne plädierten für wöchentliche Treffen, den meisten genügten

14tägige Zusammenkünfte und einmal monatlich das Gesamttreffen. Man begegne einzelnen Gruppenmitgliedern auch außerhalb dieser drei Treffen im Monat und außerdem sehe man sich auch bei Klinikaufenthalten. Manche hätten sich schon lange vorher von gemeinsamen Aufenthalten im Krankenhaus her gekannt. Zwei Frauen meinten, sie seien aus zeitlichen Gründen gegen häufigere Gruppensitzungen. Durch die Behinderung gehe vieles langsamer, die Arbeit gehe nicht mehr so flott von der Hand. Es sei zum Beispiel eine große Anstrengung, die Familie gut zu versorgen. Hinzu kämen noch die therapeutischen Maßnahmen, wie zum Beispiel Massage und Gymnastik, die zeitaufwendig wären. Man war sich darin einig, die Gruppensitzungen im 14tägigen Rhythmus beizubehalten.

Ein junger Mann brachte ein persönliches Problem ein. Er habe Schwierigkeiten, als Multiple-Sklerose-Kranker eine Frau zu finden. Einige Bekanntschaften seien schon schief gegangen, nachdem die Partnerinnen von seiner Krankheit erfahren hätten. Wegen seiner Gleichgewichtsstörungen werde er oft als Betrunkener angesehen, was seine Situation zusätzlich belaste. Er habe es daraufhin mit Heiratsannoncen versucht, doch hätten nur Vermittlungsagenturen geantwortet. Er wisse sich keinen Rat mehr, eine Partnerin zu finden. Die Teilnehmer, die zu seiner Gruppe gehörten und fast eine Generation älter schienen als er, waren offensichtlich erstaunt. Aus einer anderen Gruppe machte eine Teilnehmerin einen praktischen Vorschlag. Die Problematik der Partnersuche für Multiple-Sklerose-Kranke wurde intensiv besprochen. Allerdings hielt ich dieses Problem zunehmend für etwas, das in einer Gruppensitzung besprochen werden sollte, und so fragte ich schließlich, ob die Partnerproblematik von Herrn X. denn schon einmal in der Gruppe thematisiert worden sei. Es zeigte sich, daß er sich gescheut hatte, diese Sorgen anzusprechen, weil die meisten Gruppenteilnehmer verheiratet sind und er der Jüngste in der Gruppe ist.

In diesem Zusammenhang wurde auch betont, daß sich Gesunde in die Probleme eines Multiple-Sklerose-Kranken nicht so einfühlen könnten wie ein unmittelbar Betroffener, so daß man schließlich darüber diskutierte, ob man sich gelegentlich nicht ohne die gesunden Ehepartner treffen sollte. Dabei ergab sich allerdings die Schwierigkeit, wie man bei den krankheitsbedingten Bewegungsstörungen überhaupt ohne Unterstützung des Partners zum Gruppentreffen kommen könne. Eine Frau schlug vor, aus den gemischten Gruppen (Kranke und ihre Partner) nach Bedarf zwei Gruppen zu machen, nämlich eine Gruppe der Kranken und eine Gruppe der Angehörigen, die dann ja gleichzeitig tagen könnten. Dieser Vorschlag wurde zurückhaltend diskutiert – immerhin sollte er als Idee in die Gruppen getragen werden.

Der Partner einer kranken Frau, der schon im letzten Gesamttreffen als Organisator und Sachverständiger für rechtliche Fragen hervorgetreten war, teilte mit, daß die Deutsche Multiple-Sklerose-Gesellschaft an ihn herangetreten sei mit der Bitte, unsere Gruppe mit der Vorsitzenden bekannt zu machen. Für die nächste Gesamttreffen-Sitzung wurde sie eingeladen. Sitzungsende gegen 22.00 Uhr.

Hans Kronsbein

3 Ein konkretes Beispiel: Beratung mit einer gescheiterten Selbsthilfegruppe

Eine freie Paar-Selbsthilfegruppe war durch ein gezieltes Zeitungsinterview mit mir in Gießen entstanden; leider war sie zu groß geblieben. Die acht erschienen Paare waren sich durch die Gründungsversammlung, was häufig vorkommt, schon so nahe gekommen, daß sie zusammenbleiben wollten. Kurz vor Beginn der eigentlichen Gruppenarbeit schied ein Paar aus. Nach einem Vierteljahr folgte ein zweites. Nach einem halben Jahr verließen kurz nacheinander zwei weitere Paare die Gruppe, dafür wurden schnell zwei neue aufgenommen. Schließlich zerfiel die Gruppe. Dennoch wünschten einige, in neuer Zusammensetzung weiterzumachen.

Als diese Gruppe begann, gab es noch kein Gesamttreffen für Paar-Selbsthilfegruppen. Ein wechselseitiger Kontakt mit zwei parallel existierenden Nachfolge-Paargruppen war zwar geplant, wurde aber nicht realisiert. Einmal sollte ich zu Rate gezogen werden; doch der Termin zerschlug sich. Die Gruppe suchte ein einziges Mal das Gesamttreffen studentischer Selbsthilfegruppen auf und erlebte es als unfruchtbar. Die Paare neigten auch dazu, sich gegen die Außenwelt abzuschließen. All das sind typische Merkmale, wenn eine Gruppe sich aufzulösen beginnt. Nachträglich gesehen wäre es allein schon deswegen günstig gewesen, wenn die Gruppe von Anfang an ein festes Beratungsangebot erhalten hätte, etwa als »Gesamttreffen« mit nur einer einzigen Gruppe.

Ein Jahr nach der Gründungsversammlung bat ich alle teilnehmenden Paare zu einem Gespräch, um die Auflösung der Gruppe besser zu verstehen. Karl-Werner Daum war mit dabei. Es kamen drei Ehepaare und zwei Männer. Ein Paar war verhindert, eins meldete sich nicht.

Um mit dem Protokoll besser zurechtzukommen, habe ich zusammengehörenden Partnern jeweils Vornamen gegeben, die mit demselben Buchstaben beginnen wie ihr (natürlich geänderter) Familienname. Außerdem entspricht die alphabetische Reihenfolge auch der Reihenfolge, in der sich die Paare der Gruppe anschlossen. Nachdem ein Paar schon vor Gruppenbeginn und ein anderes bald danach ausgeschieden waren, bildeten folgende sechs Paare die Gruppe: Alexander und Angela Alewell; Bernhard und Bettina Berges; das Paar Clerck und das Paar Düttmann; Erhard und Eva Engelmeier; Florian und Friederike Fengler. Später, kurz nachdem die beiden Paare Clerck und Düttmann aufgehört hatten, kamen zwei neue Paare hinzu, Gerd und Gudrun Güttges sowie Hans und Helga Hartmann. Der Einladung zur Gruppenberatung folgten die drei Paare Alewell, Fengler und Güttges sowie Herr Engelmeier und Herr Hartmann.

Obwohl es sich nicht um ein übliches Gesamttreffen handelte, ist diese Selbsthilfegruppen-Beratung typisch. Sie hätte ohne weiteres auch in einem Gesamttreffen stattfinden können. Aus der auf Band aufgezeichneten Sitzung werden im folgenden einige Ausschnitte wiedergegeben. Sie betreffen drei für alle Selbsthilfegruppen wesentliche Bereiche:

Allgemeine Gruppenvorgänge wie Ausscheiden, Hinzukommen und das Spannungsverhältnis zwischen Aktiven und Passiven. Damit kam diese Paargruppe nicht gut zurecht.

Das Setting. In diesem Fall kannte die Gruppe, was Sitzungsdauer, Gruppengröße und Gesamttreffen betrifft, die bewährte Praxis anderer Selbsthilfegruppen nicht und war deswegen in ihrer Arbeit stark behindert.

Probleme, welchen sich die Gruppe als Ganzes nicht gewachsen fühlt. Hier: körperliche Krankheitsbeschwerden; Sexualität; ständige Konfliktsituation eines Paares. Dafür wäre ein Erfahrungsaustausch mit anderen Gruppen sicherlich hilfreich gewesen; dieser konnte aber von der Gruppe nicht wahrgenommen werden.

Ausscheiden, Bleiben, Hinzukommen

Berater Moeller: Sie haben sehr daran zu tragen gehabt, daß das Paar Clerck wegging. Von denen sagten Sie doch, daß sie ähnliche Probleme hatten. Dann saßen Sie plötzlich alleine da. Vielleicht spielt das auch eine gewisse Rolle.

Herr Alewell: Ja, ich habe die Sache als sehr schwerwiegend aufgefaßt, und ich habe auch geäußert, daß ich mir irgendwas einfallen lassen würde, um wieder zu einer Gruppe zu stoßen, weil irgendwie das Gefühl da war, daß es auseinandergehen würde. Dann aber kamen doch nochmal zwei alte Paare, und als wir aus dem Urlaub zurückgekommen sind, sind die Hartmanns, Hans und Helga, und Gerd und Gudrun Güttges zu uns gestoßen. Da war ich richtig froh.

Berater Daum: Wichtig dürfte jetzt auch sein, wie die zwei neuen Paare und wie die drei alten das Dazukommen erlebt haben.

Frau Fengler: Also, mir ging's so: Als ich hörte, daß zwei neue Paare dazukommen sollten, hatte ich keine Lust mehr, da hinzugehen. Und ich war auch sehr aggressiv und hab mich ein bißchen trotzig verhalten. Hab nichts gesagt und saß einfach still da.

Herr Alewell: Ja, ja, die Anfangsschwierigkeiten waren da, weil man in der alten Gruppe ein gewisses Arbeitsvolumen erledigt hatte und sich an ein Thema rangearbeitet hatte und jetzt auf einmal wieder alles von vorne anfing. Die alte Leier: Was hast du, wieso bist du hier und so fort – und irgendwie war mir das schon zuwider, das immer wieder von mir zu geben.

Frau Fengler: Bei mir war die Geborgenheit dann nicht mehr da.

Berater Moeller: Das scheint mir wichtig.

Herr Alewell: Das war ein bißchen traurig. Das Vertrauen hat auch ein bißchen darunter gelitten.

Berater Daum: Haben das alle drei Paare so empfunden oder nur der eine oder andere Partner?

Herr Fengler: Also, mir ging's im Grunde nicht so, wie die Friederike und auch der Alexander das erzählen. Wahrscheinlich, weil die Ausgangsbasis bei jedem anders ist. Ich hab nicht die Scheu vor was Neuem, insofern bin ich da im Grunde nicht mit irgendwelchen Negativeindrücken reingegangen.

Frau Fengler: Ja, das kam dann aber hinterher.

Herr Fengler: Ich hatte einfach Schwierigkeiten gehabt, mich mit dem vorherigen Problem zu identifizieren, weil das in dieser massiven Form für mich persönlich kein Problem ist.

Berater Daum: Aber Sie hatten eine Anfangsschwierigkeit, neue Paare mit hinzuzunehmen, um wieder eine Gruppe zu werden. Das war so ein bißchen, ich will mal sagen, ein notwendiges Übel.

Frau Fengler: Ja, genau, ganz genau.

Berater Daum: Also etwa so: Ich muß neue Leute hinzunehmen, um wieder eine Gruppe zu werden, aber schade, daß es nicht die alten geblieben sind.

Frau Fengler: Ja.

Berater Daum: Und, es ist so traurig, daß die alten weg sind.

Frau Fengler: Genau.

Herr Fengler: Da ist aber auch die Frage, wie aktiv oder inaktiv die Gruppe ist oder ein Paar oder ein Teil des Paares, innerhalb der Gruppe, meine ich.

Herr Fengler: Bei Düttmanns fand ich es insofern nicht so traurig, weil sie uns weder Gelegenheit gegeben haben, über ihre Probleme zu sprechen, noch sich geäußert haben zu dem, was von anderer Seite kam. Das waren persönlich sicher liebe, nette Leute – doch muß man das jetzt mal, wenn man es gruppenbezogen sieht, außer acht lassen. Aber bei Clercks hat man gemerkt...

Frau Fengler: Ja, das stimmt. Ich hab den Eindruck gehabt, daß die in der Phase waren, mitzuziehen oder mitzugehen mit den anderen, sowohl was zu bringen wie auch was zu geben und da hab ich's also auch...

Herr Fengler: ...negativ empfunden, daß die dann einfach so, ohne uns direkt Bescheid zu geben, aufhörten.

Berater Moeller: Ich arbeite als Therapeut viel mit Paargruppen. Natürlich gibt es da ein paar andere Bedingungen, zum Beispiel ist alles auf den Therapeuten zentriert, einer steuert usw., das sind natürlich erheblich andere Voraussetzungen. Deshalb ist mit Vorsicht zu genießen, was ich sage. Wir müßten das im Gespräch gemeinsam klären, was da anders ist. Aber eines scheint mir in beiden Fällen schwer zu verkraften zu sein: Wenn bei Paargruppen ein Teil ausscheidet, sind es gleich zwei Leute, die weg sind. Das ist schlimmer als bei Einzelpersonengruppen. Sie haben aber kurze Zeit hintereinander gleich zwei Paare verloren. Das sind vier Leute, die weg sind, und dann kommen gleich wieder vier Neue rein. In der Experten-Gruppentherapie sagt man, das Günstigste für eine so lang dauernde Gruppe ist eine sogenannte halb geschlossene Gruppe. Das bedeutet: Wenn einer ausscheidet, läßt man der Gruppe erst mal Zeit, das zu verarbeiten; sei es nun mit Zorn oder Trauer oder mit anderen Empfindungen. Und dann erst kündigt man ein neues Mitglied an. Das wird dann aber erst nach einiger Zeit aufgenommen, so daß die Gruppe sich auch hierauf vorbereiten kann. Jetzt eine Frage an Sie: Wie finden Sie das? Wäre das zum Beispiel als Möglichkeit für Paar-Selbsthilfegruppen brauchbar? Wäre es hilfreich gewesen, wenn Sie das am Anfang gewußt hätten?

Frau Fengler: Ja, hm, durchaus. Dazu muß ich noch sagen: Als wir später weggehen wollten, haben wir uns der Sache gestellt. Ich habe vorher auch rumtelefoniert, habe das angekündigt, habe gesagt, wir kommen nochmal und reden darüber. Alle anderen hatten einfach gesagt oder angerufen, sie kämen nicht mehr. Oder sie haben's sogar nur sagen lassen. Uns fiel das letzte Mal auch nicht leicht, weil wir auch Vorwürfe gehört haben und Trauer und so, und daß das schäbig sei, einfach so die Gruppe im Stich zu lassen. An diesem letzten Abend haben wir mehrmals gesagt, was uns gestört hat, was uns genützt hat. Ich habe an und für sich gehofft und auch gedacht, daß die Gruppe daraus eventuell was macht.

Berater Moeller: Das ist sehr angenehm, sehr einfühlsam, finde ich, wenn Sie das so erzählen.

Frau Fengler: Ja, ich war ziemlich ehrlich, muß ich sagen. Die Gruppe tat mir echt leid. Ich hatte ein schlechtes Gewissen, daß ich sie jetzt sitzen ließ.

Berater Daum: Wie haben Sie denn den Einstieg in die Gruppe erlebt? Haben Sie denn gemerkt, daß die alten nicht wollten, oder daß die wollten und nicht wollten, gleichzeitig?

Herr Güttges: In der alten Gruppe, da waren immer welche gewesen, die stärker waren im Sprechen. Da waren wir auch immer etwas unterdrückt gewesen. Sonst hätte man sicher mehr mitgearbeitet.

Frau Güttges: Ich war aber auch selbst sehr ablehnend, wie ich dahin kam. Und auch sehr verletzt.

Frau Fengler: Ich habe den Eindruck gehabt, daß wir Euch entweder zu stark bekniet haben oder zuwenig. Ich meine mit Beknien, daß Ihr aktiver sein solltet.

– Pause –

Herr Fengler: Oder habt Ihr beiden, Gerd und Gudrun, Druck empfunden, wenn wir eine halbe Stunde mal gewartet haben und gefragt haben, kommt, nun bringt doch mal was?

Herr Güttges: Glaub ich nicht, es wär' besser gewesen, wenn Ihr mehr gefordert hättet.

Herr Fengler: Noch mehr?

Herr Hartmann: Das würde ich auch sagen, wie Ihr (Herr und Frau Güttges) das sagt. Dem würde ich zustimmen.

Berater Moeller: Das sind die beiden Paare, die neu hinzugekommen sind, die das sagen. Hm. – Und Sie sind anderer Meinung?

Herr Alewell: Ja – teilweise waren wir still, teilweise haben wir – was wir vorher eigentlich nicht wollten – die Leute direkt gefragt: Gudrun, wie geht es Dir denn, wie war denn das und das? Ja – Nein. Feierabend. Es kam kein konstruktives Gespräch zustande.

Schon in diesem ersten Gesprächsausschnitt stellt sich das Scheitern dieser Gruppe als die Folge eines ungünstigen Beginns dar: die Paargruppe war von Anfang an zu groß geblieben. Das erschwerte den gemeinsamen Austausch. Einige Paare waren sichtbar oder auch nur insgeheim enttäuscht. Die Gruppenbildung blieb insgesamt zu schwach. Deshalb schieden am Anfang mehrere Paare kurz nacheinander aus. Die übrigen Teilnehmer waren davon mehr oder weniger tief betroffen. In einer solchen Situation wird dann die ganze Gruppe von den Bleibenden oft als negativ, als wertlos und unbehaglich, kurz als »schlechte Mutter« erlebt. Die Gruppe hätte dieses Ausscheiden zunächst gründlicher verarbeiten müssen. Die Trauer – und wohl auch der Zorn – unterblieben jedoch. Hätten diejenigen, die nicht mehr weitermachen wollten, rechtzeitig ihre Absicht erklärt, wäre das Durcharbeiten wahrscheinlich möglich geworden (siehe S. 174f.). Durch die plötzlich entstandene Lücke war die Gruppe dann sehr verletzt. Sie reagierte heftig und schnell, indem sie zwei Paare zugleich aufnahm. Das war zuviel. Ist die Eingliederung neuer Mitglieder ohnehin schwierig (siehe S. 174f.), so entstand hier eine mächtige Untergruppenbildung zwischen Neuen und Alten, da mit einem Schlag vier Teilnehmer hinzukamen, also fast die Hälfte der Gruppe sich erneuerte.

Auch hier wäre eine Vorankündigung gut gewesen. Wären die Paare dann langsam nacheinander aufgenommen worden, hätte sich die Gruppe ihre spätere Auflösung wahrscheinlich ersparen können. So aber konnte die Gruppe die Kluft zwischen diesen beiden »Parteien« nicht überwinden, zumal sich teils infolge der überstürzten Neuaufnahmen, teils unabhängig davon als zusätzliches Problem das Spannungsverhältnis zwischen Aktiven und Passiven noch verschärfte.

Aktive und Passive

Herr Fengler: Ich möchte es noch vertiefen. – Ich glaube, alle hatten ein Eindruck, daß ihr beide, Gudrun und Gerd, aus der Sitzung gehen konntet, ohne überhaupt etwas gesagt zu haben. Wir haben euch sehr häufig, trotz vorgeschrittener Zeit, nochmal aufgefordert, was zu sagen. Und ich meine wirklich ohne Zeitdruck.
Frau Güttges: Ja, vielleicht zwei Mal, mehr aber nicht.
Frau Fengler: Also, ich kann mich erinnern, daß die Helga doch sehr aktiv war.
Herr Hartmann: Ja, ich hatte auch den Eindruck, daß es in der Gruppe so gelaufen ist. Wer Dampf drauf hatte und was sagen konnte, der hat

was gesagt. Also: Wenn da zwei sich gerade gestritten haben und es auch ausdrücken konnten, die haben es dann gesagt. Ja, und bei Euch, Gerd und Gudrun, hatte ich den Eindruck, daß ihr euch nicht so recht ausdrücken konntet. Er hat ja auch gesagt, daß er sich irgendwie zurückgesetzt gefühlt hat und daß er nicht alles so ausdrükken konnte.

Frau Fengler: Er hat aber auch gesagt, daß er sich beim nächsten Mal mehr beteiligen wollte.

Herr Hartmann: Ja, gut, und dann hab ich den Vorschlag gemacht, daß wir ihn vielleicht zu Anfang mal fragen, was er nun drauf hat: daß wir ihn mal fünf Minuten fragen, wie geht es bei euch, geht's gut, geht's nicht gut. Und dann haben wir abgewogen, wer mit dem Reden mal dran kommt. Weil einfach die Zeit zu kurz war. Angefangen haben wir schon um halb neun, dann wurde es aber schon mal halb eins.

Berater Moeller: Ach nee!

Herr Hartmann: Bis wir die Runde durch hatten, und auch das war einfach noch zuwenig. Ich würde sagen, bei euch beiden, Gerd und Gudrun, hatte ich auch den Eindruck, daß ihr erstmal zuwenig aus Euch heraus konntet.

Herr Fengler: Ja, das ist klar. Das haben wir auch alle erkannt und haben es auch alle so gesehen. Deshalb haben wir doch auch besonders bei euch beiden und auch bewußt von uns aus nachgefragt.

Herr Hartmann: Das war aber zu spät, Florian. Es ging doch so: Die waren immer ganz ruhig, und da dachte man, also lassen wir die mal, reden wir erst mal über unseren eigenen Kram.

Herr Fengler: Und die, die da Wortführer waren, sind mit ihren Problemen massiv herausgekommen.

Frau Güttges: Am Anfang bin ich schon mal aus mir herausgegangen, mein' ich, und hab' gesprochen, aber da kam jeder mit was anderem, jeder hat gefragt und da wußt' ich überhaupt nichts mehr.

Herr Engelmeier: Darf ich da mal was dazu sagen, ich kann mich erinnern, daß wir damals auch länger gemacht haben und ihr zum Schluß doch dran gekommen seid.

Frau Fengler: Es war immer so.

Herr Engelmeier: ...und daß ihr doch ziemlich viel Zeit dazu hattet und daß du dich auch recht gut »eingeredet« und mal vom Leder gezogen hast. Einiges gesagt hast, was so zu Hause läuft und was dir nicht paßt, und so weiter.

Frau Güttges: Ja, ich mußte mich auch erst mal sammeln.

Herr Engelmeier: Ja gut, aber dann warst du meines Erachtens schon ganz gut dabei.

Frau Fengler: Ich meine, in so einer Gruppe muß man auch was geben können, man kann nicht nur fordern, daß die anderen was bringen.

Frau Güttges: Man muß aber doch erst mal lernen, in so einer Gruppe zurechtzukommen. Ich kann das nicht gleich.

Frau Fengler: Ja, wir waren aber genauso davon betroffen.

Frau Güttges: Ihr macht das aber schon viel länger.

Berater Moeller: Ja, das würde ich zum Beispiel als ein Gruppenproblem ansehen. Das wäre etwas für ein mögliches Gesamttreffen. Unter Umständen eine Anfrage an andere Gruppen oder den Berater. Diese Gruppe sagt also: Wir haben jetzt ein Problem, einen Dauerbrenner. Damit werden wir nicht fertig.

Frau Fengler: Es war aber noch kein Dauerbrenner geworden. Es kam ja erst am letzten Abend ins Gespräch, als wir sagten, wir machen jetzt Schluß. Und zwar auch aus diesem Grund machen wir Schluß. Da kam das erst ins Gespräch. Vorher hat sich niemand getraut und was gesagt. Das haben wir nur gesagt, weil wir Schluß machen wollten, wir wollten ehrlich sagen, weshalb wir Schluß machen.

Berater Moeller: Also, nehmen wir mal an, es wäre folgendes gewesen: Von Anfang an wären gleich zwei Selbsthilfegruppen da gewesen. Dann hätten diese Paare, diese Gruppen zum Beispiel einmal im Monat ein Treffen veranstalten und Erfahrungen austauschen können: Wie geht's in Eurer Gruppe, wie geht's in unserer Gruppe. Wäre das nicht zur Sprache gekommen? Sie hätten es nicht schon von vornherein wissen müssen, aber vielleicht wäre Ihnen im Erfahrungsaustausch klar geworden, daß das mehr ein Gruppenproblem ist.

Frau Fengler: Ich glaube nicht. Selbst wenn wir darüber gesprochen hätten, wäre das von uns aus nicht zur Sprache gekommen.

Berater Moeller: Aber die anderen hätten es vielleicht angesprochen.

Herr Fengler: Ich sehe das im Grunde auch nicht als Problem. Es gibt doch keine Gruppe mit acht oder zehn Leuten, die alle, gleich verteilt, acht oder zehn Zeiteinheiten zum Sprechen haben. Das gibt's, glaube ich, gar nicht.

Berater Moeller: Das ist wahr.

Herr Fengler: Es gibt immer welche, die das Wort führen, und es gibt immer welche, die stehen im Hintergrund.

Herr Hartmann: Nur ist es wichtig, daß auch mal die zu Wort kommen können, die es nicht so gut können.

Herr Fengler: Hans, genau das wollt ich jetzt sagen. Deswegen habe ich mich betroffen gefühlt, wie der Vorwurf kam, wir wären aggressiv und wir hätten sie abgelehnt. Das finde ich nicht gerechtfertigt, weil wir versucht haben, wirklich was zu bieten.

Herr Güttges: Hm, hm.

Herr Fengler: Und das kam bewußt von mir, von der Helga und von allen anderen auch. Und dann sagt ihr im nachhinein, ihr habt uns ja abgelehnt und seid aggressiv gewesen.

Frau Fengler: Aber für mich war es eine Pflichtübung zu fragen, wie es geht.

Herr Fengler: Weil auch mit der Zeit trotz Fragen nichts kam.

Berater Moeller: Es ist ja jetzt noch spürbar, daß eine aggressive Spannung zwischen Ihnen da ist beziehungsweise war. Die ist an und für sich gut. Daraus könnte man ja etwas machen – wenn man sich daran wagen würde. Das ist vielleicht zu wenig ausgetragen worden.

Herr Engelmeier: Ja, ich wollte das auch sagen, ich habe sogar noch mehr . . .

– Lachen –

Ich habe mir zu Hause ein paar Punkte auf einer Liste gemacht. Ein Punkt wäre, jemand meint, die Gruppe sei mit der Helga überfordert. Die müßte vielleicht in eine andere Gruppe. Wir seien ihr gar nicht gewachsen. Sie steckt so voller Probleme, sie und auch ihr Partner, daß wir einfach überfordert sind, da irgendwie behilflich zu sein.

Herr Alewell: Also, ich bin anderer Meinung. Ich hatte damals sehr viele Probleme, und diese Probleme haben sich bei mir gesundheitlich wirklich gravierend ausgewirkt. Aber ich glaube, wenn man die Bereitschaft hat, aus sich herauszugehen und über die Probleme, die einen bedrücken, zu sprechen, dann kann man auch in diesem Stadium was erreichen. Wenn man die Bereitschaft hat, aber die Gudrun hat abgeblockt – einwandfrei abgeblockt . . .

Frau Güttges: Aber warum denn?

Herr Alewell: . . . hat »ja« und dies und das gesagt, und war dann fertig. Der mußte man, ehrlich gesagt, die Würmer aus der Nase ziehen.

Herr Engelmeier: . . . jetzt kommt mein Nachsatz: Der eine kann's eben besser und der andere nicht. Du kannt's vielleicht, die Gudrun kann's nicht. Alexander, du mußt das sehen.

Herr Alewell: Ja, ich kann sprechen, das stimmt jetzt. Das muß man zugeben.

Berater Daum: Aber das Problem hier ist doch so: Die älteren fühlen sich ein bißchen überfordert; sie meinen, sie hätten genug getan, und wollten sich dann nicht mehr darum kümmern, weil das bisher immer noch nicht genügt hat. Das hat dann auch irgendwann aggressiv gemacht. Denn Sie, Frau Güttges, haben ja eher das Gefühl, die haben sich gar nicht genügend gekümmert oder so, Sie sind unzufrieden. Sie merken jetzt, daß die anderen böse sind.

150

Herr Fengler: Nein, nicht böse, weil nichts gekommen ist, sondern weil jetzt im nachhinein die Tendenz hereinkommt: Ihr wart aggressiv gegen uns.

Frau Güttges: Ablehnend hab ich gesagt, aggressiv habe ich nicht gesagt.

Berater Moeller: Ich glaube, das Dumme an der ganzen Geschichte ist, daß so was sozusagen im nachhinein kommt und nicht in der Gruppe selbst besprochen wurde. Denn, daß man sich mal abgelehnt fühlt in der Gruppe, das ist gang und gäbe. Und daß man wütend wird, das gehört ja gerade mit zum Prozeß. Ich bin mir da nicht ganz sicher, haben Sie so eine Beziehung untereinander gehabt, in der jeder jedem gut ist? Vielleicht haben sich die Paare selbst mal gekracht, aber in der Gruppe zwischen den Paaren konnten giftige Gefühle wohl nicht so richtig akzeptiert werden?

Frau Güttges: Ich verstehe jetzt nicht ganz, was Sie meinen.

Berater Daum: Daß es nur Schwierigkeiten zwischen den Partnern gab, aber nicht zwischen zwei Paaren. Anders gesagt: Der Hauptkrach lief immer innerhalb der Ehepaare, zwischen den Paaren aber gab es keinen großen Konflikt. Also das wäre es doch.

Berater Moeller: Denn hier erleb' ich das zwischen Ihnen und Ihnen. Nehmen wir mal an, Sie wären jetzt noch eine Paar-Selbsthilfegruppe. Da würde ich mir wünschen, daß mal ordentlich auf den Putz gehauen wird.

– Allgemeines Lachen –

Berater Moeller: Sie, Frau Güttges, müßten eigentlich ordentlich mekkern, daß das so eine Sauerei ist, daß man hier überhaupt nichts bekommt in dieser Gruppe, ja. Und Sie, die älteren Mitglieder, müßten sagen, sie haben's nun endlich satt, hier ewig so nörgelnde Kinder um sich zu haben, verschwindet oder bleibt wo der Pfeffer wächst. Ich habe das Gefühl, daß diese unausgesprochene Wut zu spät, erst bei der Trennung schnell nochmals nachgeholt wurde. Das wird dann als Gemeinheit erlebt. Es wurde nicht ausgetragen im Gruppenprozeß.

Frau Fengler: Das sollte eigentlich nicht gemein sein, das sollte eigentlich ehrlich sein, damit sich in der Gruppe was ändert.

Berater Moeller: Ja schon, aber das war nur zum Ende, zum Abschied . . .

Berater Daum: Aber Sie haben sich zum Abschluß noch einmal der Gruppe gestellt. Das ist eine ganz gute Geschichte.

Frau Fengler: Aber jetzt wird mir ein Vorwurf daraus gemacht!

Berater Daum: Das ist aber ein anderer Vorwurf. Der geht nicht darum, daß Sie noch einmal gekommen sind. Das, glaube ich, finden alle gut. Es ging nur darum, daß dieses Problem dann doch zu spät benannt wurde. Sie haben's zwar gesagt, aber in ihrer letzten Sitzung. Das hätte vielleicht schon viel früher passieren müssen.

Herr Hartmann: Wir haben doch erst unsere Probleme aufgewaschen, dann kam sie zuletzt dran. Ich habe deswegen den Vorschlag gemacht, wir sollten mal abchecken, was die Leute vorher drauf haben.

Herr Fengler: Hans, ich kann nicht fünf Minuten über meine Probleme reden und dann auch nicht einfach nach einem anderen anfangen, das kann ich nicht.

Frau Güttges: Du kannst es nicht, o.k. – aber mit mir habt Ihr es so gemacht.

Berater Moeller: Ich glaube, Sie meinen das Gruppenblitzlicht. Da macht man die Runde: Jeder sagt, wie es mit ihm gerade steht, was er gerne vorbringen würde. Vielleicht ist das tatsächlich hilfreich, weil kein Therapeut da ist, der als Beobachter ausgleichen könnte. Aus dem Grunde denke ich inzwischen, daß so ein Gruppenblitzlicht ganz hilfreich sein könnte, wenn die Gruppe sich darauf einigt. Vielleicht schafft aber die Gruppe von sich aus, durch eigene Beobachtungen den Ausgleich. Ich meine also, wenn sie keine Lust zum Gruppenblitzlicht hat, kann sie's auch lassen.

Herr Fengler: Ich bin nicht für das Gruppenblitzlicht. Und zwar aus Erfahrung heraus. Wenn ich mir das Blitzlicht von Bernhard und Bettina vorstelle, das war ein Dauerblitz. Wenn ich mir das Blitzlicht von Hans und Helga vorstelle, das wird ein Halbdauerblitz. Bei denen wird's ein Blitzi und bei uns eventuell ein Blitz. So, das sind schon mal zeitlich die Unterschiede. Und dann haben wir im Grunde genau dieselben Probleme, die wir auch ohne Blitz haben.

Herr Hartmann: Dann kommen aber doch auch nur wieder die Leute dran, die sich gut ausdrücken können, die sagen, hier Leute, heute hatte ich wieder mit meiner Frau Streit, weil wir nicht rechtzeitig in die Schule gekommen sind.

Herr Fengler: Ja, und dann geht's los: Ja, warum sind wir nicht in die Schule gekommen? Weil Du mit dem Kaffee nicht fertig warst.

Herr Hartmann: Ja, genau!

Herr Fengler: Und du hast die Eier nicht richtig gekocht. Stellt euch das mal vor. Und dann sollen wir euch nach zwei Minuten unterbrechen, und dann sind Bernhard und Bettina dran? Und dann nach zwei Stunden noch mal anfangen von den gekochten Eiern? Nee!

Herr Hartmann: Aber die Leute, die sich nicht ausdrücken können, die sind sonst im Nachteil.

152

Herr Fengler: Hätte euch das was gebracht, in zwei, drei Minuten was vorzutragen?

Herr Engelmeier: Ich meine, es war ein Vorschlag, man braucht es ja nicht auf zwei bis drei Minuten zu beschränken.

Berater Moeller: Darf ich mal eine Beobachtung mitteilen, die ich gerade jetzt mache: Sind Sie, Herr Hartmann, gefühlsmäßig so ein bißchen auf der Seite der Güttges? Sie verteidigen sie dauernd, ja?

Herr Hartmann: Ja, ja.

Berater Moeller: Dann hat das wohl tatsächlich mit der Gruppe zu tun. Denn Sie sind ja auch später dazu gekommen.

Herr Fengler: Darf ich die Frage mal weiterführen? Welchen Eindruck hattest du in der Gruppe?

Herr Hartmann: Also, bei uns war es so. Wir wußten, da existiert eine Gruppe und wir gehen da hin. Und am Anfang war es so, daß die Besetzung der alten Gruppe sehr wirksam war. Am Anfang waren Alexander und Angela da und dann waren die Berges da, und Engelmeiers kamen wegen des Urlaubs erst viel später, von Euch wußten wir ja gar nichts. Am Anfang fand ich das Klima gut. Alexander und auch der Bernhard waren da sehr aktiv, das ging prima. Wir haben uns da recht gut auseinandergesetzt. Sie waren also meines Erachtens immer sehr schweigsam, bis wir eben sagten, wie ist denn das bei euch, sagt auch mal was. Das hat sich dann doch so hoch geschaukelt, bis die Gudrun wütend wurde und über den Gerd herzog und der Gerd über die Gudrun. Ja – aber erst, wenn wir sie aufforderten, sagten sie was.

Frau Fengler: Ja, Hans, du solltest aber deine Situation erzählen.

Herr Hartmann: Ja, tu ich doch.

Frau Fengler: Aber wie du dich in der Gruppe gefühlt hast zu Anfang.

Herr Hartmann: Ja, am Anfang, da fand ich das gut. Wir hatten also gute Gespräche. Wenn ich dran war, dann habe ich auch mal abgeblockt und kam auch manchmal ins Schwitzen und hatte auch ziemlich Schwierigkeiten, mich mit der Gudrun auseinanderzusetzen. Ich fand es aber sehr gut, daß ihr mir ziemlich scharfe Fragen gestellt habt.

Die Spannung zwischen Aktiven und Passiven kennt jede Gruppe. In der Regel verschärft sie sich bei besonderen unterschwellig vorhandenen Konflikten. Diese treiben einige Teilnehmer zu verstärktem Rückzug, andere zu gesteigerter Aktivität. Beide Reaktionsformen stabilisieren sich wechselseitig in der Gruppe: Die Aktiven fühlen sich angesichts der Passiven aufgefordert, noch aktiver zu werden; die

Passiven fühlen sich durch die Aktien erschlagen. Mit dieser Polarisierung kann die Gruppe sich wirkungsvoll dagegen verwahren, ihre wirklichen Konflikte zu bearbeiten. Wenn auch die Mitglieder immer in unterschiedlichem Ausmaß aktiv sein dürften, so chronifiziert sich eine solche Abwehrkonstellation doch selten. Meist sorgen die »distributive Gerechtigkeit« und die Gleichgewichtskräfte der Gruppe (Homans, 1950) dafür, daß ein für alle akzeptabler Ausgleich der Beteiligung erreicht wird (vgl. auch Moeller, 1978, S. 156). Gelingt das nicht, dann liegt ein echtes Gruppenproblem vor, das im Gesamttreffen besprochen werden kann. Dort ist dann zu fragen, welche Momente zu der erhöhten, nicht erträglichen Spannung führen.

In unserem Fall hatte die Gruppe einen nachträglich von ihr selbst als »faul« erkannten Kompromiß gefunden: Die Passiven wurden zwar angesprochen, um dem Ausgleich Genüge zu tun, dieser Impuls wurde aber so spät gegeben, daß die schlafenden Hunde nicht wirklich geweckt wurden. Regelmäßige Gruppenarbeit in einer festgefügten Kleingruppe hätte meinem Empfinden nach aus dieser Sackgasse bald herausgeführt. Nur in Ausnahmefällen muß eine Gruppe vielleicht durch Neuzusammensetzung einen Ausweg suchen.

Dauer und Häufigkeit der Sitzungen, Gruppengröße

Herr Hartmann: Also, ich habe von euch immer viel Munition gekriegt. Ich fühlte mich auch irgendwie in die Enge getrieben. Ich war dann um Ostern ein paar Mal weg und ich meine, danach ist uns irgendwie aufgegangen, daß es wohl eine selbstquälerische Sache ist. Ich hatte dann hinterher immer Bauchschmerzen, als ich nach Hause gegangen bin um halb eins. Das war aber auch zu lange, wenn man morgens wieder so früh aufstehen muß, also mir war es zuviel.
Frau Fengler: Das war auch ein Problem?
Herr Hartmann: Ja.
Berater Moeller: Wollen wir das mal kurz aufgreifen? Das ist mir auch mit einiger Erschütterung aufgefallen, daß Sie da wohl sehr lange gesessen haben. Haben Sie sich eine bestimmte Zeit von Anfang an vorgenommen? Ist die dann zufällig überschritten worden oder ist das ein offenes Ende gewesen?
Herr Fengler: Wir haben uns nichts vorgenommen. Wir haben uns immer nur bemüht, pünktlich zu sein, pünktlich zu kommen. Alles andere war frei.
Herr Hartmann: Ich meine, eine Begrenzung des Abends war unmöglich, es wäre zuwenig Zeit für sechs oder fünf Paare gewesen.

154

Berater Moeller: Was war zuwenig?

Herr Hartmann: Die Zeit, um zu diskutieren!

Berater Moeller: Bis halb eins?

Herr Hartmann: Ja, natürlich!

Berater Moeller: Immer noch zuwenig?

Herr Hartmann: Es kamen am Abend vielleicht zwei Paare ausführlich zur Sprache, und die anderen haben versucht, da mitzumachen.

Berater Moeller: Aha!

Herr Hartmann: Aber vielleicht war's für die Bearbeitung immer noch zuwenig.

Berater Moeller: Sie haben gesagt, daß Sie manchmal bis halb eins getagt haben. Das halte ich für eine enorme Strapaze. Und Sie sagten, die Zeit sei dann immer noch zu kurz. Das würde zu der Empfehlung führen, eine Paargruppe darf nicht zu groß sein, damit man nicht – wenn etwa sechs Paare in der Gruppe sind – gezwungen ist, drei oder vier Stunden hintereinander zu reden. Denn es gibt auch einen Punkt der Erschöpfung. Nehmen wir mal an, man macht drei Stunden. Dann ist die letzte Stunde durch Anstrengung und vielleicht unbemerkte Ermüdung so aggressiv geladen, daß häufig das Gespräch nicht durch die Probleme bestimmt wird, sondern durch die Strapazen.

Mehrere durcheinander: Allgemeine Zustimmung.

Berater Daum: Es gibt also zwei Probleme. Das eine ist, daß man mit der Dauer der Sitzung nicht ausufert. Andererseits kommen aber auch Gefühle auf: Mit fünf Paaren sind wir viel zu viele, und in zwei Stunden komme ich nicht auf meine Kosten. Wenn wir heute Abend über zwei bis drei Leute geredet haben, habe ich keine Chance. In einer kleinen Umfrage bei Paar-Selbsthilfegruppen haben sich viele Teilnehmer gefragt, ob fünf Paare nicht vielleicht schon zuviel sind für zwei Stunden oder ob man sich nicht vielleicht zweimal die Woche oder so treffen sollte.

Herr Alewell: Also, wenn man Zeit hat, würde ich dies zweimal begrüßen. Das wäre dann das Optimale.

Berater Moeller: Ich habe es mal mit einer Paargruppe, die ich als Therapeut geführt habe, hingekriegt. Zwei Sitzungen pro Woche gelten in der Expertengruppe als optimal. Aber es ist schwierig einzurichten. Es gibt selten vier Paare, die zwei gleiche Abende in der Woche frei machen können.

Herr Hartmann: Wenn man einen Pflichtabend und einen offenen Abend macht?

Berater Moeller: Nein, das gäbe Untergruppen. Die einen können immer kommen, die anderen nur jedes zweite Mal. Es ist sehr ungünstig, wenn sich bestimmte Untergruppen bilden. – Doch jetzt noch eine Frage zur Gruppengröße. Meine Erfahrungen aus der therapeutengeführten Gruppentherapie gehen dahin, daß vier Paare das Optimum sind. Und zwar aus folgendem Grund: Bei drei Paaren, was eigentlich von der Größe noch besser wäre, sind zuwenig unterschiedliche »Paarwelten« vorhanden. Drei unterschiedliche Beziehungen in einer Gruppe empfinde ich als ein bißchen zuwenig. Außerdem besteht die Gefahr, daß beim Ausfall eines Paares tatsächlich zuwenig Personen in der Gruppe sind. Wenn es vier Paare sind, ist die Lage günstiger. Fünf halte ich schon für zuviel. Das gilt für mich in der Expertengruppe. Wie erleben Sie das in der Selbsthilfegruppe?

Frau Fengler: Wenn es nur vier sind, dann müssen aber die Leute optimal zusammenpassen, dann darf es kein Paar geben, das sich ausschließt oder zuviel redet.

Berater Moeller: Aber vielleicht passiert das dann auch seltener. Nehmen wir mal an, Sie wären nur mit vier Paaren zusammen gewesen, dann hätte es doch sein können, daß das passive Paar aktiviert worden wäre und daß das große Ungleichgewicht viel schneller verschwunden wäre. Das ist meine Erwartung.

Herr Hartmann: Also, ich würde auf jeden Fall sagen, drei sind zuwenig, denn das haben wir ganz klar erlebt, fünf würde ich als Maximum sagen.

Berater Moeller: Ja, genau, das ist dann praktisch genauso wie bei uns.

Sollte sich die Gruppe neu zusammensetzen?

Berater Moeller: Für mich kommt damit auch eine andere Frage auf: Wäre es für die Gruppe in irgendeiner Weise eine Hilfe gewesen, eine neue Gruppenzusammensetzung zu finden, wenn sich zum Beispiel neue Paare gemeldet hätten? Nehmen wir an, alle vierzehn Tage klopft ein Paar an und sagt, wir wollen auch ganz gerne mitmachen. Dann hätte sich die Gruppe eines Tages neu formieren können. Sagen wir mal, es kommen schließlich zehn oder vierzehn Paare zusammen. Die reden miteinander an einem Abend: Wie geht's Euch, wer seid Ihr? Sie lernen sich wechselseitig kennen und sagen, wir könnten eigentlich eine Gruppe machen. Dann bilden sich vielleicht zwei Gruppen. Dabei gibt es vielleicht auch Konflikte. Wenn zum Beispiel das eine oder andere Paar überhaupt niemanden findet, weil niemand mit denen will. Dann muß man sehen, wie man damit umgeht.

Herr Hartmann: Also, das ist besser, ja.

Herr Fengler: Aber gibt es überhaupt eine solche Masse an Paaren, um viele verschiedene kleine Gruppen bilden zu können?

Berater Moeller: Das ist dann eine Frage der Bekanntgabe. Ich glaube, in Gießen gibt es genug Paare, die erstens an Selbsthilfe interessiert wären und zweitens genug Krach haben.

– Allgemeines Lachen –

Herr Hartmann: Aber es geht doch auch mündlich, zum Beispiel, wenn sich Leute einfach irgendwo treffen. Man findet sich sympathisch und fragt die dann, also Leute, wollen wir zusammen eine Gruppe machen?

Herr Fengler: Aber wie willst du das machen, wie willst du das mit dreizehn bis vierzehn Leuten machen, und was sagst du zu dem achten oder dreizehnten?

Herr Hartmann: Die müssen sich selber bemühen. Da gibt's doch auch Spiele, wie man das macht.

Herr Fengler: Aber dann läuft mal ein Abend nicht so wie der vorhergegangene, und dann heißt es, wär' man doch nur in der anderen Gruppe.

Berater Moeller: Ja, aber das gibt es auch sonst.

Zu wenig Kontakt nach außen

Herr Engelmeier: Ich habe noch weitere Punkte. Ich glaube also, daß es ein Fehler der Gruppe war, daß wir so wenig Kontakt nach außen hatten. Ich hatte auch vorgeschlagen, laßt uns doch irgendwann mal zu dem Gesamttreffen gehen. Das hat aber kaum eine Resonanz gefunden. Ich nehme an, wir hätten da Anstöße bekommen. Daß uns da mal die Augen für das eine oder andere geöffnet worden wären, was wir in der Gruppe selbst nicht erkannt haben. Und vielleicht hätte es auch ein bißchen geholfen, hätten wir uns auch privat mal getroffen. Es wäre vielleicht doch gut gewesen; du, Angela, hättest dann zum Beispiel ein bißchen mehr aus dir rausgehen können.

Herr Fengler: Wobei jedoch die Entwicklung von der Angela positiv war.

Frau Alewell: Das mein ich, von mir aus gesehen, auch.

Herr Engelmeier: Na gut, in der letzten Zeit waren wir nicht da. Deswegen kann ich dazu nichts sagen.

Herr Alewell: Jetzt muß ich mal sagen, daß sie sich sogar sehr positiv entwickelt hat.

Frau Alewell: Also, im Moment muß ich sagen, ich brauche keine

Gruppe, so gut geht es mir. Wir verstehen uns in der letzten Zeit so gut, von meiner Sicht aus gesehen.

Herr Alewell: Ja, es ist besser geworden, es hat sich irgendwie gewandelt.

Das Setting

Wenn eine Selbsthilfegruppe scheitert, halte ich es inzwischen für das beste Vorgehen, zunächst sorgfältig das Setting der Gruppe zu erörtern. Sehr häufig hat die Gruppe einfach ihre Selbstorganisation nicht klar geregelt. In diesem Falle blieb sie zu groß; und was noch hinzukam, die Dauer der Sitzungen wurde nicht festgelegt. Selten können Menschen sich mehr als zwei Stunden intensiv miteinander austauschen. Hier erreichte die Gruppe weniger, als möglich gewesen wäre, weil sie zuviel auf einmal wollte. Vielleicht war das Bewußtsein der Teilnehmer, daß die Aufarbeitung von Konflikten viel Zeit braucht, noch nicht genügend entwickelt. Daneben gibt es zahlreiche weitere gruppendynamische Momente, die zur Überlänge der Gespräche geführt haben mögen (situativer oder andauernder hoher Leidensdruck; Unfähigkeit, auseinanderzugehen aufgrund zu großer Trennungsängste; zu viele Gruppenmitglieder, und so weiter). Gruppengespräche haben kein Ende in sich und entfalten sich aus sich selbst heraus. Deshalb muß die Gruppe ihr Gespräch nach äußeren Gesichtspunkten begrenzen. Das erscheint vielen willkürlich, ist aber für eine klare und konzentrierte Gruppenarbeit nötig. Wenn Wesentliches abgebrochen werden muß, wird es später wieder aufkommen. Bildlich gesprochen, selbst bei noch so großem Bemühen, noch so guter Mannschaft und noch so guten Fähigkeiten kann eine Reise nicht gelingen, wenn das Boot, in dem man gemeinsam sitzt, undicht ist.

Viele Gruppenkonflikte sind sekundär die Folge eines unzureichenden Settings. Die zusätzlichen Belastungen, die sich eine Gruppe damit schafft, können zum Scheitern führen. Um das Setting zu erörtern bzw. um entstandene Schäden zu beheben, kann das Gesamttreffen für eine Gruppe hilfreich sein. Auch diese Möglichkeit der Korrektur und Verbesserung der Arbeit hatte diese Gruppe außer acht gelassen. Erschwerend war natürlich die Tatsache, daß noch gar kein reguläres Gesamttreffen eingerichtet worden war. Um ein solches in die Wege zu leiten, hätte sie allerdings mit aktiv werden müssen.

Organmedizinische Beschwerden

Herr Alewell: Ich sehe nur eine Schwierigkeit. Selbsthilfe-Paargruppen bearbeiten Partnerprobleme. Diese Schwierigkeiten tauchen in der Gruppe auch auf. Wenn aber die Probleme, wie bei mir und auch bei Gudrun, medizinisch werden, so daß bereits gesundheitliche Störungen auftreten, da muß die Gruppe doch irgendwie passen. Zum Beispiel, wenn bei Angstanfällen auf einmal ein Herzkollaps oder so etwas droht.

Frau Güttges: Ja!

Berater Moeller: Das muß man differenzieren. Für organische Störungen ist natürlich Ihr behandelnder Arzt da. Manche werden erst durch eine Selbsthilfegruppe aufgefordert oder ermuntert, endlich mal den Arzt aufzusuchen. Aber vergessen Sie nicht, daß diese Symptome sehr oft mit seelischen Zuständen zu tun haben – besonders natürlich bei Ihren Angstzuständen. Da ist es ja offenkundig. Im übrigen kann es auch mit der unbewußten Seite der Partnerbeziehung zusammenhängen. Die psychosomatische Krankheitslehre untersucht heute schwerpunktmäßig die Entstehung von Störungen durch das unbewußte Zusammenspiel zweier Partner.

Probleme mit der Sexualität

Herr Engelmeier: Also ich meine, wir haben doch ein bißchen um den heißen Brei geredet. Es wurde vorhin schon gesagt, die Probleme kamen teilweise durch die Neuen, das ist klar. Aber es bleibt ein zentraler Punkt: die Sexualität und die sexuellen Probleme. Wir waren uns alle einig, daß dies für alle Paare irgendwo zentral ist, und wir waren auch mal ein paar Sitzungen dran. Und irgendwann war's dann wieder aus. Ich glaube, da sind die entscheidenden Dinge nicht gesagt worden.

Herr Alewell: Ja, und danach tat sich auch nichts mehr.

Herr Engelmeier: Und wenn ich das mit Bettina als Beispiel bringen kann: Sie hatte Angst, wie sie mir gesagt hat, die Wahrheit zu sagen. Das, was sie seit Jahren so mit sich rumschleppt. Ich persönlich meine, in dieser Hinsicht offen gewesen zu sein.

Frau Fengler: Nee, ich sehe die Sexualität nicht als zentrales Problem. Wir sind wohl immer davon abgekommen, weil andere Probleme brennender waren. Sonst hätten wir uns doch wirklich mal näher damit beschäftigen können. Aber es ist immer irgendwie auseinandergelaufen, weil da eben wieder Sachen reinkamen, die nichts damit zu tun hatten und erst wieder ausdiskutiert werden mußten.

Herr Alewell: Das haben wir damit vielleicht nur abgeblockt.

Herr Engelmeier: Ich meine, man hat ja gesehen, welche Aggressionen da waren. Man kann dem Partner oft einen solchen Schlag nicht auch noch geben, wenn er zum Beispiel auch andere große Probleme hat. Ich meine das doch irgendwo zu verstehen. Aber man muß damit rechnen, daß auch durchaus eine Trennung die Folge sein kann, wenn man in eine solche Gruppe geht. Diese Konsequenz ist doch durchaus möglich. Und da hat man natürlich Angst vor und macht in vielen Dingen einen Rückzieher. Aber ich weiß nicht, ob das richtig ist, für die einzelnen Leute oder auch für die ganze Gruppe.

Herr Hartmann: Also, wenn ich dich nochmal unterbrechen kann, meiner Meinung nach sind sexuelle Fragen Beziehungsfragen. Du kriegst auch einen Zugang zu einer Person, zu deinem Partner, wenn du über andere Dinge redest, wenn, sagen wir mal, das Streiten über Geldprobleme, über Sauberkeit jetzt mal angegangen wird. Und du kriegst dadurch eine bessere Beziehung zu deinem Partner. Dann brauchst du vielleicht gar nicht über Sexualität zu reden. Dann geht das vielleicht von selber besser.

Herr Engelmeier: Ich meine, es ist doch seltsam, wenn alle über die Beziehung reden und keiner was über die Sexualität sagt. Warum wird denn immer über die Kindererziehung gestritten, über das Essen und über das Geld, nur nicht, wie es im Bett geht oder so?

Herr Fengler: Ja, weil du heute noch einen roten Kopf kriegst, wenn du in die Buchhandlung gehst und dir den . . .

Herr Engelmeier: Da sind aber vielleicht auch noch andere meiner Auffassung.

Berater Moeller: Man muß das ja nicht ausschließen, es ist ja sowohl das eine als auch das andere. Ich würde auch sagen, natürlich ist die Sexualität eine Beziehungsfrage. Das ist ja ganz klar. Was soll es denn sonst sein?

Herr Engelmeier: Ja.

Berater Moeller: Aber es ist wohl auch so, daß es nicht ganz einfach ist, daß es einfach noch viel Angst macht, darüber zu reden. Wenn Sie das so erzählen, erinnere ich mich, daß es oft ein Jahr dauert, bis eine therapeutengeleitete Paargruppe dazu kommt, wirklich über Sexualität zu reden. Dann geht es allerdings los. Aber eben erst, wenn man sozusagen etwas angstentlasteter geworden ist. Ein gewisser Angstpegel ist immer da und manchmal auch nötig. Man kann immer nur über das Menschenmögliche reden und nicht über das, was einem im Augenblick eben noch unmöglich ist.

Herr Hartmann: Also, ich meine, daß das gar nicht so leicht gegangen wäre. Die Streitigkeiten gingen immer um das Pünktlichsein, morgens bei der Arbeit, oder warum hat der jetzt das gesagt und nicht das oder so, ja. Wenn ich jetzt angefangen hätte, über meine sexuellen Schwierigkeiten zu reden, hätte ich doch die Angst, daß mein Partner das ausnutzt vor der Gruppe und mir eins aufs Dach gibt, ja.

Berater Moeller: Aber nur solange, bis die Beziehungen in der Gruppe soweit entwickelt sind, daß man das nicht mehr befürchten muß.

Herr Hartmann: Ja, ich hatte auch das Gefühl, daß drei Leute zustimmen und vier dagegen sind. Und jetzt dachte ich auch, sag' ich das jetzt und krieg' was drauf oder sag' ich es nicht.

Herr Engelmeier: Also, für mich ist das naives Fritzchendenken. Ich gehe davon aus: Wenn die sexuelle Beziehung stimmt, dann sind die anderen Dinge, die ebenfalls Probleme sein können – das weiß ich auch –, leichter zu ertragen. Das ist meine Meinung.

Frau Fengler: Eher umgekehrt.

Herr Engelmeier: Nein, wenn das stimmt, dann kann der andere die sonstigen Schwierigkeiten leichter ertragen.

Frau Fengler: Und wenn das andere stimmt, dann klappt es auch besser im Bett, oder wie?

Herr Engelmeier: Nee, den Schluß kann ich nicht ziehen, weil ich das für mich nicht nachvollziehen kann. Ich meine nur, wenn man bei Kleinigkeiten anfängt, ist das für mich ein Zeichen, daß die Hauptsache nicht stimmt. Das ist meine Sicht; ein anderer muß das aus seiner Sicht sehen, ich sehe es aber so.

Berater Moeller: Ja, ja, o.k. Das ist schon fast eine Selbsthilfegruppen-Sitzung.

Herr Fengler: O.k., als Empfehlung zum Thema Sexualität kann man Selbsthilfegruppen immerhin sagen: Forciert es nicht. Es kann ein halbes Jahr früher oder später kommen.

Machtlos, wenn ein Paar sich in der Gruppe ständig kracht?

Herr Fengler: Ich sehe noch ein Problem. Wenn ein Ehepaar mit seinem persönlichen Krach massiv in eine Gruppe hineingeht, wie hat man das zu behandeln? Ich glaube, das ist nicht so einfach zur Seite zu schieben. Das Problem von zwei Leuten hat sich bei uns in der Gruppe abgespielt, und das hat andere halt massiv zurückgedrängt. So haben wir uns jedenfalls gefühlt.

Herr Engelmeier: Genau.

Herr Alewell: Ja, das stimmt, da muß ich auch beipflichten. Man konnte es einfach nicht mehr hören!

Berater Moeller: Ja, und was machen? Was wäre, nachträglich gesehen, besser gewesen?

Herr Hartmann: Entweder darüber diskutieren oder aber doch mal eine äußere therapeutische Hilfe in Anspruch nehmen.

Herr Engelmeier: Darf ich noch kurz eine Frage stellen? Wenn wir da mal in das Gesamttreffen gegangen wären mit dem Problem, dann wären doch sicherlich Anregungen gekommen, wie die Gruppe weiterverfahren könnte?

Berater Moeller: Ja, sicherlich.

Herr Fengler: Ich glaube aber nicht, daß dieses das Problem war. Die beiden waren auch sehr aktiv beteiligt an den Problemen der anderen. Ich fand das, was sie in die Gruppe eingebracht haben, für die anderen schon auch gut.

Mehrere: Ja, stimmt.

Drei Probleme hatten dieser Gruppe Schwierigkeiten gemacht; andere Selbsthilfegruppen dürften anders gelagerte Sorgen haben. In jedem Fall ist das Gesamttreffen für die Probleme der einzelnen Gesprächsgruppen der gegebene Ort, genauso wie die Selbsthilfegruppe für die Probleme der einzelnen Mitglieder da ist.

Was organmedizinische Symptome betrifft, so mag die Gruppe tatsächlich meinen, hier könnten ihre Gespräche nichts bewirken. Das ist zwar in der Regel falsch, aber besser als das umgekehrte Extrem, die Gruppe als Allheilmittel aufzufassen. Daß zahllose Körperbeschwerden Symptome einer psychosozialen Konfliktlage sind, gilt nicht nur für psychogene Erkrankungen im engeren Sinne wie Psychosomatosen und Konversionsneurosen, sondern auch für larvierte Depressionen, für funktionelle Störungen und für Beschwerden bei chronischen Erkrankungen, die im Falle besonderer seelischer Erregung lästiger und schmerzlicher erlebt werden. Es sollte aber betont werden, daß in allen Fällen körperlicher Krankheitszeichen der behandelnde Arzt aufgesucht werden sollte. Da ein arztmeidendes Krankenverhalten auch auf dem Gebiet der Organmedizin (Moeller, 1972) vorherrscht, dürften durch Selbsthilfegruppen viele Kranke eher zum Arztbesuch ermutigt als davon abgehalten werden. Die häufig aufkommenden Konkurrenzängste der Ärzte sind also unbegründet.

Nicht nur für Paargruppen erweist sich der sexuelle Bereich oft als das Zentrum ungeahnter Nöte und daraus erfolgender Störungen. Im Gesamttreffen ist häufig zu beobachten, daß Gruppen sich erst spät und nach längeren Widerstandsphasen diesem Konfliktherd nähern. Manchmal ist eine Periode der Langeweile vorgelagert, als ob sich die

Mitglieder nun endgültig nichts mehr zu sagen hätten. Allerdings zeigt das Gespräch auch, wie schnell diese Vermeidungsstrategien bewußt werden können. Hilft aus dieser Gruppenstagnation meist schon die Frage der anderen Gruppen heraus, inwieweit sexuelle Probleme bisher überhaupt zur Sprache gekommen sind, so ist es schon sehr viel schwieriger, mit einem sich ständig wiederholenden, unlösbar scheinenden Gruppenproblem fertigzuwerden. In dem Fall ist es am günstigsten, wenn die ganze Gruppe auf dem Gesamttreffen erscheint und ihre Lage darstellt, weil so die Gesamtverfassung der Gruppe klarer wird. In der Regel geht es nicht um ein isoliertes Einzelproblem – hier um den dauernden Krach eines Paares –, sondern um die Frage, wozu der ganzen Gruppe dieses Problem dienen könnte und was sie damit ausdrücken will. In diesem Falle wäre zu vermuten, daß die Konflikte der anderen Paare im Schatten dieses »fremden Problems« gut verborgen bleiben konnten und das dominante Paar auch stellvertretend für die anderen agierte. Ohne daß ein Gesamttreffen tiefer in die Dynamik des Ehestreits, in Ursachen und Auslöser eingehen muß, kann eine Gruppe nach solchen oder ähnlichen Rückmeldungen häufig gut allein weiterarbeiten.

Es ist erstaunlich, wieviele grundsätzliche Probleme bei dieser Beratung mit einer einzelnen Gruppe zur Sprache gekommen sind. Das Protokoll gibt ungefähr den Ablauf des Gespräches wider und entspricht etwa der Hälfte der ganzen Beratung. In einem Gesamttreffen hätten natürlich die Teilnehmer untereinander mehr gesprochen, weil dann auch Mitglieder aus anderen Gruppen die Beratung übernommen hätten. Auch abgesehen von meiner nicht gerade nachahmenswerten Neigung, zuviel und zu oft zu reden, sprachen wir beiden Berater also etwas mehr als üblich, weil wir nur *eine* Gruppe vor uns hatten. Doch ist dieses Protokoll dennoch eine gute Gelegenheit, einen Einblick in das wechselseitige Verhältnis von Selbsthilfegruppen-Teilnehmern und Beratern zu gewinnen.

4 Schwierigkeiten bei der Beratung

Häufig ist zu beobachten, daß Fachleute, die noch keine Erfahrung in der Selbsthilfegruppen-Beratung haben, fest damit rechnen, daß ganz bestimmte Schwierigkeiten auftreten werden. Diese tief verwurzelten Vorstellungen über vermeintliche Schwierigkeiten müssen wir von den tatsächlichen Schwierigkeiten bei der Beratung mit Selbsthilfegruppen unterscheiden lernen. Allzu leicht übertragen wir Problemsituationen aus dem eigenen Tätigkeitsfeld auf die Selbsthilfegruppen. Schon dies ist eine erste Schwierigkeit bei der Beratung. So glaubte ich in den Anfangsjahren, besonders vor dem Sündenbockphänomen in den Gruppen warnen zu müssen. Erst nachdem sich dieses Problem über lange Zeit hin überhaupt nicht gestellt hatte, bemerkte ich, daß ich ein für professionell geleitete Gruppen typisches Phänomen kurzerhand auch für Selbsthilfegruppen angenommen hatte. Wo kein Leiter ist, kann sich auch keine Aggression gegen ihn entwickeln, um sich dann drohend über einem Sündenbock zusammenzuziehen. Ein weiteres Beispiel: In der Bundeszentrale für Gesundheitliche Aufklärung wurden im Hinblick auf Selbsthilfegruppen vor allem Dominanzprobleme befürchtet, wie sie etwa aus politisch orientierten Projektgruppen zur Genüge bekannt sind. In offenen Gesprächsgruppen kann es aber zu solchen Richtungskämpfen und Führungsrivalitäten schon deswegen nicht so leicht kommen, weil neben der Sozialveränderung auch die Reflexion des eigenen Verhaltens, die Selbstveränderung, das Ziel der Gruppenarbeit ist. Zwar kennt jede Kleingruppe Auseinandersetzungen um Machtprobleme. Sie sind jedoch ein Durchgangsstadium auf dem Wege zu vertiefter Gruppenbindung, führen in der Regel nicht zur Fixierung einer bestimmten Führungskonstellation und machen auch in der Beratung keine besonderen Schwierigkeiten.

Ebenso berufsbedingt, doch noch gröber verzerrt sind jene beiden vermeintlichen Hauptschwierigkeiten, die bereits als die »Lieblingsbefürchtungen« der Fachleute erwähnt wurden (siehe S. 59 ff.). Daß Selbsthilfegruppen in die tiefe Regression der Psychose oder in den Suizid »abgleiten« könnten oder daß Kranke für eine solche Gruppe generell zu passiv seien – diese Befürchtungen werden durch die Praxis der Selbsthilfegruppen-Arbeit keineswegs bestätigt.

Allerdings treten andere Probleme auf, die unvorbereitete Fachleute wie auch Laien schnell entmutigen können. Sie ergeben sich aus den Gesamtbedingungen selbständiger Gruppenarbeit, also aus der Tatsache, daß es keinen Leiter gibt und daß die Auflösung von Schwierigkeiten, mit denen die einzelne Gruppe allein nicht fertigzuwerden meint, nach draußen in die wechselseitige Beratung der Gruppen, also ins Gesamttreffen verlagert ist. Schließlich bleiben Selbstverständnisprobleme und Verhaltenskonflikte der Fachleute nicht aus. Kurz: *Die grundlegende neue therapeutische oder pädagogische Beziehung, das demokratische Arbeitsbündnis mit all seinen Folgen* (vgl. Moeller, 1979), *ist verantwortlich für die meisten tatsächlichen Schwierigkeiten bei der Selbsthilfegruppen-Beratung.*

Umgekehrt ist dies auch der Grund dafür, warum die von Fachleuten vorab angenommenen Schwierigkeiten selten zutreffen. Die Vermutungen der Experten knüpfen weitgehend an die Bedingungen der strukturell ganz anderen, leiterzentrierten therapeutischen und pädagogischen Beziehung an. Der eigenartige Widerspruch, daß zwar einerseits immer auf die Leiterlosigkeit hingewiesen wird – im Sinne einer Gefahrenquelle –, andererseits aber von der üblichen Abhängigkeitsbeziehung ausgegangen wird, ist nicht allzuschwer aufzulösen: Die Gruppe wird nicht als ein autonomes, selbständiges Ganzes angesehen, sondern als eine *verlassene Gruppe,* der die Elternfigur des Therapeuten oder Lehrers abhanden gekommen ist. Eine solche Gruppe wäre tatsächlich abhängig und leiterlos zugleich. So verzerrt eine weitgehend unbewußte Phantasie das Bild, das viele Fachleute und Laien von Selbsthilfegruppen haben. Mit dieser Phantasie ist ein latentes Verlassenheitsgefühl verbunden, das in der unbewußten Motivation zum Beruf des Helfers eine große Rolle spielt (siehe S. 54 ff.), das aber auch für viele andere Menschen heute charakteristisch ist (siehe S. 278 f.). Vielleicht zeigen künftige Untersuchungen, daß die Hauptschwierigkeit, Selbsthilfegruppen anzuerkennen und mit ihnen zu arbeiten, auf der tief verborgenen Angst beruht, keine Eltern-Kind-Situation mehr herstellen oder vorfinden zu können, von der man friedliche Geborgenheit oder sichere Lenkung doch noch erhofft – trotz allen gegenteiligen Erfahrungen.

Machen sich also die vermeintlichen Schwierigkeiten irrtümlicherweise an der Gefahr der malignen Regression fest, die für Abhängigkeitsbeziehungen charakteristisch ist, so ergeben sich die wirklichen Probleme bei der Selbsthilfegruppen-Beratung vor allem aus den Unannehmlichkeiten, die mit selbstverantwortlichem Handeln verbunden sind.

Schwierigkeiten der Selbsthilfegruppen-Berater

Immer wieder stehen sie vor der Frage, was sie hier nun eigentlich zu suchen haben. Das ist ihre stille, wohl aber auch ihre tiefste Schwierigkeit. Sie fühlen sich nicht berechtigt mitzuwirken, wenn sie selbst keiner selbstverantwortlichen Gesprächsgruppe angehören, aber erst recht nicht, wenn sie wie alle anderen aus einer Selbsthilfegruppe kommen. Diese aus dem Rollenwechsel sich ergebende Krise des Selbstverständnisses muß jeder angehende Berater durchstehen. Schwierigkeiten für den Selbsthilfegruppen-Berater ergeben sich zunächst aus der Aufgabe, jene wechselseitig bedingten Rollen zu erkennen und zu vermeiden, die eine fruchtbare Beratung zwischen gleichgestellten Partnern verhindern. Ich habe andernorts die Abhängigkeitsbeziehung (Helfer-Schützling-Kollusion zwischen Arzt und Patient, Lehrer und Schüler usw.) dargestellt. Sie kann sich als ihr scheinbares Gegenteil ausgeben (Überselbständigkeits- bzw. Gegenabhängigkeitskollusion) oder in der Nullbeziehung vermieden werden (vgl. Moeller, 1978, S. 323 ff). Diese Schwierigkeiten in der Beratungsbeziehung lassen sich durch *gemeinsame* Aufmerksamkeit und Aussprache am besten lösen. Da der Selbsthilfegruppen-Berater ja jedem anderen gleichrangig ist, kann sein Tun und Lassen von den anderen ebenso beurteilt werden wie umgekehrt. *Alle* sind verantwortlich.

In bezug auf die konkrete Beratungssituation liegt unserer Erfahrung nach eine Hauptschwierigkeit für Selbsthilfegruppen-Berater darin, die Priorität seiner Aufgaben zu wahren. Er hat ja in erster Linie die wechselseitige Beratung der Gruppen untereinander anzuregen und erst in zweiter Linie selbst mitzuberaten. Und auch die Wahrung dieser Priorität ist nicht nur seine Aufgabe, sondern die aller Teilnehmer.

Eine weitere Schwierigkeit ergibt sich daraus, daß der Selbsthilfegruppen-Berater durch seine Rolle, durch seine Eigenschaft als Vertreter eines Fachgebietes und durch seine regelmäßige Anwesenheit immer wieder in eine einflußreiche steuernde Stellung gedrängt wird. Dieser Strömung muß er sich widersetzen, um den Austausch nicht zu behindern. Im übrigen gerät er dadurch – wie jede offene oder geheime Autorität – gelegentlich unter Beschuß. Diese aggressiven Entladungen sollten, wenn sie in der persönlichen Geschichte eines Teilnehmers ihren Grund haben, der Selbsthilfegruppen-Arbeit überlassen bleiben, sonst aber am besten als Signal eines bereits aus dem Gleichgewicht geratenen demokratischen Arbeitsbündnisses im Gesamttreffen aufgegriffen und ausführlich erörtert werden.

Schwierigkeiten des Gesamttreffens

Aus den sechs Aufgaben des Gesamttreffens ergeben sich jeweils spezielle Schwierigkeiten, die ich andernorts ausführlicher beschrieben habe (Moeller, 1978, S. 297–326). Unter ihnen ist das Problem der stillen Auswahl der Teilnehmer am Gesamttreffen vorrangig, wenn man einmal vom schlimmsten Fall absieht, daß ein Gesamttreffen mangels Teilnahme gar nicht entsteht oder einschläft (siehe S. 166 ff.). Diese Schwierigkeiten wurzeln im Verhältnis der Einzelgruppen zum Gesamttreffen. Viele Faktoren wirken zusammen.

Vom Gesamttreffen halten ab: die zusätzliche zeitliche Belastung; die fremden oder doch wenigstens nicht so vertrauten Mitglieder anderer Gruppen; die Angst vor dem Sprechen in einer meist größeren Runde; der Innensog der eigenen Gruppenarbeit; die Schwierigkeiten, der Gruppe zurückzumelden, was im Gesamttreffen geschah; und nicht zuletzt auch mangelnde Kenntnis der Vorzüge des Gesamttreffens als »Selbsthilfegruppe der Selbsthilfegruppen« für die eigene Gruppenarbeit.

Zum Gesamttreffen führt in der Regel die Notwendigkeit oder der Wunsch der Gruppe, Neue aufzunehmen. Einige verlockt die Aussicht auf Zugewinn an Erfahrung, auf das Lernen der Gruppen voneinander, auf die Lösung verfahrener Situationen, kurz auf die wechselseitige Selbsthilfe der einzelnen Gruppen für eine erfolgreiche Arbeit. Hinzu kommt die Möglichkeit, von Experten informiert zu werden, und die schlichte Neugier, was andere Gruppen und andere Teilnehmer eigentlich machen. Vielleicht ist auch der Wunsch, eine umfassendere Solidarität zu spüren und nicht zuletzt dadurch in den eigenen Belangen handlungsfähiger zu werden, eine Motivation zum Gesamttreffen. Das, meine ich, gilt etwa für die Gesamttreffen der Multiple-Sklerose-Kranken.

Vor allem Neulingen sollte die Bedeutung und Arbeitsweise des Gesamttreffens ebenso klar vermittelt werden wie die Arbeit der Selbsthilfegruppen. Die Notwendigkeit, die eigene Arbeit zu verbessern oder gelegentlich zu korrigieren, die Erweiterung der Möglichkeiten durch den Erfahrungsaustausch sollten deutlich gemacht werden. Wenn den Teilnehmern bewußt wird, daß einem möglichen Gruppenzerfall (1979 in Gießen etwa jede vierte Gruppe) durch Erfahrungsaustausch im Gesamttreffen vorgebeugt werden kann, dann steigt in der Regel auch die Motivation. Für die Gruppe gilt es zusätzlich zur eigenen Arbeit, die Fähigkeit zu Außenbeziehungen zu entwickeln (siehe Moeller, 1978, S. 192 ff), zum einen aus Gründen der Solidarität mit Gleichbetroffenen, zum andern deshalb, weil sie sich beim Ausscheiden von Mitgliedern durch neue Teilnehmer ergänzen muß.

Unserer Erfahrung nach ist es am besten, wenn sich jede Gruppe von Anfang an zu einer *rotierenden Teilnahme von wenigstens drei Mitgliedern* am Gesamttreffen entschließt. Dadurch teilen alle das persönliche Erlebnis des Erfahrungsaustausches mit anderen Gruppen. Sie wissen, worum es geht, auch wenn sie dort nicht anwesend sein können. Die Gleichstellung ist gewahrt. Jeder vertritt einmal nicht nur die eigenen Belange, sondern die der ganzen Gruppe. Der Entwicklung einer stillen Auswahl wird vorgebeugt, die zeitliche Belastung für den einzelnen wird geringer.

Die Gefahren für das Gesamttreffen selbst liegen im Mißlingen eines lebendigen Erfahrungsaustausches und in der manchmal unwillkürlichen Umfunktionierung der wechselseitigen Gruppenberatung zu einer zusätzlichen Selbsthilfegruppe.

Die Lebendigkeit des Gesamttreffens hängt natürlich davon ab, ob die Teilnehmer miteinander ins Gespräch kommen. Der Selbsthilfegruppen-Berater sollte also seine Hauptaufgabe darin sehen, dieses Gruppengespräch, zum Beispiel durch häufiges Feedback usw., zu fördern. Fällt er in die Rolle, auf alle Fragen selbst Rede und Antwort zu stehen, lähmt er den Erfahrungsaustausch. Umgekehrt würde natürlich ein Gesamttreffen versanden, wenn er in falsch verstandener Zurückhaltung versäumte, das Gespräch anzuregen.

Die Umfunktionierung des Gesamttreffens in eine Neben-Selbsthilfegruppe droht besonders dann,
– wenn die rotierende Teilnahme am Erfahrungsaustausch nicht klappt, das heißt, wenn immer dieselben kommen,
– und wenn das Ziel dieser wechselseitigen Gruppensupervision, nämlich die Probleme der Gruppe als Ganzes und nur in Ausnahmefällen Probleme einzelner Teilnehmer zu behandeln, aus dem Blick gerät.

Darauf sollten alle Teilnehmer achten. Falls sich das Gesamttreffen zu einer Neben-Selbsthilfegruppe entwickelt, ist eine wirkliche Aufarbeitung von Konflikten dann weder in der eigenen Einzelgruppe noch in der Großgruppe möglich, weil die Versuchung zu groß und nicht zu kontrollieren ist, in entscheidenden Situationen jeweils von einer Gruppe in die andere zu flüchten. Leider entsteht für den Selbsthilfegruppen-Berater in solchen Situationen manchmal der erfreuliche Eindruck, es hier mit einem besonders intensiven und lebhaften Gesamttreffen zu tun zu haben. Bei genauerem Beobachten fällt es aber nicht schwer, die Situation zu erkennen.

Schwierigkeiten der Selbsthilfegruppen

Eigenständige Gesprächsgruppen, die ja einem besonderen Konzept folgen – vor allem: demokratisches Arbeitsbündnis, Leiterlosigkeit –, entwickeln auch besondere Formen des Gruppenwiderstandes. Zwei machen die größten Schwierigkeiten: Wegbleiben und Agieren mit dem Arrangement.

Wegbleiben
Diese Form von Widerstand gegen die Konfrontation mit sich selbst innerhalb einer Beziehung kennt fast jeder aus eigenen Partnerschaften. Einen unbehaglichen Konflikt, der die Beziehung belastet, ist jeder los, wenn er die Beziehung abbricht und einfach wegbleibt. Er erspart sich damit die Mühe, ihn durchzuarbeiten. Diese Art der Konfliktvermeidung ist sicher die häufigste Widerstandsform, weil sie so verlockend wenig Aufwand mit sich bringt. Für Selbsthilfegruppen ist sie charakteristischer als für therapeutische Gruppen, weil einerseits die Zentralfigur des Leiters fehlt, dem man sich besonders verpflichtet fühlt, und weil es andererseits auch sonst keine institutionalisierten Bindungen wie Bezahlung, Kassenverträge oder Ausbildungsverpflichtungen gibt. Das schlichte Wegbleiben spielt bei eigenständigen Gesprächsgruppen deshalb eine enorme Rolle. Wie schon erwähnt nehmen zum Beispiel bei den Übergewichtigen-Selbsthilfegruppen (TOPS) in den USA etwa die Hälfte der Mitglieder nach den ersten Wochen nicht mehr an den Sitzungen teil.
Kritische Phasen im Hinblick auf das Wegbleiben sind
– die Zeitspanne zwischen der äußeren und inneren Gruppenbildung im Falle einer Neugründung
– die Zeit der Integration in eine Gruppe bei Aufnahme eines neuen Mitgliedes
– und leider auch jene fruchtbaren Gruppenphasen, in denen sich die Teilnehmer an die Lösung eines wesentlichen Problemes heranwagen.
In diesen drei Krisenzeiten steigen die Widerstände wegen erhöhter Angst verständlicherweise an und können im Extremfall zum Zerbröckeln der ganzen Gruppe führen.
Je länger die Gruppe schon arbeitet, desto geringer wird allerdings nach unserer Erfahrung diese Gefahr.
Das Wegbleiben als Widerstand ist deswegen ein Hauptproblem, weil es nicht nur einer Fehlentscheidung eines einzelnen Teilnehmers entspricht, sondern auf die ganze Gruppe zurückwirkt: Die Kontinuität ihrer Arbeit wird empfindlich gestört; die Gruppe muß sich neu strukturieren; der Verlust des Mitglieds ist zu verarbeiten, und vielleicht steht auch eine Neuaufnahme bevor. All das erfordert eine meist unterschätzte emotionale Anstrengung von seiten der Gruppe. Gerade in der labilen Anfangszeit erhöhen diese Irritationen und Kraftakte die Schwierigkeit, wirklich zu einer Gruppe zu werden.
Aber auch in bereits fester gefügten Gruppen hat das Wegbleiben eines Mitglieds eine lähmende Wirkung auf die anderen. Die Angst

um den Bestand der Gruppe rückt in den Vordergrund, die wesentliche Konfliktarbeit tritt zurück. Wenn normalerweise jedes Mitglied Kopatient und Kotherapeut zugleich ist, wird jetzt diese Balance in Richtung auf eine therapeutisch-organisierende Haltung verschoben. »Ich muß aufpassen, daß die Gruppe erhalten bleibt, und kann mich nicht fallenlassen, um die eigenen Konflikte deutlich werden zu lassen und zu bearbeiten«, so beschrieb ein Teilnehmer diese Situation. Wie ist damit am besten umzugehen? Unserer Erfahrung nach sollte schon im Gespräch mit Neuen ein an sich selbstverständliches Verhalten in der Gruppe hervorgehoben werden: daß nämlich ein eventueller Entschluß, die Gruppe zu verlassen, den anderen möglichst rechtzeitig mitgeteilt und darüber hinaus gemeinsam mit ihnen wenigstens vier Sitzungen lang erörtert wird. In dieser Zeit zeigt sich meist, ob es sich um Widerstand oder um eine wirkliche Selbstindikation handelt, die bedeuten kann, daß der Ausscheidende seine Ziele erreicht sieht oder sie mit Hilfe dieser Gruppe nicht erreichen zu können meint.

Eine pfiffige, offensichtlich wirkungsvolle, wenn auch recht äußerlich anmutende Lösung haben einige Übergewichts-Selbsthilfegruppen gefunden. Bei ihrem Gruppenbeginn zahlen die Mitglieder als eine Art Teilnahmekaution einen Geldbetrag (von etwa DM 50,–) in eine gemeinsame Kasse. Bleiben sie, erhalten sie ihn wieder zurück. Sollten sie dreimal unentschuldigt fehlen, verlieren sie ihn. Dadurch soll sich die Drop-out-Rate drastisch verringert haben.

Neue Teilnehmer können sich gegen ihr Wegbleiben aus Widerstand am besten wappnen, wenn sie auf die schwierige Anfangszeit und die Versuchung, vorzeitig abzubrechen, hingewiesen werden (vgl. auch Moeller, 1978, S. 183). Um gleichzeitig zur unerläßlichen Selbstindikation zu ermutigen, empfehlen wir den Neuen, die ersten zehn Sitzungen auch im Falle von Zweifeln durchzuhalten, sich aber danach desto entschiedener zu fragen, ob man in dieser Gruppe weitermachen will.

Nach der Anfangsphase kommt es besonders darauf an zu begreifen, daß auch ein flüchtiger Wunsch, die Gruppe zu verlassen, ein sinnvolles Element des Gruppengeschehens ist. Er sollte also nicht verschwiegen, sondern der Gruppe – wie jede andere Empfindung – mitgeteilt werden, um ihn angemessen diskutieren zu können. Natürlich gehört dazu die Einstellung, daß zur Selbsthilfegruppen-Arbeit ebensoviel Ausdauer und Geduld gehört wie zu jeder anderen Therapie und zur Ausbildung.

Agieren mit dem Arrangement
Da in jeder üblichen Behandlung der verantwortliche Leiter für die
Rahmenbedingungen sorgt und auch darüber wacht, daß sie einge-
halten werden, ist das Agieren mit dem Arrangement im professionellen Bereich weitgehend unterbunden. Dagegen stehen dieser Form
des Widerstands bei Selbsthilfegruppen zahllose Wege offen. Wie das
Wegbleiben als Widerstand von der richtigen Selbstindikation ist
auch das Agieren mit dem Arrangement von erwünschtem, wenn
nicht notwendigen Verhalten der Selbsthilfegruppen-Teilnehmer zu
unterscheiden: von der Realisierung fruchtbarer neuer Ideen. Auch
sie gehört zu den wesentlichen Aufgaben des Gesamttreffens (siehe S.
104 ff.). Es sollte nicht vergessen werden, daß sich die Selbsthilfegruppen aufgrund einer gewissen Experimentierfreudigkeit zu ihrer
heutigen Vielfalt und Anwendungsbreite entwickeln konnten. Jugend-
lichen-, Kinder- und Familiengruppen entstanden so; auch dabei
wurden ja Teile des Arrangements verändert. Wie sind Verwechslun-
gen zu vermeiden bzw. wie sieht Agieren als Widerstand aus?
Verdächtig sind alle spontanen Entschlüsse einer Gruppe, es »einmal
anders zu machen«. In der Regel enthüllt dann eine eingehendere
Nachforschung mit der Gruppe auf dem Gesamttreffen, daß ein
wesentliches Element des Arrangements verändert werden soll, um
einer Auseinandersetzung aus dem Wege zu gehen.
Um welche Elemente geht es? Die *Gruppengröße* kann unvermittelt
variiert werden: »Wir machen es jetzt zu viert, das ist intensiver.«
Vermieden wird hier die ängstigende Aufnahme neuer Mitglieder und
– noch wichtiger – die Auseinandersetzung um das vorangegangene
Ausscheiden eines Mitglieds, was etwa Schuldgefühle hinterlassen
haben könnte.
Oder die Bemerkung nach einer Gründungsversammlung: »Dann
bleiben wir eben sechzehn, wo wir uns doch schon so vertraut
geworden sind.« Wenn aber die Gruppe zu groß ist, kann sie schlecht
Konflikte bearbeiten. Das ist meist unbewußt der Sinn eines solchen
Entschlusses. Oft zerfallen diese Gruppen dann völlig, wenn nicht ein
ungewolltes günstiges Geschick doch noch zu einer angemessenen
Kleingruppengröße führt.
Die *Regelmäßigkeit* kann verändert werden. Bei kleinsten Anlässen –
etwa wenn zwei fehlen müssen – fällt die Sitzung aus oder wird in ein
Pizza-Essen umgewandelt. Dadurch wird das Kontinuitätsprinzip
verletzt, das den unbewußten Zusammenhang der Konfliktarbeit
garantiert. Es ist also besser, gelegentlich auch mit nur wenigen zu
tagen als gar nicht. Der rote Faden reißt dann nicht ab.

Die *Häufigkeit* der Sitzungen kann verändert werden. »Wir tagen nur einmal im Monat, dann aber zweimal hintereinander, das erlaubt auch denen, die von weit her kommen, regelmäßige Teilnahme.« In einem solchen Falle stören aber die zu großen zeitlichen Abstände zwischen den Sitzungen die Kontinuität.

Alle Merkmale der regulären Selbsthilfegruppen-Arbeit können Opfer des unbewußt wirkenden Widerstandes werden:

Die *Sitzungsdauer* kann bis zur völligen Erschöpfung aller auf mehrere Stunden ausgedehnt werden. Der Höchstwert in Gießen liegt bei sechs Stunden in einer Studenten-Selbsthilfegruppe.

Das *Gruppenziel* kann sich verschieben – etwa in Übergewichtsgruppen von der Aufdeckung und Lösung eigener Schwierigkeiten auf den Austausch von Rezepten.

Das *offene Gespräch* als hauptsächliches Mittel der Kommunikation kann ersetzt werden durch irgendwelche Gruppenaktivitäten, Übungen oder Meditationen.

Das *demokratische Arbeitsbündnis* kann unterlaufen werden, indem nach einem Berater gerufen wird, bevor die eigenen Möglichkeiten ausgeschöpft sind.

Zu bedenken ist, daß Grundregeln für die Selbsthilfegruppen-Arbeit nicht isoliert aufgezählt werden können, sondern im Gesamtzusammenhang selbstverantwortlicher Gesprächsgruppen-Arbeit zu sehen sind. Jedes Element kann durch Agieren verändert werden und jede Einzelveränderung wirkt auf das Ganze zurück, besonders die drei grundlegenden Prinzipien: Regelmäßigkeit, Kleingruppengröße und wechselseitige Selbsthilfe; ebenso die Merkmale des therapeutischen Verhaltens: Zielbindung, Spontaneität, freies Gespräch, Frequenz und Dauer der Sitzungen, die zum Setting im engeren Sinne gehören (siehe Moeller, 1978, S. 251 ff und S. 135 ff).

Gerade weil so große Vorsicht bei jeder Veränderung des Arrangements geboten ist, steigt allerdings auch die Gefahr, rigide oder gar dogmatisch darüber zu wachen. Sicher läßt sich die Arbeit selbstverantwortlicher Gesprächsgruppen noch verbessern und um gute Ideen bereichern. Damit das Agieren mit dem Arrangement von möglicherweise sinnvollen Neuerungen abgegrenzt werden kann, sollte zwischen dem Aufkommen einer Idee und ihrer Realisierung einige Zeit verstreichen. Innerhalb dieser Phase können die Gruppe und das Gesamttreffen die geplante Veränderung – zum Beispiel die Einführung von Übungen – auf ihren möglichen Widerstandscharakter hin erörtern. Falls es sich um Abwehr handelt, hält sie sich ohnehin nur für eine Weile aufrecht. Anders gesagt: Ein neuer Vorschlag gibt sich von selbst als Abwehr zu erkennen, wenn der Impuls zur Realisierung innerhalb der gesetzten Frist unerwartet einschläft.

Negative Gefühle

Neben diesen beiden Formen des Widerstands machen die während der Gruppenarbeit aufkommenden sogenannten negativen Gefühle häufig Schwierigkeiten. Neid, Scham, Schuld, Wut, Haß, Rivalität, Kränkung und manchmal auch Angst werden lieber unterdrückt statt ausgesprochen und ausgetragen. Gelingt es einer Gruppe nicht, die Mitglieder auch zur Äußerung gerade dieser Gefühle zu ermutigen und damit deren tieferen Ursprung zu erkennen, sammelt sich unterschwellig ein destruktives Potential an, das die Gruppe zerfallen oder in scheinbar sanfter Betulichkeit steril werden läßt. In der Regel erkennt jede Selbsthilfegruppe nach einiger Zeit, daß offene Diskussion dieser sonst unter höflichem Verschluß gehaltenen Empfindungen für eine sinnvolle Arbeit dringend notwendig ist. Hier kann das Gespräch von neuen Gruppen mit erfahreneren auf dem Gesamttreffen viel helfen. Zu einer kritischen Situation führt die Unfähigkeit, mit negativen Gefühlen umzugehen, besonders dann, wenn sich das angestaute Unbehagen als nur scheinbar reales Problem direkt gegen die ganze Gruppe wendet. Dann ist es bis zum Wegbleiben nicht mehr weit. Allerdings verstehen viele Gruppenteilnehmer heute recht gut, daß etwa Aggressivität, die sich gegen die Gruppe oder gegen ein Mitglied richtet, nicht persönlich zu nehmen ist, sondern zur Durcharbeitung der eigenen Probleme gehört. Das gilt für therapeutische wie für pädagogisch orientierte Selbsthilfegruppen.

Zu wenig Gruppenkenntnis

Häufig täuschen sich besonders gruppenerfahrene Fachleute über den Kenntnisstand der Betroffenen, was Gruppenvorgänge betrifft. Es ist besser, von völliger Unkenntnis auszugehen, da auf diese Weise einige typische Schwierigkeiten leichter wahrgenommen werden können. Einsichten in gruppendynamische Zusammenhänge werden erst nach und nach erworben: daß es gilt, den eigenen Weg zu suchen und nicht irgendwelche Regeln zu befolgen; daß es um das Erleben in der Gruppe geht und nicht um intellektuelles Debattieren; daß jeder – ob aktiv oder passiv, ob bewußt oder nicht – am ganzen Gruppengeschehen teilnimmt, er sich also während der gesamten Sitzungsdauer mit sich selbst auseinandersetzt und ihm nicht nur die Zeit, in der er selbst spricht, zugutekommt; daß der einzelne für sich spricht und gleichzeitig Sprachrohr des unbewußten Gruppengeschehens ist; daß nicht so sehr einzelne Mitglieder als vielmehr seelische Regungen wie Angst, Zuwendung und Abwendung aufeinander wirken und das Gruppengeschehen steuern; daß in der Gruppe nichts zufällig ist, sondern jedes Ereignis – ein Gefühl, eine Vorstellung, eine Handlung, eine Geste, ein Traum, Zuspätkommen, ein Einfall – wie das Teilchen eines Puzzles die Gesamtsituation verständlicher machen kann. In der ersten Zeit fehlt vielen einfach das Wissen, daß sie in der Gruppe persönliche Probleme vorbringen, ja sogar durcharbeiten können. So kommen häufig Fragen auf, wie man es denn machen solle und nach welchem Rezept zu verfahren sei. Oft genügt dann schon der Hinweis, daß es darauf ankomme, selbst zu erfahren statt geführt zu werden, oder daß ein strenges Konzept nicht nötig sei, weil sich das Vorgehen der einzelnen Gruppe von selbst entwickle (vgl. auch Moeller, 1978, S. 203–236).

Krisen nach Pausen, Langeweile, ausscheidende und neue Mitglieder
Auf weitere typische Schwierigkeiten, wie sie sich bei einer Bestandsaufnahme nach mehrjähriger Erfahrung in der Beratung mit Gießener Selbsthilfegruppen ergaben, möchte ich nur kurz hinweisen:
Kritisch ist die *Zeit nach längeren Pausen*, besonders nach den Sommerferien. Hier wird der starke Einfluß des unbewußten Trennungserlebnisses unterschätzt. Die Gruppen zerbröckeln nach solchen Unterbrechungen am ehesten. Sie sollten darauf besonders aufmerksam achten.
Ferner gibt es Entwicklungen, in denen der *Stil der Gruppenteilnehmer, miteinander umzugehen,* gegen ihren bewußten Willen *langweilig* und unfruchtbar wird. So hatte sich zum Beispiel eine Gruppe in wechselseitigem Ausfragen festgefahren. Sie sprach das im Gesamttreffen an. Kurze Zeit später stellte sich heraus, daß sehr drängende, sexuelle Probleme unter der Oberfläche lagen, die durch die vorangegangene sterile Atmosphäre offensichtlich in Schach gehalten werden sollten. Fast immer steht Oberflächlichkeit und Langeweile der Gruppengespräche im Dienste der Abwehr besonders heftiger Konflikte.
Schließlich ist die *Aufnahme neuer Mitglieder* und das normale *Ausscheiden alter Mitglieder* für manche Gruppen ebenso schwierig zu verkraften wie das Wegbleiben aus Widerstand. Im obigen Beispiel der Paargruppen-Beratung wurde deutlich, daß die Gruppen die enorme seelische Arbeit und die tiefe Irritation fast immer unterschätzen, die damit verbunden sind. Es geht um Tod und Geburt eines Gruppenmitglieds. Die Gruppe muß sich also Zeit nehmen, um diese Veränderungen gezielt aufzuarbeiten. Anders gesagt, jeder Abschied wie jede

Neuaufnahme sollten zunächst angekündigt und mehrere Sitzungen lang erörtert werden, bevor sie tatsächlich erfolgen. Das entspricht dem Vorgehen einer sogenannten Slow-Open-Group oder halbgeschlossenen Gruppe, das der Praxis der Selbsthilfegruppen-Arbeit wohl am besten gerecht werden dürfte.

5 Schleusen für Schwellenängste

Je klarer sich die Bedeutung eigenständiger Gesprächsgruppen abzeichnet, desto sichtbarer wird auch das Ausmaß an Hemmungen bei den Betroffenen, sich ohne weiteres Zögern einer solchen Gruppe anzuschließen. Über lange Zeit hin hatten wir das Gesamttreffen als eine ausreichende, angstmindernde Vorstufe zur Teilnahme an einer Selbsthilfegruppe angesehen. Doch zeigte sich, daß viele Betroffene es selbst daraufhin nicht wagten, an einer Gesprächsgruppe teilzunehmen. Sieben Ängste auf einmal zu überwinden (siehe S. 31f.), ist vielleicht auch zuviel verlangt. So wird zur Zeit das Problem dringlich, welche Möglichkeiten es sonst noch gibt, den Weg in die Selbsthilfegruppe zu erleichtern. Hier ist die Entwicklung erst in den Anfängen. Immerhin zeigen sich einige Ansätze für solche »Schleusen«.

Die wichtigste bleibt nach wie vor das Gesamttreffen – oder genauer gesagt das Gespräch mit den Neuen in der sogenannten Erstlingsgruppe (Moeller, 1978, S. 287 u. 305 ff). In dieser Gruppe sollte man im Sinne eines Ambivalenzgespräches vor allem Bedenken und Ängste thematisieren.

Bevor sich aber ein Betroffener überhaupt ins Gesamttreffen wagt, muß er sich ja bereits über die ärgsten inneren Barrieren hinweggesetzt haben. Das kann am besten im Zweiergespräch gelingen, mit jemandem, der um die Ängste vor Selbsthilfegruppen weiß. Eine solche Beratung regulär und nicht nur auf mutige Anfrage hin anzubieten, erschiene mir günstig. Sie kann von erfahrenen Selbsthilfegruppen-Mitgliedern, aber auch von Fachleuten, die sich als Selbsthilfegruppen-Berater verstehen, durchgeführt werden. Wie erwähnt ist in unserer Psychosomatischen Poliklinik eine entsprechende Beratungssprechstunde eingeführt worden.

Eine vielversprechende andere Entwicklungslinie verfolgt das sogenannte »Ludwigsburger Modell«. Dort gibt es ein Gesamttreffen der Selbsthilfegruppen für brustkrebskranke Frauen, das stärker der wechselseitigen Information und weniger dem Erfahrungsaustausch von Gesprächsgruppen dient. Es zeigte sich nämlich, daß nur wenige

175

Frauen den Entschluß zu einer selbständigen problemorientierten Kleingruppe faßten. Dagegen entstanden eine Fülle von anderen aktivitätsorientierten Gruppen, etwa für Gymnastik, Schwimmen, Werken und Basteln. Waren Frauen längere Zeit in solchen Gruppen, hatte sich eines Tages auch die Angst vor einer regulären Gesprächsgruppe gemindert. Solche Schleusengruppen, die zunächst einmal seelische Arbeit am eigenen Verhalten und Empfinden aussparen, sind in einem besonderen Fall bundesweit entstanden. Es handelt sich um die »Ambulanten Koronargruppen« von Herzinfarktkranken, die in kleinen Gruppen körperliches Training unter Fachanleitung durchführen. Sie sind eine gute Vorstufe zur Bildung eigenständiger Gesprächsgruppen.

Regionalgruppen von Selbsthilfeorganisationen, wie sie im Bundesverband »Hilfe für Behinderte« zusammengefaßt sind, können meines Erachtens nur dann eine Schleusenfunktion erfüllen, wenn sie tatsächlich in irgendeiner Form den Charakter einer kleinen regelmäßigen Gruppe bewahrt haben. Leider scheint das nur selten der Fall zu sein. Doch könnte man leicht dazu ermutigen.

Im Bereich der Erziehung und Ausbildung ließen sich ähnliche Beispiele finden. So entstand eine Selbsthilfegruppe von Studenten im Anschluß an ein soziologisches Seminar, in dem sich die wechselseitige Fremdheit bereits verloren hatte.

Schließlich können alle leiterzentrierten Gruppen Schleusenfunktion für die eigenständige Gruppenarbeit haben. Dabei geht es nicht nur um die erwähnten Nachfolge-Selbsthilfegruppen (siehe S. 217ff. und S. 219ff.), sondern um Gruppenerfahrung überhaupt. Das kann man als Schleuse gezielt einsetzen. Vielleicht wird es sich als nötig erweisen, besonders benachteiligte oder belastete Menschen zur Selbsthilfegruppen-Arbeit anzuleiten. Eine Gruppe würde dann in den ersten Sitzungen leiterzentriert arbeiten, hätte aber von Anfang an das konkrete Ziel, möglichst bald eine selbstverantwortliche Gruppe zu werden (siehe S. 95).

Vielleicht wird sich diese Schleusenfunktion als künftige Hauptaufgabe der Medizin und Pädagogik herausstellen. Vieles spricht dafür, daß die Krise der Therapie und Erziehung am ehesten überwunden werden kann, wenn die Betroffenen ihr eigenes Potential wirksam nutzen lernen (vgl. auch Moeller, 1980c). Alle Helfer und Erzieher können im Rahmen ihrer üblichen Tätigkeit zu selbstverantwortlichem Weiterarbeiten in Gruppen ermutigen und befähigen. Jeder kann sich also als »Schleuse« zur Gruppenselbsthilfe verstehen.

1 Integration des Selbsthilfeprinzips im
professionellen Bereich

7

Entwicklungschancen
selbstverantwortlicher
Gesprächsgruppen

Trotz aller zu erwartenden Schwierigkeiten, Behinderungen und Konflikte ist heute schon abzusehen, daß sich eine Emanzipation im Bereich Versorgung und Erziehung im Sinne einer nach und nach erfolgenden Neustrukturierung der Rollen von Arzt und Patient bzw. Lehrer und Schüler durchsetzen wird. Das ist gleichbedeutend mit einer Abkehr von der in allen Bereichen anzutreffenden Polarisierung in eine dominierende und eine schwache Rolle, eine Polarisierung, die auch im Alltag als Kennzeichen einer gestörten Zweierbeziehung gilt, wie etwa Jürg Willi (1975) am Beispiel der pseudoprogressiven Rolle des Mannes und der regressiven Rolle der Frau darlegte.

Im Bereich des Gesundheitswesens könnte man auch heute noch von einem *Versorgungssyndrom* sprechen. Es ist im wesentlichen gekennzeichnet durch eine starke Asymmetrie der Beziehung, durch das Fremdhilfeprinzip, durch strenge Professionalisierung und hohe Pathologisierung. Im Erziehungswesen dürfte ein ähnliches Grundmuster im Verhältnis von Lehrenden zu Lernenden vorliegen. Die krass ungleichgewichtigen Rollen mit der begleitenden schiefen Aufteilung von Verantwortung und Handlungsbefugnissen sind allerdings immer stärker der Kritik ausgesetzt und offensichtlich in Auflösung begriffen.

Der von Norbert Elias (1936) ausführlich dargestellte gesamtgesellschaftliche Prozeß in Richtung auf eine Gleichstellung der Beziehungen und eine gleiche Verteilung der Entscheidungsfunktionen, das heißt auf Egalität und Partizipation hin, dürfte dafür verantwortlich sein, daß schließlich auch in den Dienstleistungsbereichen der Erziehung und Versorgung die traditionelle Beziehungshierarchie einer durchgehenden Demokratisierung weichen wird (s. S. 280f.). Im Versorgungswesen wird diese Entwicklung zur Gleichstellung stark gefördert durch die wachsende Bedeutung der Prävention, die auf die Mitarbeit selbstverantwortlicher Erwachsener und eben nicht hilfloser Kranker angewiesen ist. Im Erziehungswesen erhält die Demokratisierung starke Impulse von den unterschiedlichen Formen der Erwachsenenbildung (Fortbildung, Umschulung usw.) und der Not-

177

wendigkeit, in einem Zeitalter schnell veraltenden Wissens selbständig weiterzulernen.

Die Auflösung des Versorgungssyndroms ist seit einiger Zeit an folgenden Entwicklungen verstärkt zu beobachten:

- Entwicklung der Arzt-Patient-Beziehung auf eine Beziehung zwischen Gleichgestellten hin;
- Akzentuierung und Integration des Selbsthilfeprinzips im Sinne einer Hilfe zur Selbstheilung;
- Anerkennung des Kranken als handelndes und erlebendes, sich selbst krank oder gesund machendes Subjekt statt des Versuches, die Krankheit vom Kranken zu trennen und als Einheit zu objektivieren;
- Deprofessionalisierung im Gegensatz zu den immer anspruchsvoller und kostspieliger werdenden Spezialausbildungen;
- Entpathologisierung der Krankheit, das heißt Zurückführung der Krankheit auf menschliche Beziehungen und Konflikte sowie auf das gesamte psychosoziale Bedingungsgefüge; Aufhebung des Beschuldigungs-, Kränkungs- und Stigmatisierungscharakters der Diagnostik, insbesondere im Bereich seelischer Erkrankungen.

Psychoanalyse und Gruppentherapie

Der erste große Durchbruch in dieser Richtung gelang der Psychoanalyse. Ihre schnelle und weltweite Verbreitung, aber auch ihre starke Anfeindung verdankt sie dieser kritischen Neubewertung von Krankheit, Arzt und Patient. Alle psychoanalytisch orientierten Therapien erfordern die aktive Mitarbeit des Patienten, nicht passive Empfänglichkeit für ärztliche Anordnungen. Die Krankheit wird als etwas gesehen, das aus dem Erleben und Handeln des Patienten, aus seinen spezifischen Verarbeitungsmustern angesichts eines pathogenen Beziehungsgeflechts oder eines belastenden psychosozialen Feldes entstanden ist. Innerhalb des Arbeitsbündnisses ist der Therapeut gleichgestellter Partner. Bei einer gemeinsam zu leistenden Konfliktarbeit hilft er dabei, das Selbstheilungspotential des Patienten zu entwickeln, das heißt, »die für die Ichfunktionen günstigsten psychologischen Bedingungen herzustellen« (Freud, 1937, S. 96). Vor allem aber zeichnet sich die Psychoanalyse durch eine kritisch-reflektierende Grundhaltung aus, die Aufforderung an Patienten und Therapeuten, ständig nach den unbewußten Motivationen des eigenen Verhaltens und des selbstverständlich Gewordenen zu fragen. Die Entdeckung der Abwehrmechanismen ist darauf zurückzuführen.

Die Entwicklung der Gruppentherapie ist der zweite wichtige Strang. Psychologisch-therapeutische Selbsthilfegruppen hätten sich kaum so stark verbreiten können, wenn sie nicht ständig durch professionelle Gruppentherapien eine indirekte Bestätigung gefunden hätten. Trigant Burrow hat 1926 als erster die »Gruppenmethode der Psychoanalyse« durchgeführt. Die Erfahrungen, die bei der Gruppenbehandlung gemacht wurden, führten zu zahlreichen neuen Akzentuierungen in der Krankheitsauffassung:

– Nicht das Individuum allein, sondern das Beziehungsgeflecht, in dem es steht und das sich in einer Gruppe entfalten kann, rückt ins Zentrum der Behandlung. Nach S. H. Foulkes (1946) ist die Gruppe das erste angemessene Instrument für einen praxisgerechten Zugang zum Spannungsverhältnis zwischen Individuum und Gemeinschaft;
– die gleichrangigen Beziehungen zwischen den Teilnehmern gewinnen an Bedeutung;
– die Gruppe reagiert in ihren Wechselbeziehungen als Ganzes, sie ist nicht eine Ansammlung vereinzelter Teilnehmer.

Damit rückt das individuumzentrierte Krankheitskonzept zugunsten eines überindividuellen sozialen Zusammenhangs von Krankheitsentstehung und Krankheitsausformung in den Hintergrund.

In diesem Zusammenhang sind einige psychoanalytisch-orientierte Gruppentherapien hervorzuheben, die in besonderem Maße das Selbsthilfepotential der Mitglieder nutzen. Grundsätzlich arbeiten natürlich alle Gruppentherapien – ob es nun theoretisch ausformuliert ist oder nicht – mit der wechselseitigen Selbstbehandlung der Teilnehmer. Daraus ergibt sich, etwas simpel, aber im Kern zutreffend, u. a. die Frage, ob ein guter Therapeut mit einer schlechten Gruppe oder ein schlechter Therapeut mit einer guten Gruppe die besseren Erfolge erziele. Doch gibt es zweifellos Unterschiede, was die Einbindung des Selbsthilfeprinzips in die therapeutische Arbeit betrifft. Der Gruppenanalytiker S. H. Foulkes (1946) definiert den Therapeuten eher als Begleiter des Gruppenprozesses, nicht als Zentralfigur, wie das zum Beispiel W. R. Bion (1974) oder H. Argelander (1972) tun. Nach S. R. Slavson (1977) darf der Therapeut nicht ständig die zentrale Position einnehmen, weil dies zu einer organisatorischen Starrheit der Gruppe führen würde. So kann man schon anhand dieses Kriteriums – der mehr oder weniger starken Zentralität des Therapeuten – auf die Bedeutung der wechselseitigen Selbstbehandlung schließen. A. Wolf und E. K. Schwartz (1972) integrieren von Anfang an sogenannte alternierende Sitzungen ohne Therapeuten in den

179

Behandlungsprozeß. Ihr Konzept einer Psychoanalyse in Gruppen stellt zwar weniger eine Gruppentherapie als eine Einzeltherapie in der Gruppe dar. Worauf es hier jedoch ankommt, ist das Arrangement: Eine therapeutengeführte Gruppensitzung wechselt regelmäßig mit einer Sitzung ab, welche die Mitglieder ohne Anwesenheit des Therapeuten durchführen. Das Prinzip selbstgesteuerter Gruppenarbeit findet hier also explizit Beachtung. In den alternierenden Sitzungen wird die Gruppe allerdings nicht zu einer Selbsthilfegruppe; vielmehr ist sie dann eine Therapiegruppe ohne Therapeut. Gruppendynamisch ist dieser Unterschied erheblich. Da er oft übersehen wird, möchte ich die entscheidende Differenz hervorheben: Eine Therapiegruppe ohne Therapeut ist, psychisch gesehen, eine verlassene Gruppe. Wenn man will, kann man sie als Kindergruppe ohne Elternfigur auffassen. Diese Lage führt zu einer ganz anderen Reaktionsbereitschaft der Gruppe, weil zum Beispiel Trauer oder betonte Selbständigkeit, Trotz und Beunruhigung als Reaktion auf die Trennungssituation aufkommen können. Eine Selbsthilfegruppe dagegen trägt von Anfang an die Verantwortung selbst. Sie ist psychisch gesehen keine verlassene, sondern eine autonome Gruppe. Dementsprechend läßt sie sich nicht ohne weiteres im Eltern-Kind- oder Therapeuten-Patienten-Schema bestimmen. Manche Therapeuten fassen Selbsthilfegruppen als elternlose Gruppen auf. Das ist jedoch eine rollenbedingte Fehlwahrnehmung. Elternfunktionen werden in eigenständigen Gesprächsgruppen von der ganzen Gruppe oder von einzelnen Mitgliedern übernommen.

Koordinierte Gruppensitzungen

Natürliches Vorbild dieser alternierenden Sitzungen waren die sich regelmäßig ergebenden Gruppentreffen nach der offiziellen Therapiesitzung, die sogenannten Post-Meetings entweder im Zimmer des Therapeuten oder in einer Gastwirtschaft. Andere Therapeuten haben dann entsprechende Pre-Meetings sozusagen als Anlaufphase erprobt. Sie laufen in der Regel spannungsvoller ab. Der Gruppenanalytiker A. L. Kadis (1959) hat diese drei Ansätze – alternierende Sitzungen, Pre- und Post-Meetings – aufgegriffen und mit den therapeutengeleiteten Sitzungen regulär koordiniert. Diese koordinierten Sitzungen helfen nach Kadis den Patienten, ihre eigenen emotionalen Fähigkeiten (Ressourcen) ohne sofortige Unterstützung durch eine allmächtige Elternfigur zu nutzen (1974, S. 98). Ihr Ziel besteht also eindeutig in der Entwicklung der Fähigkeit der Gruppenselbsthilfe.

Die koordinierten Sitzungen bilden ein Zwischenglied zwischen Therapiegruppen und Selbsthilfegruppen. Sie finden vor, nach oder zwischen den regulären therapeutengeleiteten Sitzungen statt. Sie bieten eine Fülle von Einsichten in den ganz andersartigen therapeutischen Prozeß, in die Widerstände der Teilnehmer und die Gegenübertragungen der Therapeuten. Weil sie unser Verständnis für die Eigenart der Selbsthilfegruppen und die Reaktionen auf die Gruppenselbstbehandlung erheblich erweitern, möchte ich sie in diesem Rahmen etwas ausführlicher erörtern.

Zunächst ist die Erfahrung interessant, daß ein erheblicher Widerstand gegen koordinierte Sitzungen von Gruppenmitgliedern ausgeht, die den Schutz des Therapeuten brauchen. Diese Abhängigkeit vom Therapeuten ist selten offen sichtbar, im Gegenteil meist sehr gut rationalisiert, wenn nicht unter einer betonten Selbständigkeit (sogenannte Gegenabhängigkeit) versteckt. Das stimmt mit der Analyse des Widerstandes gegen Selbsthilfegruppen gut überein.

Die koordinierten Sitzungen haben einige besondere Merkmale: Sie sind zunächst nicht so streng organisiert wie die Therapiesitzungen, sondern im ganzen Aufbau lockerer. Den Teilnehmern gelingt es, sich in den koordinierten Sitzungen von der Elternfigur des Therapeuten abzusetzen. Es kommt zu einem sehr viel offeneren, lebhafteren Gefühlsaustausch. Empfindungen der Feindseligkeit wie der Zuneigung werden deutlicher. Die Verdrängungsschranke ist also nicht so hoch. Die Konflikte zeichnen sich stärker ab. Gleichzeitig steigt die Gruppensolidarität. In den koordinierten Sitzungen geht es darum, was die Gruppenmitglieder fühlen und denken, nicht darum, was der Therapeut fühlt und denkt. Die Kommunikationen sind erleichtert, besonders insoweit es um brüchige Kontakte, also um Schweigen, Resonanzlosigkeit, Rückzug usw., kurz um Beziehungsstörungen geht. Die Teilnehmer versuchen häufiger, einzuschätzen, was sich im Gruppenprozeß geändert hat, indem sie jetziges mit früherem Verhalten vergleichen. Dadurch lernen sie, zwischen ihrem alten und ihrem neuen Verhalten besser zu trennen, was wiederum das Durcharbeiten der Konflikte erleichtert. Offensichtlich gelingt es auch über die koordinierten Sitzungen besser, die neuen Einsichten und Erfahrungen im Alltagsverhalten zu realisieren. Die Teilnehmer sehen sozusagen klarer und können sich allein deswegen besser aus der Abhängigkeit von den Elternfiguren lösen. Sie übernehmen in den koordinierten Sitzungen Selbstverantwortung in eigenständigen Rollen. Sie lernen jetzt, selbst Schutz zu geben, und erwerben sich damit ein wesentliches Element menschlicher Reife. In den koordinierten Sitzungen wechselt bzw. rotiert die Führerschaft. Auch das hilft, unangemessene Abhängigkeitsbedürfnisse aufzulösen. Es entsteht insgesamt ein neues Entwicklungsklima: Diejenigen, die sonst im Kielwasser der anderen mitschwimmen oder sich anlehnen, zeigen mehr Aktivität; die Aktivisten suchen mehr Anlehnung. Da emotionale Ausbrüche häufiger sind, steigt die wechselseitige Toleranz und damit die Fähigkeit, Spannungen zu ertragen. Indem die Teilnehmer Unterschiede im eigenen Verhalten (reguläre Sitzungen verglichen mit koordinierten Sitzungen) erkennen, sind sie eher in der Lage, ihre Konflikte zu erfassen. So können Teilnehmer in den koordinierten Sitzungen ihre feindseligen Gefühle gegenüber dem Therapeuten entdecken, die in den regulären Sitzungen blockiert sind. Passive, abhängige, scheue Teilnehmer entdecken in den koordinierten Sitzungen dagegen erstmals ihre Stärken. Die Ichbildung wird außerordentlich gefördert, indem sich die Patienten mit Autorität und Autonomiehaltungen identifizieren. Schließlich sind die koordinierten Sitzungen nicht so distanziert in den wechselseitigen Beziehungen, sie sind sehr viel emotionaler und körpernäher. Es wird mehr agiert (acting out) – in aggressiver Form, durchaus auch als körperliche Bedrohung, in regressiver Form, als kindisch-albernes Verhalten, oder als sexuelle Manöver. Es ist interessant, daß die hier angegebenen Unterschiede weitgehend denen entsprechen, die in einem Vergleich von Selbsthilfegruppen und Therapiegruppen zu ermitteln waren (Stübinger 1977).

Obwohl für die koordinierten Sitzungen zwei Grundregeln zu beachten sind, die auch den Leiter der Gruppe entlasten – 1. die ganze Gruppe soll an den Zwischensitzungen teilnehmen und 2. darüber in den regulären Sitzungen berichten –, kommt es zu ablehnenden Gegenübertragungsreaktionen zahlreicher Therapeuten. Sie sind mit einer ihnen ungewohnten Situation konfrontiert. Nach A. L. Kadis steht jeder Therapeut vor folgenden Fragen:

– Wieviel Aggressivität und Regressivität er selbst tolerieren kann;
– wie sehr es ihn verstört, wenn die Gruppe Wertsysteme entwickelt, die seinen widersprechen;
– ob er den zeitweiligen Ausschluß aus dem Vertrauen der Gruppe ertragen kann und
– ob er sich der direkten Herausforderung einer autonomeren Gruppe gewachsen fühlt.

Um diese Fragen geht es auch, wenn die Toleranz der Therapeuten gegenüber Selbsthilfegruppen erörtert wird. Sie werden entscheidend bei der konkreten Zusammenarbeit, also dann, wenn der Experte aus der Therapeutenrolle in die Rolle eines Selbsthilfegruppen-Beraters wechseln muß. Nach A. L. Kadis sollte ein Therapeut keine koordinierten Sitzungen einführen – und man kann das ohne weiteres übertragen und sagen, er sollte mit Selbsthilfegruppen nicht zusammenarbeiten –, wenn er der Meinung ist:

– mit seiner Autorität stehe oder falle die Gruppe;
– die Gruppenstruktur sei unwandelbar;
– Agieren sei irreversibel destruktiv;
– die vollständige Kontrolle über das ganze Geschehen sei unbedingt anzustreben.

Ähnliche Reaktionen kamen im Widerstand der Fachleute gegen Selbsthilfegruppen bereits zur Sprache.

Die koordinierten Sitzungen sind ein gutes Beispiel für die Verschränkung von professioneller Behandlung und Gruppenselbsthilfe. Sie sind Vorbild für die analogen »koordinierten Selbsthilfegruppen«, die in vielfältigen Variationen dort zum Einsatz kommen können, wo Expertenwissen hilfreich oder unerläßlich ist, zum Beispiel bei Katastrophen-Selbsthilfegruppen zur seelischen Verarbeitung von kollektiven Schocks (s. S. 211 ff.). Daß sich ein Konzept wie das der koordinierten Sitzungen jedoch überhaupt innerhalb der professionellen Therapie entwickeln kann, dürfte immerhin auf eine Einstellung der Experten hinweisen, die auch gegenüber den Selbsthilfegruppen Aufgeschlossenheit bewirken müßte.

Gruppendynamik, Familientherapie, Sozialarbeit und Psychiatrie – Vordringen des Selbsthilfeprinzips.

Die konsequente Anwendung des Selbsthilfeprinzips und die Beachtung der Selbstbehandlungsmöglichkeiten findet man inzwischen auch auf Gebieten, die über Psychoanalyse und Gruppentherapie hinausgehen. Die Gesamtentwicklung der Gruppendynamik und die explosive Verbreitung zahlloser unterschiedlicher nicht-psychoanalytischer Gruppentherapieformen gehören dazu. Das generelle Ziel der Familientherapie formuliert z. B. Murray Bowen (1966, S. 353) folgendermaßen: Sie soll Familienmitgliedern helfen, Systemexperten zu werden, die das Familiensystem schließlich so gut kennen, daß die Familie auch ohne Hilfe eines äußeren Experten zurechtkommt, falls sie wieder unter Streß gerät. Auch Horst Eberhard Richter hat die Frage gestellt, inwieweit eine Familie »Anstalten zu einem Selbstheilungsversuch« machen kann (1970, S. 126). Für das gruppenanalytische Familienkonzept, das zum Beispiel von A. R. Skynner vertreten wird, steht das Selbsthilfepotential der Familie im Zentrum der Behandlung (1976, vgl. auch Moeller, 1977). Eine Publikation der Familientherapeutin Virginia Satir trägt sogar den Untertitel »Familientherapie für Berater und zur Selbsthilfe« (1977). Nach dem Soziologen Otto Pollak, der sich intensiv mit Familientherapie befaßt hat, stehen alle Familieninteraktionen im Dienste wechselseitiger Bedürfnisbefriedigung und damit der Selbsthilfe (1964). Beachtete Bücher, wie Thomas Gordons *Familienkonferenz* (1970), sind eine direkte Anleitung, das Selbsthilfepotential für eine optimale Interaktion in der Familie zu nutzen.

In der stationären Psychotherapie integriert das Modell der Therapeutischen Gemeinschaft als fortschrittliche Behandlungskonzeption konsequent das Selbsthilfepotential, das die Patienten untereinander entwickeln (Almond, 1974; Jones, 1976). In der progressiven Psychiatrie, wie sie in der Bundesrepublik heute von der Deutschen Gesellschaft für Soziale Psychiatrie und dem Mannheimer Kreis vertreten wird, wird das Selbsthilfeprinzip stark beachtet. Klaus Dörners und Ursula Plogs Psychiatrielehrbuch (1978) ist hier besonders hervorzuheben, weil sie das Selbsthilfeprinzip durchgehend berücksichtigen und im übrigen zu ähnlichen Folgerungen für die therapeutische Beziehung kommen. Die Negation der Institutionen, für die zum Beispiel der italienische Psychiater F. Basaglia bekannt wurde, gehört zu dieser Auflösung des Widerstandes gegen das Selbsthilfeprinzip (1968). Die zunehmende Verbreitung sogenannter Übergangseinrichtungen, wie Tages- oder Nachtkliniken in der Psychiatrie und die inzwischen nahezu zum festen Bestand gehörenden Patientenclubs, haben ebenfalls eine Nähe zum Selbsthilfeprinzip.

In der Sozialarbeit stand der Dortmunder Fürsorgetag 1976 sogar unter dem Titel »Selbsthilfe und ihre Aktivierung durch die soziale Arbeit« (Petersen, 1977). Klaus Dörner geht davon aus, daß das Prinzip der Selbsthilfe überhaupt in der Sozialarbeit entwickelt wurde (Dörner, 1977, S. 207 ff). Wenn ich auch das Selbsthilfeprinzip nicht als »Erfindung« eines professionellen Zweiges ansehen kann, da es als integraler Bestandteil menschlicher Entwicklung und Geschichte gelten muß – sicher ist, daß es Sozialarbeitern schon aufgrund ihrer weniger starken Professionalisierung näher lag, das Selbsthilfeprinzip zu beachten, als spezialisierteren Therapeuten.

In den USA hat sich seit längerem eine Form der psychodynamischen Beratung aller Personen entwickelt, die in irgendeiner Form im sozialen Feld helfend tätig sind: die sogenannte Mental Health Consultation. Hier beraten erfahrene Experten soziale Schlüsselfiguren, wie zum Beispiel Krankenschwestern oder Pfarrer, in bezug auf ihre helfende Tätigkeit. Kernmerkmal ist auch hier die Aktivierung des Selbsthilfeprinzips – vor allem die Tatsache, daß die Identität des jeweiligen Berufes bzw. der Person nicht etwa im Sinne einer »Kleintherapeutenausbildung« verfälscht wird.

Deprofessionalisierung, Entpathologisierung, Selbstbehandlungstoleranz

Schließlich ist noch die allgemeine Entwicklung zur Laienarbeit im sozialen Feld als Symptom einer Deprofessionalisierung zu erwähnen. Dazu gehören die sogenannten paraprofessionellen Personen, die etwa als Paramedics in einigen Ärztepraxen der Vereinigten Staaten, aber auch als Feldscher in der UdSSR einfachere medizinische Behandlungen durchführen, um den kostspieligen Spezialisten für die nur von ihm beherrschten Maßnahmen freizuhalten. Die »Entspezialisierung« von Krankenhäusern durch Nachschaltung von Hotelkliniken für die Genesungszeit geht – hier im wesentlichen unter dem Kostendruck – in die gleiche Richtung.

Es ist kein Zufall, daß diese breitgefächerte »Entspezialisierung« begleitet wird von einer Entpathologisierung psychischer Störungen, insbesondere der Geisteskrankheiten, weil beide Prozesse einen Wechsel im Gesamtkrankheitskonzept anzeigen. D. Cooper (1967), M. Foucault (1961), R. D. Laing (1960), Th. Szasz (1961) und andere gaben hier die entscheidenden Anstöße.

In der traditionellen Körpermedizin zeigt sich dieser Wechsel zur Toleranz gegenüber den einst streng verpönten Selbstbehandlungen in einer ganzen Reihe von Anleitungen zur Selbsthilfe (vgl. zum Beispiel *Ärztlicher Ratgeber für Kranke* im Thieme-Verlag). Es wird offen diskutiert, inwieweit man Selbstbehandlungen sogar unterstützen solle (Vgl. von Troschke, 1978 b). Selbst bei einst so rein organzentrierten Behandlungsformen, wie es etwa die Behandlung des Herzinfarktes ist, ist ein Umschwung zu bemerken: Koronar-Selbsthilfegruppen werden von den Organmedizinern erwogen (Halhuber, 1977). Im März 1979 fand in Düsseldorf der erste Patientenkongreß statt, auf dem »Mitglieder der Anti-Infarkt-Clubs Patienten, Ärzte und Fachleute gemeinsam über Ernährung, Lebensführung, autogenes Training, Diätetik und andere speziell für den Koronarpatienten bedeutsame Themen« diskutierten (Weiss, Leuprecht, Graze 1979).

In den Vereinigten Staaten ist im Bereich der Körpermedizin eine starke Entwicklung zur Selbstbehandlung zu verzeichnen, die von Ärzten sehr unterstützt wird. Das Ministerium für Gesundheit, Erziehung und Wohlfahrt führt bereits Workshops zur Patientenerziehung durch bei Bluthochdruck, Diabetes, Ileo- und Kolostomie und nach Operationen, aber auch um das kritische Bewußtsein der Patienten zu schärfen, wie sie die medizinischen Institutionen am besten nutzen können (US Department of Health, Education and Welfare, 1976). Der »medical consumer«, der medizinische Verbraucher, ist ein fester Begriff geworden. Er wird umfassend und kritisch aufgeklärt hinsichtlich nachlässiger, unzureichender und falscher Behandlung durch Ärzte, aber auch hinsichtlich der Verantwortung für sein Gesundheitsverhalten. Ihm werden angemessene Selbstuntersuchungen und Selbstbehandlungen bei vielen Formen häufig auftretender und verbreiteter Krankheiten empfohlen (Vickery und Fries, 1976). Weltbekannte wissenschaftliche Kapazitäten wie der Streßforscher Hans Selye wenden sich direkt mit Anleitungen zur Lebensführung an die Öffentlichkeit (1974). Inzwischen gibt es bereits zeitschriftenähnliche Publikationen, wie das *Medical Self Care Magazine* (seit 1976), die über alle Veröffentlichungen und spezielle Probleme auf diesem Gebiet berichten. *Health Right*, ein Organ der Frauenbewegung, erscheint seit 1974 und erinnert im Titel an die Bürgerrechtsforderungen. Das sind keine Randphänomene mehr. So wurden von dem Buch *Our Bodies, Ourselves* der Bostoner Frauengesundheitsgruppe 750000 Exemplare verkauft. Der Titel ist bezeichnend für den neuen »Subjektivismus«, weil er die Auffassung von Körper und Person als einer untrennbaren Einheit wiedergibt (vgl. Moeller, 1978, S. 345).

Im Bereich der psychotherapeutischen und psychiatrischen Medizin gibt es inzwischen einen detaillierten USA-Führer, der Therapeuten nach Behandlungsmethoden und Preisen beleuchtet.

Im psychosozialen Bereich ist, besonders in den USA, die Flut von Veröffentlichungen zur Selbsthilfe kaum noch zu überblicken. Inzwischen wurde in den Vereinigten Staaten bereits eine eigene Ausbildung zum Selbsthilfegruppen-Berater entwickelt (Gartner und Riessman, 1976). Und auch in Deutschland gibt es die ersten Planstellen, die offiziell für die Anregung von Selbsthilfegruppen gedacht sind.

2 Fachleistung gegen Selbsthilfegruppen-Arbeit

Konkurrenz, Ergänzung oder Verbund?

Die Werkärztliche Abteilung der Krupp Hüttenwerke AG bat die Deutsche Arbeitsgemeinschaft Selbsthilfegruppen um Informationen. Der Leiter des dortigen Sozialpsychologischen Dienstes, Professor

Dr. Paulus G. Wacker, schrieb uns dann einen Brief, der die Einstellung zahlreicher Fachleute zu selbstverantwortlichen Gesprächsgruppen wiedergibt:

»Haben Sie herzlichen Dank für Ihre Faltblätter und die ›Selbsthilfegruppen-Nachrichten‹. Sie werden uns hier eine wertvolle Hilfe sein. Ich kann heute noch nicht sagen, ob und wann wir eine echte Selbsthilfegruppe auf die Beine stellen. Da ich um die Not vieler Probleme weiß und um den Mangel an genügend Profis, habe ich schon deshalb besonderes Interesse für diese neue Bewegung. Überdies scheint sie mir therapeutische Kräfte freizusetzen, die bisher mit Berufung auf die professionelle Tätigkeit brachliegen, möglicherweise im Interesse der Professionellen. Da wir aber zur Hilfe für die Menschen berufen sind, sollte uns der Gedanke der Sicherung eigener Professionalität nicht daran hindern, hier engagiert dabei zu sein. Sollte sich bei uns etwas Konkretes tun, lasse ich Sie bestimmt davon wissen.«

Bieten Selbsthilfegruppen denn eigentlich eine Alternative zur professionellen Behandlung und Erziehung? Sind sie Ergänzung, Weiterentwicklung oder gar bessere Wahl? Da viele unsicher werden, wenn es um das Verhältnis von Fachleistung und Selbsthilfegruppen-Leistung geht, möchte ich kurz einiges dazu bemerken.

Die Realität ist ein weithin unverbundenes Nebeneinander eigenständiger Gesprächsgruppen und professioneller Behandlung oder Erziehung. Selbsthilfegruppen füllen Lücken und sind insofern keine Konkurrenz. Sie arbeiten zum Beispiel dort, wo Psychotherapie und psychosoziale Versorgung kein ausreichendes Potential zur Verfügung stellen können: etwa im Bereich chronischer Erkrankung und in der Rehabilitation.

Die Lage wird allerdings komplizierter, wenn wir Einzelfälle betrachten. Ein Übergewichtiger hätte die Wahl zwischen einer Abmagerungskur unter professioneller Aufsicht und Selbsthilfegruppen-Arbeit mit der Aussicht auf etwa gleiche Behandlungserfolge (Stunkard, 1972). Ein Alkoholiker kann sich für die Entziehungsklinik oder die AA entscheiden und hat statistisch bessere Chancen in der Gruppenselbstbehandlung (s. S. 276 f.). Patienten einer psychotherapeutischen Klinik können sich für eine professionelle Therapie oder eine Selbsthilfegruppe entschließen. Auch hier sind die Aussichten auf Besserung bei beiden ähnlich gut (Stübinger, 1977). Falls in einer Klinik tatsächlich in angemessener Frist ein Behandlungsplatz frei und andererseits die Selbsthilfegruppen-Arbeit überhaupt als Möglichkeit erkannt würde, ständen hier alternative Wege offen. Da dies jedoch, außer vielleicht bei der Alkoholismustherapie, kaum der Fall ist, bleibt das zunächst noch Theorie.

Für die Mehrzahl aller anderen Bereiche stellt sich die Alternative überhaupt nicht: ein chronisch Kranker, ein Herzinfarktpatient, ein Unfallverletzter finden im allgemeinen überhaupt keine Gelegenheit, ihre psychosozialen Konflikte aufzuarbeiten. So sind Selbsthilfegruppen oft die einzige Chance. Angesichts der Unterversorgung werden sie zu natürlichen Verbündeten der psychosozialen Helfer. Für die operativen wie konservativen Fächer der Organmedizin stellt sich die Konkurrenzfrage gar nicht. Sie beschränken sich auf die körperlichen Vorgänge und bieten die ganz andere technische Hilfe (s. S. 224 ff.). Ob in Zukunft Spannungen zu erwarten sind, hängt ganz wesentlich davon ab, welchen Weg die Entwicklung in beiden Bereichen nimmt. Ilona Kickbusch (1980) klassifiziert einleuchtend und klar die Selbsthilfegruppen in ihrer politischen Dimension als »im System«, »neben dem System« und »gegen das System«. In der Praxis vermischt sich diese Dreiteilung allerdings: Fast jede Gruppe arbeitet teils in, teils neben dem System und teils dagegen. Daraus ergibt sich ein sehr wesentlicher Gesichtspunkt, der alle drei genannten übergreift: Selbsthilfegruppen nämlich, die *in verändernder Wechselwirkung mit dem System* arbeiten. Ein Nebeneinander, Gegeneinander und Miteinander von Selbsthilfegruppen und Fachleuten ist gleichermaßen möglich. Ich plädiere eindeutig für einen Verbund, denn sein Vorteil liegt auf beiden Seiten (s. S. 27 f.). Wenn nun aber eine Zusammenarbeit tatsächlich angestrebt wird, kann es nicht mehr heißen, ob Selbsthilfegruppen *oder* Fachleistungen »besser« sind usw. Vielmehr müssen neue Entwicklungsmöglichkeiten ins Auge gefaßt werden, die sich aus dem Zusammenwirken beider Kräfte ergeben. Dabei muß man sich im klaren sein, daß die Möglichkeiten selbstverantwortlicher Gesprächsgruppen durch Art und Ziel ihres Vorgehens natürlich begrenzt sind. Sie können nicht mehr erreichen, als in einem gemeinschaftlichen Erfahrungsaustausch möglich ist. Das ist zwar sehr viel mehr, als man gemeinhin annimmt, kann aber keineswegs spezielle Kenntnisse und Techniken der Fachdisziplinen ersetzen. Bestimmte Konflikte auflösen, Verhaltensweisen ändern, sich die soziale Situation bewußt machen und handlungsfähiger werden, das sind die Chancen, die das »Expertentum des Betroffenseins« bietet. Das enorme Wissen in Medizin und Pädagogik wird dadurch natürlich nicht überflüssig, geschweige denn angetastet. Es wird nach wie vor dringend benötigt.

Zur Diskussion steht also nicht die Berechtigung und Notwendigkeit

von Experten, sondern das Verhältnis der Experten zu denjenigen, für die sie da sind:
– Wie können die beruflichen Kenntnisse noch besser vermittelt werden?
– Wie läßt sich das Wissen der Fachleute am wirkungsvollsten nutzen?
– Können die Betroffenen leichteren Zugang zu den für sie wichtigen Informationen erhalten?
– Wie kann das Informationsangebot auf die konkrete Lebenssituation des einzelnen besser abgestimmt werden?
– Wie kann der Betroffene mitentscheiden?
Mit Karl Kraus gesprochen müssen sich also die Fachleute fragen lassen, was sie denn mit ihrem erweiterten Horizont anfangen wollen. Hier beginnt es dann kritisch zu werden. Fachleute – etwa im Versorgungsbereich – sind eben nicht nur neutrale Informationsträger, sie stellen zu ihren Klienten auch eine Beziehung her, in der sie in der Regel bestimmen – und zwar sehr häufig in viel stärkerem Maß, als angemessen wäre. Oft entscheidet nicht die Sachlage, sondern ihre Position. Die Expertenherrschaft beabsichtige totale »Pädagogisierung«, »Medizinalisierung«, »Klientifizierung« der Bevölkerung, diese Kritik ist heute vielfach zu hören – und sie ist leider nur zu berechtigt.
Langfristig zeichnet sich nun aber in der Beziehung von Ärzten zu Patienten bzw. von Lehrern zu Schülern eine neue Entwicklung ab: Fremdhilfe – Hilfe zur Selbsthilfe – Hilfe zur Gruppenselbsthilfe. Diese Verschiebung muß allmählich das Verhältnis zwischen Experten und Betroffenen verändern. Dabei verwandelt sich das hierarchische Verhältnis in Gleichstellung, die Vorschrift in ein Angebot oder einen Vorschlag, den der Patient/der Schüler selbstverantwortlich prüfen und annehmen oder ablehnen kann. Das bedeutet eine Emanzipation der Beziehungen. Das demokratische Arbeitsbündnis gilt also nicht nur innerhalb der Selbsthilfegruppen (Moeller, 1979), sondern auch zwischen Experten und Betroffenen; damit ist ein großer emotionaler Klimawechsel verbunden. Die Beziehung wird unmittelbar, offener und vertrauensvoller. Ich komme darauf noch zu sprechen.
Gleichzeitig aber bedeutet Emanzipation bis zu einem gewissen Grade auch Machtverteilung. Wenn der Begriff »Gruppenselbstbehandlung« unter Verantwortlichen des Gesundheitswesens Anstoß erregt, basisdemokratische Assoziationen erweckt, wenn bedeutende katholische Vertreter in der möglichen Entwicklung neuer, nicht

kirchenkonformer Auffassungen durch Selbsthilfegruppen eine Gefahr sehen, so zeigt dies auch den politischen Stellenwert einer solchen Emanzipation. Im Grunde geht es um das Recht auf Selbstbestimmung. Zwar ist dieses Recht an sich unbestritten, doch mobilisiert es zweifellos Ängste. Und diese Ängste treffen ganz besonders die Arbeit selbstverantwortlicher Gesprächsgruppen (s. S. 56 ff.). Deshalb ist noch einmal zu betonen, daß Fachleute nicht etwa überflüssig werden, wie sie häufig selbst befürchten, sondern daß sie – sofern sie mit Selbsthilfegruppen zusammenarbeiten wollen – ihre Rollen als Therapeuten oder Erzieher und ihre Aufgaben neu verstehen müssen. Und auch für diejenigen, die in einem solchen Verbund nicht mitwirken wollen, muß meines Erachtens nicht jene scharfe Konkurrenz entstehen, die so oft befürchtet wird.

Was wählen die Betroffenen?

Wir beachten in der Regel die Motivation der Betroffenen zu wenig, wenn wir uns über diese Problematik Gedanken machen. Wie auch immer diese Motivation im einzelnen aussehen mag: Sie entscheidet schließlich darüber, welches Therapieverfahren gewählt wird und ob es sich hält oder nicht. Fachleistung und Selbsthilfegruppe werden sehr wahrscheinlich von unterschiedlichen Personengruppen wahrgenommen. Es wird immer Menschen geben, die das eine dem anderen vorziehen. Wie sich diese beiden Gruppen voneinander unterscheiden, ist zur Zeit noch schwer zu sagen, weil es eine echte Alternative in der Realität ja (noch) nicht gibt. Leidensdruck *und* Krankheitskonzept eines Patienten bestimmen seine Motivation. Vor allem der Leidensdruck kann vorhandene Abwehrformationen gegen Konflikte so weit auflockern, daß ein Mensch doch zur Konfliktarbeit bereit wird.

Die Intensität des Leidensdruckes ist vor allem im psychischen Bereich nicht etwa ein absoluter, unabhängiger Wert. Vielmehr hängt der Leidensdruck selbst von einer komplexen emotionalen und auch gedanklich-kognitiven Einstellung ab. Schon einfach erscheinende körperliche Schmerzen werden je nach psychischer Einstellung und Gesamtverfassung sehr unterschiedlich erlebt. Dabei kann es nicht um die platte Gegenüberstellung von Zimperlichkeit und Unempfindlichkeit (Indolenz) gehen, sondern um die individuell ganz unterschiedliche Bewertung und Verarbeitung von körperlichen Schmerzen. Bei seelischen Leiden muß man die Gesamtpersönlichkeit und die aktuelle Situation in noch stärkerem Maße mit in Betracht ziehen als bei körperlichen Schmerzen. Beim einen können extreme seelische Schmerzen aus einer inneren oder äußeren Situation resultieren, die einen anderen völlig unberührt lassen. Überspitzt formuliert ist Leidensdruck also eine »Auffassungssache«. Die Emanzipationsbewegung zum Beispiel lehrt ja manchen erst, an inneren oder äußeren Zuständen zu leiden, die er vorher gefühllos hingenommen hat. Damit ist aber Leiden keineswegs »eingebildet«, wie Patienten und auch Selbsthilfegruppen-Teilnehmer oft schuldbewußt meinen. Wenn Leiden als eine Frage der Auffassung gesehen wird, so heißt das nicht, man könne das Leiden einfach aus der Welt schaffen, indem man seine Meinung ändert, denn die Auffassung ist eine tiefe, unsere ganze Person erfassende, Fühlen und Denken bestimmende Überzeugung. Sie prägt unser Wirklichkeitsbild. Wer sich also der Selbsthilfegruppe zuwendet, wer Widerstände gegen die eigenen, ihm bisher verschlossen gebliebenen Probleme aufhebt und damit eine alte Wirklichkeit durch eine neue ersetzt, der zieht nicht nur aus, um das Fürchten, sondern auch, um das Leiden zu lernen.

Die Intensität des Leidens allein reicht aber meist nicht aus, um den richtigen Weg zu finden. Welche Richtung jemand einschlägt, das hängt auch vom Grad der Informiertheit und von der Grundeinstellung dem eigenen Erkranken gegenüber ab. Zu vermuten ist, daß diejenigen, die in einer Belastungssituation aktiviert werden (zum Beispiel Ängstliche), mehr zu selbstverantwortlichem Arbeiten neigen, während diejenigen, die sich bei Streß eher passiv zurückziehen (etwa die Depressiven), geführt werden wollen. Wer seine Probleme eher körperlich als seelisch bedingt versteht, scheint mehr zur professionellen Therapie zu neigen (Stübinger, 1977). Das würde gut mit weiteren Merkmalen, die zu dieser Einstellung gehören, übereinstimmen, zum Beispiel mit der Autoritätshörigkeit. Personen dieses Typs wollen zum Beispiel stets den Chefarzt hinzuziehen, während die Vergleichsgruppe, die die Ursache ihres Leidens eher im Seelischen vermutet, dies nicht so häufig will.

Voraussetzung für die Motivation, in einer Selbsthilfegruppe mitzuarbeiten, ist eine Auffassung von Krankheit, wie sie auch Patienten haben, die eine psychotherapeutische Behandlung suchen: Sie betrachten ihre Krankheit als Ergebnis individueller und sozialer Faktoren (Scheer und Moeller, 1976 a, 1976 b). Hier unterscheidet sich die Unter- von der Mittel- und Oberschicht ganz wesentlich: Die Unterschicht ist stärker an das körperorientierte Krankheitskonzept angepaßt und insgesamt weniger über die Bedeutung seelischer Störungen informiert (vgl. z. B. Moeller, 1974). Dies wirft sicherlich große Probleme bei der Anregung von Selbsthilfegruppen für sozial Schwache auf. Dabei ist noch etwas anderes zu bedenken: Die Motivation der Betroffenen wird natürlich auch sehr stark von den Interessen der behandelnden Fachleute abhängen.

Eine Befragung, inwieweit Eltern-Selbsthilfegruppen zu Erziehungsfragen akzeptiert werden, bot aufschlußreiche Hinweise: Das akademische Milieu der oberen Mittelschicht, aber auch das Arbeitermilieu der Unterschicht, reagierten positiv. Die breitere untere Mittelschicht lehnte das Elterngruppenkonzept mehrheitlich ab, weil dadurch die familiäre Harmonie und intime Privatheit als bedroht empfunden wurden. Dieser Familien-Harmonismus und Familien-Individualismus kann als eine Form der Abwehr gegen Konflikterörterung angesehen werden. Quer durch alle Schichten zeigt eine Analyse der Familienstrukturen: Wer dem Selbsthilfegruppen-Konzept zuneigt, kommt aus einem matriarchalisch-häuslichen Familientyp (introvertierte, passive, gutmütige Männer / selbstbewußte, extravertierte, kritische Frauen). Bei den Ablehnern überwiegt der patriarchalisch-strukturierte Familientyp (dominante, autoritäre, rationale Männer / unsichere, nervöse, anlehnungsbedürftige Frauen). Starke emotionale Bindungen, gemeinsame Interessen und Aktivitäten der Ehepartner sowie intensive innerfamiliäre Kommunikation prägen das Familienklima der Akzeptanten, während bei den Ablehnern eine autoritäre, emotional unbefriedigende Atmosphäre, Partnerprobleme, Spannungen und Uneinigkeiten, zum Beispiel in Erziehungsfragen, vorherrschten (Sinus, 1979).

Und schließlich bestimmt natürlich auch das jeweilige Ziel die Motivation: Eine an Brustkrebs erkrankte Frau sieht das wesentliche Gruppenziel im Wiedergewinn von Lebensmut *(Frankfurter Rundschau, 7. 2. 1980)*, ein Paar will hinsichtlich seiner Beziehung an Entscheidungsfähigkeit gewinnen und ein Stotterer seine Scham oder Angst vor öffentlichem Sprechen verlieren.

Grundsätzlich sei nochmals betont: Es müssen zwei Dinge gewährleistet sein, um in Selbsthilfegruppen mitzumachen:

– die Bereitschaft, in Gruppen selbstverantwortlich, das heißt ohne Leitung, zu arbeiten

– und sich mit sich selbst auseinanderzusetzen.

Differenziertes Angebot:
Fachleistung und Selbsthilfegruppen-Arbeit

Zu erwarten sind also künftig parallele Angebote von Fachleistung und Selbsthilfegruppen-Arbeit, die jeweils von unterschiedlichen Gruppen wahrgenommen werden. Doch sind sie deswegen nicht strikt voneinander abgegrenzt. Vielmehr sind sie erstens in jedem Grade mischungsfähig und zweitens in beiden Richtungen durchlässig: Manche, die längere Zeit in Selbsthilfegruppen waren, entschließen sich erstmals zu einer intensiven professionellen Behandlung. Andere wiederum wechseln von einer professionellen Beratung in eine Selbsthilfegruppe über.

Selbst ein direkter Vergleich zwischen verschiedenen Psychotherapieverfahren und Selbsthilfegruppen-Arbeit erlaubt im übrigen keine Antwort auf die Frage, welche Form der Behandlung »besser« oder »schlechter« sei. Wir haben bisher noch keinen theoretischen Rahmen, um die unterschiedlichen Behandlungsformen zu vergleichen (vgl. zum Beispiel Hartig, 1975). Die psychoanalytische Therapie zum Beispiel muß aufgrund ihres theoretischen Konzepts die therapeutenzentrierte Hilfe als notwendige Struktur vertreten. In der Annahme, daß die frühen Beziehungen entscheidend sind und damit auch Ursache späterer Störungen und Konflikte, erscheint ein Verfahren angemessen, wodurch im Rahmen eines Eltern-Kind-Modells Regression und Übertragung gefördert werden.

Rückwirkungen der Selbsthilfegruppen auf berufliches Helfen und Erziehen

Wie durch jede neue Therapie werden auch durch die Selbsthilfegruppen grundsätzliche Fragen aufgeworfen. Zum Beispiel: Ist zur Bearbeitung infantiler psychischer Konflikte stets eine so tiefe Regression in einem bestimmten professionellen Setting nötig? Tritt Übertragung nicht überall auf? Kann sie nicht auch von Laien erfaßt und verstanden werden? Ist die Aufarbeitung täglich erlebter, seelischer Konflikte an so viel spezielles Wissen gebunden? usw. – Ich gehe zunächst davon aus, daß Selbsthilfegruppen ein anderes therapeutisches Arrangement entwickelt haben und ebenso erfolgreich damit arbeiten können wie zum Beispiel die Psychotherapie. Allerdings wird die Selbsthilfegruppen-Arbeit auch auf berufliches Helfen und Erziehen zurückwirken. Der Psychologe Jörg Fengler (1977) ging sogar so weit zu sagen, daß angesichts der Selbsthilfegruppen das Prinzip Therapie zur Diskussion gestellt werden müsse.

Wir sollten dabei nicht vergessen, daß auch der Behandlungserfolg eines Therapeuten mehr von seinen persönlichen Qualitäten abhängt als von dem Konzept, das er vertritt. Und auch bei den Selbsthilfegruppen dürften therapeutische Qualitäten wie Echtheit, nicht-besitzergreifende Wärme und Einfühlung (Truax und Mitchell, 1971) über die therapeutische Wirkung entscheiden. Sofern sich die Krise im Gesundheits- und Erziehungswesen aus einer narzißtischen Schädigung der Therapeuten und Pädagogen ergibt, aus einer Grundstörung, wie Balint sagt, die unfähig macht, unmittelbare und tiefreichende menschliche Bindungen zu entwickeln, könnte die Zusammenarbeit mit Selbsthilfegruppen rückwirkend vielleicht sogar zum Heilungsprozeß bei Therapeuten und Erziehern selbst beitragen. Damit wäre ein *Neubeginn* gegeben, nicht nur im einfachen Wortsinn eines Anfangs, sondern in der tieferen psychoanalytischen Interpretation als Wende, das heißt als Abheilen einer defekten und Wiederherstellen einer erfüllteren Beziehung zwischen Menschen. In dieser neuen Beziehung auf der Basis der Gleichstellung lernen Fachleute auch von Betroffenen.

3 Allgemeine Grundlagen

**Für wen eignen sich selbstverantwortliche Gesprächsgruppen?
Indikationsprobleme**

Es ist keine körperliche oder psychosoziale Störung denkbar, zu deren Heilung, Verarbeitung oder zumindest Linderung Selbsthilfegruppen nicht beitragen könnten. Auch jenseits von Erkrankung und Behinderung haben sich jedoch selbstverantwortliche Gesprächsgruppen gebildet: für Beziehungskonflikte von Paaren, Eltern und Familien; für Krisensituationen, Risikogruppen und alle Arten von Notfällen. Bei kollektiven Katastrophen wären sie ebenso angebracht wie in der Prävention und Gesundheitserziehung. Hinzu kommen eigenständige Gesprächsgruppen im Bereich der Erziehung und Ausbildung und in der kirchlichen Arbeit. So kann die Frage, wer geeignet ist, auch nicht generell beantwortet werden. In der Praxis müssen zwei einfache Grundbedingungen erfüllt sein, auf die Lucie Gemmrig (1977, S. 341) aufmerksam machte: Die Fachleute müssen von den Eigenkräften der Selbsthilfegruppen-Teilnehmer überzeugt sein. Und die Teilnehmer müssen Lösungsmöglichkeiten und Entscheidungen selbst erarbeiten. Angesichts des demokratischen Arbeitsbündnisses in Selbsthilfegruppen fällt auf die Diskussion um Indikation und Kontraindikation ein

194

besonderes Licht. Wer sich über die Notwendigkeit im klaren ist, die traditionelle Experten-Klient-Beziehung in eine Beziehung zwischen gleichberechtigten Partnern umzuwandeln, wird über die Intensität stutzen, mit der solche Diskussionen von Fachleuten geführt werden. Unversehens übernehmen sie dabei wieder die volle Verantwortung für Selbsthilfegruppen, statt die Entscheidung ihren Klienten zu überlassen.

In eine Selbsthilfegruppe kann man nicht überwiesen werden aufgrund ärztlicher Autorität oder aufgrund des höheren Wissens eines anderen; der Betroffene muß sich selbst dazu entschließen. Er muß also eine *Selbstindikation* stellen.

Die Aufgabe der Fachleute beschränkt sich demnach. Sie sollten zunächst

1. *auf die Möglichkeit hinweisen,* daß man sich einer Selbsthilfegruppe anschließen kann;
2. auf die *Eingewöhnungszeit* von ca. 10–12 Sitzungen aufmerksam machen und mit den Betroffenen klären, daß erst dann eine fundierte Entscheidung von ihnen getroffen werden kann;
3. alle zwiespältigen Gefühle des Interessenten klären und mit ihm erörtern, die eine Entscheidung erschweren (*Ambivalenzgespräch* – siehe S. 31).

Indikation und Kontraindikation sind also von seiten der Experten nicht anzugeben. Bei unserem Vergleich von acht expertengeleiteten Therapiegruppen und acht Selbsthilfegruppen (Stübinger, 1977) ergaben sich keine wesentlichen Unterschiede hinsichtlich Leidensdruck, Beschwerdebild und Motivation der beiden Teilnehmergruppen. Der Vergleich der Angaben neuer Mitglieder in beiden Untersuchungsgruppen zeigte lediglich, daß sich die neuen Mitglieder der Selbsthilfegruppen für phantasievoller hielten als die neuen Mitglieder in den Experten-Therapiegruppen und daß sie eher dazu neigten, wegen seelischer Probleme in eine Gruppe zu gehen. Wie gesagt, das Krankheitskonzept eines Patienten scheint für die Behandlungsprognose wesentlicher zu sein als zum Beispiel die Schwere der Erkrankung.

Bei der Erörterung der Indikation müssen wir selbstkritisch auch an die krassen Fehleinschätzungen der Experten denken, die zum Beispiel eine Selbstbehandlung der »ichschwachen« Alkoholiker, Psychotiker und Suizidalen lange Zeit für ausgeschlossen hielten. Gerade hier aber haben sich erfolgreiche Selbsthilfegruppen-Organisationen gebildet. Zur Zeit wird die »Indikation« wohl am günstigsten gestellt durch

1. ein *Interesse des Betroffenen* an der Selbsthilfegruppen-Arbeit, das nicht durch Drängen des Therapeuten überfremdet ist;
2. ein *Gespräch mit erfahrenen Selbsthilfegruppen-Mitgliedern,* zum Beispiel im Rahmen des Gesamttreffens;
3. eine *therapeutische Probezeit,* also die Teilnahme des Patienten an einer Selbsthilfegruppe für zehn bis zwölf Sitzungen, mindestens aber bis zur Verarbeitung der typischen Anfangsproblematik, die durch Gefühle von Fremdheit, Angst und Mißtrauen gekennzeichnet ist;
4. eine möglichst ambivalenzoffene und *selbstkritische Haltung des Experten* Selbsthilfegruppen gegenüber. Denn latente Ablehnung oder ängstliche Konfusion der Fachleute überträgt sich sehr schnell auf die Betroffenen und beeinflußt deren Entscheidungsprozeß.

Ich möchte noch einmal darauf aufmerksam machen, daß man einen Betroffenen *nicht* in eine Selbsthilfegruppe überweisen kann. Soweit der Experte in der Lage ist, sollte er die Selbsthilfegruppen-Arbeit kurz beschreiben, gegebenenfalls auch empfehlen, in jedem Falle aber die Entscheidung dem Patienten überlassen.

Doppelziel: Selbstveränderung und Sozialveränderung

Faßt man Selbsthilfegruppen als »change induction systems« (Lieberman und Bond, 1976) auf, als Organisationen also, die Änderungen bewirken, so erkennt man, welche Möglichkeiten sie bergen. Die erwähnte Zweiteilung der Selbsthilfegruppen in Gesprächsgruppen und »äußere« Selbsthilfeorganisationen macht deutlich, daß sie ein doppeltes Ziel, Selbstveränderung und Sozialveränderung, verfolgen, daß aber nicht immer das eine das andere nach sich zieht.

Das Selbst verändert sich vor allem dann, wenn strukturelle Defekte behoben werden und die Befähigung zur Konfliktlösung erworben wird. Gleichzeitig verändert sich die subjektive Wirklichkeit, der einzelne gewinnt ein neues Selbstverständnis. Insofern ist jede Gruppenselbstbehandlung auch eine Arbeit an der eigenen Identität. Und sie erweitert durch die intensive Teilnahme am Schicksal der anderen den eigenen Lebenszusammenhang.

Zum Ziel der Sozialveränderung gehören: der Versuch, die psychosozialen Bedingungen des eigenen Leidens zu beheben; die Schaffung eines öffentlichen Bewußtseins für spezielle Probleme; Mobilisierung von Forschungsmitteln, zum Beispiel, um eine weit verbreitete Krankheit zu bekämpfen; »Lockermachen« von Geldmitteln, um wirksame soziale Veränderungen für bestimmte Bevölkerungsgruppen zu ermöglichen; Umwandlung von Institutionen und vor allem Gesetzesänderungen. Während die psychologisch arbeitende Selbsthilfegruppe vorwiegend Selbstveränderung bewirkt, kann die soziale Veränderung am besten vom Gesamttreffen geleistet werden. Beispielhaft für wirksame Sozialveränderungen sind etwa die Erfolge der Selbsthilfevereinigungen von Eltern contergangeschädigter Kinder und zahlreicher weiterer Mitgliedsverbände der Bundesarbeitsgemeinschaft »Hilfe für Behinderte«. »Keine der in jüngster Zeit erfolgten Verbesserungen der Rechtsansprüche Behinderter in den Bereichen der Sozial-, Gesundheits-, Arbeitsmarkt-, Kultur- und Finanzpolitik ist ohne die Mitarbeit und den spürbaren Druck der Selbsthilfeorganisationen für Behinderte zustandegekommen« (Funke, 1977, S. 467 ff), heißt es in einem vor kurzem erschienenen Bericht. Der Sozialpsychiater und Psychoanalytiker Hans Strotzka schrieb: »So wie in der (psychotherapeutischen) Einzelbehandlung die Bearbeitung von Widerstand und Übertragung gegenüber der Bearbeitung des Inhaltes Priorität hat, haben in der Sozialpsychiatrie Ausbildung und Beeinflussung des Gesetzesrahmens Vorrang gegenüber anderen Therapiemethoden« (Strotzka, 1965). Das gilt genauso für Selbsthilfegruppen.

Das Doppelziel wird von den einzelnen Selbsthilfeorganisationen nicht gleichgewichtig realisiert. Da die medizinischen Selbsthilfegruppen zur Zeit eher Sozialveränderung, die psychologisch-therapeutischen Selbsthilfegruppen eher Selbstveränderung anstreben, bleibt zu wünschen, daß jeweils das zurückstehende Ziel stärker beachtet und in das Gesamtziel integriert wird. Die Voraussetzungen sind nicht schlecht: Nach unseren Untersuchungen scheinen beide Ziele, die Bereitschaft zu persönlichen Veränderungen und der Einsatz für soziale Veränderungen, immer gemeinsam in Erscheinung zu treten und einer bestimmten seelischen Struktur zu entsprechen: Selbstkritische und sozialkritische Einstellung sind eng miteinander verbunden (Scheer und Moeller, 1976 a, 1976 b).

Grundformen der Selbsthilfegruppen und ihre gemeinsamen Nenner

Als 1976 das britische Fernsehen für eine zwölfteilige Dokumentation »Leben in der Vergangenheit« Freiwillige suchte, die bereit wären, mehrere Monate lang in einer nachgeahmten keltischen Eisenzeitkultur zu leben, meldeten sich fast eintausend Interessierte. Was hatte sie bewegt, sich zu melden? Sie wollten etwas über ihr eigenes Verhalten herausfinden (Selbsterfahrung) und zugleich Teil einer engen

Gemeinschaft sein (*Süddeutsche Zeitung* 27. 2. 1978). Zweifellos sind das zentrale, unbefriedigte Bedürfnisse unserer Zeit. Selbsthilfegruppen können solche Wünsche befriedigen.

Ihre Grundlage besteht darin, daß sie die *Selbsterkenntnis* fördern, die eigene *psychosoziale Erfahrung* erweitern und die *Beziehungsfähigkeit* entwickeln. In diesem Zusammenhang verdient ein Resultat selbstverantwortlicher Gesprächsgruppen-Arbeit Aufmerksamkeit: Sie heben die Bindungsschwäche der Teilnehmer auf (Stübinger 1977). Im übrigen ist aufgrund der verkürzten, flüchtigen, funktionalisierten und zersplitterten Beziehungen, die für unsere Zeit charakteristisch sind, aber auch aufgrund einer zunehmend komplexer gewordenen Wirklichkeit die Entwicklung einer primären Identitätsschwäche kaum noch zu umgehen (Moeller 1978, S. 333 ff). Der Nachholbedarf an Identitätsbildung ist hoch und kein Freundeskreis, kein Stammtisch, kein Kaffeeklatsch, keine Familie und keine Wohngemeinschaft sind in der Lage, hier einen vollwertigen Ersatz zu schaffen. Erst die Regelmäßigkeit, die Langfristigkeit und die klare Zielsetzung einer stabilen Gruppe erlauben dies.

Die Bildung reiner *Selbstentwicklungsgruppen* ist allerdings durch zwei Momente erschwert: Einerseits fehlt einer solchen Gruppe jeder motivierende Leidensdruck, andererseits wird der große persönliche Gewinn für die Mitglieder im allgemeinen erst im Laufe der Gruppenarbeit deutlich. – Es gibt verschiedene Formen dieser »Selbsthilfegruppen für jedermann«:

Einzelpersonen-Selbsthilfegruppen für Frauen und Männer der Emanzipationsbewegung; für Hausfrauen; für alte Menschen (Gray Panthers, Sixty-Plus); für junge Frauen (Daughters United); für sehr kleine Menschen (Little People of America); für sehr große Menschen (Tall Clubs International); für Schüchterne (Shy People Anonymous); für Jugendliche und sogar für Kinder bei den Anonymen Alkoholikern und den Emotions Anonymous.

Paar-Selbsthilfegruppen, zu denen sich drei bis fünf Paare zusammenschließen. Hier kommt zur Selbstklärung die Klärung der Partnerbeziehungen hinzu. In Gießen existieren, wie erwähnt, einige Paar-Selbsthilfegruppen. Sie sind nicht nur bei schweren Partnerkonflikten angebracht, auch jungen, unverheirateten Paaren könnten sie einen echteren und lebendigeren Weg zur Beziehungs- und Liebesfähigkeit zeigen als alle Aufklärungsbücher zusammen. Der gemeinsame Erfahrungsaustausch könnte solchen Partnerschaften sehr viel Leid ersparen, und er erweitert bzw. entkrampft vor allem auch das erotische und sexuelle Erleben. Angesichts der steigenden Scheidungsraten

(Verdoppelung innerhalb eines Jahrzehnts in den USA) scheint gerade für solche Selbsthilfegruppen ein besonders hoher Bedarf zu bestehen. Sie sind aber auch hilfreich in bestimmten Lebensphasen, insbesondere für ältere Paare; auch für Verheiratete, die keine Eltern werden wollen, gibt es eine eigene Organisation (NON, National Organization for Non-Parents).

Eltern-Selbsthilfegruppen, die es schon in vielen Variationen gibt. Sie sind nicht nur bei Krankheiten, Behinderungen und Verhaltensauffälligkeiten der Kinder oder in familiären Krisensituationen hilfreich (vgl. dazu Anregungsbroschüre und Aktion für selbstorganisierte Elterngruppen, Bundeszentrale für gesundheitliche Aufklärung, 1980), sondern noch viel wichtiger für die normale elterliche Partnerschaft mit ihren zahllosen Alltagsproblemen. Angesichts der Tendenz zur »elternlosen Gesellschaft«, zur immer rationaleren Erziehung und zu immer stärker funktionalisierten Eltern-Kind-Beziehungen, eröffnen Selbsthilfegruppen überhaupt erst wieder den Gefühlsbereich und machen die Bedingungen der familiären Beziehung wieder bewußt. Den Auswirkungen heutiger Lebensbedingungen auf die Kindheitssituation könnte so wirksam begegnet werden.

Familien-Selbsthilfegruppen, eine optimale, leider aber nicht ganz einfach zu realisierende Gruppenform, zu der sich etwa drei Familien zusammenschließen. Der Vorteil ist die Anwesenheit aller Familienmitglieder, die oft eine ganz andere Situation ergibt, als wenn nur Eltern in den Eltern-Selbsthilfegruppen sich austauschen. Für spezielle Krisensituationen existieren Familien-Selbsthilfegruppen bereits: Familiengruppen der AA (Al-Anon); Familiengruppen von Familien mit seelischen Konflikten (Families Anonymous); bei Kindern mit angeborenem Herzfehler (Parents and Children Together, PACT); für Familien von Strafgefangenen (Prison Families Anonymous). Für eine sehr spezielle Familiensituation gibt es eine weitreichende Selbsthilfeorganisation nun auch in der Bundesrepublik: den Verband Alleinerziehender Mütter und Väter e.V. (VAMV, 1976). Wir beginnen in Gießen eine Zusammenarbeit mit einer dieser Gruppen, die verstärkt psychologisch-therapeutisch arbeiten will. In ihr geht es übrigens keinesfalls vorwiegend um die Aufnahme neuer Beziehungen. Im Gegenteil, bei vielen ist der Wunsch ganz offensichtlich, weiterhin allein zu bleiben. Das bringt natürlich besondere Bedingungen für die Gruppenarbeit mit sich. Es liegt auf der Hand, daß langfristig nur die Teilnehmer in der Gruppe bleiben, die nicht die Absicht haben, sich neu zu binden. Väter und Mütter, die einen Partner gefunden haben, scheiden von selbst aus dieser Organisation wieder aus.

Schließlich werden schon *Selbsthilfegruppen-Ketten* sichtbar, die bestimmte Lebensphasen oder spezielle, aufeinander folgende Krisen begleiten: Einzelpersonengruppe – Paargruppe – Eltern- oder Familiengruppe; Gruppen für Geschiedene (Divorce Anonymous) oder für alleinerziehende Väter und Mütter (Remarried Parents, Inc.; diese Selbsthilfegruppen-Organisation befaßt sich mit den Problemen bei der Wiederverheiratung von Partnern, die schon ein Kind haben). Ähnliche Ketten sind auch im Bereich der medizinischen Versorgung und im Erziehungswesen denkbar.

Bezahlung der Selbsthilfegruppen-Berater?

Während Selbsthilfegruppen von einer Zusammenarbeit mit den Experten viel profitieren können (obwohl auch das manchmal bestritten wird), sind Fachleute in einer schwierigeren Situation. Ist es nicht etwas zu idealistisch gesehen, wenn man glaubt, Experten arbeiteten mit Selbsthilfegruppen nur deswegen zusammen, weil dadurch der Wissensreichtum ihres jeweiligen Faches besser genutzt würde? Ich neige dazu, diese Frage zu bejahen.

Es stellt sich also ein Problem, dessen Lösung die Zusammenarbeit von Experten und Selbsthilfegruppen nicht unerheblich beeinflußt: Wie werden die Fachleute für ihren Einsatz und ihre Zusammenarbeit entschädigt? Die Thematik ist sehr komplex, birgt viel Zündstoff und kann hier nur angedeutet werden, um eine Diskussion darüber erst einmal in Gang zu bringen.

O. Hobarth Mowrer (1977b, S. 6) faßt die Situation so zusammen: »Fachleute, die in Universitäten und anderen Ausbildungsinstitutionen bezahlt werden, wollen ihren Studenten etwas anbieten, was verkäuflich ist. Wie wir gesehen haben und noch weiter sehen werden, können Fachleute für Selbsthilfegruppen eine wirkliche Hilfe sein; aber es ist noch nicht klar, wie und wo sie davon leben können.« Das trifft im Kern auch für die Bundesrepublik zu, obwohl ihr Netz der sozialen Versorgung ja viel ausgebildeter ist als in den USA.

Wenig betroffen von diesem Problem sind jene beruflichen Helfer und Erzieher, die an Institutionen arbeiten, eine bezahlte Stellung haben und deshalb kostenlos ihre Dienste anbieten können. Sie haben nur dafür zu sorgen, daß die Selbsthilfegruppen-Arbeit auch zu einem Ziel von Institutionen wird (vgl. Petersen 1977, S. 342). Ihr Problem ist gelöst, wenn die Beratung mit Selbsthilfegruppen als sinnvolle Tätigkeit im Rahmen des eigenen Berufsfeldes anerkannt ist und entsprechend Zeit eingeplant wird.

Ganz anders aber steht es mit den freiberuflich tätigen Helfern, also etwa mit den niedergelassenen Ärzten und Therapeuten. Da sie der Lebenssituation ihrer Patienten am nächsten sind, gewissermaßen vor Ort arbeiten, ist jedoch gerade ihre Mitwirkung unerläßlich. Hier könnte man die Frage stellen, was denn gegen eine Kassenregelung sprechen würde. Es ist meines Erachtens durchaus denkbar, daß die Beratung von Selbsthilfegruppen eines Tages über die Gebührenordnung abgerechnet werden kann.

Welche Möglichkeiten der Honorierung gibt es außerhalb einer Kassenregelung? Auf die Anfrage eines Psychotherapeuten, ob ich eine Bezahlung für angemessen halte, wenn er mit Selbsthilfegruppen zusammenarbeite, antwortete ich, er möge seine Lage offen mit den Betroffenen besprechen und mit ihnen eine finanzielle Regelung vereinbaren. Da er Zeit und auch Kenntnisse zur Verfügung stelle, spreche nichts grundsätzlich gegen eine Bezahlung. Vielmehr scheine mir erst auf der Basis einer angemessenen Honorierung eine klare Balance im Verhältnis zwischen ihm und den Teilnehmern gegeben. Auch ein unbezahltes, aufopferndes Engagement muß auf Dauer auf seine ausgleichenden Befriedigungen hin betrachtet werden. Die Gefahr einer unentdeckten Abhängigkeitsbeziehung ist in einem solchen Fall nämlich besonders groß, weil die Teilnehmer – ob es ihnen bewußt wird oder nicht – einem solchen Berater stets dankbar sein müßten und dadurch in eine seelische Schuldposition gerieten. In der Schweiz hat ein privates Psychologisches Institut eine meines Erachtens vorläufige Lösung gefunden: Wer ins Gesamttreffen geht, zahlt dem Berater fünf Franken. Das ist als maximale monatliche Belastung sicherlich zu vertreten.

Allerdings kommen hier eine Reihe von Folgeproblemen auf. Sie können nur mit den Betroffenen gemeinsam geklärt werden: Auch wenn nur wenige aus einer Gruppe zur Beratung gehen, hat die ganze Gruppe Vorteile davon; das Honorar sollte deshalb von der ganzen Gruppe getragen werden. Mit einer jeweils neu festzusetzenden und auf die spezielle Leistung des Beraters bezogenen Bezahlung dürften Bedingungen gesetzt werden, die zahlreiche Vorgänge in den Selbsthilfegruppen und beim Gesamttreffen beeinflussen. Das Ausmaß dieser Beeinflussung kann nur die praktische Erprobung zeigen. In diesem Fall ergeben sich zum Beispiel folgende Fragen:
– Werden Selbsthilfegruppen-Arbeit und Gesamttreffen-Beratung dann als verbindlicher aufgefaßt und ernster genommen?
– Wird die Rotation bei der Teilnahme am Gesamttreffen dadurch gefördert?

- Droht eine Bürokratisierung und Funktionalisierung der Beratung?
- Bindet sich die Gruppe, wenn sie die Bezahlung gemeinsam trägt, stärker aneinander?
- Müssen das Gesamttreffen und die Leistung des Beraters deutlicher festgelegt werden? (Zum Beispiel: Wieviele müssen wenigstens, wieviele sollten höchstens kommen? Welche beruflichen Voraussetzungen sollten die Berater haben? Werden sie diesen Voraussetzungen entsprechend unterschiedlich bezahlt? Sollte es eine Fortbildung geben?)
- Wird die Tendenz, auch im Gesamttreffen auf den Berater zu verzichten, besonders im Falle einer finanziellen Selbstbeteiligung, gefördert? Ist das zu begrüßen oder bringt es die Gefahr einer vorzeitigen Gruppenauflösung mit sich?

Zwar wäre es problemloser und unter dem Gesichtspunkt der Gleichstellung, ganz unabhängig von der persönlichen Finanzlage der Gruppenteilnehmer, wünschenswert, wenn Selbsthilfegruppen-Beratung von angestellten Fachleuten ausginge und nicht in die freiberufliche, privatwirtschaftliche Versorgung übernommen werden müßte. Doch eine solche Entscheidung würde angesichts der bestehenden Situation eine so drastische Verkürzung der Möglichkeiten für Selbsthilfegruppen bedeuten bzw. so viele potentielle Experten ausschließen, daß trotz aller Probleme eine andere Lösung gefunden werden muß. Im übrigen werden ja auch angestellte Fachleute indirekt für die Zusammenarbeit mit Selbsthilfegruppen bezahlt, so daß das Problem, wenn es in diesem Fall auch weniger offenkundig ist, doch nie ganz aus der Welt zu schaffen ist.

Ein wesentlicher Unterschied jedoch bleibt bestehen: Angestellte Fachleute werden für jede Stunde Arbeit gewissermaßen gleich bezahlt. Freiberuflich Tätige dagegen haben eine Gebührenordnung oder doch wenigstens konkurrierende Vergütungen für ihre unterschiedlichen Leistungen. Wenn die Selbsthilfegruppen-Beratung nicht angemessen honoriert wird, wird sie auch bei großem Interesse seitens der Betroffenen, und obwohl ihr Nutzen von den Fachleuten erkannt wird, nicht in genügendem Maß durchgeführt werden können.

Die andere Gefahr könnte darin bestehen, daß sich der bezahlte Gruppenberater zu einer »Allzuständigkeit für Selbsthilfe« (Freier, 1977, S. 150) aufschwingt, daß er – schlicht gesagt – zu hilfreich wird. Angestrebt wird aber gerade, wie schon mehrfach betont, eine gesunde Entprofessionalisierung. Nach wie vor dürfte also die schwierigste Aufgabe für Experten darin liegen, daß sie mit der Helferrolle auch ihr gewohntes eigenes Selbsthilfeverhalten (helper therapy principle – Helfen als beste Form der Selbsthilfe, Riesman, 1965) aufgeben müssen.

4 Psychosoziale Versorgung

Sozialarbeit, Beratung, Resozialisierung

Die Selbsthilfegruppen-Arbeit hat ihre stärksten Verbündeten in den Sozialarbeitern und psychologischen Beratern. Zum Teil liegt das sicher an ihrer geringeren beruflichen Spezialisierung, die sie vom Klienten nicht so weit entfernt, zum Teil aber auch an der größeren Nähe der beruflichen Arbeit zum Alltag der Klienten. So sehen Verantwortliche in der Sozialarbeit ein, daß »die besten Profis doch die Betroffenen selbst sind« – zugleich aber haben sie auch stärker den Eindruck, daß es an ihrer »Basis noch dunkel aussieht« (Kooi, 1977, S. 181). Das wiederum mag an der Klientel liegen, die Sozialarbeit in Anspruch nimmt, an den sogenannten sozial Schwachen, deren Resignation und Apathie durch langfristige gesellschaftliche Einengung und Unterdrückung zu groß geworden ist, als daß sie noch genügend eigene Initiativen entfalten könnten. Andererseits sind natürlich die Probleme und Widerstände zwischen Experten und zukünftigen Selbsthilfegruppen-Teilnehmern ebenso groß wie im medizinischen Bereich, ja, wegen des geringeren Abstandes zwischen Fachleuten und Betroffenen und wegen der von vielen empfundenen Notwendigkeit, die eigene Arbeit unter Beweis stellen zu müssen, unterschwellig vielleicht noch mächtiger.

Im Bereich der psychologischen bzw. psychosozialen Beratung lassen sich sehr verschiedenartige Selbsthilfegruppen anregen. Als Ausgangspunkt eignen sich dafür vor allem die *Beratungsstellen,* um interessierte Betroffene zusammenzuführen. Erziehungs-, Familien-, Lebens-, Ehe-, Sexual-, Alten-, Lebensmüden-, Drogen-, Alkoholiker- und Jugendberatungsstellen usw. kommen hier in Frage.

Immer größere Bedeutung gewinnen *Eltern-Selbsthilfegruppen* für die zukünftige seelische Gesundheit der Kinder, weil nach neueren psychoanalytischen Auffassungen ja die *Beziehung der Eltern* und nicht allein die individuelle Persönlichkeit eines Elternteils die seelische Struktur der Kinder mit bestimmt. Vor allem angesichts der »neuen Kinderkrankheit Verhaltensstörungen« (Kloehn, 1977) rücken diese Gesprächsgruppen immer stärker ins Blickfeld. Die repräsentative Umfrage eines Meinungsforschungsinstituts – nicht in Form von

Fragebogen, sondern in Form ausführlicher Diskussionen mit betroffenen Eltern und Experten (sogenannte qualitative Analyse) – mündet in die geradezu sensationell anmutende Empfehlung, Eltern-Selbsthilfegruppen zu initiieren. In ihrer »Grundlagenstudie über psychische Gefährdungen und Verhaltensauffälligkeiten im Kindesalter (0–10 Jahre)«, die, auf Initiative der Bundeszentrale für gesundheitliche Aufklärung, für eine geplante Aktion zur Prävention seelischer Störungen bei Kindern Entscheidungshilfen bereitstellen soll, schreiben die Verfasser: »Eltern sehen Möglichkeiten für sich, die Isolation tendenziell aufzubrechen, indem sie Erfahrungen mit anderen Eltern austauschen. Einige Eltern berichten von positiven Erlebnissen in (organisierten) Elterngruppen, wo sie erleben konnten, daß es dort zu fruchtbaren Auseinandersetzungen und zu Konfliktbearbeitung kommen kann. Eltern erfahren dort Verständnis und Akzeptanz und können in diesem positiven Klima neue Verhaltensweisen ausprobieren. Insbesondere auch für Eltern, die eigentlich therapeutische Unterstützung bräuchten, sehen wir Chancen in von Experten angeregten Selbsthilfegruppen« *(psydata,* 1978). Dazu wird empfohlen, daß die »Aufklärungsaktionen der Bundeszentrale . . . aufeinander aufbauen und schrittweise angelegt sein sollten. Schrittweise deshalb, weil unser formuliertes Ziel, Eltern zur Selbstorganisation in Gruppen anzuregen, nur Endziel sein kann« *(psydata,* 1978).

Die Autoren kommen schließlich zu einer weiteren Empfehlung, die ganz meinen Ausführungen über die Bedeutung der Medien als Verbündete der Selbsthilfegruppen entspricht (vgl. S. 89 ff.): »Bereits bestehenden Selbsthilfegruppen sollte der Zugang zu den Medien (wie TV, aktuelle Radiosendungen usw.) erleichtert werden, um Sinn, Arbeitsweise und Effekte einem breiten Publikum nahezubringen. In der regionalen Tagesschau bzw. in gern gehörten Rundfunksendungen könnte die Konstituierung solcher Gruppen bekanntgemacht werden« *(psydata,* 1978, S. XVII).

Eltern-Selbsthilfegruppen sind im Rahmen der zahlreichen medizinischen Selbsthilfeorganisationen für seelische, körperliche und geistige Behinderungen von Kindern meines Erachtens außerordentlich hilfreich. Im Bereich des Strafvollzuges sind bereits gute Ansätze zur Selbsthilfegruppen-Arbeit entwickelt. Für die Resozialisierung entlassener Strafgefangener und im Rahmen der Bewährungshilfe gibt es in den USA schon mehrere Organisationen (siehe S. 210).

Eine sehr interessante Einrichtung, die sich als eine Art *Selbsthilfegruppen-Zentrum* innerhalb einer Gemeinde anbietet, schildert Jan Kooi aus den Niederlanden. Es handelt sich um sogenannte Werkstätten für

Gemeinwesenarbeit.»In solchen ›Werkstätten‹ melden sich projektorientierte Interessengruppen aus der Bevölkerung mit konkreten Wünschen für die Unterstützung ihrer Arbeit . . . Sie werden dort mit geeigneten Hilfskräften zusammengebracht, die entweder hauptberuflich oder nebenberuflich bzw. ehrenamtlich in diesen Werkstätten mitarbeiten. Es gibt ja viele Profis in unserer Gesellschaft, die nicht angesprochen werden von denen, die sie so dringend brauchen, um mit ihren Problemen weiterzukommen« (Kooi, 1977, S. 183). Diese »Werkstätten« werden von der Regierung unterstützt. Sie bringen Betroffene, Profis und Entscheidungsgremien zusammen.»Die Werkstätten sind nicht von der Obrigkeit strukturiert, sondern werden von der betroffenen Bevölkerung selbst verwaltet.« Ähnlich könnte man sich künftig auch einmal ein Zentrum für unterschiedliche Gesamttreffen vorstellen.

Die Sozialarbeit hat sich in der Bundesrepublik Deutschland die Aktivierung von Selbsthilfe zu einem Hauptziel gemacht. Der Schritt von der Förderung der Einzelselbsthilfe zur Anregung von Gruppenselbsthilfe allerdings ist erst teilweise vollzogen. Hier eröffnen sich noch viele aussichtsreiche Wege.

Im folgenden möchte ich auf Schwerpunkte der psychosozialen Versorgung außerhalb des engeren medizinischen Bereiches eingehen: Krisen, Risikogruppen, Notfälle und kollektive Katastrophen.

Krisen: Plötzliche Veränderungen – Lebenskrisen – Selbstmordversuche

Die Möglichkeiten für selbstverantwortliche Gesprächsgruppen in diesem Bereich sind unüberschaubar. Grundsätzlich verfolgen alle hier genannten Gruppen das Ziel, Krisen vorzubeugen. Zu den wichtigsten Risikosituationen gehören die großen Veränderungen im Leben – wie etwa Verlust eines nahen Angehörigen, einschneidende Veränderungen aller Art usw. –, aber auch kritische Lebensphasen und Zeiten, in denen Suizidgefahr besteht.

Da wir alle an dem immer rascher sich vollziehenden sozialen Wandel teilhaben, wird die psychische Verarbeitung von Veränderungen zu einer fast alltäglichen Aufgabe werden, von deren Lösung nicht zuletzt unsere allgemeine Krankheitsbereitschaft abhängt (Rahe, 1972). Seelische Verarbeitung geschieht aber vor allem im Gespräch. Selbsthilfegruppen bieten diese Chance des Gesprächs, die Chance eines kontinuierlichen emotionalen Durcharbeitens von Erlebtem. Alvin Toffler (1974, S. 275) hat auf Herbert Gernjoys Idee der situativen Gruppierung aufmerksam gemacht:»Man soll für Menschen, die zur gleichen Zeit in ähnlichen Übergangssituationen des Lebens stehen, Organisationen – ›situative Gruppen‹ – schaffen, etwa für Familien, die an einen anderen Ort ziehen; für Männer und Frauen, die vor der Scheidung stehen; für Menschen, die in Kürze einen Elternteil oder den Ehegatten verlieren werden; für jene, die ein Kind erwarten; für Männer, die vor einem Berufswechsel stehen; für Familien, die eben in eine neue Gemeinde gezogen sind; für Leute, deren letztes Kind bald heiraten wird; für Berufstätige, denen die Pensionierung bevorsteht – kurz, für alle, die mit einer wichtigen Veränderung ihres Lebens konfrontiert sind.« Es geht in solchen Selbsthilfegruppen um den Austausch gemeinsamer Erfahrungen, die bei dem Versuch, sich der neuen Lage anzupassen, gemacht werden.

Im Unterschied zu diesem vorbeugenden Ansatz existieren Selbsthilfegruppen für Menschen, bei denen die Krise bereits akut geworden ist. Auch hier sind die Möglichkeiten für Selbsthilfegruppen nicht annähernd zu überblicken. Bestseller über die sogenannte Krise der Lebensmitte (Sheehy, 1976; Schreiber, 1976) zeigen nicht nur ein erstaunlich waches Bewußtsein, sondern auch einen gewissen Leidensdruck in dieser Lebensphase an. Forty-Plus zum Beispiel ist eine Selbsthilfeorganisation für Menschen in der Krise der Lebensmitte, besonders für solche, die arbeitslos sind. Auch Selbsthilfegruppen für Geschiedene und für Verwitwete gehören hierher. Es bedarf nur wenig Phantasie, um eine Fülle weiterer kritischer Situationen zu nennen, denen wir im Leben begegnen. Überall können Selbsthilfegruppen hilfreich sein. Die Checks Anonymous bei Leuten mit großen Schulden oder die Drop-Outs Anonymous für Personen, die gezwungen waren, Schule oder Arbeitsplatz zu verlassen, sind Beispiele dafür.

Im Zentrum der Krisen-Selbsthilfegruppen stehen vermutlich die Suicides Anonymous für Personen, die einen Suizidversuch unternommen haben oder an suizidalen Impulsen leiden. Solche Gruppen sind angesichts der weltweit steigenden Zunahme von Selbstmorden von besonders großer Bedeutung. Nach vorsichtigen »Schätzungen muß damit gerechnet werden, daß in der Bundesrepublik Deutschland mindestens 100000 Selbstmordversuche pro Jahr vorgenommen werden« (so das Bundesministerium für Jugend, Familie und Gesundheit 1979). Auf dem 9. Internationalen Kongreß für Suizidprävention und Krisenintervention (Juni 1977 in Helsinki) wurde vor allem die ansteigende Suizidauffälligkeit junger Menschen zwischen 15 und 24 Jahren betont. Bei etwa 80 Prozent der erfolgten Selbstmorde war bereits ein Selbstmordversuch vorausgegangen. Selbstmordversuche sind nicht als harmloser Appell abzutun. In Japan stiegen die Jugend-lichen-Selbstmorde in acht Jahren um 22 Prozent (1965–1973), in den USA um 71 Prozent. Norbert Faberow, Präsident der Internationalen Vereinigung zur Suizidprävention, hebt in einem Überblick von 25 Studien aus neun Ländern hervor, daß die *Isolation* das soziale Haupt-charakteristikum jugendlicher Selbstmörder sei (*Time Magazine,* Nr. 4, Juli 1977). Für Japan wird von Soziologen und Psychologen der »Zusammenhang zwischen den drakonischen Lernanforderungen des neuen Bildungssystems einerseits und dem für die japanische Gesell-schaft ungewohnt und abrupt zum Durchbruch gekommenen Trend zur Kleinfamilie mit ihrem verlorenen Regulativ großfamiliärer Nest-wärme andererseits« verantwortlich gemacht (*Frankfurter Rundschau* vom 6. 2. 1979). Studenten sind auch bei uns doppelt so sehr gefähr-det wie andere Bevölkerungsgruppen (Lungershausen, 1968).

Zwar ist auch der Schule viel Schuld für die Selbstmordanfälligkeit der Jugendlichen angelastet worden (vgl. *Der Spiegel,* Nr. 23, 1976), doch hat 1977 eine Untersuchung des Instituts für Gesundheitsbil-dung Stuttgart von über 500 Selbstmorden und 15 000 Selbstmordver-suchen ergeben, daß die wenigsten unmittelbar mit der Schule zusam-menhingen (*Ärztliche Praxis,* 11. 6. 1977). Vielfache familiäre Bedin-gungen spielen offenbar die Hauptrolle. Selbsthilfegruppen für Selbst-mordgefährdete können natürlich bei weitem nicht alle Betroffenen erreichen. Viele ziehen sich ja resigniert aus dem sozialen Leben zurück und können schon deswegen nur schwer Zugang zu einer Gruppe finden.

Der Psychologe Jürgen Abresch begann an einem Krankenhaus in Wetzlar, »Selbsthilfegruppen für Menschen, die nicht mehr leben woll(t)en«, anzuregen. Es zeigte sich, daß vor allem das Personal auf Intensivstationen oft starke Vorbehalte gegen Suizidpatienten entwik-kelt, da diese die lebensrettende Hilfe ja meistens nicht als wohltuend, sondern als eine Beschränkung ihres freien Willens auffassen. Da Ärzte, Krankenschwester und Pfleger keinerlei Möglichkeit zur Selbsterfahrung haben, um die eigenen negativen Reaktionen als eine verständliche Gegenübertragung auf den tiefen Zorn und die Ver-zweiflung der Betroffenen zu verstehen, waren ausführliche und schwierige Gespräche nötig, um diesen an eine Institution angebun-denen Selbsthilfegruppen überhaupt eine Chance zu geben.

Arbeitslosen-Selbsthilfegruppen gibt es vor allem als Hilfe zur Arbeitsbeschaffung. Sie versuchen damit, zumindest die äußere Not zu beheben
(vgl. zum Beispiel *Frankfurter Rundschau*, 23. 3. 1978). Sicherlich wären
aber begleitende Maßnahmen zur seelischen Verarbeitung der aktuellen Situation für alle Betroffenen darüber hinaus sehr hilfreich. In
New York zum Beispiel existieren eigenständige Gesprächsgruppen
für arbeitslose Sozialarbeiter. Zwei sehr wesentliche Entwicklungsmöglichkeiten für Selbsthilfegruppen sehe ich bei *alten und armen Menschen*. Hier stellt sich die Frage,
ob eine besondere Aktivierung von außen nicht nötig sein wird.
Alten Menschen zum Beispiel widerstrebt es, nur mit ihresgleichen
zusammen zu sein. Sie sehen wenig Sinn darin, sich wechselseitig mit
ihrem Elend und ihren Gebrechen zu konfrontieren. Viele alte Menschen leiden an mehrfachen chronischen Krankheiten (Multimorbidi-
tät) und müssen außerdem mit dem Verlust naher Menschen fertigwerden. Insofern bringt das Alter oft erhebliche seelische Belastungen
mit sich. Die Gray Panthers zum Beispiel versuchen ihre Lage sehr
aktiv zu bewältigen. R. Gronemeyer und H. E. Bahr haben Altenin-
itiativen und Beispiele der Altenselbsthilfe unter dem Titel »Niemand
ist zu alt« publiziert (1979). »Es ist ein weitverbreitetes Vorurteil«,
schreibt Karl W. Boetticher, »Alter wolle in Ruhe gelassen werden,
weil die Kräfte nicht reichten« . . . »Erwachsene im höheren Lebensalter – und unter ihnen insbesondere jene Mehrheiten in den Jahrgän-
gen zwischen 65 und 75 – (verfügen) über ein Aktivitätspotential, das
nicht herausgefordert wird« (1977, S. 352). Auch sonst gibt es wohl
selten ein solches Konglomerat von Vorurteilen wie die übliche dem
»Defizit-Modell« folgende Vorstellung vom Alter (Reichert, 1977,
S. 352). Das sogenannte Alter umfaßt drei Jahrzehnte und kann nicht
als das Problem nur einer Generation angesehen werden (Boetticher,
1977, S. 359). Die Lernfähigkeit und oft auch die körperliche Leistungsfähigkeit sind im Gegensatz zu einem weit verbreiteten Glauben – vor allem unter den Alten selbst – nicht beeinträchtigt. Schließlich besteht nicht nur die Notwendigkeit einer finanziellen Vorbereitung auf das Alter in Form der Rente, sondern es besteht vor allem
auch die Notwendigkeit einer seelischen Antizipation. In der Bundesrepublik wird der Anteil der über 65jährigen auf ca. 15 Prozent der
Bevölkerung ansteigen (Dahlem und Haag, 1977, S. 150). Für ihre
Belange wären Selbsthilfegruppen äußerst hilfreich. Sixty-Plus in den
Vereinigten Staaten ist wohl die verbreitetste Organisation. In der

Bundesrepublik sind die ersten Gray-Panthers-Gruppen im Entstehen. In Hamburg gibt es bereits eine »Senioren-Disco«.

Arme Menschen haben häufig ein informelles Selbsthilfesystem (Halbertsma, 1970), das sehr viel ausgeprägter ist als das der Mittel- und Oberschicht. Dennoch dürfte die Anregung von echten Selbsthilfegruppen in der Unterschicht auf große Schwierigkeiten stoßen. Gartner und Riessmann stellen eine Reihe von amerikanischen Selbsthilfegruppen-Initiativen in einkommensschwachen Schichten zusammen: Home Town Clubs der Puertoricaner; Hausblock-Selbsthilfevereinigungen; Sisterhood of Black Single Mothers; Fightback; The Fortune Society (für ehemalige Strafgefangene); Rap Groups (Gesprächsgruppen). Diese Selbsthilfeorganisationen zielen stärker auf soziales Handeln im Rahmen von Nachbarschaft ab, weniger auf Förderung der seelischen Gesundheit. »Aber«, fragen die Autoren, »haben die Armen diese Probleme denn nicht? Ist Drogensucht keine Sache der Armen? Sind Bluthochdruck und Diabetes keine Probleme unter den Schwarzen? Ist seelische Krankheit ein Mittelschichtphänomen? . . . Gibt es keine alleinstehenden Eltern in der Arbeiterschicht und in einkommensschwachen Gruppen?« (Gartner und Riessman 1977, S. 150).

Für diese Bevölkerungsgruppen werden Modifikationen der Selbsthilfegruppen nötig – vielleicht bedarf es sogar ganz neuer Formen und Stile wechselseitiger Hilfe. Es ist bezeichnend für das Los der Armen in unserer Gesellschaft und speziell in der medizinisch-psychosozialen Versorgung, daß die bisherigen Aktivitäten und Veröffentlichungen darüber nur wenig konkrete Hinweise bieten. Fest steht jedoch, daß eine Entwicklung von Selbsthilfegruppen bei Armen und Alten gerade wegen der großen Schwierigkeiten, die sich hier stellen, besonders auf die Mithilfe von Experten angewiesen ist.

Die *Landbevölkerung* ist in jeder Hinsicht – besonders aber im psychosozialen Bereich – unterversorgt. Hier haben in den letzten Jahrzehnten vielleicht die stärksten Veränderungen im Beziehungsgeflecht der Menschen untereinander stattgefunden. Die Landbevölkerung erlebt heute einen schnellen Verfall ihres gewohnten Selbsthilfepotentials, ohne im selben Tempo ein neues »städtisches« Selbsthilfeverhalten aufbauen zu können. Zur psychosozialen Lage der Landbevölkerung gibt es nur wenige Studien. Es wäre nötig, zunächst die Risikogruppen zu erkunden. So weiß man zum Beispiel, daß die moderne Bauersfrau durch ihre vielfachen Belastungen zu einer seelisch stark gefährdeten Personengruppe gehört, die auch eine erhöhte körperliche Krankheitsauffälligkeit zeigt.

Im Rahmen unseres Forschungsprojektes haben wir trotz aller Schwierigkeiten dennoch vor, auch im ländlichen Bereich eigenständige Gesprächsgruppen anzuregen. Daß Abneigung gegen Fremde und auch wechselseitige mißtrauische Beziehungen der Bewohner untereinander die Entwicklung großer Selbsthilfeorganisationen auf dem Lande nicht verhindern konnten, zeigt die Selbsthilfeorganisation »National Organization of the Southern Poor«, NASP, in den Vereinigten Staaten.

Es werden noch viele Experimente und großer Erfindungsreichtum notwendig sein, um für die Angehörigen der Unterschicht und die Landbevölkerung eine breitere Selbsthilfegruppen-Bildung in Gang zu bringen. Immerhin: Es gibt schon Arbeiter, die Mitglieder bei den Emotions Anonymous sind. Es bleibt weiterhin offen, ob die Tatsache, daß Unterschichtangehörige mit psychosozialen Problemen Experten meiden, auf ihre eigene stärkere Abwehr seelischen Problemen gegenüber oder auf die Schichtdistanz zu den Experten zurückzuführen ist. Für letzteres scheint mehr zu sprechen. Das zeigt zum Beispiel das Modell einer erfolgreichen Arbeiter-Beratung durch Arbeiter (McGrath 1975).

Bei ausgesprochenen *Randgruppen* gilt die Anregung eigenständiger Selbsthilfegruppen als besonders schwierig. Selbsthilfe wird hier auf anderem Wege mobilisiert (Richter, 1972). In einer Veröffentlichung aus der Gemeinwesenarbeit des Forschungsprojektes Randgruppensozialisation heißt es sogar, daß es in den verschiedenen Siedlungen der Bundesrepublik »keine erfolgreiche Selbstaktivierung der Obdachlosen gibt – eine Folge der zahlreichen Mißerfolgserlebnisse und Diskriminierungen« (Lundemann, 1977, S. 111).

Wie auch in den Vereinigten Staaten scheint bei uns die Lage für die *Strafgefangenen bzw. Entlassenen* nicht ganz so ungünstig. In den USA gibt es bereits eine ganze Reihe von Selbsthilfeorganisationen für Sträflinge (vgl. Anhang, Liste der Selbsthilfegruppen-Organisationen in den USA, S. 337 ff.): The Fortune Society, Prison Families Anonymous, Prison Children Anonymous, Convicts anonymous, Delinquents Anonymous. Synanon, von der es auch eine deutsche Gruppe in Westberlin gibt, und Delancey Street Foundation nehmen ebenfalls sehr viele Strafgefangene auf. Helga Einsele (1977, S. 427) berichtet über die Beteiligung Betroffener im Strafvollzug und in der Entlassenenhilfe und stellt drei Formen vor: die Gefangenenbeiräte, die gemeinsame Arbeit von Bürgerinitiativen und Entlassenen im Rahmen der Rehabilitation (vgl. dazu auch Färber in *Frankfurter Rundschau*, 6. 2. 1978) und die Selbstorganisation.

Zu den Selbsthilfeorganisationen in den USA gehört auch die Prison Union, die Gefangenengewerkschaft. Sie wurde auch in der Butzbacher Justizvollzugsanstalt von betroffenen Experten erörtert (vgl. Bauer in der *Frankfurter Rundschau*, 6. 2. 1978). Selbstverantwortliche Gesprächsgruppen im engeren Sinne, wie die Anonymous-Gruppen, wurden im Bundesgebiet bisher nicht gebildet. Bei den Strafgefangenen-Selbsthilfegruppen wird allerdings das eigentlich doppelte Ziel der Selbsthilfegruppen wieder sehr deutlich: Selbstveränderung und Veränderung des sozialen Feldes, das heißt in diesem Bereich vor allem Humanisierung der Gefängnissituation und Ausbau der Möglichkeiten für eine Rehabilitation.

Notfälle: Mißhandelte

Zu den Notfallsituationen gehören Mißhandlungen von Frauen, die mehr und mehr auch in der Bundesrepublik Deutschland in Frauenhäusern Zuflucht finden können. Diese Frauen hätten die Chance, in selbstverantwortlichen Gesprächsgruppen ihre Lage besser zu verstehen und wirksamer zu ändern. In den Vereinigten Staaten beugen die Parents Anonymous (oder Child-Beaters Anonymous) der Mißhandlung von Kindern vor. Eltern, die unter den zwanghaften Impulsen leiden, ihre Kinder zu schlagen, helfen sich auf diese sehr wirksame Art wechselseitig (vgl. Wheat u. Lieber, 1979).
Zu den besonderen Notfall-Selbsthilfegruppen wären auch die Antirape Groups zu zählen. Hier helfen sich Frauen, die weder von der Polizei noch von den Ärzten irgendwelche Hilfe erhalten, um die Vergewaltigung seelisch zu verarbeiten. Es ist nicht uninteressant zu hören, daß einige Gruppen sich auch mit den Tätern selbst aussprechen, um die psychosoziale Gesamtsituation besser zu verstehen. Dieser interaktionelle Ansatz ist vermutlich richtig. In der modernen Kriminologie gibt es bereits einen speziellen Zweig »Victimologie«, die sich mit der Täter-Opfer-Beziehung befaßt.

Kollektive Katastrophen:
traumatische Erlebnisse von Opfern oder Geiseln

Sehr entlastend könnten selbstverantwortliche Gesprächsgruppen auch bei kollektiven Katastrophen wirken. Selbsthilfegruppen-Bildung noch während des Schocks bedarf wahrscheinlich der Unterstützung durch Experten. Jeder seelische Schock wird vor allem durch eine ständige aktive Wiederholung im Gespräch (und natürlich auch

in Träumen und im Nacherleben) bewältigt. Jeder kennt das spontane, dringende Bedürfnis, über ein schockartiges Erlebnis mit anderen zu sprechen, sobald er aus der akuten Situation heraus ist. Dieses Gesprächsbedürfnis entspricht einem natürlichen Selbsthilfevorgang. Heute steht jedoch in Katastrophenfällen die äußere Hilfe völlig im Vordergrund. Die ebenso notwendige *Seelische Erste Hilfe* wird sträflich vernachlässigt. In vielen Fällen wäre die Gelegenheit zu ausführlichen, kurzfristig anberaumten, hochfrequenten Gruppengesprächen durchaus gegeben. Ein solcher seelischer Katastrophenschutz verursacht auch keine weiteren Kosten, es handelt sich hier lediglich um eine Frage des Arrangements. Beispielhaft für eine solche psychologisch geförderte Katastrophenselbsthilfe (wenn auch nicht in Gruppen) war der Einsatz von Wolfgang Salewski schon beim Rückflug der in Mogadischu aus den Händen der Terroristen befreiten Lufthansa-Maschine »Landshut«. »Es ging darum, die Passagiere zuerst einmal zum Reden zu bringen. Sie mußten über das sprechen können, was sie erlebt hatten« (*Frankfurter Rundschau*, 3. 2. 1978).
Fachleute, die Selbsthilfegruppen von Betroffenen nach einer Katastrophe fördern wollen, hätten vor allem die Aufgabe, auf die Notwendigkeit der seelischen Aufarbeitung des Schocks hinzuweisen. Die Stewardeß der Landshut-Maschine sagte in einer Rundfunksendung über die Spätfolgen bei Geisel-Opfern: »Viele glauben auch, daß sie gar keinen Schaden genommen haben, die erkennen das gar nicht. Ich weiß von einem Mädchen, die tönt immer ganz groß, daß sie alles überwunden hat. Jetzt ist sie nach Mallorca geflogen, und da ist jemand schnell vom hinteren Teil der Kabine in den vorderen Kabinengang gegangen, der sah auch noch leicht orientalisch aus, da fing sie auf einmal an zu schreien und klammerte sich an ihre Nachbarin, machte sich ganz klein und sagte: ›Jetzt kommt er, jetzt kommt er.‹ Also, ich glaube, daß viel mehr Leute dieses Therapieangebot auch annehmen würden, wenn sie wüßten, daß sie noch nicht ganz darüber hinweg sind« (*Süddeutscher Rundfunk*, 30. 1. 1979).

5 Psychotherapie, Psychosomatische Medizin, Psychiatrie

Psychiatrie-Enquête: Versorgungsnotstand

Es ist nicht mehr daran zu zweifeln, daß der heutige Notstand in der psychosozialen Versorgung Selbsthilfegruppen fördert. Das aber birgt auch zwei Gefahren: Erstens wird dadurch die falsche Auffassung unterstützt, Selbsthilfegruppen seien eine Art Behandlungsersatz.

Zweitens wird durch Selbsthilfegruppen, wie schon erwähnt, die Notlage der professionellen Versorgung gelindert, damit aber unter Umständen die Mobilisierung von Kräften zur Unterstützung und Neuordnung der professionellen Versorgung unterbunden. Beiden Gefahren ist nur durch Bewußtmachung entgegenzuwirken. Immerhin ist das Interesse der Fachleute an Selbsthilfegruppen spürbar, weil die Gruppenselbstbehandlung ja einen Ausweg aus der eigenen Notsituation bieten könnte.

Der Notstand der Versorgung im Bereich Psychosomatik/Psychotherapie und Psychiatrie ist 1975 für das Bundesgebiet in einer umfangreichen Bestandsaufnahme belegt worden. Da diese Untersuchung nur von Experten durchgeführt wurde, mußten notwendigerweise Vorstellungen, Interessen und Wirklichkeitsbild der Fachleute dominieren (vgl. dazu Freidson, 1977). Die Kranken, für die diese ganze Versorgung da ist, kamen nicht zu Wort. Dennoch ist in diesem Bericht über die Lage der Psychiatrie und Psychotherapie (kurz: Psychiatrie-Enquête – Bundesregierung 1975) die Selbsthilfegruppen-Versorgung mehrfach erwähnt. Wegen der großen Bedeutung der Enquête für die künftige Entwicklung und Neuordnung der psychotherapeutischen, psychiatrischen und psychosozialen Versorgung möchte ich die entsprechenden Passagen hier zitieren.
1. In den Empfehlungen zur Neuordnung der Versorgung psychisch Kranker und Behinderter wird die planmäßige Förderung von Selbsthilfegruppen ausdrücklich verlangt (S. 16).
2. Im Kapitel über das Zusammenwirken natürlicher und professioneller Hilfen wird betont, daß sich »in verschiedenen Bereichen, auch nach ernsteren psychischen Krisen und Erkrankungen, etwa in der Lebensmüdenberatung und der Suchtkrankenbetreuung, der Einsatz von . . . Selbsthilfegruppen bewährt hat« (S. 68).
3. Im Rahmen der Erörterung von Beratungseinrichtungen kommt die Selbsthilfegruppen-Aktivität ausführlich zur Sprache: »Die im Suchtsektor bewährten ›Selbsthilfegruppen‹ (zum Beispiel Anonyme Alkoholiker) entstehen seit einigen Jahren auch im Bereich anderer psychischer Störungen. Zum Beispiel existieren seit 1965 in den USA die Anonymen Neurotiker. Analog der amerikanischen Entwicklung haben sich auch in den verschiedenen Städten der Bundesrepublik Selbsthilfegruppen für seelische Gesundheit gebildet. Praktisch alle psychischen Konflikte, aber auch viele psychische Krankheiten, die zum Psychotherapeuten oder zur psychologischen Beratung führen, motivieren zu Selbsthilfegruppen, die versuchen, möglichst ohne Experten ihre Schwierigkeiten zu beheben. Die Gruppe bemüht sich,

im Sinne der Förderung von Selbstheilungstendenzen therapeutisches Potential zu mobilisieren.

Erste Vergleichsuntersuchungen in den USA über die nichtprofessionellen Versorgungswege im Vorfeld der psychiatrischen und psychotherapeutischen Versorgung zeigen bei aller noch notwendigen Zurückhaltung in der Beurteilung günstige Resultate. Beratungsstellen sollten darum in der Kooperation mit den Selbsthilfegruppen dringend unterstützt werden. Berater sollten Organisationshilfe, Zusammenarbeit bei der Klärung der therapeutischen Chancen und Risiken, der Gruppenzusammensetzung, der Behandlungserfolgsbeurteilung usw. anbieten können. Unter solchen Voraussetzungen stellt die Entwicklung von Selbsthilfeaktivitäten eine Möglichkeit bei der Versorgung psychisch Kranker dar« (S. 198).

Im folgenden stelle ich vier Möglichkeiten des Selbsthilfegruppen-Experten-Verbundes vor: ein Selbsthilfegruppen-Netz in der *Gemeinde/ Stadtteil/Sektorenversorgung;* die *Poliklinik* als Selbsthilfegruppen-Ambulanz; koordinierte und nachfolgende Selbsthilfegruppen im Rahmen der *stationären Versorgung* und der *Praxis* des niedergelassenen Arztes.

Selbsthilfegruppen-Netz in der sozialpsychiatrischen Gemeindearbeit

Aus einer Gemeinde des Staates New York, Rockland County, habe ich nach längeren Recherchen eine Aufstellung von 43 verschiedenen Selbsthilfeorganisationen erhalten (Stand Anfang 1976; vgl. Moeller, 1978, S. 62–67): Dreizehn unterschiedliche Selbsthilfeorganisationen für den familiären Bereich, 21 Organisationen für den Bereich Krankheit, Sucht, Behinderung, fünf Selbsthilfeorganisationen für Frauen und fünf weitere für andere Gruppen wie Gefangene, Alte, Minoritäten, vermitteln das Bild einer erstaunlich differenzierten Versorgung durch Selbsthilfegruppen innerhalb einer Art Regierungsbezirk mit vorwiegend städtischen Siedlungen (250000 Einwohner).

Nicht alle Selbsthilfegruppen zielen über Gespräche eine Selbstveränderung oder Aufarbeitung psychosozialer Probleme an. Das Doppelziel der Selbsthilfegruppen ist teilweise ganz zugunsten sozialorientierter Aktivitäten verschoben. Intensive Öffentlichkeitsarbeit und Mobilisierung finanzieller Mittel, etwa für die Forschung, stehen dann im Vordergrund. Doch gibt es auch genügend eigenständige Gesprächsgruppen, bei denen die psychologische Arbeit überwiegt. Rockland County ist keineswegs ein Sonderfall, die Gemeinde hat eine ausgeprägte, aber noch wachsende Selbsthilfegruppen-Versorgung. In Gießen (78000 Einwohner) könnte sich eine ähnliche Entwicklung anbahnen, wenn wir auch mit 13 unterschiedlichen Selbsthilfegruppen-Organisationen (Studenten, seelische Konflikte, ältere Menschen, Paare, werdende Eltern, Übergewichtige, Multiple-Sklerose-Kranke; im Entstehen: Schüler, Schmerzkranke, an Selbstmordimpulsen Leidende, brustkrebskranke Frauen; in loser Zusammenarbeit: Stotterer, alleinerziehende Mütter und Väter) und ca. 40 Kleingruppen noch ganz am Anfang stehen.

Das Beispiel von Rockland County erstaunt in der Regel die Skeptiker, die noch an der Verbreitung der Gruppenselbstbehandlung zweifeln. Es sollte zu eigenen Selbsthilfegruppen im Rahmen der Gemeindepsychiatrie und Stadtteilversorgung anregen, und es läßt die weitere Entwicklung voraussehen. In Rockland County sind zwar noch Lücken erkennbar, das heißt, es gibt auch dort Menschen, die an psychischen Konflikten bzw. an sozialen Mißständen leiden, aber keine entsprechenden Gruppen finden. Die große Verbreitung von Selbsthilfegruppen in Rockland County bewirkt jedoch schon sehr viel, mehr jedenfalls als ein eventueller wissenschaftlicher Nachweis ihrer Erfolge: Sie regt zur Identifizierung an. Dieser Wunsch zur Nachahmung wird um so mächtiger, je zahlreicher die Selbsthilfegruppen-Organisationen in einer Region sind.

Die Autonomie der einzelnen Gruppe erlaubt eine Entwicklung ganz nach eigenen Bedürfnissen. Das ist die beste Voraussetzung nicht nur für ihre Wirksamkeit, sondern auch für weiteres Wachstum. Soweit die Entwicklung den Bedürfnissen der potentiellen Selbsthilfegruppen-Mitglieder unbehindert folgt, werden sich die noch bestehenden Lücken von selbst schließen. Das Netzwerk der Selbsthilfegruppen wird also nicht nur dichter, es ist vor allem das, was man von medizinischen Versorgungsinstitutionen selten sagen kann: *Es entspricht den Bedürfnissen der Bevölkerung.* Zudem kommen den Selbsthilfegruppen, besonders im Vergleich zur üblichen psychiatrischen Versorgung, weitere Vorteile (vgl. dazu S. 27 ff.) zugute: Der ganze Ballast der Bürokratie entfällt; es gibt nicht die teilweise entsetzlichen pathogenen Effekte der sozialen Institutionen, in denen der Leidende sich völlig der Eigendynamik der formalen Abläufe zu unterwerfen hat; die unglaubliche Distanz zwischen den Menschen und auch die Distanz zu den eigenen Konflikten, die eine solche Verwaltung des Leidens schafft, sind aufgehoben. Im übrigen entstehen wegen der Kostenlosigkeit dieser Art der psychosozialen Versorgung auch keine finanziellen Barrieren für die Betroffenen und keine Versorgungsengpässe.

Weil die Selbsthilfegruppen unabhängig sind, können sie sich schnell auf die geänderte Bedürfnislage ihrer Mitglieder umstellen. Diese hohe Flexibilität ist nicht nur in bezug auf die sozialstrukturellen Änderungen in der Umgebung von Vorteil, sondern auch in bezug auf die neuen Erkenntnisse, die sich aus dem Gruppenprozeß selbst ergeben. Die Bildung von Familiengruppen bei den Anonymen Alkoholikern oder die der Kindergruppen bei den Emotions Anonymous sind für diese Fähigkeit der schnellen Umstellung charakteristisch. Das Versorgungsnetz der Selbsthilfegruppen ist jeder *bürokratischen Institution weit überlegen:* Fehlt der Bedarf, lösen sich die Gruppen von selbst auf. Entsteht ein anderer Bedarf, bilden sich schnell weitere Selbsthilfeorganisationen. Eine Versorgung durch Selbsthilfegruppen erfüllt alle vier Bedingungen, die für eine moderne psychosoziale Behandlung in der Enquête der Bundesregierung genannt sind: gemeindenahe Versorgung, Gleichstellung von psychisch und somatisch Kranken, bedarfsgerechte und umfassende Versorgung und Koordination. Aufgrund ihrer unbegrenzten Kapazität können Selbsthilfegruppen die spezifische medizinische und psychotherapeutische Behandlung außerordentlich entlasten. Sie lassen diesen Fachbereichen einen größeren Spielraum für jene Kranken, die in Selbsthilfegruppen nicht behandelt werden können.

Poliklinik als Selbsthilfegruppen-Ambulanz

Ein wichtiger Bereich für die Zusammenarbeit mit Selbsthilfegruppen ist die Poliklinik in der Psychotherapie/Psychosomatik und Psychiatrie. Für die meisten ambulanten Patienten wären Selbsthilfegruppen ein hilfreiches Angebot. Die breite Differenzierung der Selbsthilfegruppen bietet auch für die unterschiedlichsten Bedürfnisse genügend Möglichkeiten.

Der Arzt einer Poliklinik kann aus seiner Erfahrung mit unterschiedlichen Formen der Erkrankung die Einrichtung von Selbsthilfegruppen erwägen, und zwar gemeinsam mit Personen, die er als »Stifter« dafür gewonnen hat. Hat er in dieser Weise erst einmal zur Bildung von Selbsthilfegruppen beigetragen, können diese Gruppen ein Gesamttreffen vereinbaren (s. S. 104ff.). Aus diesem Gesamttreffen bzw. mehreren Gesamttreffen innerhalb einer Poliklinik, bei denen jeweils der betreffende Poliklinikarzt anwesend ist, würde sich eine Art Gruppenambulanz entwickeln. Diese Selbsthilfegruppen-Ambulanz unterscheidet sich in zweierlei Hinsicht von der üblichen poliklinischen Ambulanz:

1. Die Arzt-Patient-Beziehung ist durch Einführung des Selbsthilfe-prinzips zugunsten einer stärkeren therapeutischen Aktivität des Patienten grundlegend verändert. Es geht hier nicht um die Behandlung von einzelnen, sondern um Selbsthilfegruppen-Beratung.
2. Der Poliklinikarzt begegnet nicht einem Individuum, sondern einer ganzen Gruppe, in der die Fähigkeit des einzelnen zur Selbsthilfe wesentlich erhöht ist.
Eine Poliklinik hat den Vorteil, zahlreiche Menschen gezielt erreichen zu können. Sie hat aber ein großes Problem zu bewältigen, nämlich den *Übergang von einer bereits bestehenden Arzt-Patient-Beziehung zu einem demokratischen Arbeitsbündnis auf der Grundlage der Gleichstellung in der Selbsthilfegruppen-Beratung.* Das ist ohne Zweifel die schwierigste Aufgabe.

Nachfolge-Selbsthilfegruppen
nach der Behandlung beim niedergelassenen Therapeuten

Noch gravierender wird dieses Problem beim niedergelassenen Therapeuten. Das therapeutische Gefälle zwischen ihm und seinen Patienten ist da noch stärker. Greifen wir das von den meisten niedergelassenen Therapeuten als am vordringlichsten bezeichnete Problem heraus: Wie können sie Patienten, die bereits in Einzel-, vor allem aber in Gruppenbehandlung waren, in Selbsthilfegruppen überführen?
Die Behandlungskapazität eines niedergelassenen Arztes ist schnell ausgelastet. Mit Neid, sagte ein Nervenarzt in einem Selbsthilfegruppen-Seminar, höre er von einem Hauptproblem der sozialpsychiatrischen Versorgung, wie nämlich Kranke überhaupt zur Therapie und zur Selbsthilfegruppen-Arbeit motiviert werden könnten. Seine Sorge sei gerade das Gegenteil; er werde gerade mit dem Andrang der Patienten nicht fertig. Ließe sich seine Fachleistung in Zusammenarbeit mit Selbsthilfegruppen vielleicht besser nutzen?
In diesem Zusammenhang möchte ich nochmals auf eine besondere Überlegung hinweisen. Eine psychodynamisch orientierte Beratung oder Psychotherapie ist bekanntlich mit dem Abschluß der Therapie nicht beendet. Der Patient hat ja jetzt erst jene konfliktlösenden analytischen Fähigkeiten, jene introspektive Wahrnehmung und Aufmerksamkeit erworben, die ihn befähigen, sich mit seiner Problematik auseinanderzusetzen. Der endlichen Therapie folgt die unendliche Analyse (Freud, 1937). Patienten, die in einer Einzelberatung oder Einzelbehandlung waren, haben also in den meisten Fällen für Selbst-

hilfegruppen-Arbeit günstige Voraussetzungen. Die anderen aber, die nur medikamentös oder überhaupt noch nicht behandelt wurden, erhalten mit der Gruppenselbstbehandlung erstmals die Chance zu Konfliktarbeit, Selbstklärung und Erweiterung ihres eigenen Lebenszusammenhanges.

Im Vergleich zur Beendigung einer Einzelbehandlung ist der Abschluß einer Gruppenbehandlung qualitativ anders. Sehen wir uns zunächst einmal den Fall einer geschlossenen Gruppe an: In der Regel wird die Gruppe zu einem Zeitpunkt aufgelöst, in der die wesentlichen Konflikte durchgearbeitet sind. Zu diesem Zeitpunkt hat aber nicht nur jeder Teilnehmer, sondern die Gruppe als Ganzes ihre introspektiven, analytischen und integrierenden Funktionen voll entwickelt. Mit dem Ende der Gruppentherapie wird also ein ungewöhnlich hohes gemeinsames therapeutisches Potential aufgegeben, zu dessen Aufbau lange Jahre nötig waren.

Der Verlust ist zweifach:

1. Verlust des *therapeutischen Potentials*, über das die *Gruppe als Ganzes* verfügt, das heißt, die oft über Jahre erworbene innere Abstimmung, das Aufeinander-Eingespieltsein, die wechselseitige Kenntnis der Gruppenmitglieder voneinander.

2. Verlust der *therapeutischen Gruppenfähigkeit des einzelnen Teilnehmers*, das heißt seine Erfahrung, innerhalb einer Gruppe seine Konflikte zu bearbeiten, seine ebenfalls oft über Jahre erworbenen Kenntnisse vielfältiger Gruppenvorgänge usw.

Der erste Verlust trifft natürlich nur Gruppen, die als Ganzes beendet wurden, also für geschlossene oder halbgeschlossene Gruppenbehandlung. Der zweite Verlust gilt für jede Gruppenbehandlung, auch für unbefristete, ganz offene Verfahren.

Dieser Verlust ist den Gruppentherapeuten mehr oder weniger bewußt. Eben deshalb fragen sie nach der Möglichkeit von Nachfolge-Selbsthilfegruppen. In diesen Gruppen könnte nämlich die schon entwickelte gruppenanalytische Fähigkeit voll genutzt werden.

Es gibt geglückte und mißglückte Beispiele solcher Nachfolge-Selbsthilfegruppen. Das Kernproblem liegt wiederum in dem Übergang von einer hochintensiven therapeutischen Beziehung zu einer Selbsthilfegruppen-Beratung oder, anders gesagt: von einer Therapiegruppe in eine Selbsthilfegruppe. Dabei stehen zwei Probleme im Vordergrund:

1. Die Hauptübertragung auf den Therapeuten muß nun in die Übertragung der Gruppenmitglieder untereinander überführt werden. Auf diese Weise wird der Therapeut aus der Gruppe auch psychodynamisch herausgenommen; gleichzeitig aber findet die

Gruppe einen verstärkten gruppeninternen Zugang zur szenischen Entfaltung ihrer Konflikte.

2. Während der Akzent der Behandlung bisher auf den unbewußten gestörten Ichanteilen bzw. den durch sie geprägten Beziehungen lag, werden in der Selbsthilfegruppe die intakten Ichanteile und die Selbstheilungskräfte des einzelnen betont, seine Fähigkeiten, mit den aufkommenden, konflikthaften Affekten und Vorstellungen umzugehen. Der Therapeut tritt zurück und übernimmt eine beratende Funktion.

Wie schon erwähnt, können Selbsthilfegruppen im Rahmen einer Arztpraxis aber auch ohne eine vorangehende langfristige Gruppenbehandlung entstehen. Hier gibt es mehrere Möglichkeiten:

– Entweder *macht der behandelnde Arzt seine Patienten nur auf die Möglichkeit aufmerksam,* eine Selbsthilfegruppe zu bilden. Seine Aufgaben gleichen denen, die ich oben im Rahmen der Indikationsstellung angegeben habe (s. S. 194 ff.).

– Oder aber er führt intensive kurzfristige Beratungen mit seinen Patienten durch, um ihnen damit zugleich den Umgang mit den eigenen Konflikten wie den Beginn einer daran anschließenden Selbsthilfegruppe zu erleichtern. Eine solche Beratung im Dienste der *Vorbereitung auf Selbsthilfegruppen* wäre eine Art »Schleuse« (s. S. 175 ff.); sie kann auch in Gruppen stattfinden.

– Schließlich kann er sich in der Zusammenarbeit mit Selbsthilfegruppen stärker engagieren und im Rahmen seiner Praxis etwa *Gesamttreffen einrichten.* Er würde dann Selbsthilfegruppen sowohl anregen als auch sich mit ihnen beraten.

Die Kapazität eines einzigen Therapeuten wäre dadurch um ein Vielfaches erhöht. Das Wissen, die Erfahrung und das Können des Spezialisten käme auf diese Weise wesentlich mehr Menschen zugute als in der traditionellen Praxis.

Nachfolge-Selbsthilfegruppen und stationäre Versorgung

Auch in der stationären Versorgung hat sich im Laufe eines mehrwöchigen Aufenthaltes eine intensive Arzt-Patient-Beziehung hergestellt. Auch hier wird oft mit Gruppentherapie gearbeitet. Die Verhältnisse sind also zum Teil ähnlich wie in einer ärztlichen Praxis. Ein bisher vor allem von der psychiatrischen Versorgung kaum bewältigtes Problem ist der Übergang von der stationären Behandlung zum Wiederanfang draußen. Schilderungen von Ärzten und Patienten vermitteln den Eindruck, daß die intensive Arzt-Patient-Beziehung während der stationären Zeit, ja überhaupt das Leben innerhalb des vielfältigen Beziehungsgeflechts einer Institution eigentlich immer zu früh und zu abrupt beendet werden muß. Die Trennung verursacht oft einen traumatischen Schaden, in der Enttäuschungswut und negative Übertragung auf alle Formen der Therapie, Kränkung und Selbstwertverlust, depressive Verstimmungen, Rückzug und Resignation so stark werden können, daß sie nicht nur die Wirkung der Therapie zunichte machen, sondern oft einen noch schlimmeren Zustand hervorrufen als den, der seinerzeit zur stationären Therapie führte. Nicht zufällig haben sich ja besonders für diesen kritischen Übergang Selbsthilfegruppen gebildet (zum Beispiel Recovery, Inc.; Homecoming, Inc. usw.). In Gießen war schon 1972 eine Selbsthilfegruppe ehemaliger psychiatrischer Patienten, ganz unabhängig von unseren Initiativen, entstanden. Sie gehört zu den stabilsten Gruppen und existiert als halbgeschlossene Selbsthilfegruppe für seelische Gesundheit (Emotions Anonymous) bereits acht Jahre.

Es hat einige Vorteile, wenn es gelingt, während der stationären Therapie in möglichst geschlossenen Gruppen zu arbeiten, weil die Mitglieder einer solchen Gruppe am besten als Nachfolge-Selbsthilfegruppe weitermachen können. Die erwähnte Trennungssituation wird dann weniger schmerzlich empfunden: Die Mitglieder trennen sich von der Institution und lösen sich aus der Arzt-Patient-Beziehung, aber nicht aus der Beziehung untereinander. Darüber hinaus wird die in der Zwischenzeit erworbene psychologische Fähigkeit der Gruppe weiterhin genutzt. Die Gefahr, daß sich die Teilnehmer weiterhin als »psychiatrische Fälle« stigmatisiert fühlen, ist bei Selbsthilfegruppen nicht so groß wie bei den offiziellen Patientenclubs, weil in ihnen die Gruppenselbstbehandlung eigenständig und anonym durchgeführt wird (Wechsler, 1960; Fengler, 1977).

An der Psychotherapie-Abteilung des Psychiatrischen Krankenhauses Gießen versuchte ein Psychotherapeut, Nachfolge-Selbsthilfegruppen in dieser Weise anzuregen. Dabei zeigte sich, wie entscheidend es ist, in welcher Weise der Therapeut den Übergang handhabt. Bleibt der Therapeut eine zu starke Beziehungsfigur, ist die meist unbewußte reaktive Enttäuschung der Gruppe so groß, daß die Selbsthilfegruppe nur als schaler Ersatz für Arztverlust angesehen und nicht akzeptiert wird. Es scheint deshalb günstig, die Therapiegruppen *von Anfang an auf die Möglichkeit aufmerksam zu machen, nach Ablauf der stationären Zeit eine Selbsthilfegruppe zu bilden.*

Ganz anders reagierte eine Nachfolge-Selbsthilfegruppe nach Abschluß der Behandlung auf unserer Psychosomatischen Station. Sie wollte zunächt keinerlei Kontakt mit Gesamttreffen und Experten haben, um sich wirklich abzulösen und unabhängig zu werden. Therapeuten geraten dann in eine eigenartig irritierte Verfassung. Doch ist es sicherlich besser, den Ablösungswunsch zu respektieren und der Gruppe die Selbständigkeit zu ermöglichen, als aus Angst vor den eventuellen Konsequenzen therapeutische Gespräche einzurichten und damit die Gruppenselbstbehandlung zu behindern.

Das Problem, welche Einstellung die Experten den Selbsthilfegruppen gegenüber haben, wird bei stationären Behandlungen noch gravierender, weil eine latent vorhandene Ablehnung bzw. Rivalität unter den Experten im Hinblick auf Selbsthilfegruppen eine Atmosphäre schafft, die das Selbsthilfeprinzip von vorneherein vergiften kann. Es ist deshalb wichtig, daß sich zunächst das *ärztliche und pflegerische Personal in gemeinsamen Sitzungen über eine Selbsthilfegruppen-Initiative ausspricht*. Hier können unterschiedliche Auffassungen geklärt werden. Es ist von erheblicher Bedeutung, daß der gesamte Mitarbeiterstab eine ambivalenzoffene und faire Haltung zu der Frage einnimmt, ob Selbsthilfegruppen gefördert werden sollen oder nicht. Offen geäußerte Skepsis, die auch den entgegengesetzten Standpunkt akzeptiert, ist für die Patienten besser als latente Ablehnung.

Koordinierte Selbsthilfegruppen und koordinierte Sitzungen in der stationären und ambulanten Versorgung

Im Rahmen der stationären Versorgung, aber auch bei der ambulanten Behandlung durch niedergelassene Therapeuten oder Polikliniken sind koordinierte Selbsthilfegruppen eine besondere Chance. Sie laufen jedoch in besonderem Maße Gefahr, völlig in der unbemerkten Abhängigkeit von Therapeut oder Institution zu bleiben, das heißt, sich zwar Selbsthilfegruppen zu nennen, es aber nicht wirklich zu sein *(unauthentische Selbsthilfegruppen)*.

Die besondere Chance ist durch die frühzeitige, in den Behandlungsverlauf integrierte Mobilisierung des therapeutischen Potentials der Patienten gegeben. Damit kann die professionelle Behandlung die zukünftige Selbsthilfegruppen-Arbeit vorbereiten. Das schadet auch jenen keinesfalls, die später an einer Teilnahme nicht interessiert sind. Nach den Erfahrungen von Azya L. Kadis (1959) zählt im übrigen weniger der Gewinn im Hinblick auf die Befähigung zur Gruppenselbstbehandlung; vielmehr wird durch die koordinierten Sitzungen der therapeutische Prozeß während der professionellen Behandlung intensiviert (s. S. 180ff.).

Es gibt, wie erwähnt, drei Formen von koordinierten Sitzungen. Gruppensitzungen ohne den Therapeuten können entweder zu einem Extratermin (alternierende Sitzungen) oder aber direkt vor (Pre-Meeting) bzw. direkt nach (Post-Meeting) den therapeutengeleiteten Behandlungsstunden stattfinden. Von *koordinierten Selbsthilfegruppen* wird man nur in seltenen Fällen sprechen können, meist handelt es sich um koordinierte Sitzungen (vgl. S. 180ff.).

Das Beispiel aus dem erwähnten Bremer Krankenhaus Ost macht dies besonders deutlich: In diesem großen Klinikkomplex hatten sich tatsächlich spontane Selbsthilfegruppen der stationären Patienten gebildet. Die Voraussetzungen für ihre Autonomie schienen damit besonders günstig. Doch man muß die therapeutische Gesamtsituation beachten. Die Patienten, die sich spontan zu einer Selbsthilfegruppe zusammenfinden, geraten in einen ernsten Rollenkonflikt: Sie sind die ganze Zeit über noch Patienten und müssen sich, ob sie wollen oder nicht, in Abhängigkeit vom therapeutischen Personal empfinden. Umgekehrt können auch Ärzte und Pflegepersonal ihren Patienten gegenüber nie die Rolle eines gleichberechtigten Partners einnehmen, weil sie ja nach wie vor in der juristischen Verantwortung bleiben. So konnte man auch in Bremen davon ausgehen, daß die spontane Selbsthilfegruppen-Bildung eine spezifische Mitteilung an die Ärzte enthielt und insofern einen agierten Appell darstellte. Zu vermuten wäre etwa, daß die Patienten im Sinne einer Gegenabhängigkeit eine Art Protest inszenierten. Da sich die Ärzte dann trotz ihrer Verunsicherung ausgesprochen bereit zeigten, die Gruppen zu fördern, könnte man eine Überselbständigkeits-Kollusion in der Arzt-Patient-Beziehung annehmen (vgl. S. 166).

Durch solche Komplikationen sollte man sich aber keinesfalls entmutigen lassen. Es kommt darauf an, daß die Patienten und das gesamte Personal diese Lage erkennen und verstehen, um dann in besserer Einsicht weiterzuarbeiten. Auf alle Fälle wird in alternierenden Sitzungen die Selbständigkeit geprobt, auch wenn man dabei nicht von einer wirklichen Selbsthilfegruppe sprechen kann. Die Vorteile für eine spätere Nachfolge-Selbsthilfegruppe und für die Behandlung selbst bleiben erhalten.

Im Rahmen der ärztlichen Praxis sind koordinierte Selbsthilfegruppen dann gegeben, wenn das Ausmaß der Gruppenselbstbehandlung die Arbeit mit dem Therapeuten überwiegt. Ein Nervenarzt in Bielefeld zum Beispiel bereitet seine Patienten in kurzfristiger Gruppenarbeit gezielt auf Selbsthilfegruppen vor. Er arbeitet inzwischen mit elf Selbsthilfegruppen zusammen. Diese Zusammenarbeit findet aber nicht im Sinne einer Selbsthilfegruppen-Beratung in einem Gesamt-treffen statt, vielmehr handelt es sich um unmittelbare therapeutische Arbeit in Form einer monatlichen therapeutengeleiteten Sitzung. Die Patienten äußerten sich über diese Form der Behandlung sehr positiv (Gülicher und Menninger, ARD 31. 3. 1978). Bei wöchentlichen Gruppensitzungen ist das Verhältnis von Selbsthilfegruppen-Arbeit zur professionellen Behandlung 3:1, so daß man hier tatsächlich von koordinierten Selbsthilfegruppen sprechen kann. Therapeuten haben es naturgemäß oft nicht leicht, koordinierte Sitzungen oder gar Selbsthilfegruppen zuzulassen (vgl. S. 180); aber auch die Gruppen können ihre Schwierigkeiten haben. Jede der drei Formen von koordinierten Sitzungen hat ihre spezielle Dynamik. Man sollte deshalb mit der Gruppe schon möglichst vor Beginn der Behandlung die Situation klären. Post-Meetings finden spontan sehr häufig statt. Für eine koordinierte Sitzung ist es ganz entscheidend, daß wirklich alle Mitglieder teilnehmen (Vermeidung von Untergrup-penbildung) und wesentliche Momente auch in der Sitzung mit dem Therapeuten zur Sprache kommen. Pre-Meetings sind in der Regel spannungsgeladener und stoßen auf größeren Widerstand – eben weil sie als Anlaufphase (warming up) für die Therapiesitzung ideal sind. Sie kommen deshalb seltener zustande. Wie erwähnt, haben A. Wolf und E. K. Schwartz (1962) eine psychoanalytische Gruppentherapie entwickelt, in der eine therapeutische Sitzung mit einer Sitzung ohne Therapeuten abwechselt. Koordinierte Selbsthilfegruppen oder -sitzungen sind sehr geeignete Übungsformen zwischen professioneller Behandlung und Selbsthilfegruppen-Arbeit. Sie könnten den Ver-bund zwischen Experten und Selbsthilfegruppen gut unterstützen, weil sie sozusagen Brücken bilden zwischen selbständiger Gruppenar-beit und Experten und weil sie das Heraustreten aus den angestamm-ten Therapeuten- und Patientenrollen nicht so radikal erfordern.

Zum Leistungsumfang des Verbundes
im Bereich der Psychotherapie und Psychiatrie

Im Jahre 1976 schätzten Experten die Anzahl der Selbsthilfegruppen in den Vereinigten Staaten auf eine halbe Million (Katz und Bender, 1976). Das entspräche mindestens fünf, wahrscheinlich eher zehn Millionen Mitgliedern. Da es sich bei all diesen Gruppen um die Lösung psychosozialer Konflikte handelt, dürften Selbsthilfegruppen in der psychosozialen Gesamtversorgung inzwischen ein weitaus gewichtigerer Faktor geworden sein als die professionelle Therapie.

Für einen Selbsthilfegruppen-Experten-Verbund läßt sich anhand unseres Gesamttreffens etwa berechnen, was eine einzige Fachkraft leisten kann: Das Gesamttreffen findet einmal monatlich, meist abends außerhalb der Berufszeit, statt und dauert etwa zwei Stunden. Es genügt, wenn jeweils ein Arzt, ein Psychologe, ein Sozialarbeiter oder eine Schwester anwesend ist. Zum Gesamttreffen kommen ein bis drei Vertreter einer Gruppe. Es ist arbeitsfähig bis zu einer Größe von dreißig Personen. Mit etwa zehn Gruppen wäre die Kapazität eines Gesamttreffens also ausgeschöpft. Da zu einer Gruppe sechs bis zwölf Personen gehören, kann also ein Experte in einer zweistündigen Beratung pro Monat bis zu 120 Personen zur Verfügung stehen. Das eröffnet neue Perspektiven für viele Bereiche der psychotherapeutischen und psychiatrischen Versorgung.

6 Organmedizin

»Der Arzt ist nur der Helfer,
der Patient selbst aber der Arzt« (Hippokrates)

Die Medizin hat im Laufe des letzten Jahrhunderts enorme Erfolge errungen. Die großen Infektionskrankheiten werden weitgehend beherrscht; physiologische und pharmakologische, technologische und operative Entwicklungen haben zahllose Leiden gemildert und die Lebensdauer verlängert. Ich glaube, daß viele von uns darüber ein Gefühl von Dankbarkeit und großer Erleichterung empfinden.
Doch haben diese Erfolge, wie wir inzwischen erkannt haben, ihre großen Schattenseiten. Fasziniert von den unbestreitbaren Siegen der Medizin bemerken wir kaum noch, daß die ärztliche Behandlung heute extrem einseitig geworden ist: Sie widmet sich fast ausschließlich den körperlichen Vorgängen, und sie isoliert diese vom alltäglichen seelischen und sozialen Lebenszusammenhang der Kranken. Dadurch macht sie sich unfähig, die eng miteinander verflochtenen Wechselwirkungen körperlicher, seelischer und sozialer Krankheitsbedingungen zu erfassen.
Die Beschränkung auf den Körper gehört, obwohl man inzwischen begonnen hat, auch psychosoziale Faktoren mit einzubeziehen, noch immer zur medizinischen Grundauffassung. Dies und nicht böse Absicht der Beteiligten bringt das große Dilemma der ärztlichen Versorgung mit sich. Wenn der Mensch lediglich als ein komplexer physiologischer Apparat wahrgenommen wird, ist die ganzheitliche Arzt-Patient-Beziehung verloren. Ob Ärzte es wollen oder nicht, sie

beziehen sich nur auf einen Teilaspekt des Menschen. Folgerichtig spielt in einer derart funktionalisierten Beziehung das ärztliche Gespräch kaum noch eine wesentliche Rolle. Eine unmittelbar menschliche Beziehung wird aufgrund dieses Medizinkonzeptes überflüssig, auch wenn wir uns noch so sehr dagegen sträuben. Wenn wir beklagen, daß in der Praxis und am Krankenbett das Arzt-Patient-Gespräch zu kurzen Bemerkungen verstümmelt ist, kritisieren wir damit auch eine nur am Körperlichen orientierte Medizin. Wo die Physiologie absolut geworden ist, muß die Medizin stumm werden (Lüth, 1974). Es bleibt dann nur noch, das Fachwissen in ärztliche Anordnungen umzusetzen, und dazu bedarf es keiner Beziehung. Sie könnte bestenfalls den Patienten dazu bewegen, den Weisungen zu folgen und wiederzukommen. Der Rahmen, den sich die Medizin gesteckt hat, führt also zu einem genau umrissenen Arzt-Patient-Verhältnis. Funktionalität, Distanz und Unpersönlichkeit sind die Folge. Wenn wir den Menschen aus seinen seelischen und sozialen Bezügen lösen, menschliches Verhalten, Erleben und Handeln im Hinblick auf Krankheit und Gesundheit als unwesentlich auffassen und uns ganz auf seine physiologische Apparatur konzentrieren, dann muß das Verhältnis des Arztes zum Patienten mehr oder weniger der Beziehung gleichen, die ein Maschinist zu seiner Maschine hat. Fast alles, was heute die Krise der Medizin ausmacht, folgt daraus:
– Aufwendige Technisierung, wodurch die Ärzte zu Mediziningenieuren und die Kranken zu Objekten werden;
– Spezialisierung, die dazu führt, daß Ärzte immer mehr von immer weniger wissen;
– hierarchisches Gefälle zwischen dem Arzt – der über alles Wissen verfügt und alle Verantwortung trägt – und dem Patienten, der den Anordnungen passiv, mehr oder weniger hilflos und unselbständig folgen muß;
– expansive Medikation, die als logische Konsequenz der Körperorientierung in der Medizin die Ärzte unter den mächtigen Einfluß der Pharmaindustrie bringt;
– hochbürokratische Zentralisierung der gewaltigen Kliniken, vor denen inzwischen nicht ganz zu Unrecht 50 Prozent der Bundesbürger Angst empfinden (Noelle-Neumann, 1978).
Es ist klar, daß wir alle im Krankheitsfall die besten Medikamente und die fortschrittlichsten Technologien wünschen bzw. bereitstellen sollten. Keiner möchte wohl im Ernst darauf verzichten. Das Problem liegt in der Einseitigkeit, in der Ausschließlichkeit, also darin, daß die Medizin nichts anderes mehr zu kennen scheint als technische Hilfe

und Rezeptur. Sowohl die Ärzte wie auch die meisten Laien sind dieser Fixierung auf die raffinierte Mechanik der Medikamente und Apparaturen schon so erlegen, daß alles, was nicht dazu gehört, Befremden auslöst. Die moderne Medizin ist nicht in der Lage, die psychosozialen Momente bei der Entstehung von Krankheiten richtig einzuschätzen. Da jedoch die entscheidenden Ursachen unserer Krankheiten gerade darin zu suchen sind, fehlt der Körpermedizin ein wesentlicher Ansatz zur Vorbeugung und zur Heilung. Wenn ein Arzt die jahrzehntelange psychosoziale Vorgeschichte eines Leidens, das sich schließlich als körperliche Krankheit niederschlägt, nicht erfassen kann, kann er *weder kurativ noch präventiv wirken.* Herzinfarkt und Kreislaufkrankheiten, Lungenkrebs und Leberzirrhose, Zuckerkrankheit und Zwölffingerdarmgeschwüre sind nicht der Beginn, sondern das Ende einer langjährigen Erkrankung. An diesem Punkt zeigt sich der vielleicht folgenschwerste Nachteil der einseitigen Körperorientierung: *Fast die gesamte Medizin hat sich darauf spezialisiert, nachträglich zu reparieren, anstatt die Gesundheit zu erhalten.*

An der Endstrecke körperlicher Folgeschäden versammeln die Ärzte ein kaum noch überschaubares medizinisches Wissen zu einem verspäteten Gefecht.

Eine erste Lücke in der heutigen Medizin entsteht also dort, wo sie vor allem wirksam werden sollte: im Bereich der Krankheitsentstehung. Eine zweite Lücke ergibt sich aus ihrer Hilflosigkeit, mit jenen umzugehen, die sie aufgrund ihrer Fortschritte vor dem Tode bewahrt und repariert hat. Wer mit ihrer technischen Hilfe gerettet wurde, bleibt allein. Die Medizin muß die wachsende Anzahl chronisch Kranker und durch Krankheit behinderter Menschen ihren oft sehr großen seelischen, familiären und sozialen Belastungen, die sich daraus ergeben, selbst überlassen. Sie hat kaum Möglichkeiten, jene Notlage ihrer Patienten wahrzunehmen, die paradoxerweise ein Ergebnis ihrer erfolgreichen Behandlung ist. Heilpraktiker und andere Nicht-Schulmediziner haben entsprechend großen Zulauf.

All dies führt zu einem Befund, als dessen Hauptmerkmal sorgfältige Beobachter des heutigen Medizinsystems *eine wachsende Kluft zwischen medizinischem Handeln und dem Bedürfnis der Kranken* festgestellt haben. Die Medizin hat sich verselbständigt. Ihre eigenen Interessen entfernen sich von den Interessen derer, für die sie zu sorgen hat. Symbolisch dafür ist der Tagesrshythmus eines Krankenhauses, der dem Alltagsleben und besonders den Bedürfnissen der Kranken so sehr widerspricht, daß er als erhebliche zusätzliche Belastung bezeichnet werden muß. Manche Kritiker gehen so weit zu behaupten, daß die schädlichen Nebenwirkungen der Medizin ihre heilende Wirkung längst übertreffen. Berufsethos und Fachwissen haben sich vom Kranken losgelöst und entwickeln sich ohne deren Mitwirkung weiter (Freidson, 1979). Daß es so weit kommen konnte, liegt nicht zuletzt an der Polarisierung der Rollen von Arzt und Patient. Der Patient, um den es doch eigentlich gehen sollte, wird weitgehend ausgeschaltet, weder seine Bedürfnisse noch seine eigenen Aktivitäten können der Medizin zugute kommen. In einem solchen ungleichgewichtigen Verhältnis wird der eine überfordert, der andere unterfordert. Das kennzeichnet die Situation der modernen Medizin: Ihre Dienstleistungen nehmen ein Ausmaß an, das kaum noch zu bewältigen ist; die ärztliche Versorgung ist voll in unsere »unheimlich bediente Gesellschaft« (McKnight, 1979) eingegliedert. Die Betroffenen werden ihrer eigenen Gesundheit und Krankheit gegenüber in einer so starken Passivität gehalten, daß seit Jahren von einer Entmündigung durch die Experten die Rede ist (Illich u. a., 1979).

Das Verhalten der Menschen ist aber nicht durch Anordnungen, Vorschriften und Verschreibung zu ändern. Eine Entziehungskur rettet kaum einen Alkoholiker, das Gefängnis kaum einen Drogenabhängigen. Dem Übergewichtigen steht der Praktiker mit seinen Ratschlägen hilflos gegenüber. Machtlos muß er gerade seine leistungsfähigsten Klienten mit ihrem streßinduzierenden Verhalten auf den Herzinfarkt zuleben sehen. Wahrscheinlich sieht er den erhöhten Cholesterinspiegel als erbgenetisch fixierte Größe, bestenfalls abhängig vom Nahrungsfett, nicht aber als ein Symptom der Risikopersönlichkeit. Was kann die Körpermedizin schon tun gegen die zunehmende Erkrankungsbereitschaft der Menschen, die mitbedingt ist durch die ständig zu bewältigenden Lebensveränderungen (Rahe, 1972)?

Es gibt nur einen Ausweg: Der Patient muß als gleichberechtigter Partner die Verantwortung für sein krankmachendes Verhalten selbst übernehmen, sein Recht auf Gesundheit muß durch eine Pflicht zur Gesundheit ergänzt werden und er muß sich durch eigene Aktivität zum Kotherapeuten entwickeln. So könnte der Satz des Hippokrates wieder Gültigkeit erlangen: »Der Arzt ist nur der Helfer, der Patient selbst aber der Arzt.«

All die angeführten Faktoren sorgen für die Kostenexplosion des Gesundheitswesens. Obwohl die Kostensteigerung nur ein Folgesymptom ist und damit die letzte Konsequenz einer aufs Körperliche beschränkten Behandlung, zeigt sie vielleicht am deutlichsten die

Sackgasse. Spätestens wenn die Gelder nicht mehr vorhanden sind, ist die Entwicklung zur *Perfektionierung einer Teilmedizin* am Ende. Die Erkenntnis, daß die Medizin in eine tiefe Krise geraten ist, daß es so nicht weitergehen kann, setzt sich allerdings langsam durch. Die sogenannten psychosozialen medizinischen Disziplinen – Psychosomatik und Psychotherapie, Medizinische Psychologie, Medizinische Soziologie und Sozialmedizin – haben an Bedeutung gewonnen und unser Bewußtsein dafür geschärft, daß sich Krankheit und Gesundheit aus dem Zusammenleben der Menschen ergeben. Daß diese Disziplinen inzwischen auch in die Pflichtstudienfächer der Medizinstudenten aufgenommen wurden, belegt den beginnenden Wandel. Auch die Ärzte werden für die seit jeher geforderte Schwerpunktverlagerung der Medizin in Richtung Prävention aufgeschlossener. Damit aber kommt die Medizin in einen Konflikt mit sich selbst: Sie wird die Körperorientierung um eine psychosoziale Orientierung erweitern müssen. Vielleicht muß die Medizin der Zukunft ihren Auftrag darin sehen, menschliche Bindungen zu stärken, dem Menschen neue Orientierungen zu geben und die Lebenssituation der Menschen aktiv mitzugestalten.

Dieser Auftrag kann natürlich nicht an die Stelle der bisherigen medizinischen Aufgaben treten, er muß diese vielmehr ergänzen, sie entlasten und damit nicht zuletzt kostendämpfend wirken. Ich möchte in diesem Zusammenhang noch einmal daran erinnern, daß die Krankenkassen die Kosten für Psychotherapie nur deswegen übernommen haben, weil nachzuweisen war, daß sie damit selbst Gelder einsparen: Wer sich einer Psychotherapie unterzieht, erkrankt seltener und wenn, dann meist leichter, und muß weniger oft im Krankenhaus behandelt werden (Jorswieck und Dührssen, 1965). Die Psychotherapie leistet also wirksame Prävention für die Organmedizin (vgl. Moeller, 1980c).

Während die globale Richtung sich klar abzeichnet, muß man sich jedoch fragen, was im einzelnen und konkret getan werden kann. Es ist ganz ausgeschlossen, für die enorme Ausweitung des medizinischen Bezugsfeldes und damit für die sprunghafte Vergrößerung des betroffenen Personenkreises genügend psychosoziale und psychotherapeutische Einrichtungen aufzubauen und Experten zur Verfügung zu stellen. Mit der heutigen wie mit der künftigen Ausbildungskapazität ist dies kaum möglich, ein vielleicht nicht ungünstiger Umstand; denn allen Kapazitätserwägungen voran stellt sich eine wesentlichere Frage: ob eine totale Versorgung durch Experten überhaupt wünschenswert wäre.

Diese kurze Skizzierung der medizinischen Strukturkrise macht deutlich, daß der ärztlichen Versorgung in den langfristigen Gesprächsgruppen von Betroffenen bereits eine wesentliche, ergänzende Hilfe herangewachsen ist. Dies gilt besonders für die beiden nicht abgedeckten Bereiche: für die vorbeugende Klärung von Konflikten einerseits und die Verarbeitung einer chronischen Erkrankung oder Behinderung andererseits. Dafür werden die Kranken selbst Verantwortung tragen müssen. *Die selbstbestimmte Änderung des eigenen Verhaltens und der eigenen Lebenssituation bei optimaler Information durch den Experten wird die Heilmethode der Zukunft werden müssen.* Eine Befragung, wie und durch wen die Lebensweise am besten beeinflußt werden könne, führte zu folgenden Ergebnissen: »Mit 75 Prozent steht hier der Arzt an erster Stelle, gefolgt vom Fernsehen (ca. 70 Prozent), Kassen/Behörden (33 Prozent) und Zeitungen/Zeitschriften (20 Prozent)« (Weiss, Büchler, Gründler, 1979). Der große Einfluß der Massenmedien, aber auch die Schlüsselposition des Arztes wird durch diese Resultate belegt. Das therapeutische Team der Zukunft darf nicht nur aus koordinierten medizinischen Spezialisten bestehen, sondern aus multiprofessionellen Expertengruppen *und* gleichberechtigten betroffenen Laien. Die steuernde Mitbestimmung der Kranken im Dienste einer fruchtbaren Weiterentwicklung der Medizin forderten der Sozialpsychiater Hans Strotzka (1969) und der Medizinsoziologe Erik Freidson (1979). Selbst wenn man die Effektivität der Selbsthilfegruppen vorsichtig einschätzt, werden sie wegen ihres präventiven Charakters im Gesundheitswesen Kosten in Milliardenhöhe einsparen.

Zweiteilung der Versorgung: technische und persönliche Hilfe

Eine Situation aus dem Alltag der Medizin: »Ein Mann wird Opfer eines Verkehrsunfalls. Nach ausgiebiger ärztlicher Versorgung fragt man ihn im Krankenhaus: ›Wer ist Ihr Arzt?‹ Der Mann antwortet: ›Ob mich auf der Straße jemand versorgt hat, weiß ich nicht, weil ich ohnmächtig war. Wer mich operiert hat, weiß ich nicht, weil ich in Narkose lag. Danach hat sich der Anästhesist um mich gekümmert. Einer hat mich geröntgt, einer meine Augen untersucht. Ein Neurologe, nehme ich an, hat mein Gedächtnis anhand eines Fragebogens geprüft. Ich würde gerne mit einem Arzt über meinen Zustand sprechen und über meine gesundheitliche und berufliche Zukunft – aber ich weiß nicht, mit wem‹« (*Frankfurter Rundschau*, 4. 3. 78). Der

Patient war nach seinem Hausarzt gefragt worden, aber er charakterisierte, ohne dies zu wissen und ohne es zu wollen, den Zustand des derzeitigen Medizinbetriebes.

Die Organmedizin steht heute praktisch stellvertretend für die gesamte Medizin. An ihr wird deutlich, daß die fortschreitende Spezialisierung der Heilkunde zu einer fast vollständigen Spaltung zwischen Körper und Seele geführt hat. So repräsentiert die Medizin als institutionelle Organisation ein einseitiges, ja falsches Konzept, denn die Auffassung, »Körper« und »Seele« könnten säuberlich voneinander getrennt werden, ist auch in der Theorie unhaltbar. Nicht einmal im anorganischen Bereich hat es »Vorläufer von Körperlichem ohne Vorläufer von Seelischem gegeben« (Rensch, 1974; von Ditfurth, 1976). »Geist« oder »Seele« sind nicht unabhängig vom Körper plötzlich dagewesen. Vielmehr sind sie Eigenschaften einer besonders differenzierten Organisation, die kontinuierlich auf vorangegangenen Stufen aufbaut. Wir könnten das Körper-Seele-Problem den Philosophen oder Theologen überlassen, wenn nicht eben diese Dichotomie, die zu einer allgemeinen Vorstellung geworden ist und im medizinischen Alltag ununterbrochen eingeübt wird, so verheerende Wirkungen hätte. Und es ist nicht abzusehen, daß die Aufspaltung in eine Seelenmedizin und eine Körpermedizin fürs nächste aufgehoben wird. Wohl nicht zuletzt vor diesem Hintergrund hat Tom Dewar (1976) zwei einfache Formen der Hilfe unterschieden: die technische Hilfe und die persönliche Hilfe. Die technische Hilfe wird in der Regel von den Professionellen, den Spezialisten geboten. Sie setzt besondere Fähigkeiten, Techniken und Werkzeuge voraus; und sie kann nur selten eine wechselseitige Hilfe sein. Sie setzt von vornherein eine ungleichgewichtige Beziehung zwischen Helfenden und Hilfsbedürftigen voraus. Die persönliche Hilfe dagegen umfaßt den ganzen Menschen, nicht nur einen kleinen Teil. Sie versucht zu verstehen und zu stützen, und sie ist in der Regel wechselseitig.

Je höher der Grad der Spezialisierung ist, um so offenkundiger wird der Unterschied zwischen technischer und persönlicher Hilfe. Als klassisches Beispiel können wir den Chirurgen ansehen. Er soll zum Beispiel eine Magenoperation vornehmen. Mit dieser Handlung nimmt er eine sehr präzise, hochspezielle Beziehung zum Patienten auf. An einer ganzheitlichen, persönlichen Beziehung mag ihm als Arzt gelegen sein; als Operationstechniker liegt sie außerhalb seines Blickfeldes. Wir können dieses kleine Beispiel ohne große Verzerrung auf die gesamte Organmedizin übertragen. Dann bleibt die Frage: Wer behandelt denn nun – nach, neben, zusammen mit dem erkrank-

ten Organ oder auch gesondert – den Menschen? Vernachlässigen wir einmal die kleine Schar der Psychosomatiker und Psychotherapeuten, dann kann man ohne Bedenken sagen: von den medizinischen Fachkräften keiner. Das ist die große Verlustzone der heutigen Medizin. Im Bereich der persönlichen Hilfe, das heißt im Bereich des Erlebens und Leidens, zur Bewältigung der zahllosen seelischen und sozialen Konflikte, die vor, mit und auch nach der Überwindung der organischen Erkrankung gegeben sind, bietet die organmedizinische Versorgung so gut wie nichts. Der Genesende oder der unheilbar Kranke muß mit seinem Schicksal selbst fertigwerden. Er ist auf das Verständnis seiner Angehörigen und Freunde angewiesen. Aber mit der Schrumpfung natürlicher Gruppen und dem Verlust ganzheitlicher Beziehungen zugunsten funktionaler Teilkontakte (siehe auch S. 283 ff.) ist diese Form der Unterstützung außerordentlich geschwächt worden. Entweder verlangt dieses »Selbsthilfenetz der Angehörigen und Nächsten«, man solle den Kopf hochhalten und sich zusammennehmen, oder es bricht noch früher als der Betroffene selbst unter der Belastung zusammen. Bei der Eröffnung des ersten europäischen Ausbildungs- und Rehabilitationszentrums zur psychosozialen Nachbetreuung Krebskranker in Heidelberg zog Mildred Scheel, die Gründerin der Deutschen Krebshilfe, eine erschütternde Bilanz, die das Versagen des »natürlichen« Netzwerkes von Angehörigen und Freunden dokumentiert: »Jede zehnte krebskranke Frau kann nach der Entlassung nicht mehr nach Hause zurückkehren, weil ihr Partner sie nicht mehr bei sich aufnehmen will. Krebskranke sind nach ihrer Rückkehr an den Arbeitsplatz häufig Diskriminierungen ausgesetzt. Freundschaften zerbrechen an Krebs. Ehen scheitern. Geschäftliche Verbindungen erkalten" *(Süddeutsche Zeitung, 27. 3. 1979)*. Dieses große Ausmaß an persönlichem Leiden machen wir uns selten klar. Wir lesen medizinische Statistiken und kommen über die flüchtige Frage, wie die Betroffenen medizinisch-technisch versorgt werden können, selten hinaus. Zigtausende werden jährlich durch Unfälle schwer verletzt oder behalten nach einer Operation lebenslange Behinderungen. Unzählige leiden Tag für Tag an ihren chronischen Erkrankungen. Allein wegen Durchblutungsstörungen zum Beispiel werden in der Bundesrepublik pro Jahr etwa 14000 Beinamputationen durchgeführt. Auch dies ist ein Gesicht der Massengesellschaft. Wie wird all dieses Leiden aufgefangen.?
Die medizinisch versorgten Erkrankungen und Verletzungen sind Zonen intensivsten Leidens. Es ist deshalb kein Wunder, daß sich gerade in diesem Bereich Selbsthilfegruppen gebildet haben.

Im folgenden will ich einige Beispiele für das Zusammenwirken von Selbsthilfegruppen und Organmedizin nennen, die jeder, der im Rahmen der Medizin tätig ist, leicht ergänzen kann. Fachleute sind ja gegenüber den Betroffenen in einer für die Bildung von Selbsthilfegruppen weitaus günstigeren Lage: Sie sind sozusagen die Durchgangsstation für die Betroffenen. Während die Patienten nach Abschluß der Behandlung – zum Beispiel in einer Klinik – an ihren Wohnort zurückkehren und nur in seltenen Fällen ihren Leidensgenossen wieder begegnen, haben die Experten die geradezu einmalige Gelegenheit, den Kontakt zwischen den Betroffenen zu fördern und auf den verschiedensten Wegen Selbsthilfegruppen anzuregen. Zumindest sollte »der niedergelassene Arzt die Anschriften von ortsansässigen oder im näheren Umkreis erreichbaren Selbsthilfegruppen von Patienten bereit haben« (Flörkemeier, 1979, S. 56).

Nach Operationen

Es existieren schon zahlreiche Selbsthilfegruppen-Organisationen in diesem Bereich der Organmedizin: für Frauen nach einer Brustkrebsoperation, für Personen nach einer Kehlkopfoperation, für Amputierte, für alle Personen, die einen künstlichen Darm erhalten müssen *(ILCO)* usw.

Die Selbsthilfeorganisationen brustkrebskranker Frauen versuchen nach Möglichkeit, eine erkrankte Frau schon im Krankenhaus zu erreichen. Das ist zum einen deshalb recht schwierig, weil die Bereitschaft der Institutionen zur Mitarbeit noch gering ist. Und zum andern ist es dann auch viel zu spät. Nach Aussage der Frauen liegt die schlimmste Zeit für sie zwischen Diagnose und Operation. (Allerdings wird diese Situation oft durch das Fachleuten wohlbekannte Phänomen der »Übernormalität« nach einem Schock – wie etwa auch nach einem schweren Verkehrsunfall – verschleiert.) Der richtige Zeitpunkt für ein erstes Kontaktgespräch mit einer Frau aus dem Selbsthilfekreis wäre also der Zeitpunkt der Diagnosestellung. Da Ärzte an die Schweigepflicht gebunden sind, bleibt ihnen nur der Weg, die Frau auf die Selbsthilfegruppen aufmerksam zu machen (siehe S. 195).

Das »große Loch«, die tiefe Depression und damit auch der Beginn einer seelischen Selbstkonfrontation folgt auf die Entlassung aus dem Krankenhaus. Die betroffenen Frauen erklärten, daß ihnen das kühle Ritual der Klinik, die Vorbereitung und Durchführung von Operation und Bestrahlung doch noch jenen zwangsjackenähnlichen Halt in tiefer Verzweiflung geboten hätten, den sie während dieser Zeit mehr denn je benötigten, anders aber nicht fanden. Das macht auf eine wenn auch sehr kärgliche psychotherapeutische Nebenwirkung unserer hochspezialisierten Apparatemedizin aufmerksam: Selbst sie bietet in Situationen der Verzweiflung noch so etwas wie Geborgenheit.

Darauf sollte sich die moderne Medizin allerdings keineswegs etwas zugutehalten – vielmehr wird hier offenkundig, wie dringend das seelische Bedürfnis nach einer Stützung in Situationen wie dieser ist. Die meisten betroffenen Frauen sehen nichts mehr vor sich als hoffnungsloses Elend. Sie sind seelisch in keiner Weise auf die neue Situation vorbereitet:

– nicht auf die körperliche und seelische Ermattung, die zunächst ein ganz anderes Verhalten im Alltag erfordert als früher, wenn sich die Depression nicht noch vertiefen soll;

– nicht auf die verständlicherweise immer wieder auftauchenden Selbstmordgedanken;

– nicht auf die hilflosen Reaktionen der Familienmitglieder, die dieser Situation ebenso verunsichert und unvorbereitet begegnen wie die betroffene Frau selbst (ein achtjähriger Junge wollte sich aufhängen,»weil die Mutti so verändert war«);

– nicht auf die verständliche tiefe Irritation des Partners, auf das Ausmaß der Belastung, die eine solche Krankheit für die Partnerschaft bedeutet; auf die in solchen Fällen immer wieder auftauchenden Scheidungsabsichten und vor allem nicht auf die monate-, oft jahrelange Störung der sexuellen Beziehung;

– nicht auf die andauernde, nur kurzfristig wegzuwischende zweifache Angst: die Angst vor dem Tod und die Angst vor einem Leben ohne den vollständigen, intakten Körper einer gesunden Frau;

– nicht auf die tiefe Kränkung durch diese Verletzung des eigenen lebensnotwendigen körperlichen Selbstwertgefühls;

– nicht auf den meist sehr versteckten, aber unvermeidlichen tiefen Neid auf die gesunden Frauen;

– nicht auf die verunsichernde und isolierende gesamte Lebenssituation, in der eine Frau nicht weiß, ob ihre Angehörigen – noch mehr aber ihre Kollegen am Arbeitsplatz – bei jedem kleinen, sonst für harmlos gehaltenen Anzeichen nicht gleich wieder Krebs vermuten;

– und nicht auf die innere Situation, das Gefühl, anders als die anderen und damit allein zu sein.

Gerade dies – die mehrfach bedingte seelische Isolation – ist für die meisten die schlimmste Folge der Erkrankung. Ihre Situation gleicht damit dem Schicksal vieler anderer Menschen, die schwerbehindert,

unfallverletzt oder chronisch krank sind. Gerade dieser inneren Ver-
einsamung kann in psychologisch-therapeutischen Selbsthilfegruppen
wirksam begegnet werden.

Weitere Gruppen wären denkbar und sicherlich hilfreich für Frauen
und deren Partner im Bereich der operativen Frauenheilkunde – zum
Beispiel nach Gebärmutterentfernung. Viele Frauen befürchten ja
fälschlicherweise immer noch, daß nach einem solchen Eingriff ihr
erotisches Leben beendet sei. Solche Vorurteile und Ängste können in
Selbsthilfegruppen geklärt werden.

Im Rahmen der Kinderheilkunde wurde 1970 in Deutschland der
Verein »Kind im Krankenhaus« gegründet, der inzwischen 50 aktive
Gruppen und 1500 Mitglieder umfaßt (Bieselt-Hubral, 1977). Der
Verein setzt sich in vielfältiger Weise für bessere Bedingungen für
Kinder im Krankenhaus ein. Er könnte wiederum Selbsthilfegruppen
für Eltern mit kranken Kindern anregen. (Im übrigen läßt sich am
Beispiel von »Kind im Krankenhaus« die große Bedeutung der
Medien für die Bildung von solchen Initiativen erkennen: 1968
erschien ein aufrüttelnder Bericht in der *Frankfurter Rundschau*, der zur
Gründung dieses Vereins führte.)

Nach Unfällen

Hier gibt es bereits die »Society for Rehabilitation of the Facially
Disfigured«, also für Menschen, die gesichtsentstellende Verletzungen
erlitten haben. Unfälle im Straßenverkehr, im Haushalt und am
Arbeitsplatz betreffen jährlich Zigtausende. Auch da könnte man
schon während des Krankenhausaufenthaltes versuchen, Gruppengespräche der Betroffenen zu ermöglichen. Die Verletzten müssen den
seelischen Schock und die durch die Verletzung bedingten persönlichen, familiären und beruflichen Umstellungen bewältigen lernen.
Unter dem Aspekt der seelischen Gesundheit ist es eine schwere
zusätzliche Traumatisierung, wenn die Kranken über Wochen hinweg isoliert gehalten, das heißt, nur nach den Richtlinien der Körpermedizin versorgt werden. Es gibt heute auch genug technische Möglichkeiten, für bettlägerige Patienten Gruppengespräche einzurichten.
Wenn Konferenzschaltungen in der Wirtschaft und Kurzwellengeräte
für Kraftfahrer gang und gäbe sind, dann sollten sie erst recht für
Menschen in seelischer Not nutzbar gemacht werden. Natürlich ist
jede »geschaltete« Gruppe in ihrer dynamischen Wirkung nur ein
behelfsmäßiger Ersatz für die körperliche Anwesenheit anderer
Betroffener, aber in jedem Fall besser als die Isolation.

Unfallkrankenhäuser oder Unfallstationen könnten ähnlich den beschriebenen Katastrophen-Selbsthilfegruppen den Betroffenen ganz regulär die Chance zu Gesprächsgruppen geben. Hierbei kann das in den meisten Krankenhäusern vorhandene eigene Rundfunksystem sehr hilfreich sein im Sinne einer informierenden Vorbereitung (vgl. zu diesem Vorgehen von Troschke, Jünger, 1978 c).

Bei Behinderungen

Es gibt im Bundesgebiet bereits einige Organisationen für »äußere« Behinderungen, zum Beispiel den Verband »Sozialhilfe – Selbsthilfe Körperbehinderter«, den »Bundesverband für spastisch Gelähmte und Körperbehinderte«, das »Contergan-Kinderhilfswerk« usw. Auch die »Deutsche Gesellschaft zur Förderung der Hör- und Sprachgeschädigten«, der »Bund zur Förderung der Sehbehinderten e.V.«, der »Deutsche Blindenverband« usw. gehören dazu. Über dreißig Organisationen haben sich zu dem Dachverband »Bundesarbeitsgemeinschaft Hilfe für Behinderte« zusammengeschlossen. Leider läßt der Name nicht erkennen, daß es sich dabei um »Selbsthilfe der Behinderten« handelt.
In den Vereinigten Staaten ist das »Center for Independent Living« (CIL) wahrscheinlich das bemerkenswerteste und umfangreichste Selbsthilfeunternehmen für 2000 Personen mit Behinderungen aller Art (Kirschbaum u. a., 1976). In der BRD entsteht die »Lebensgemeinschaft Saasen e.V.«, eine hessische Dorfgemeinschaft, in der geistig Behinderte mit mehreren Personen in einem Haus als Familie zusammenleben (Schlitz-Richthof, *Frankfurter Rundschau*, 18. 2. 1978).
Es geht bei den Behinderten vor allem darum, von vornherein auszuschließen, daß sie in eine Gettosituation geraten, oder aber diese wieder aufzuheben. Ein durch Unfall querschnittsgelähmter Wissenschaftler, dessen Erwerbsfähigkeit zu 100 Prozent gemindert ist, spricht das klar aus: »Wir müssen uns selber helfen, um aus den Gettos herauszukommen« (*Stern*, 18. 8. 1977). Das gilt nicht nur für die ca. 35000 Querschnittsgelähmten in der BRD, sondern für alle Behinderten. Auch jene Patienten, die nur selten den Arzt aufsuchen und deren Leiden bzw. Behinderungen die Medizin machtlos gegenübersteht, sollten zu Selbsthilfegruppen motiviert werden – wie etwa die am Morbus Bechterew Erkrankten, deren ständig sich verschlimmernde Wirbelsäulenverkrümmung zu sehr bitteren seelischen Folgen führt.
Der Hartmann-Bund hat auf seiner Hauptversammlung 1980 zum

Auftakt des »Jahres der Behinderten« 1981 »dazu aufgerufen, sich engagierter und verantwortungsbewußter als bisher um die Behandlung und berufliche Wiedereingliederung und gesellschaftliche Integration von Behinderten und chronisch Kranken zu kümmern. Dabei sollten diese eng mit den Selbsthilfegruppen der Patienten zusammenarbeiten« (Clade, 1980).

Bei chronischen und erblichen Erkrankungen

Chronische Leiden machen fast die Hälfte aller Erkrankungen in der Bevölkerung aus (Bundesministerium für Jugend, Familie und Gesundheit, 1977). Hier ist eine ständige ärztliche Begleitung unerläßlich. Das therapeutische Bündnis zwischen einem Arzt und einem chronisch Leidenden hat einen ganz anderen Charakter als die kurzfristige Beziehung zu einem Akutkranken. Es geht dabei nicht allein um eine konsequente Anwendung langfristiger medizinischer Maßnahmen, es geht fast immer auch darum, den Patienten in seinem Bemühen um erhebliche dauerhafte Verhaltensänderungen zu unterstützen, angefangen von der Einhaltung einer Diät und regelmäßiger Selbstkontrolle bis hin zur Umstellung des gesamten Lebensstils. Das therapeutische Bündnis konfrontiert den Arzt mit allen psychosozialen Folgen einer chronischen Erkrankung, und so entsteht mit der Zeit eine enge wechselseitige Bindung.

In den Bereich der ärztlichen Dauertherapie gehört vor allem die Zuckerkrankheit (Diabetes), die Behandlung des Gelenkrheumas (chronische Polyarthritis), die langfristige Krebstherapie und schließlich auch Hauterkrankungen (z. B. Schuppenflechte) und neurologische Leiden wie die Multiple Sklerose und viele andere. Bei ihnen und bei zahllosen *Erbkrankheiten* wird das doppelte Ziel der Selbsthilfegruppen – seelische Verarbeitung und soziale Veränderung – besonders deutlich, da sehr häufig die Öffentlichkeit aufmerksam gemacht, die Forschung mobilisiert und institutionelle Erneuerung eingeleitet werden müssen. Die Liste der amerikanischen Selbsthilfegruppen-Organisationen ist hier schon beinahe endlos (siehe Anhang, S. 337 ff.). Es sieht so aus, als ob zu jeder Erbkrankheit und zu fast jeder chronischen Erkrankung eine Selbsthilfeorganisation entstanden wäre. Gewiß hat die Langfristigkeit dieser Krankheiten die Bildung von Selbsthilfegruppen stark gefördert. In der Bundesrepublik sind in der »Arbeitsgemeinschaft Hilfe für Behinderte« auch zahlreiche Selbsthilfeorganisationen für Erbkrankheiten und chronische Krankheiten zusammengefaßt, etwa die »Hämophilie-Gesellschaft«, die »Deutsche

Sektion der Internationalen Liga gegen Epilepsie«, die »Deutsche Multiple-Sklerose-Gesellschaft« und der »Interessenverband der Dialysepatienten Deutschlands e.V.«. Allerdings ist bei uns im Vergleich zu den Vereinigten Staaten das Angebot an Selbsthilfegruppen in dieser Hinsicht noch nicht so breit gefächert.

In Berlin hat sich vor kurzem eine »Selbsthilfe von Anfallkranken« als gemeinnütziger Verein gebildet, die von zwei Experten, einem Erzieher und einem angehenden Arzt, die selbst Betroffene sind, angeregt wurde. Ihrer Selbstdarstellung entnehme ich einige Abschnitte:

»Wie ist unsere Gruppe entstanden? Ein betroffener Erzieher (der wegen möglicher beruflicher Nachteile nicht genannt werden möchte) und Robby (Medizinstudent) hatten die Idee. Robby erzählte es Ruprecht, der wieder Barbara und dann waren wir bald 15. Elf Betroffene, Konrads Frau und drei aus dem medizinischen Bereich (Gesundheitsarbeiter). Jeden Montag von 19.30 bis 22.00 Uhr haben wir die Probleme, die es mit sich bringt, in unserer Gesellschaft als ›Epileptiker‹ zu leben, und die Schwierigkeiten der einzelnen in der vergangenen Woche besprochen.

Ziele: Unsere Schwierigkeiten rühren her aus Vorurteilen, die unsere greifbare Behinderung umschließen. Diese besteht darin, daß wir kurze Zeit, längstens einige Minuten, außer Gefecht sind. Unterstellt wird uns aber geringe Leistungsfähigkeit, Unberechenbarkeit und vieles mehr. Hier wird aus einer Mücke ein Elefant gemacht. Diese Vorurteile haben bei uns Spuren hinterlassen. Wenn wir uns zum Beispiel um eine Arbeitsstelle bewerben, sind wir unsicher, wie der Arbeitgeber reagiert, wenn wir ihm unsere Behinderung mitteilen. Oft verschweigen wir sie deshalb. Bekommen wir einen Arbeitsplatz, dann hat dies oft einen Beigeschmack von Gnade oder Wohlwollen. Viele von uns haben außer ihren nächsten Angehörigen keine Freunde. Es ist für uns schwierig, den richtigen Zeitpunkt herauszufinden, um einem neuen Freund oder einer Freundin unsere Behinderung mitzuteilen, weil wir nicht wissen, wie sie dann reagieren werden. Wenn wir über Wirkungsweise und mögliche Folgen dauernder Tabletteneinnahme nicht ausreichend informiert werden, sind wir den Ärzten gegenüber besonders skeptisch, weil es sich bei uns nicht um eine Krankheit handelt, die nach ein paar Wochen vorbei ist, sondern um eine, die unser ganzes Leben mitbestimmt.

Gruppenabend: Bei unserem Montagstreff besprechen wir: Schwierigkeiten, täglich Medikamente zu schlucken. Schwierigkeiten im Umgang mit Nichtbehinderten, zum Beispiel, wenn ich in der Kneipe keinen Alkohol trinken kann oder mich früher verabschieden muß.

Beeinträchtigung der Leistungsfähigkeit durch Medikamente. Schwierigkeiten mit Ärzten, zum Beispiel durch die langen Wartezeiten, zuwenig Information. Möglichkeiten, das zu ändern. Situationen, die bei den einzelnen Anfälle auslösen. Schwierigkeiten, einen Partner kennenzulernen und ihm die Epilepsie mitzuteilen. Neu Hinzugekommenen stellen wir uns vor, jeder berichtet über den Verlauf der Anfälle bei ihm. Der Neue kann dann, wenn er möchte, über sich berichten. Die Gruppenabende sind für uns eine Situation, in der wir unsere Anfälle nicht verbergen müssen, sondern offen darüber sprechen können. Die Zuhörer sind keine Helfer, denen man dankbar sein muß, da auch sie betroffen sind. Es hat auch Konflikte gegeben, zum Beispiel darüber, ob die Gruppe sich stärker auf die Schwierigkeiten der einzelnen konzentrieren soll, um zu einem besseren Selbstverständnis zu gelangen, oder mehr auf Öffentlichkeitsarbeit. Manchmal wurden die Auseinandersetzungen so heftig, daß plötzlich einer sagte: Sag mal, spinnst du, was ist denn mit dir los. Das gegenseitige Aufeinandereingehen, was der Anfang für Gespräche über Selbsterfahrung sein kann, fällt uns noch schwer, obwohl das Bedürfnis groß ist. Es hat sich sogar eine Gruppe gebildet mit dem Ziel, sich gemeinsam besser kennenzulernen, dann aber wieder aufgelöst.«

Hier zeigt sich, daß der Schritt von einer nur informierenden Selbsthilfegruppe, die vornehmlich äußere Hilfe bietet, zu einer eigenständigen, regelmäßigen Gesprächsgruppe, die auch persönliche Probleme aufzuarbeiten versucht, durch die inneren Barrieren (s. S. 31 ff.) sehr erschwert wird. In diesem Bereich könnte der Verbund von Experten und Selbsthilfegruppen ganz besonders fruchtbar sein (vgl. auch Daum, Matzat, Moeller, 1981).

Trotz der Verschiedenartigkeit aller chronischen oder erblichen Erkrankungen führen sie alle zu ähnlichen psychischen Belastungen. Neben den Auswirkungen der jeweils unterschiedlichen äußeren Einschränkungen ist vor allem die chronische Kränkung, die günstigenfalls durch Aktivität überspielte Depressivität, der nicht unerhebliche Neid auf den Nichtbetroffenen und der Zorn über das eigene Schicksal zu verarbeiten. Hinzu kommt die immer gegenwärtige Bedrohung durch weitere Krankheitsschübe (Rezidive), die einer speziellen Selbsthilfegruppen-Organisation bereits den Namen gab: »Recidivist Anonymous«. Wenn diese seelischen Belastungen nicht angemessen aufgearbeitet werden, verschlimmern sie die Erkrankung; zum Beispiel werden dadurch die Abwehrkräfte reduziert. Selbsthilfegruppen greifen also auch hier indirekt und kausal (als sekundäre Prävention) in den Krankheitsprozeß ein.

Wegen des ständig notwendigen Mitwirkens der Fachkräfte ist allerdings hier die Gefahr einer Dominierung der Selbsthilfegruppen durch die Experten groß. Das zeigt sich zum Beispiel in einem neuen Handbuch für Gruppenmodelle. Die Autoren bezeichnen darin die von dem Bostoner Internisten J. H. Pratt (1908) durchgeführte Gruppenbehandlung seiner Tuberkulosepatienten als Selbsthilfegruppen (Shaffer und Galinsky 1977, B. 1, S. 15). Die Gruppen von Pratt wurden seinerzeit berühmt nicht nur wegen ihres Pioniercharakters und Erfolges, sondern auch als Beginn einer *professionellen* Gruppenbehandlung. Obwohl sich jeder, der sich für die Selbsthilfegruppen-Arbeit einsetzt, darüber freuen könnte, daß diesem Handbuch zufolge auch die gesamte professionelle Gruppentherapie ihre Wurzel in einer Art Selbsthilfegruppen-Arbeit hat, muß gerade deswegen auf einen entscheidenden Irrtum aufmerksam gemacht werden. Diese Gruppen als Selbsthilfegruppen anzusehen ist ein Irrtum, denn hier werden schulartige Klassen vorgeführt, die, von Experten gesteuert, deren Informationen zu verarbeiten haben. Das Entscheidende der Gruppenselbsthilfe – nämlich Selbstverantwortlichkeit und die Dynamik der Gruppenselbstbehandlung – fehlen. Gerade solche medizinischen Schulklassen gilt es in dem Verbund von Selbsthilfegruppen und Experten zu vermeiden. Das Beispiel macht indessen deutlich, wie sehr wir Experten dazu neigen, schon die kleinsten Freiheiten und Neuerungen, die wir einführen, als »Selbsthilfe« zu stilisieren.

Bei Genesung nach schweren Erkrankungen

Die Zeit der Genesung ist trotz aller Hoffnungen, die sie mobilisiert, kritischer, als die meisten denken. Sie ist eine seelische Umbruchsituation. Selten wird eine Phase im Gesamtverlauf einer Erkrankung so idealisiert und harmonisiert. Zunächst einmal geschieht Genesung nicht passiv – ebensowenig wie die Erkrankung selbst – sie ist eine seelische Leistung. Die Übergangsphase von der Situation des Krankseins zur vollen Gesundheit, dieses ungewisse Zwischenreich des Nicht-mehr-krank- und Noch-nicht-gesund-Seins erfordert höchste seelische Aktivität. Nicht zufällig erhöht sich gerade nach schweren Erkrankungen die Selbstmordgefahr. Die Konfrontation mit dem Alltag, der wieder Leistungen fordert, ohne daß die Betroffenen den Aufgaben schon wirklich gewachsen wären, bringt große seelische Belastungen mit sich. Die Verleugnung der Schwäche sorgt gerade in der Genesungsphase für eine Überschätzung der eigenen Kräfte.

Nach einer schweren und langen Erkrankung werden psychosoziale Veränderungen oft gar nicht wahrgenommen. Selbst wenn die äußeren Verhältnisse so geblieben sind, wie sie es vorher waren, so hat sich doch subjektiv fast alles verändert: Der Genesende hat eine krisenhafte Zeit durchlebt, die sein Selbstverständnis vielleicht tiefgreifend verwandelt hat. Die Beziehungen zu seinen Nächsten sind Belastungen und Veränderungen ausgesetzt gewesen; diese Beziehungen haben sich deshalb oft erheblich gewandelt. Der Genesende ist vielleicht auch seiner Arbeit gegenüber anders eingestellt – ganz abgesehen von dem vielleicht schon immer vorhandenen, jetzt aber noch stärker hervortretenden Mißverhältnis zwischen den eigenen Fähigkeiten und den gestellten Aufgaben. Kurz, eine Genesung nach einer schweren Erkrankung ist nur selten eine Rückkehr in den vorangegangenen Zustand. Vielmehr müssen die Genesenden durch intensive seelische Arbeit eine neue Wirklichkeit gewinnen. Diese seelische Genesungsleistung, zu der natürlich auch das Durcharbeiten des vergangenen, oft traumatisierenden Krankheitserlebens und die Erfahrungen der aktuellen psychosozialen Wiederanpassung gehören, kann durch Selbsthilfegruppen sehr erleichtert werden. Die medizinischen Fachkräfte können hier im gleichen Maße helfen wie nach einer Operation. Auch für diese Übergangsperiode haben sich schon Selbsthilfegruppen gebildet: Recovery, Inc., Homecoming, Inc. – die schwerpunktmäßig allerdings für Menschen mit seelischen Erkrankungen entstanden sind. Genesungs-Selbsthilfegruppen sollten übrigens nicht nur am Wohnort, sondern schon während der Rekonvaleszenzkur eingerichtet werden. Sie könnten allen kurähnlichen Heilverfahren eine ganz neue psychologisch-therapeutische Dimension verleihen.

Bei Erkrankungen mit bleibenden Folgen

Für diesen Bereich können Koronar-Selbsthilfegruppen und Selbsthilfegruppen für Personen, die einen Schlaganfall erlitten haben (Stroke Clubs), als Beispiele dienen. Die Gruppenselbstbehandlung bietet sich hier als letztes, aber wesentliches Element einer Therapiekette an. Der Herzinfarkt ist wohl die heute am stärksten beachtete Zivilisationskrankheit. Seine Häufigkeit und seine rapide Zunahme rücken ihn in den Mittelpunkt öffentlichen Interesses, persönlicher Krankheitsängste und medizinischer Anstrengungen. Daß seine Genese vorwiegend psychosozial bedingt ist und in unseren heutigen Lebensbedingungen wurzelt, ist unbestritten.

Nach einer neueren Untersuchung von Schaefer und Blohmke (1977) ist die letzte Ursache des Herzinfarkts ein langfristig wirkender, überhöhter psychosozialer Streß, also grob gesagt: Angst. Ganz offensichtlich setzt sich ein bestimmter Menschentyp Ängsten vermehrt aus: die sogenannte Risikopersönlichkeit (Rosenman und Friedman, 1975). Man sieht diese Persönlichkeitsstruktur als eine Grundvoraussetzung an für die Entstehung eines Herzinfarktes. Die relativ gut erforschte Struktur der Risikopersönlichkeit, die vor allem zu ständigem Konkurrieren und einer besonders starken Abwehr aller Empfindungen von Passivität und Schwäche neigt, ist nicht unwichtig für Überlegungen hinsichtlich der Dynamik einer homogenen Koronar-Selbsthilfegruppe.

Koronar-Selbsthilfegruppen werden bereits intensiv diskutiert (vgl. Halhuber, 1977). Sie sollen vor allem eine Wiederholung des Herzinfarktes verhindern helfen. Die Therapiekette sähe folgendermaßen aus: Akutkrankenhaus – Rehabilitationsklinik – Heilverfahren – ambulante Koronargruppe – eigenständige Gesprächsgruppe am Wohnort. In der ambulanten Koronargruppe absolvieren bis zu dreißig Infarktkranke unter Leitung sportmedizinisch geschulter Fachleute ein dosiertes, aufbauendes körperliches Training. Schon hier beginnen wechselseitige Gespräche, allerdings ergeben sie sich eher nebenbei. Die Koronargruppe ist noch keine Selbsthilfegruppe, aber sie könnte im Sinne einer »Schleuse« eine ideale Vorstufe für die selbstverantwortliche Gesprächsgruppe sein.

Leider läßt oft schon die Kooperation der Experten in den einzelnen Phasen der Koronarbehandlung sehr zu wünschen übrig, was im Verhältnis zwischen Experten und Selbsthilfegruppen verstärkt der Fall sein wird. Auch die vorangegangene sportlich straffe Führung und die homogene Zusammensetzung der ambulanten Koronargruppe können zu Beginn der Selbsthilfegruppen Schwierigkeiten verursachen. Die Teilnehmer laufen Gefahr, sich ihr überaktives Abwehrverhalten gegenseitig noch einzutrainieren, statt es abzubauen. Gemischte Gruppen mit weniger zwanghaften, weniger leistungsorientierten Mitgliedern wirken sich oft günstiger aus. Eine Gefahr droht auch von den Fachleuten; sie neigen dazu, die Gruppeninteraktion auf ein körperliches Training, also organmedizinisch einzuzuengen und die selbstkritische Reflexion der eigenen pathogenen Verhaltensmuster ausgeklammert zu lassen. Immerhin aber werden im Rahmen der »Deutschen Arbeitsgemeinschaft für Kardiologische Prävention und Rehabilitation« schon konkrete Schritte erörtert.

Die psychosoziale Situation von Menschen, die einen Schlaganfall erlitten haben, ist oft sehr hart: Nach dem Schlaganfall gelten sie häufig als ausrangierte »Nichtpersonen« (Tracy und Gussow, 1976, S. 389). Wenn sie nicht sprechen können, reden ihre Angehörigen meist, als ob sie nicht anwesend wären, obwohl die Betroffenen natürlich hören können. Mir wurde von Kollegen berichtet, daß Schlaganfallpatienten auch nach völligem Rückgang der organischen Schädigung stumm blieben, weil ihre Angehörigen während der Pflegezeit einfach nicht mehr mit ihnen gesprochen hatten. Diese Beziehungslosigkeit wirkte sich also schlimmer aus als der ursprüngliche körperliche Schaden. In der Selbsthilfegruppe lehren ältere Gruppenteilnehmer die Neuerkrankten, zum Beispiel über Fingerdruck zu kommunizieren (Gartner und Riessman, 1977, S. 83). Sie bearbeiten auch die schwerwiegenden Veränderungen in den familiären Beziehungen, die durch Ungeduld auf seiten der Angehörigen und gekränkten Rückzug auf seiten der Kranken gekennzeichnet ist. Im Verbund mit Experten hätten solche Selbsthilfegruppen sicher die besten Entfaltungsmöglichkeiten.

Bei tödlichen Erkrankungen

Menschen, die an einer tödlichen Erkrankung leiden, leben häufig in einem Getto – nicht nur, weil sie den Tod deutlicher als andere vor Augen haben, sondern weil in unserer leistungsorientierten Gesellschaft weder Leiden noch Tod einen Platz haben. In den Vereinigten Staaten gibt es eine Selbsthilfegruppe, »Make Today Count«, in denen sich *Sterbende* zusammenfinden. Auch Eltern krebskranker Kinder haben sich zu einer Selbsthilfegruppe zusammengefunden mit dem Namen »Candlelighters«.
Die Bücher von Elisabeth Kübler-Ross *Interviews mit Sterbenden* (1971), *Was können wir noch tun? Antworten auf Fragen nach Sterben und Tod* (1976) und der Band *Reif werden zum Tode* (1976) haben in den letzten Jahren erheblich zur stärkeren Auseinandersetzung mit dem Sterben beigetragen. Der Soziologe Ernest Becker, der sich umfassend mit psychoanalytischen und religiösen Auffassungen vom Sterben auseinandersetzt, hat in seinem Hauptwerk die Furcht vor dem Tod als Triebfeder allen menschlichen Handelns und Denkens dargestellt. Sein Buch *Dynamik des Todes. Die Überwindung der Todesfurcht – Ursprung der Kultur* erhielt 1974 in USA den hoch angesehenen Pulitzer-Preis. Solche Publikationen und ihre starke öffentliche Beachtung – man denke auch an Paul Moors *Protokoll einer Sterbenden* (1976) und an große Aufmerksamkeit erregende Presseberichte (*Der Spiegel*, Nr. 29, 1977) –

dürften nicht zufällig sein. Wir beginnen offensichtlich, den Tod weniger zu verleugnen.

Ob sich Todkranke oder Sterbende miteinander in eigenen Gesprächsgruppen zusammentun oder sich besser anderen Selbsthilfegruppen anschließen sollten, kann nur von den Betroffenen selbst beantwortet werden. Ich kenne eine Selbsthilfegruppe, die bereit war, eine an Leukämie leidende, sterbende Frau aufzunehmen. Es gibt in einer evangelischen Gemeinde Münchens (s. S. 251 ff.) aber auch eine Selbsthilfegruppe Leukämiekranker. Beide Wege sind möglich, doch dahinter steht ein grundsätzliches Problem: Inwieweit ist Selbstisolation in den Gruppen notwendig, inwieweit gefährlich? Sterbende haben ein anderes Ziel, die Konfliktarbeit ist zweitrangig. Sie soll ihnen nur helfen, die verbleibende kurze Lebenszeit befriedigend und sinnvoll verbringen zu können.

Schwangerschaft und frühe Eltern-Kind-Beziehung

Hier ist vor allem die seit kurzem im Bundesgebiet tätige La Leche League zu erwähnen. Sie sieht ihre Aufgabe nicht nur darin, die Mütter wieder zum Stillen zu motivieren, es geht ihr vor allem auch darum, die natürliche Geburt zu unterstützen und die Bedeutung einer guten Eltern-Kind-Beziehung ins Bewußtsein zu heben. Der Beitrag, den diese Selbsthilfeorganisation für die künftige seelische Gesundheit der Bevölkerung leisten kann, ist nicht zu überschätzen. Was diese Organisation tut und propagiert, steht im Gegensatz zu dem, was man »programmierte Geburt« nennt, bei der das ganze medikamentöse und apparative Know-how der Geburtshilfe eingesetzt wird, um auch dem kleinsten Zwischenfall vorzubeugen. Diese Gegenpositionen müssen aber nicht so bleiben. Es wäre unsinnig, auf den technologischen Fortschritt ganz zu verzichten; La Leche League und die moderne Geburtshilfe sind ohne weiteres zu vereinbaren. Das Problem ist jedoch komplizierter. Es sieht so aus, als ob die mit allen Mitteln der Technik betriebene moderne Geburtshilfe eine Entwicklung eingeleitet habe, die gar nicht beabsichtigt war. So geraten die einfachsten, natürlichen Hilfsmittel oft genug in Vergessenheit. Ein Beispiel ist das Stillen, welches vom medizinischen Personal oft nicht richtig eingeschätzt wird. Oder: Eine angemessene und intensive Geburtsvorbereitung wird von vielen Frauen gar nicht mehr für nötig befunden, weil »die Apparate es ja schon machen werden«.
In manchen ihrer Auswirkungen ist die moderne Geburtshilfe kalt und unmenschlich. Dazu gehört vor allem die Trennung von Mutter

und Neugeborenem für 24 Stunden nach der Geburt, wodurch deren hochdifferenziertes, genetisch festgelegtes Wechselspiel empfindlich gestört wird. Das kann sich für die Entwicklung der Mutter-Kind-Beziehung sehr nachteilig auswirken. Das Fatale an diesen und anderen Maßnahmen im Dienste der modernen Hygiene und eines reibungslosen Klinikablaufs ist eben ihre ausschließliche Begründung durch medizinische und institutionelle Erfordernisse und das fehlende Bewußtsein für ihre pathogene Qualität. Es setzen sich an erster Stelle die Bedürfnisse der klinischen Institutionen durch, für die jede engere menschliche Beziehung einen lästigen weiteren Arbeitsaufwand bedeutet – gleichgültig, ob es sich um die Beziehung zwischen Mutter und Kind oder um die Beziehung zwischen diesen und dem Vater bzw. anderen Angehörigen handelt.

La Leche League versucht mit ihrem Engagement für das Stillen eine möglichst natürliche Mutter-Kind-Beziehung zu erhalten und so für ein gesundes und belastungsfähiges Fundament der seelischen Struktur unserer Kinder zu sorgen (vgl. Lothrop, 1980). Besser als alle professionelle Versorgung vermag sie damit den heute so weit verbreiteten Grundstörungen vorzubeugen. Im übrigen ist La Leche League insofern beispielhaft für den Verbund zwischen Fachleuten und Betroffenen, als ihre Empfehlungen von einem medizinischen Beratungsgremium (Medical Advisory Board) überprüft worden sind.

In den Vereinigten Staaten haben sich im Bereich Schwangerschaft und Geburt noch andere bemerkenswerte Selbsthilfegruppen gebildet. BACE (Boston Association for Childbirth Education) und COPE (Coping with the Overall Pregnancy Experience) zum Beispiel sind Selbsthilfeorganisationen, in denen sich Experten und Eltern gemeinsam den Problemen widmen, die Schwangerschaft, Geburt und erste Lebenszeit mit sich bringen. Auch C-SEC (Caesarean Section, Education and Concern) wäre hier zu nennen, eine Selbsthilfegruppe für alle Mütter bzw. Eltern, die ihr Kind durch Kaiserschnitt zur Welt gebracht haben bzw. bringen werden.

Daneben gibt es eine Fülle von Organisationen, die sich besonderen Eltern-Kind-Situationen widmen: von den Zwillingsmüttern (Mothers of Twins) über selbstorganisierte Elterngruppen bei Erbkrankheiten, Behinderungen und Verhaltensauffälligkeiten von Kindern bis hin zu allgemeinen Paar- und Familien-Selbsthilfegruppen.

Allgemeine Schwangerschafts-Erfahrungsgruppen für (künftige) Elternpaare haben neben der Arbeit der La-Leche-League-Gruppen einen hohen präventiven Wert; sie können von der Beratung mit Experten auf dem Gesamttreffen besonders stark profitieren.

Präventive Gesprächsgruppen

Vorbeugende Selbsthilfegruppen im organmedizinischen Bereich sind außerordentlich schwer anzuregen – sieht man einmal von der allgemeinen präventiven Qualität von Selbsthilfegruppen für seelische Gesundheit ab. In der Regel fehlt eben der Leidensdruck, solange man gesund ist. Doch läßt sich wenigstens eine Selbsthilfegruppen-Organisation nennen, deren Vorsorgewert unbestritten ist: die *Übergewichtigen-Selbsthilfegruppen.* Sie sind besonders notwendig für die Eltern übergewichtiger Kinder, da bereits 40 Prozent aller Kinder in der Bundesrepublik Deutschland zu dick sind.

Im folgenden Bericht schildert Ute ihren Weg zu einer Selbsthilfegruppe für eßsüchtige Frauen. Dabei wird deutlich, wie die Aktivität der Betroffenen, die Medien (hier Susi Orbachs *Antidiätbuch*) und die Selbsthilfegruppen-Organisation (hier: die Frauenbewegung und die Deutsche Arbeitsgemeinschaft Selbsthilfegruppen) zusammenwirken und schließlich zur Gründung einer selbstverantwortlichen Gesprächsgruppe führen können:

»Im Alter von etwa dreizehn Jahren stellte ich zum ersten Mal fest, daß ich einen – für meine Begriffe – etwas zu dicken Bauch hatte. Deshalb begann ich meine erste Diät. Ich weiß nicht mehr, ob ich damit Erfolg hatte oder nicht. Auf alle Fälle kam ich in einen Teufelskreis, aus dem ich nicht wieder herausfand. Ich war ständig damit beschäftigt, mir zu überlegen, was ich essen respektive nicht essen dürfe. In der ersten Zeit hielt sich das noch in Grenzen, aber in den letzten vier bis fünf Jahren verstärkte es sich immer mehr. Trotz pausenloser Gedanken an Diäten, verbunden mit Versuchen, nun endlich abzunehmen, wurde ich immer dicker. Hatte ich dann mal wieder so richtig zugeschlagen, stand mein Vorsatz sofort: ›Ab morgen nehme ich aber wirklich ab!‹

Ab und zu hatte ich auch mal Erfolg und mein gewünschtes Gewicht erreicht. Leider konnte ich es dann aber nie halten, so sehr ich mich auch anstrengte. Ich bekam manchmal so starke Freßanfälle, die – wie eine Sucht – eine unlösbare Abhängigkeit von allem Eßbaren waren, gegen die ich auch mit den besten und stärksten Vorsätzen nichts unternehmen konnte.

Lange Zeit wog ich dann etwa 73 bis 75 Kilo (bei einer Größe von 1,73 Meter). Als dann mein Gewicht auf 78 Kilo kletterte und ich mich nicht mehr traute, auch nur einen sekundenschnellen Blick in den Spiegel zu werfen, faßte ich den Entschluß, ganz radikal abzunehmen, da ich so nicht mehr weiterleben konnte und wollte. Dabei habe ich zwar nicht konkret an Selbstmord gedacht, aber heute ist mir klar, daß der Gedanke unbewußt dahinterstand.

Per Zufall habe ich dann im März dieses Jahres den Artikel ›Frauen zwischen Freß- und Magersucht‹ in *Psychologie heute*, 3/79, gefunden, der mich sehr beeindruckt hat.

Ich begann zum ersten Mal, mir Gedanken über mein Eßverhalten zu machen. Auf einmal merkte ich, daß es viele sehr tiefliegende psychische Ursachen für meine ›maßlose Unbeherrschtheit‹ gab, die ich mit einer Diät niemals beheben könnte. Diese Erkenntnis gab mir die Kraft und den Mut, andere Wege zu suchen, um das Problem zu bearbeiten.

Als erstes schrieb ich einen Brief an *Psychologie heute*, der sogar abgedruckt wurde (im Heft 6/79). Daraufhin erhielt ich dann u. a. die Adresse der ›Deutschen Arbeitsgemeinschaft Selbsthilfegruppen‹. In dere Zwischenzeit hatte ich einen Zettel mit folgendem Text im Göttinger Frauenbuchladen aufgehängt:

›Suche Frauen, die – wie ich – Probleme mit ihren Eßgewohnheiten haben. Mir helfen ständige Diäten und Gewichtskontrollen nicht, die damit verbundenen grundsätzlichen Probleme zu lösen. Deshalb habe ich Interesse an einer Frauengruppe, in der Frauen gemeinsam versuchen, die Ursachen dieser Schwierigkeiten zu finden und sie – hoffentlich – abzubauen.

Wenn du gleiche – oder ähnliche – Probleme und keine Lust hast, dich allein damit rumzuschlagen, melde dich doch mal bei mir! Ute (Adresse und Telefonnummer).‹

Die Idee mit der Frauengruppe hatte ich vor langer Zeit schon einmal gehabt, hatte sie aber nicht zu verwirklichen versucht. Diesmal kam die Anregung dazu von meiner Freundin, mit der zusammen ich den Artikel in *Psychologie heute* gelesen hatte.

Auf den Anschlag meldete sich etwa einen Monat lang niemand. Ich war zwar enttäuscht darüber, habe aber den Mut nicht sinken lassen und mir gesagt, daß ich jetzt nicht vor Ungeduld alles wiederum hinschmeißen dürfe. Einige Zeit später meldete sich dann eine Frau, die ebenfalls einen Anschlag im Frauenbuchladen aufgehängt hatte. Wir machten ein erstes Treffen aus, zu dem dann gleich sieben Frauen kamen. Wir waren total euphorisch und optimistisch. Zunächst einmal freuten wir uns schon über die bloße Tatsache, mit unserem so ›schwerwiegenden‹ Problem nicht mehr allein sein zu müssen. Für mich war es auch sehr wichtig, daß ich nicht mehr länger Versteck zu spielen brauchte. Bisher hatte ich meine Eßprobleme und besonders

meine Erbrechunternehmen streng geheim gehalten, wohl aus Angst vor der Ablehnung anderer Leute.
Wir haben dann in der Gruppe – die inzwischen 14 Mitglieder hat und in zwei Untergruppen aufgeteilt wurde – alle das *Antidiätbuch* von Susi Orbach (1978) gelesen. Das war eine große Hilfe, weil darin unter anderem auch Tips zur Gründung von Selbsthilfegruppen gegeben werden.
Ich fange auch jetzt erst an, meinen eigenen Appetit kennenzulernen. Bislang hatte ich alles gegessen, egal ob es schmeckte oder nicht. Während der Freßanfälle ging es nicht um den Geschmack. Hauptsache war, daß alles Essen ›vernichtet‹ wurde. Oft habe ich dabei gar nicht gemerkt, was ich alles verschlinge. Ich habe mir Süßigkeiten immer verboten und dann von anderen Sachen um so mehr gegessen – und die Süßigkeiten dann oft trotzdem hinterher. Jetzt versuche ich, vor dem Essen immer genau herauszufinden, auf was ich Appetit habe, um dann genau das zu essen und nichts anderes (was dann nur ein schlechter Ersatz wäre). Dabei gestehe ich mir zu, alles zu essen, was ich wirklich möchte, und habe auch kein schlechtes Gewissen dabei, die sogenannten Dickmacher zu essen, weil ich mich nicht mehr bis zur Übelkeit damit vollschlagen muß.
Aber wie ist es zu dieser Veränderung gekommen? Zunächst habe ich langsam die Ursachen für meine Freßorgien kennengelernt, das heißt, ich lernte einzuschätzen, wann und warum ich einen Anfall bekam. Auch habe ich Ursachen entdeckt, die ich für die Anfänge meiner Freßsucht für verantwortlich halte. Darüber hinaus habe ich erkannt, daß ich eine sehr starke – unbewußte – Angst vor dem Schlanksein hatte (und wohl auch noch habe, vielleicht nicht mehr ganz so stark), weil ich damit Eigenschaften und Ansprüche an mich selbst verband, die ich gar nicht erfüllen konnte und/oder wollte. Dabei haben mir besonders die Phantasieübungen aus dem *Antidiätbuch* geholfen.
(Ich habe zwar in den letzten Abschnitten in der Vergangenheitsform geschrieben. Das heißt aber nun nicht, daß ich schon restlos geheilt bin. Ich habe schon kleine Fortschritte zu verzeichnen, auch einen Gewichtsverlust von etwa fünf Kilo – ohne Diät –, trotzdem weiß ich, daß ich noch ziemlich am Anfang meines Heilungsprozesses stehe und vielleicht noch viele deprimierende Rückschläge in Kauf zu nehmen habe.)
In der Gruppe versuchen wir, uns stark mit unseren Gefühlen auseinanderzusetzen, sie ganz genau wahrzunehmen. Dabei hilft uns zum Beispiel die Frage: Was sagt mein Fett jetzt in diesem Augenblick? Was sagt es mir? Was sagt es den anderen?«

Da Übergewicht langfristig eine Reihe schwerer Erkrankungen nach sich ziehen kann, sollte die Entwicklung selbstverantwortlicher Gesprächsgruppen für die davon Betroffenen intensiv gefördert werden. In der Praxis haben wir allerdings erstaunliche Widerstände von seiten der Organmedizin erlebt, aber auch von seiten der Übergewichtigen selbst (s. S. 128 f.).

Im Ernährungsbericht 1980 (Deutsche Gesellschaft für Ernährung) werden vier Formen von Selbsthilfegruppen erwähnt: die seit 1970 bestehenden Diätclubs, die in Eigeninitiative von Übergewichtigen mit Unterstützung der Frauenzeitschrift *Brigitte* gegründet wurden (1978: 78 Clubs mit 967 Teilnehmern; durchschnittlicher Gewichtsverlust innerhalb des Jahres 1978: 4,3 kg); der kontrollierte Modellversuch der Agrarsozialen Gesellschaft Göttingen, der zunächst mit neun Selbsthilfegruppen begann und durch Verbreitung nach dem Schneeballprinzip drei Jahre später, 1980, über 150 Gruppen umfaßte; Diätclubs, die von den Ernährungsberaterinnen gegründet wurden (insbesondere in der Sektion Schleswig-Holstein); und zahllose, nicht überblickbare Selbsthilfegruppen, die sich allein auf Eigeninitiative hin entwickelten.

Noch eine andere Personengruppe könnte von der Gruppenselbstbehandlung in hohem Maß profitieren: Personen mit *Bluthochdruck*. Bluthochdruck, der nicht auf einer Nierenerkrankung oder anderen deutlich faßbaren organischen Schäden beruht, ist durch seelische Faktoren erheblich mitbedingt. Er läßt sich durch Hypnoseauftrag sogar experimentell erzeugen. Eine Gruppenselbstbehandlung könnte hier hilfreich sein. Die Bildung einer Gruppe wird jedoch dadurch erschwert, daß der Bluthochdruck eine Störung ohne Leidensgefühl ist. Die Gefahr kann nur gedanklich vorweggenommen werden. Das konkrete, unmittelbare Erlebnis des Leidens fehlt.

Im Gießener Zentrum für Psychosomatische Medizin gibt es eine Gruppe, die sich in Kooperation mit Herzchirurgen mit den seelischen Problemen derjenigen befaßt, die *am offenen Herzen* bei wachem Bewußtsein *operiert* werden sollen oder operiert worden sind. Hier sehen wir eine große Chance für präventive Selbsthilfegruppen. Wenn jene Patienten, denen die Operation bevorsteht, mit Patienten, die sie bereits hinter sich haben, in Selbsthilfegruppen sprechen können, wird die seelische Belastung für sie erheblich gemindert. Schon jetzt können wir sagen, daß die seelischen Krisen, die viele Patienten nach der Operation durchmachen – zum Teil in Form einer paranoiden Psychose – gemildert werden, wenn die Patienten vorher mit Operierten sprechen konnten.

Im Grunde sollte der Schwerpunkt von Selbsthilfegruppen – wie übrigens der gesamten Medizin überhaupt – im Bereich der *Vorbeugung* liegen; die erwähnten Koronar-Selbsthilfegruppen (siehe S. 241 ff.) arbeiten im Bereich der sogenannten sekundären Prävention, sie sollen verhindern, daß sich die Erkrankung wiederholt. Gerade im Bereich der Herzinfarkterkrankungen ist aber schon jetzt abzusehen, daß es ganz andere Formen der Vorbeugung gibt, die über Diät und (inzwischen in ihrer Wirkung übrigens angezweifelte) körperliche Aktivitäten als Vorsorge hinausgehen. Gelänge es, mit Hilfe von Testverfahren psychosoziale Merkmale potentieller Infarktpatienten so weit zu sichern, daß dadurch eine Risikogruppe vorgewarnt werden könnte, dann böte sich endlich die Chance, präventiv dort anzusetzen, wo die Krankheit entsteht: beim alltäglichen Fehlverhalten.

Ein ähnlicher Ansatz zur Prävention könnte sich vielleicht aus den wissenschaftlichen Untersuchungen zum Verhältnis der vom einzelnen zu bewältigenden Veränderungen der Lebensbedingungen und seiner Erkrankungsbereitschaft ergeben (Rahe, 1972). Situative Selbsthilfegruppen könnten hier wirksam helfen. Zur Zeit mögen sich solche Vorschläge noch etwas utopisch anhören, doch sind ja gerade auf dem Gebiet der psychosozialen Diagnostik beschleunigt Veränderungen zu erwarten – und auch dringend nötig.

Gesundheitserziehung in Selbsthilfegruppen

»Die Bedeutung einer vorbeugenden Gesundheitserziehung steht neben der ärztlichen Prävention im Mittelpunkt der gesundheitspolitischen Diskussion. . . Immer dort, wo die Gemeinschaft die Folgekosten für die gesundheitliche Schädigung des einzelnen trägt . . ., wird der Anspruch der Gemeinschaft an das Individuum in Richtung Verhaltensbeeinflussung ein größeres Ausmaß annehmen« (*Ärztliche Praxis*, 24. 9. 1977). Die umgekehrte Frage, inwieweit individuelles gesundheitsschädliches Verhalten durch eine pathogene Gesellschaft bedingt ist, ändert nichts an dieser Situation. Viele zahlen dafür, daß einige sich über Jahre falsch verhalten – um nur die einfachsten Beispiele zu nennen: im Übermaß essen, trinken, rauchen oder – nicht zu vergessen – arbeiten.

Wir wissen heute – und das Bewußtsein für diese Zusammenhänge wächst –, daß sich unser psychosoziales Verhalten ändern muß, wenn die fünf am stärksten zunehmenden tödlichen Krankheiten sich nicht noch weiter ausbreiten sollen (Schäfer, 1977). Und wir wissen ebenfalls, daß sich eine Verhaltensänderung nur selten durch Neujahrsvorsätze oder vernünftige Argumente erreichen läßt, sondern nur durch kontinuierliches, langfristiges Durcharbeiten der unserem Verhalten und unseren Gewohnheiten zugrunde liegenden Motivationen. Selbsthilfegruppen können theoretisch wie praktisch zu einer wirksamen Gesundheitsbildung beitragen, die eben nicht nur rationale Gesundheitserziehung ist und daher flüchtig und ohne Konsequenzen bleiben muß, sondern tatsächlich »unter die Haut geht«, das heißt unsere Lebensgewohnheiten ändert. Der beste Weg zu einer präventiven Gesundheitserziehung ist trotz nachdrücklicher Forderungen bisher noch immer nicht realisiert: frühzeitige Gesundheitserziehung in der Schule (vgl. von Troschke, 1976a, b). Im Erwachsenenalter ist es eigentlich schon zu spät. Jedenfalls muß sie dann an den konkreten Lebenssituationen ansetzen (wie zum Beispiel La Leche League, BACE und COPE, siehe S. 243ff., vgl. auch Troschke, 1976c). Der Medizinsoziologe Jürgen von Troschke betrachtet für den Gesamtbereich der Gesundheitserziehung im Erwachsenenalter Selbsthilfegruppen als die große Chance (1978). Aber auch Gesundheitserziehung als Schulfach kann meines Erachtens nicht in der herkömmlichen Lehrform, sondern nur in Form des Selbsthilfegruppen-Gesprächs sinnvoll sein. Kommt es doch auch im Schulalter weniger auf den Erwerb von Faktenwissen an als auf das persönliche Erfahren von Schwierigkeiten und Problemen, wenn eine Verhaltensänderung herbeigeführt werden soll.

Selbsthilfegruppen, die sich um Gesundheitserziehung bemühen, sind allerdings auf die Unterstützung der Fachleute angewiesen, vor allem der niedergelassenen Ärzte. Die Jahresversammlung des Deutschen Kassenarztverbandes 1979 endete denn auch erfreulicherweise mit dem Ergebnis, daß »die Kassenärzte in der Bundesrepublik künftig mehr Gewicht als bisher auf die vorbeugende Gesundheitserziehung legen, wieder etwas von der rein technischen Medizin mit ihren zahllosen Apparaturen wegkommen und auch seelsorgerische Aufgaben« übernehmen wollen« (*Frankfurter Rundschau*, 26. 3. 1979).

Ein wesentliches Problem der Gesundheitserziehung ist darin zu sehen, daß gesundheitsschädigendes Verhalten, subjektiv betrachtet, durchaus einen positiven Wert erhalten kann. Man braucht nur an den Alkoholgenuß zu denken, der für manche Menschen sehr wesentlich zur »Lebensqualität« beiträgt. Der Alkoholgenuß kann dazu dienen, die soziale Identität – wenigstens zeitweise – zu sichern und Alltagskonflikte zu lösen. Er kann also fest in die gewohnte Lebensstruktur gehören. Es besteht keinerlei Motivation, dieses Verhalten aufzugeben. Lernverfahren (»Abkonditionieren«) dürften hier also wenig Erfolg haben. Es muß vielmehr darum gehen, dieses Verhalten zu problematisieren und zu analysieren und ein Verantwortungsgefühl für die eigene Gesundheit überhaupt erst zu entwickeln. Hier bietet die Selbsthilfegruppe eine große Chance.

8 Seelsorge und kirchliche Arbeit

In der Münchner Innenstadt stellt die Matthäus-Gemeinde einigen Selbsthilfegruppen Räume zur Verfügung. Mehrere Gruppen für Personen mit seelischen Konflikten, zwei Alkoholikergruppen, eine Gruppe für Multiple-Sklerose-Kranke und eine für Krebskranke treffen sich dort regelmäßig zu ihren Sitzungen. Mit Pfarrer Hans-Georg Lubkoll von St. Matthäus sprach ich ausführlicher über die Zusammenarbeit von Kirchen und Selbsthilfegruppen (vgl. auch Lubkoll, 1980). Meine Ausführungen darüber beruhen im wesentlichen auf seinen Mitteilungen.

Zunächst können die Gemeinden auf eine ganz praktische Weise helfen. Sie haben in den Jahren 1955 bis 1970, besonders in Ballungsräumen, zahlreiche kleine Versammlungsräume gebaut. Das war natürlich keine zufällige Entwicklung; vielmehr beruhte sie auf der Erkenntnis, daß der christliche Glaube das lebendige, wechselseitige Gespräch ebenso benötigt wie die Verkündigung in Form der Predigt. Auch die Kunst der Gesprächsführung im Bereich der Seelsorge gewann zunehmend Gewicht. Während noch 1910 kein einziges Buch über Seelsorge vorlag, gibt es inzwischen – in enger Zusammenarbeit mit den modernen Humanwissenschaften – eine Flut von Publikationen in diesem Bereich. Eigenständige Gesprächsgruppen begegnen also einer veränderten und ihnen durchaus günstigen Stimmung bei den Pfarrern. Hans-Georg Lubkoll sagte, es sei geradezu eine »seelsorgerische Leidenschaft« ausgebrochen. Es ist auffallend, daß sich diese Entwicklung innerhalb der Kirche parallel zu der Entwicklung der Selbsthilfegruppen vollzogen hat, die ihrerseits für die siebziger Jahre ja ebenso charakteristisch ist wie die großen Protestbewegungen für die sechziger Jahre (vgl. Moeller, 1978, S. 58 ff).

Bayerns Vikare etwa werden zu Beginn ihrer praktischen Ausbildung in der Gesprächsführung unterrichtet. Dabei wird Gruppenseelsorge ebenso berücksichtigt wie Einzelseelsorge. Dem Gruppengeschehen kommt allerdings entsprechend 1. Korinther, 12, besondere Bedeutung zu. Das wesentliche geschieht in der Gruppe, in der Gemeinde – in der »ecclesia«. Jeder benötigt die anderen und gelangt erst mit ihnen gemeinsam zu einer vollen Existenz.

251

Die Bedeutung der unmittelbaren, nicht-direktiven Selbsterfahrung wird nicht nur in der evangelischen Kirche hervorgehoben. Auch die katholische Kirche setzt Selbsterfahrung gegen eine stereotype, ideologische, lebensleere Gläubigkeit.»Es zählt auch zur menschlichen Erfahrung, daß die rein subjektiv in Anspruch genommene persönliche Erfahrung trügen kann und darum für sich alleine nicht ausreicht, um dem Menschen Hilfe für sein Leben zu bieten. Insofern wird Erfahrung immer wieder dialektisch vermittelt. Die Eigenerfahrung ist tragender Grund; sie bedarf aber der Berücksichtigung der Erfahrung anderer und wird auch von diesen her erst für den einzelnen besser verständlich«, schreibt Johannes Gründel (1978). Die Auffassung, daß der Mensch sich ständig in einem Prozeß befindet, daß er sein Leben lang auf dem Weg ist, ist Teil der christlichen Lehre. Er bleibt nicht, wie er ist, er entwickelt sich weiter. Dazu ist er auf seine Erfahrungen angewiesen. Die katholische und die evangelische Kirche haben damit besonders in letzter Zeit Ernst gemacht: Ihre Erfahrungen, daß die sozialen Verhältnisse nicht so sind, wie sie sein sollten, haben zu einem »bitteren Realismus« geführt, der nichts mehr zudecken oder beschönigen will. – Was hier in bezug auf die religiöse und ethische Erfahrung ausgesprochen ist, praktizieren die selbstverantwortlichen Gesprächsgruppen.

Das Selbsthilfeprinzip entspricht nicht nur dem Satz »Hilf dir selbst, so hilft dir Gott«, sondern die Selbsthilfegruppen praktizieren auch auf eine sehr alltägliche, ja nüchterne Weise so etwas wie Vergebung: Wer zum Beispiel aufgrund des Alkohols gescheitert ist, kann sich und den anderen dies in der Selbsthilfegruppe eingestehen, er wird jedoch nicht im Stich gelassen und ausgestoßen, sondern mit seiner Schwäche angenommen. Hier kommt es dann allerdings darauf an, daß seelische Konflikte nicht einfach in passiver Dankbarkeit und Ergebenheit zugeschüttet werden.

Die beiden Kirchen stehen Konfliktarbeit und Konfliktbewältigung vermutlich unterschiedlich gegenüber. In der katholischen Kirche dürfte die Abhängigkeit der Gläubigen größer und die Haltung der Institutionen starrer sein als in der evangelischen Kirche. Aufgrund dieser unterschiedlichen Struktur sind auch die Widerstände unterschiedlich. Denn selbstverantwortliche Gesprächsgruppen können ja eine Entwicklung einleiten, die zwar nicht gegen die Interessen der Institutionen laufen müssen, aber können. Darin unterscheidet sich der kirchliche Bereich nur wenig vom therapeutischen. Und dies betrifft natürlich auch das Selbstverständnis der Verantwortlichen. Ein Pfarrer berichtete mir von denselben Rollenschwierigkeiten, denen sich auch therapeutische Experten gegenübersehen, und er tat dies fast mit den gleichen Worten. Nur mühsam lernte er es, sich selbst zurückzunehmen und sich entbehrlich zu machen. Aber er erzählte mir auch, daß er gerade in den begleitenden Gesprächen mit einer Selbsthilfegruppe krebskranker Menschen – die ja nicht nur mit ihrem Tod besser umgehen, sondern in der ihnen verbleibenden Zeit auch intensiver leben lernen wollen – seine eigene Existenz ganz anders erfahren habe. Sein Leben sei kostbarer, leuchtender, stärker geworden. Die Selbsthilfegruppe ist also in der Kirche nicht nur ein Gast, dem vorübergehend ein Platz angeboten wird. Sie wirkt auch zurück, sie verändert. Sie therapiert nicht nur ihre Mitglieder, sie therapiert in gewisser Weise auch die Gemeinde.

Von Klinikpfarrern wird übrigens auch die Anregung von Selbsthilfegruppen für Menschen, die nicht mehr leben woll(t)en, getragen (siehe S. 206 f.).

Selbstverantwortliche Gesprächsgruppen in der Jugendarbeit, die einem Beschluß der katholischen Bischofssynode (1975) entsprechen, Kleingruppenarbeit mit Jugendlichen zu fördern, werden u. a. auch deshalb so stark beachtet, weil das hier geübte demokratische Arbeitsbündnis ein Gegenmittel bietet zu der streng hierarchischen Struktur und der tiefen Abhängigkeit, die für die sogenannten Jugendsekten kennzeichnend sind (vgl. auch S. 287 ff. u. Moeller, 1980 b).

9 Erziehung, Ausbildung, Fortbildung

Bildung als befreiende persönliche Handlung

Hartmut von Hentig schreibt:»Bildung als befreiender ›persönlicher Akt‹ kann von der Gesellschaft nicht verfügt, sondern nur als eine Gelegenheit ermöglicht werden« (1971, S. 11). Im Bereich der Erziehung, den ich weniger gut überblicke als das medizinische Versorgungswesen, gibt es seit etwa einem Jahrzehnt so radikale Publikationen wie Ivan Illichs *Entschulung der Gesellschaft* (1970 a) und *Schulen helfen nicht* (1970 b). In ihnen wird eine stärkere Selbstbestimmung der Lernenden gefordert. Was Illich unter »Kommunikationsanlagen« versteht, also die von ihm vorgeschlagenen neuen Formen des Lehrens und Lernens als »Alternative zu Schultrichtern« (1970 a, S. 109), kommt der Arbeit selbstverantwortlicher Gesprächsgruppen außerordentlich nahe. Sie entsprechen im übrigen auch der Lösung, die der Soziologe Amitai Etzioni (1975) als die einzige betrachtet, um aus

Passivität und Unauthentizität herauszukommen: freigewählten menschlichen Projekten in einer aktiven Gesellschaft. Auch in Gerald Newmarks *Tutorial Community Program* (1976) zum Beispiel findet das Selbsthilfeprinzip starke Beachtung. Es handelt sich um ein Modell, das sich nach Auffassung des Autors auf jede Schule übertragen läßt. In der Nähe von Florenz gibt es eine kleine Schule, die Scuola di Barbiana (1967), in der Schüler Schüler unterrichten; in Berlin gibt es die Lernkneipe (vgl. Moeller 1978, S. 92ff).

All diese Projekte haben die Selbstunterrichtung zum Ziel, sie beziehen sich also auf den kognitiven Lernbereich, und man könnte dementsprechend von Fortbildungs-Selbsthilfegruppen sprechen. Gleichzeitig ist aber auch das Bewußtsein gewachsen, daß Lernvorgänge und menschliche Beziehungen, Gefühle, Konflikte, Familien- und Alltagsleben unauflösbar zusammenhängen. Selbsterfahrungsorientierte und konfliktbearbeitende selbstverantwortliche Gesprächsgruppen könnten helfen, diesen Zusammenhang wiederherzustellen, zu bewahren und kreativ zu entwickeln. An der Universität Gießen werden, wie erwähnt, im Rahmen des Soziologiestudiums psychosoziale Selbsthilfegruppen eingeführt. Das wäre ohne ein steigendes Bewußtsein für die Bedeutung der Selbstbetroffenheit (Schülein, 1977; Krüger, 1977) nicht möglich, aber wohl auch nicht ohne die Angst und Konkurrenz, die Schüler und Studenten in zunehmendem Maß bedrängen – eine gefährliche Nebenwirkung des hohen Leistungsdruckes, der infolge einer früh einsetzenden strengen Auslese an Schulen und Hochschulen herrscht (vgl. z. B. *Süddeutsche Zeitung* vom 23. 3. 1979).

»Einsamkeit ohne Freiheit« ist der bezeichnende Titel einer Sendung über die Schwierigkeiten des Lernens an unseren Universitäten (Bussmann, 1979). Allein diese Situation erfordert eine Reform, die »funktionales Leben und persönliche Erfahrung, reine Erkenntnis und Leben verbindet« (S. 22). Darüber hinaus haben sich in den letzten Jahrzehnten die Voraussetzungen und Bedingungen des Lernens grundlegend gewandelt. Die Hochschuldidaktikerin Brigitte Eckstein sagte in einem Interview: »Wir können uns heute ausrechnen, wie lange wir noch versuchen können, das notwendige Wissen zu vermitteln und mitzugeben. In der Elektronik ist in weniger als fünf Jahren das vermittelte Wissen völlig veraltet. Das heißt: Was wir eigentlich vermitteln müßten an den Hochschulen, das ist die Fähigkeit der Studenten, sich selber zu informieren, und die Fähigkeit, umzulernen. Es geht ja nicht nur darum, daß neues Wissen dazu kommt, sondern es geht heute mehr denn je darum, daß Dinge, die mal für richtig oder sogar für grundlegende Fakten gehalten wurden, sich dann als falsch erweisen und wieder abgestoßen werden müssen aus dem Bewußt- sein« (S. 23).

»Lehrer«, sagte ein Mitarbeiter des Projekts »Hochschulpädagogische Ausbildung für Lehrende«, »sehen sich (nach dem Kurs) nicht mehr als diejenigen, die jetzt Informationen ausspucken, sondern sie sehen sich mehr als Leute, die Lernprozesse organisieren« (S. 25).

Wenn aber das wesentliche neue Ziel im Unterricht lauten muß, zum Umlernen und zu selbstbestimmtem Weiterlernen zu befähigen und wenn Studenten der heutigen Generation anders lernen, das heißt, wenn sie wissen wollen, was der Stoff mit ihnen zu tun hat, was sie mit ihm persönlich anfangen können (Selbstbetroffenheit), dann ist trotz Verschulungstendenz und innovationshemmender Bürokratisierung der Weg gebahnt, das »Selbsterziehungsprinzip« in die Ausbildung zu integrieren.

Schulen

Grundsätzlich wären in diesem Bereich zwei Zielsetzungen zu unter- scheiden:
- lern- oder ausbildungsorientierte Selbsthilfegruppen, wie zum Bei- spiel die Selbsthilfe-Organisation »Learning Exchange« in den Vereinigten Staaten
- und konfliktbearbeitende Selbsthilfegruppen nach dem Vorbild der meisten psychosozialen Gesprächsgruppen.

Allerdings lassen sich diese beiden Schwerpunkte (Mittel der Ausbil- dung einerseits, Selbstbehandlung andererseits) nicht so leicht ausein- anderhalten, wie es auf den ersten Blick scheinen mag. Das Münchner Schülerforum zum Beispiel versucht, »mit eigens gesteckten Zielen dem Schüler ein Überleben« in der Schule zu ermöglichen (Arzber- ger, 1978, S. 2). Die Schule kann als »Konfliktfeld« bezeichnet werden (Schmidt-Willenberg, 1974). Um in ihr bestehen zu können, ist für die Schüler eine kognitive Neuorientierung nötig. In einem ersten Bericht über ein Selbsthilfegruppen-Projekt im Rahmen 14tägiger Seminare schreibt Rita Arzberger (1978, S. 1f) einleitend: »Die Frage, ob die derzeitige Situation innerhalb der Schulausbildung für die Schüler die Möglichkeit zum sozialen Lernen eröffnet, sie zu einem autonomen und reflektierten, gleichermaßen kritischen wie solidarischen Handeln befähigt, kann . . . aufgrund des Lernens in einer Institution – der für unsere Gesellschaft üblichen Form des Lernens – verneint werden. Es zeigt sich sogar eine viel tiefergreifende Dimension der Problematik. Nicht nur soziales Lernen wird verunmöglicht, die strukturellen Bedingungen erzeugen Belastungen, die sich in Verhaltensauffälligkeiten zeigen, wie: Angst zu versagen, Apathie, Resignation, Depression, ziellose Aggression, Streß, Schlaf- und Appetitlosigkeit, extreme Über- und Unterwertigkeitsgefühle. Daß die Schüler darunter leiden, zeigen die zunehmenden Selbstmordzahlen, der vermehrte Besuch von psychiatrischen Beratungsstellen wegen Schulschwierigkeiten und damit verbundene psychische und physische Auswirkungen und schließlich auch das Aufblühen eines Marktes für Paukstudios und organisierte Nachhilfe. Das heißt, daß die Kluft zwischen der idealen Norm und faktischen Situation der Schule größer wird. Lernziele wie Kooperation, Solidarität und Kritikfähigkeit entsprechen nicht den Tatsachen. Der Abiturient muß vielmehr so aussehen: Stromlinienförmig in der persönlichen Meinung, anpassungsfähig, egoistisch und sehr, sehr fleißig (nach Amelang und Zaworka, 1976).«

Die Schüler von heute müssen also zunächst wahrnehmen, welchen psychosozialen, institutionellen und gesellschaftlichen Bedingungen sie ausgesetzt sind, und dann in gemeinsamer Selbsterfahrung wieder handlungsfähig werden. Sozialveränderung heißt hier: Nicht nur die Schule selbst, sondern auch die Familie, die nachschulischen Ausbildungsbedingungen und die ganze komplexe gesellschaftliche Situation stehen zur Diskussion. Der Vorteil selbstverantwortlicher Gesprächsgruppen von Schülern oder auch Lehrlingen liegt in der frühzeitigen Bildung solidaritätsbildender und zu Kritik befähigender Kleingruppen, also in einer Art präventiver Funktion. Das haben sie der Lehrer-Selbsterfahrungsgruppe Saarbrücken voraus (siehe Moeller, 1978, S. 429).

Im Vergleich zu den lernorientierten Selbsthilfegruppen oder zu den erwähnten neuen Lernformen, die etwa Ivan Illich vorgeschlagen hat (Gruppenbildung um ein freigewähltes spezielles Lerninteresse), geht es den oben genannten eigenständigen Gesprächsgruppen für Schüler und Lehrer weniger um die Orientierung an irgendwelchen Ausbildungszielen als um die psychologisch-therapeutische Aufarbeitung von Konflikten. Unter den psychologisch-therapeutischen Selbsthilfegruppen, die im Erziehungsbereich außerordentlich fruchtbar werden könnten, stellen die sogenannten »RAP-Groups« (»rap« heißt wörtlich übersetzt etwa: klopfen) in den USA eine Hauptform dar. Ein Beispiel ist der RAP-Room der Woodlands High School in Hartsdale, New York, der jedem, der gerade ein Problem hat oder einfach teilnehmen möchte, die Möglichkeit zu wechselseitiger Beratung gibt (»drop-in mutual counseling effort«; Petrillo, 1976; Pearlman, 1976).

Hier nimmt allerdings in sehr direkter und aktivierender Weise auch ein Psychologe teil.

Inwieweit im Schulbereich selbstverantwortliche Gesprächsgruppen mit einem Leiter oder wenigstens einer erfahrenen älteren Person zusammen stattfinden sollten, hängt wohl vom Alter der Schüler ab. Es ist aber vorauszusehen, daß man viel zu häufig eine leitende Figur für unabdingbar nötig halten wird. Das Rollenverhalten der Erzieher ist ebenso wie das der beruflichen Helfer von Führungswillen geprägt. Es ist deshalb hilfreich, sich an die Kinder-Selbsthilfegruppe der Anonymen Alkoholiker (»Alateen«) und die Emotions Anonymous (»Happiness Clubs«) zu erinnern, die sich gerade dann besonders lebhaft entfalten, wenn die anwesenden Erwachsenen nicht eingreifen. Die Schule wäre in idealer Weise geeignet, selbstverantwortliche Gesprächsgruppen anzuregen – nicht nur, weil sie selbst große Belastungen mit sich bringt und weil sie der Ort ist, an dem Schäden aus dem familiären Milieu aufgefangen werden könnten, sondern auch, weil sie in den einzelnen Jahrgangsklassen altersgleiche Jugendliche zusammenfaßt. Eine kontinuierliche Chance zum Durcharbeiten der Probleme wäre gerade für die hochempfindliche und umstellungsreiche Zeit der Pubertät eine große Hilfe. Als in einem Internat kurz nach der Umstellung des Unterrichtsplanes auf Leistungskurse eine Suizidepidemie ausbrach, führte ich dort – gemeinsam mit der Medizinsoziologin Dorothea von Ritter-Röhr – eine Institutionsberatung durch. Dabei stellte sich heraus, daß die Möglichkeiten der Schüler – die bislang in Jahrgangsklassen zusammengefaßt gewesen waren –, miteinander zu reden, durch die Unterrichtsreform stark eingeschränkt worden waren. Unter dem Aspekt der Begabungsförderung waren die Leistungskurse ideal, weil jeder Schüler sie nach seinen Fähigkeiten frei wählen konnte. Doch mußten durch die andere Zeitaufteilung die gemeinsamen Pausen entfallen, die als zwanglose Gesprächszeiten von enormer Bedeutung für die Wahrnehmung und Verarbeitung von Konflikten gewesen waren. So trugen die Leistungskurse indirekt zur Isolation der Schüler bei, allein durch einen »beziehungsfeindlichen« Stundenplan; das natürliche Selbsthilfepotential der Schüler wurde also ungewollt unterbunden. Dies schaffte eine Situation, die für Anfällige wohl den Ausschlag zum letzten Schritt gegeben haben dürfte.

Die heutigen Schulen stehen noch aus ganz anderen Gründen unter einem pathogenen, beziehungstrennenden Einfluß. Der Numerus clausus und die Notwendigkeit, immer nur die besten Noten zu erreichen, verändert das gesamte Beziehungsgefüge einer Klasse.

Wenn nur Leistung gefordert wird, bleiben seelische Probleme zweitrangig oder werden wegen der erhöhten Rivalität in der Klasse erst gar nicht besprochen. Dagegen kann selbst der starke Wunsch nach Solidarität nur wenig bewirken. Genau diese psychosoziale Situation dürfte auch das größte Hindernis sein, wenn es um die Bildung von Schüler-Selbsthilfegruppen geht. So richtet also die Numerus-clausus-Situation im Schulbereich nicht nur erheblichen seelischen Schaden an, sie verbaut auch noch die natürlichen Chancen, mit dieser Belastung fertigzuwerden. Unter dem Aspekt der Rivalität ist es günstiger, wenn sich nicht gerade Schüler aus einer Klasse, und das heißt potentielle Konkurrenten, sondern Schüler aus unterschiedlichen Klassen in Selbsthilfegruppen zusammenfinden. Dies dürfte der Vorteil des Münchner Schülerforums sein. Im letzten Jahr hat sich auch in Gießen eine Schüler-Selbsthilfegruppe als freie Gesprächsgruppe gebildet.

In einem größeren Modellversuch sollen Selbsthilfegruppen auch für Hauptschüler mit besonderen psychosozialen Belastungen angeregt werden. Der Übergang von der Schule in den unbekannten Beruf, die Jugendarbeitslosigkeit, die oft miserablen Ausbildungsbedingungen in den Lehrstellen und die Berufsfindung bereiten vielen Heranwachsenden größte Schwierigkeiten, deren Bearbeitung durch solche Gruppen erhofft werden kann (Geissler, Hornstein, Moeller, von Troschke, 1980).

Hochschulen und Fachhochschulen

Die Entwicklung der Selbsthilfegruppen in Gießen ist 1972 von der psychosozialen Notlage der Studenten ausgegangen. Auch heute bilden die studentischen Gesprächsgruppen wenigstens ein Drittel aller Gießener Gruppen. Als einzige Gruppierung haben die studentischen Gruppen zusätzlich zum Gespräch neue Kommunikationsformen eingeführt: eine Urschreigruppe ist entstanden, eine Meditationsgruppe und eine Biofeedback-Gruppe. Wie alle anderen Selbsthilfegruppen arbeiten auch diese »Abweichler« regelmäßig und mit Erfolg. Die Gesamttreffen-Begleiter haben selbst oft nur wenig Ahnung von den neuen Methoden, hören aber mit Interesse von den offensichtlich mit Erfolg durchgeführten Experimenten. Der Erfahrungsaustausch der Gruppen untereinander wird belebt.

Studierende gelten als Risiko-Population, denn ihre Suizidgefährdung ist größer als bei anderen Gruppen. Im allgemeinen haben Fachleute gegen Selbsthilfegruppen für Studenten am wenigsten Bedenken (vgl.

Troje, 1977). Die verbale Ausdrucksfähigkeit der Studenten, vielleicht auch die Tatsache, daß die Fachleute selbst einmal studiert haben, mögen die üblichen Vorbehalte lindern. Die Westdeutsche Rektorenkonferenz hat im Rahmen der Fortbildungsseminare für Studienberater die Anregung und Begleitung von studentischen Selbsthilfegruppen ins Programm aufgenommen. Das Deutsche Studentenwerk führt auf seinen überregionalen Fortbildungstagen für psychotherapeutische Studentenberater ebenfalls in die Beratung mit Selbsthilfegruppen ein. Die Berater selbst sehen die Zusammenarbeit mit Selbsthilfegruppen ohnehin als wichtigen Teil ihrer beruflichen Tätigkeit. (vgl. auch Matzat u. Daum, 1981).

Wie bereits weiter oben erwähnt, haben einige Gießener Hochschullehrer vor, lernorientierte und psychosoziale Selbsthilfegruppen in einem Modellversuch zu kombinieren. Es handelt sich um ein Teilcurriculum »Mikrosoziologie«, in dem als integraler Bestandteil autonome Studiengruppen vorgesehen sind. Damit soll ein neues Konzept von Lernen und Studium realisiert werden (Krüger, Moeller, Schülein, 1979). Allerdings besteht in diesem Falle kein Zweifel, daß es starke institutionelle Gegenkräfte und Verschleppungen gibt. Im übrigen kann dieser Studiengang auch als Ausbildung für soziale Berufe (siehe S. 261 ff.) verstanden werden.

Daß allerdings unter der anscheinend ruhigen Oberfläche an den Universitäten Probleme sichtbar werden, »die zu lösen es ganz anderer Anstrengungen bedarf als der formalen Hochschulreform«, betont Hildegard Bussmann in der bereits erwähnten Rundfunksendung »Einsamkeit ohne Freiheit« (1979). Denn: Für Hunderttausende von jungen Leuten ist das Studium an unseren Hochschulen entweder überhaupt nicht durchzustehen oder aber eine ungeliebte Arbeit. Rund 18 000 Studierende brechen jährlich ihr Studium ab. Jeder dritte Student war laut einer fünf Jahre zurückliegenden Untersuchung des Infratest-Instituts vom Studienfach seiner Wahl enttäuscht und nichts spricht dafür, daß sich dieser Anteil seitdem verringert hätte. Und schließlich: In der Bundesrepublik, so schätzt man, taucht ungefähr ein Fünftel aller eingeschriebenen Studenten – in Westberlin vermutlich sogar bis zu einem Drittel – zwar in der Kartei, selten oder nie aber an der Hochschule auf. Ein Hochschullehrer sprach in diesem Zusammenhang von »unserem unsichtbaren Krankenstand« – eine durchaus doppeldeutige Formulierung, denn diese Studenten erscheinen nicht nur nicht an den Universitäten, ihr Fehlen wird dort im allgemeinen auch gar nicht registriert. Da weiß man kaum noch, wer »kränker ist, die Studenten« oder die Hochschulen« (S. 1). »Die

Studenten sind heute anders als noch vor zehn Jahren; sie lernen anders, haben eine andere Beziehung zur Universität und zu dem, was dort gelehrt wird« (S. 4).

Der Sozialpsychologe Klaus Horn bemerkt: »Es wird im Durchschnitt eigentlich weniger gelesen. Die Interessen sind relativ zurückgenommen. Man ist mißtrauisch, ob das, was man da lernen muß, eigentlich irgendwelchen Nutzen bringt. Man möchte nicht mehr ganze Bücher lesen, sondern orientiert sich relativ pragmatisch an bestimmten Seiten, von denen man weiß, daß sie gewußt werden sollen« (Bussmann, 1979, S. 5). Eine Art »sekundärer Analphabetismus« nennt der Soziologe Hans-Peter Dreitzel diese Haltung: »Lesen und Schreiben sind keine Selbstverständlichkeiten, sondern bedürfen einer Zusatzmotivation« (S. 5).

Was immer die Ursachen dafür sein mögen – der familiäre Hintergrund der ersten Fernsehgeneration oder das Angebot an Unterrichtsveranstaltungen –, Hochschullehrer müssen sich wohl oder übel mit den psychosozialen Problemen ihrer Studenten auseinandersetzen, denn Hochschulseminare stehen und fallen mit der selbstverantwortlichen Vorbereitung und der aktiven Teilnahme der Studenten. Aber selbst bei arbeitsfähigen und leistungsbereiten Studenten – etwa in Fächern wie Medizin – ist die perfekte Kühle, mit der hier Faktenwissen erworben wird, eine Lernstörung kaum erkennbarer Art. Ich erlebe diese Studenten in meinem Unterricht manchmal wie Menschen, die keine Schmerzen empfinden können. Eine medizindidaktische Studie (Bertram und Sandritter, 1979) erklärt dazu: »Zentralismus im Studienwesen, Einzwängung der Lehre in Gegenstandskataloge und gleichzeitig Überschwemmung der Fakultäten mit Medizinstudenten stellen Pseudo-Effektivitätsgesichtspunkte so sehr in den Vordergrund der Ausbildungsbemühungen, daß für schöpferische Vielfalt oder gar grundlegende Neubesinnung nirgends Kräfte bleiben.« Edzard Bertram, Mitglied der Studienreformkommissionen, kommentiert: »(Medizinstudenten) lernen nicht mehr miteinander, mit anderen und sonstwie umzugehen, ihre Probleme in irgendeiner Form doch mit jemand anderem zu lösen, zu verbalisieren, zu agieren, sich zu solidarisieren, sondern sie laufen mehr und mehr in der Vereinzelung herum« (S. 9). Aber auch eine Germanistikstudentin, Ruth S., spricht von dieser Isolation: »Die Tendenz ist dahingehend: Na gut, jeder studiert vor sich hin, auch in der Wohngemeinschaft, und dann mal sehen, was hinterher kommt. Alles unbestimmt. Jedem geht's nicht so gut. Eine gemeinsame Perspektive zu entwickeln, ist sehr schwierig« (Bussmann, 1979, S. 12).

Vor diesem Hintergrund sprechen zahlreiche Momente für die Entwicklung eigenständiger, lernorientierter Gesprächsgruppen im studentischen Bereich:
- Die Vereinzelung wird aufgehoben;
- die zunehmende Funktionalisierung des Lernens erfährt ein Gegengewicht;
- die Selbstbetroffenheit wird in den Mittelpunkt gestellt;
- Umlernen und selbstbestimmtes Weiterlernen als wichtige neue Ziele können eingeübt werden;
- es kann eine Perspektive entwickelt werden, wie Beruf, Leben und Person am besten zu verbinden sind;
- und nicht zuletzt können auftretende Konflikte bearbeitet werden.

So berichtete ein Mitglied einer Studenten-Selbsthilfegruppe an der Ruhr-Universität Bochum,»Arbeiterkinder an der Uni«, über das »Gefühl, nicht da hinzuzugehören«. Das hätte dazu geführt, daß»die meisten bis zum 8. oder 9. Semester kaum was im Seminar gesagt haben« (S. 15). Die Gruppe versucht unter anderem, mit der großen Kluft zwischen Herkunftsfamilie und Universitätsmilieu zu Rande zu kommen. Dadurch wird das eigene Lernen sinnvoller und effektiver. Diese Gruppe sollte nicht als »Randgruppe« aufgefaßt werden, sondern als Beispiel für den allgemeinen Zustand an den heutigen Universitäten und für die Notwendigkeit, bessere Lernbedingungen zu schaffen.

Sozialarbeiter-Ausbildung

Wie am Beispiel des Modell-Studienganges »Mikrosoziologie« erwähnt, rufen ausbildungsorientierte Selbsthilfegruppen erhebliche institutionelle Widerstände hervor, obwohl ihre Notwendigkeit gut zu begründen ist. Sie vermitteln jene psychosoziale Kompetenz und Kenntnis eigener Konflikte, die für alle Angehörigen der sozialen Berufe unerläßlich sind und die in den offiziellen Ausbildungsgängen zu kurz kommen. An einem New Yorker Krankenhaus zum Beispiel gehört die zweijährige Teilnahme an einer Selbsthilfegruppe zur Krankenschwesternausbildung (mündliche Mitteilung von Walter Lechler).
Die beiden erwähnten Sozialpädagogen, Christina Frey und Ingo Jäckel, haben in ihrer umfangreichen Arbeit (1979) selbstorganisierte Gruppen als Möglichkeit der Selbsterfahrung und der beruflichen Reflexion *im Rahmen des Studiums der Sozialarbeit* vorgeschlagen. Sie gehörten selbst einer ausbildungsorientierten Selbsthilfegruppe an (s.

S. 75 ff.). Aus ihrer anschaulichen Darstellung möchte ich einige Sätze zitieren, die ihren Ansatz selbstbestimmten Lernens und ihre Vorstellung »Bildung als Selbstverwirklichung« beschreiben: »Unsere Gruppe setzt bei der unmittelbaren Situation des einzelnen während des Studiums bzw. des Berufes an und bietet so die direkte Möglichkeit, an sich und den Erfahrungen im Studium und Beruf reflektierend zu arbeiten (alltagsnahe Handlungsform). Bildung heißt für uns Persönlichkeits- und Selbstverwirklichung« (S. 8).

Zu ihrer eigenen Studiensituation schreiben die Autoren: »Der ganze Studienbetrieb wird immer unerträglicher, scheint immer sinnloser, trotz aller ursprünglichen Freude über den Beginn des Studiums und aller Mühe, die zu Beginn eines jeden neuen Semesters wieder neu aufgewendet wird. Viele machen einen verlorenen Eindruck, sie haben nicht nur die Orientierung auf ein Ziel hin, sie haben sich oft tatsächlich selbst verloren« (Wagner, 1977, S. 7).

»Der hoffnungsvolle Wechsel von der Schule zur Universität ist für viele zur Enttäuschung geworden. Die Loslösung vom Elternhaus, das Einleben in eine neue Umgebung und die neue soziale Situation (teure Mieten, geringes Bafög) geben neue Probleme auf. Die unklaren Vorstellungen über Studienziel und späteres Arbeitsfeld werden in vielen Studienbereichen noch verworrener. Der theoretisch überfrachtete Stoff kann oft nicht mehr in Bezug zum alltäglichen Leben gebracht werden. Die Trennung von Theorie und Praxis wird als Trennung von Studentendasein und eigentlichem Leben erfahren. Versuche einer sinnvollen Verknüpfung von Studium und Freizeit, Arbeit und Leben, sind geprägt durch ständige Brüche und kaum durch Kontinuität.

Der Student ist anonym in der Massenuniversität. Die überfüllten Hörsäle und Seminare lassen wenig Raum zur eigenen Selbstentfaltung und Selbstdarstellung. Was zählt, ist letztlich die Leistung, die Prüfung, der Status. Die Folgen dieses so unpersönlichen Universitätsbetriebes sind einmal Leistungsängste (die Unsicherheit, nicht zu wissen, was zu leisten ist, und das Geforderte nicht mehr bringen zu können), und zum anderen eine Vereinzelung von Studenten, die sich dann in verstärkter Kontaktarmut äußert" (Teil 2, S. 47–49).

Zu den Inhalten und Zielen der selbstorganisierten Gruppen für Studenten bemerken sie:

„Der Sinn des Studiums kann sich nicht allein darin erschöpfen, später einen Beruf zu bekommen, denn dadurch würde die Studienzeit zur bloßen Übergangssituation. Das Studium muß etwas mit uns zu tun haben, mit der eigenen Person, den eigenen Erfahrungen und

Bedürfnissen. Es sollte neben dem inhaltlichen Studium auch die Möglichkeit geben, eigene Probleme anzugehen und auch die eigene Persönlichkeit zu entwickeln. Um aber gezielt studieren zu können, um aus der oft chaotischen Uni-Situation selbst einen sinnvollen Studienplan entwerfen zu können, um die sinnentleerte Situation zu beenden, bedarf es Anstrengungen, die den einzelnen fast überfordern. Hier ist es wichtig, sich in kleinen, überschaubaren Gruppen zusammenzuschließen, möglichst mit Kommilitonen des gleichen Semesters und Studienfaches.

Die selbstorganisierte Gruppe für Studenten sollte die Basis zur Gewinnung von Selbstvertrauen, Eigeneinschätzung, Identifikation und Perspektive im Studium sein. Da ein Sich-wohl-Fühlen in der Gruppe eine Voraussetzung ist, sollte zunächst eine Atmosphäre des gegenseitigen Angenommenseins geschaffen werden, in der Offenheit und Vertrauen wachsen und Ängste und Hemmungen abgebaut werden können.

In dieser Anfangsphase sollten die Sozialisationsbedingungen und die Studienmotivation jedes einzelnen besprochen werden. Es gilt in intensiven Gesprächen über die persönliche Vergangenheit herauszufinden, was den einzelnen in seinen Verhaltensweisen und Einstellungen geprägt hat, um festzustellen, warum und wieso dieses Studium gewählt wurde und zu welchem Ziel es führen soll. Die Aufarbeitung der eigenen Sozialisation und die Sinn- bzw. Zielfindung für Studium und späteren Beruf wird innerhalb des Gruppenprozesses immer wiederkehren und sich ständig weiterentwickeln. Der einzelne kann seinen Weg erst finden und gehen, wenn er über sich selbst und seine eigenen inneren Widerstände Erfahrungen gesammelt hat. Um diese Selbststeuerung im Gruppenverhalten erreichen zu können, sind gruppendynamische und selbstanalytische Mittel notwendig. Die eigentliche Arbeitsphase beginnt dann, wenn die Beziehungen untereinander soweit abgeklärt sind und die Gruppe sich in ihrer Struktur gefestigt hat.

Zum einen sollte die Situation an der jeweiligen Hochschule besprochen werden, vor allem die Strukturen und Verhaltensweisen in Seminaren und Vorlesungen. Zum anderen sollte ein Studienplan entwickelt werden, der die notwendigen Leistungsnachweise und damit die geforderten Prüfungsanforderungen berücksichtigt. Die hierbei auftretenden Ängste und Unsicherheiten sollten angesprochen und abgebaut werden. Wolf Wagner (1977, S. 53 f) schreibt hierzu: ›Du mußt Erfahrungen machen, daß Angst nicht nötig ist, daß es in Wirklichkeit für diese Angst keinen Anlaß gibt... Damit du die

Erfahrungen machen kannst, mußt du Ängste offen aussprechen und auch sachte zu praktizieren versuchen, wovor du Angst hast.‹ In dieser Gruppenphase beginnt auch die eigentliche Auseinandersetzung mit der inhaltlichen Arbeit des Studiums, daß heißt, die Reflexion der Seminare und die Aufarbeitung des theoretischen Stoffes. In dieser Zeit wird es wichtig sein, sich am Anfang leicht erreichbare Zwischenziele zu stecken, wobei bestimmte Tätigkeiten abwechselnd auf verschiedene Mitglieder verteilt werden sollen. Später kann die Arbeitsteilung in der Gruppe auch vorsehen, daß einzelne Gruppenmitglieder bestimmte Studienveranstaltungen besuchen und diese Information wieder in die Gruppe eingeben. Dabei ist zu beachten, daß die Gruppe sich nicht überfordert und letztlich nur noch die Funktion eines Informationsaustausches hat.

Ziel der Auseinandersetzung mit dem Studium muß es auch sein, den Gebrauchswert des Studiums für den einzelnen zu finden. Es soll das aus der Universität herausgeholt werden, was sinnvoll und befriedigend ist, statt sich anzupassen. Des weiteren bekommt das Studium erst einen gesellschaftlichen Bezug, wenn eine persönliche Zukunftsperspektive klar wird. Durch die Entwicklung einer Berufsperspektive während des Studiums kann der notwendige Praxisbezug hergestellt werden, was die Universität kaum leistet. Neben der inhaltlichen Arbeit des Studiums, die vorwiegend kognitiv verläuft, werden in der selbstorganisierten Gruppe emotionale Erfahrungen gemacht. Treten Störungen in der Gruppe auf, insbesondere auf der Beziehungsebene, so sollen diese vorrangig bearbeitet werden, da sie letztlich auch die inhaltliche Arbeit behindern. Die selbstorganisierte Gruppe für Studenten soll die inhaltliche Arbeit ständig mit eigener Selbsterfahrung und Selbstreflexion verbinden.

Ein weiteres Ziel der selbstorganisierten studentischen Gruppen wird auch die politische Arbeit sein. Dabei sollte darauf geachtet werden, daß politische Arbeit auf mehreren Ebenen den einzelnen überfordern und die Gruppe sich verzetteln kann. Es hat keinen Sinn, von der Mieterbewegung in die Umweltbewegung, von dort in die Anti-Atomkraftbewegung usw. zu springen, nirgendwo bleibt dann Zeit genug, um sinnvolle, langfristige und wirksame Arbeit leisten zu können. Eine solche Arbeit würde auch jede Gruppenarbeit zerstören und langfristige Lösungen unmöglich machen. Keine Gruppe kann den gesellschaftsverändernden Weltgeist spielen. Eine politische Arbeit einer solchen selbstorganisierten Gruppe sollte nach reiflichen Überlegungen und Entscheidungen begonnen werden, wenn sie in das inhaltliche Konzept der Gruppe integriert werden kann, ohne sie zu überfordern. Durch den Rückhalt und die Reflexion in der Gruppe können so gezielt überschaubare politische Aktivitäten übernommen werden. So wird die selbstorganisierte Gruppe für Studenten keine isolierte Gemeinschaft, sondern bestimmt als solidarische Gruppe, als soziale Einheit auch politisches Geschehen in einem nach außen bezogenen gesellschaftlichen Rahmen« (Teil 2, S. 50–53). Die Autoren bemerken übrigens, daß sich ihr Ansatz mit einer von Wolf Wagner (1977) beschriebenen Form studentischer Arbeitsgruppen decke. Ihr Modell beschränkt sich keineswegs nur auf das Studium der Sozialpädagogik, es dürfte für alle Studiengänge der sozialen Berufe ein sinnvolles Angebot sein. In Gießen zum Beispiel entstehen zur Zeit studienbegleitende selbstverantwortliche Gesprächsgruppen im Fachbereich Humanmedizin.

Weiterbildung für Helfer und Erzieher

Auch nach Abschluß der offiziellen Ausbildungsgänge bleiben Selbsthilfegruppen für die Fortbildung von Helfern und Erziehern interessant. Sie werden in diesem Bereich vielleicht auch eher akzeptiert. In einer Ausgabe des New Yorker »Self-Help-Reporter« zum Beispiel machte sich eine solche Selbsthilfegruppe für arbeitslose Sozialarbeiter bekannt (1977). Auch die erwähnte Lehrer-Selbsthilfegruppe Saarbrücken wäre in diesem Zusammenhang zu nennen.

Welche Bedeutung haben selbstverantwortliche Gesprächsgruppen für Helfer und Erzieher? Ihre Funktion läßt sich – zusammenfassend – unter folgenden Gesichtspunkten verstehen:

– *Selbstbehandlung.* Sie ermöglichen es den Teilnehmern, persönliche Konflikte und Störungen aufzuarbeiten, die ja gerade bei Helfern und Erziehern häufig die Berufswahl motivieren und auch die berufliche Praxis besonders empfindlich beeinflussen.

– *Baustein in Ausbildung und Fortbildung.* Sie erhöhen Selbstwahrnehmung, Konflikterfahrung, Menschenkenntnis und Erlebnisfähigkeit und bieten damit jene intensive Selbsterfahrung, die in vielen Ausbildungsgängen zu kurz kommt, obwohl gerade sie für den Umgang mit Menschen wesentlicher ist als alle Theorie.

– *Chance, die helfende und erzieherische Beziehung weiterzuentwickeln.* Sie wirken der Vernachlässigung und Verachtung eigenständiger therapeutischer und pädagogischer Fähigkeiten bei den Fachleuten selbst wie bei den Klienten und Patienten entgegen; sie lassen sowohl in der eigenen Person als auch in den Klienten, Schülern und Patienten mehr Entwicklungsmöglichkeiten erkennen; sie verringern die Abhängigkeitsverhältnisse in Versorgung und Erziehung; die aktive Teilnahme an Selbsthilfegruppen trägt dazu bei, die Vorbehalte gegen Selbsthilfegruppen aufzulösen, und rückt damit überhaupt erst die vielfältigen Chancen selbstverantwortlicher Gesprächsgruppen ins Blickfeld der Helfer und Erzieher.

– *Optimale Grundlage für die Zusammenarbeit mit Selbsthilfegruppen.* Die eigene Teilnahme an selbständigen Gesprächsgruppen bietet die besten Voraussetzungen für die noch ungewohnte Tätigkeit eines Selbsthilfegruppen-Beraters und fördert darüber hinaus die Entwicklung neuer angemessener Ideen für diesen Verbund.

Die Zeitschrift *Sozialmagazin* brachte eine ganze Serie von Artikeln zur Lage und Rolle des Sozialarbeiters:»Die Angst des Helfers« (Februar 1979),»Die Grenzen der Beziehungsarbeit« (Mai 1979),»Omnipotenz und Ohnmacht der Helfer« (Juni 1979) waren die Themen. Aus persönlicher Betroffenheit heraus haben Christina Frey und Ingo Jäckel das Modell der selbstorientierten Gruppen als *Möglichkeit zur Fortbildung für die helfenden Berufe* skizziert.»Wie soll ich anderen helfen, wenn ich mir selbst nicht helfen kann?« – Ausgehend von diesem Titel eines Aufsatzes von Belardi (1979) verweisen die Autoren auf eine empirische Untersuchung von Baldo Blinkert (1976), welche die konflikthafte Arbeitssituation der Sozialarbeiter deutlich macht.

– 56 Prozent der Sozialpädagogen waren der Meinung, daß in diesem Beruf ein zu hoher persönlicher Einsatz gefordert werde.
– 57 Prozent berichteten, daß die Anforderungen in diesem Beruf zu gesundheitlichen Störungen führten.
– 68 Prozent meinten, daß man wichtige Arbeiten wegen Überlastung nicht mit der notwendigen Sorgfalt ausführen könne.
– 42 Prozent hielten die den Sozialpädagogen zur Verfügung stehenden Hilfen für bedeutungslos und
– 59 Prozent äußerten, daß sie wegen der hohen Anforderungen ihren Arbeitsplatz wechseln wollten.

Frey und Jäckel skizzieren die Situation des Sozialarbeiters nach Abschluß des Studiums folgendermaßen (Teil 2, S. 56–58):»In den Sozialberufen ist auch die Entwicklung einer beruflichen Identität außerordentlich schwer. Die Hilflosigkeit vieler Praktiker entstand aus eigenen Problemen, falschem Theorieverständnis und schlechter Ausbildung. Dies führt in der Regel zu Angst und Unsicherheit.« Nach Blinkert ist für die Mehrheit der Sozialarbeiter die folgende Biographie typisch:»Die erste Phase der praktischen Berufstätigkeit ist durch Konflikterfahrung und massive Verunsicherung geprägt, durch Desorientierung und das Empfinden, für eine völlig andere Berufssituation ausgebildet worden zu sein. Die am Ende der theoretischen Ausbildung ansatzweise entwickelte Berufsidentität wird nun abgebaut und allmählich durch das Lernen einer neuen Rolle abgelöst. Diese Orientierung weist jedoch so gut wie keine Beziehung mehr zu den Ansprüchen auf, die während der Ausbildung so vertreten werden. Die tägliche Wirkungslosigkeit verführt letztlich zur Selbstaufgabe: Weil die ersten Ziele unrealistisch waren, verzichten viele auf Ziele überhaupt. Mit Zielvorstellungen verbinden sie Enttäuschungen und Niederlagen« (Blinkert, 1979, S. 16).

In bestimmten Arbeitsfeldern werden von Sozialarbeitern zusätzliche Belastungen gefordert. Je offener das Arbeitsfeld, desto stärker ist in der Regel die persönliche Betroffenheit und Verstrickung (zum Beispiel beim Streetworker). Der Sozialarbeiter kann dann nicht, trotz aller professioneller Distanz, sich bei Konflikten »raushalten«. Auf die Konflikte des Adressaten muß er aktiv antworten und eingreifen können. Damit wachsen auch die Gefahren für das Privatleben, für die persönliche Existenz des Sozialarbeiters.

Hinzu kommen in diesen Arbeitsbereichen auch unterschiedlich gelagerte Arbeitszeiten. Sozialarbeit zum Beispiel mit bestimmten Randgruppen, in Heimen oder in offenen Häusern der Jugend geht meistens bis in den späten Abend. Dies hat häufig Auswirkungen auf die Familie oder den Bekanntenkreis. Freunde und Bekannte treffen sich im allgemeinen abends, während der Sozialarbeiter noch beruflich zu tun hat. Die unregelmäßigen Arbeitszeiten beeinflussen auch sein Familienleben. So beklagen Sozialarbeiter, daß sie die ganze Woche über mit »fremden« Kindern arbeiten, während die eigenen Kinder vernachlässigt werden, weil man sie nur selten sieht. Viele Sozialarbeiter haben auf diese Weise Kontakte verloren und leben außerhalb ihres Arbeitsfeldes sehr isoliert.

In der Arbeit mit Jugendlichen und insbesondere mit Randgruppen ist für den Sozialarbeiter außerdem hohe Mobilität und Flexibilität erforderlich. Man muß sich jederzeit auf neue Aufgaben einstellen können, und kaum einer schafft es, bis zum Rentenalter in diesem Bereich zu arbeiten. Hinzu kommt die berufspolitisch schwache Stellung der Sozialarbeiter/Sozialpädagogen. Sozialpädagogen sind benachteiligt und unterprivilegiert, ohne »daß es dafür eine aufgaben- und funktionsbezogene Begründung gibt« (Pfaffenberger, 1978). Christina Frey und Ingo Jäckel sehen in der selbstorganisierten Gruppe für Sozialpädagogen unter Einbeziehung des Berufsalltages eine große Chance, weil »Lernen, Erfahren und Aufarbeiten der eigenen Konflikte« einen integrierten Prozeß darstellen. »Wir erfahren an uns zum Beispiel Arbeitsstörungen, die aus psychischen Konflikten hervorgehen, aus widersprüchlichen ungeklärten Beziehungen zu unseren Arbeitskollegen, aus einem problematischen Verhältnis zur Thematik oder gar zum angestrebten Ziel, oder Störungen, die mit dem Arbeitsstil der Kollegen oder dem eigenen Stil zu tun haben. Wir gründen uns auf diese ganzheitliche Erfahrung, integrieren die Störungsmomente und werden vermutlich auch zu neueren und produktiveren Lebensformen kommen« (Teil 2, S. 70–71).

»Nicht anderen zu helfen, um sich selbst zu helfen – sondern erst wer sich selbst findet und sich helfen kann, der wird auch den anderen finden und ihm helfen können. Dieser so wichtige Grundsatz der selbstorganisierten Gruppen sollte auch zum Selbstverständnis aller helfenden Berufe werden. Die aus sich selbst gewonnene Sicherheit wird zum befreienden Moment für die Alltagsbewältigung. Je ausgeglichener der Sozialpädagoge selbst ist, desto freier wird er dem anderen Menschen begegnen können. Dies führt letztlich zu unmittelbaren Auswirkungen in den zwischenmenschlichen Beziehungen. Der Mitmensch erlebt auch die Begegnung mit dem Sozialpädagogen neu, Vertrautheit und Offenheit, gegenseitiges Akzeptieren und emotionale Wärme wachsen wechselseitig und ergänzen sich. Damit wird auch eine neue Basis für sozialpädagogisches Handeln ermöglicht. Die Arbeit in der selbstorganisierten Gruppe muß jedoch als ständiger Lernprozeß angesehen werden, keiner wird zum Sozialpädagogen ohne Fehl und Tadel – den fertigen Sozialarbeiter gibt es nicht. Sich kennenlernen heißt, auch seine Grenzen kennenzulernen und diese ohne Angst vor Identitätsverlust ehrlich auszusprechen und dazu stehen zu können. Dazu gehört es auch, Nein zu sagen, wenn zu hohe Erwartungen und Ansprüche an die Sozialpädagogen gestellt werden. Dies ist um so schwieriger, wenn Sympathien dadurch verloren gehen. Freier und offener anderen zu begegnen, löst aber auch Ängste aus. Zum einen sind es individuelle Ängste in der direkten Begegnung, die den Gesprächspartner zurückdrängen und blockieren. Zum anderen werden Ängste und Unsicherheiten dann besonders deutlich, wenn einzelne Personen freiere Umgangsformen von Teilnehmern selbstorganisierter Gruppen erleben. Zum Beispiel wurden die Begrüßungsformen unserer selbstorganisierten Studentengruppe bei anderen Kommilitonen als beängstigend erlebt. Diese Ängste müssen rechtzeitig erkannt werden, die Unsicherheiten sollten angesprochen und das eigene Verhalten verständlich gemacht werden. . .

Für den Sozialpädagogen ergeben sich auch direkte Auswirkungen auf seine berufliche Alltagspraxis. Durch die ständige Reflexion seines Alltags werden verfestigte Strukturen gelöst und damit das pädagogische Konzept auf ein flexibleres, mobileres Handeln hin weiterentwickelt. Die Arbeit in der Gruppe ermöglicht stärkere Sensibilisierung und Empathie anderen gegenüber. Der Sozialpädagoge lernt daher modellhaft für seinen Berufsalltag. Die selbstorganisierte Gruppe bietet dem Sozialpädagogen außerdem die Möglichkeit, sich in einer leiterlosen Gruppe zu erleben. Viele Sozialpädagogen sind in ihrer Arbeit leitend, anleitend oder initiativ tätig und vergessen dabei, daß verantwortliches Leiten auch Abgeben und Sich-überflüssig-Machen heißt. Dieses emanzipatorische Ziel, das in der Sozialarbeit häufig gilt, wird hier in der selbstorganisierten Gruppenform gelebt. Sicher gibt es noch viel mehr Auswirkungen der selbstorganisierten Gruppenarbeit für die Sozialpädagogen, insbesondere solche, die letztlich auch sein Umfeld beeinflussen. Zum Beispiel bleiben die Auswirkungen auf Partnerschaft, Familie, Kollegen, Vorgesetzte und Träger sowie die politischen Auswirkungen noch unbesprochen« (Teil 2, S. 78–80).

Daß ähnliche arbeitsorientierte Selbsthilfegruppen auch für die Angehörigen aller anderen sozialen Berufe hilfreich sein könnten, als eine Art ganzheitlicher, berufsbegleitender Fortbildung und wechselseitiger Supervision, ist leicht zu erkennen.

Es gibt auch weitere Gruppen dieser Art: So wird Psychoanalytikern nach dem offiziellen Abschluß in leiterlosen Selbsterfahrungsgruppen und autonomen lernorientierten Supervisionsgruppen Weiterbildung in Gruppentherapie angeboten.

Im Rahmen der »Deutschen Arbeitsgemeinschaft für Familientherapie e.V.« (DAF) sind bundesweit familientherapeutische Fortbildungs-Selbsthilfegruppen entstanden. Der »Arbeitskreis Gruppendynamik im Bildungsbereich« (AGIB, 1978) bietet eine »kooperative Selbstqualifikation« (S. 6) an, die ebenfalls über selbstorganisierte Fortbildungsgruppen erlangt wird.

8

Ergebnisse der Arbeit in Selbsthilfegruppen

1 Unterschiedliche Gruppen – ähnliches Verhalten

Fragt man, welche Resultate Gruppenarbeit erbringt, so ist zunächst zu bedenken, daß selbstverantwortliche Gesprächsgruppen zum einen unterschiedlich arbeiten, zum andern nur schwer vergleichbare Arbeitsschwerpunkte haben. Einige Anonymous-Gruppen (vgl. Luger, 1978, S. 50) – aber bei weitem nicht alle – halten sich eng an ein vorgegebenes Programm, andere Selbsthilfegruppen bevorzugen das offene Gespräch, so die meisten im Rahmen der Deutschen Arbeitsgemeinschaft Selbsthilfegruppen. Außerdem könnte man vermuten, daß eine Alkoholikergruppe, eine Übergewichtsgruppe oder eine Paargruppe spontan eigene Formen des Vorgehens, also eine andere Methodik, entwickeln. Leon Levy und seine Mitarbeiter (1977) konnten allerdings zeigen, daß diese Unterschiede von den Experten offensichtlich doch überschätzt werden. Das Selbsthilfeverhalten der sieben untersuchten psychologisch-therapeutischen Selbsthilfegruppen hatte sich kaum unterschieden: Anonyme Alkoholiker; TOPS – Übergewichtige; Emotions Anonymous – Selbsthilfegruppen für seelische Gesundheit; Parents Anonymous – Selbsthilfegruppen für Eltern, die unter dem zwanghaften Impuls leiden, ihre Kinder zu schlagen; Parents without Partners – alleinstehende Eltern; Overeaters Anonymous – Übergewichtige; Make Today Count – Menschen, die an einer tödlichen Erkrankung leiden. Die Ähnlichkeit des Verhaltens von Teilnehmern in den verschiedensten Selbsthilfegruppen ergibt sich nach Meinung der Autoren aus der Tatsache, daß dort grundlegende menschliche Bedürfnisse erfüllt werden. Wer den Bericht der Rollenspiel-Selbsthilfegruppe (Thomas, 1978) mit der Arbeit anderer selbstverantwortlicher Gesprächsgruppen vergleicht, wird selbst bei einer Methode, die auf den ersten Blick etwas völlig anderes zu sein scheint, keine gravierenden Unterschiede feststellen können. In allen Gruppen tritt meines Erachtens das ein, was der amerikanische Psychologe James J. Lynch (1979) in einer grundsätzlichen Erörterung der krankmachenden Bedingungen des heutigen Lebens schlicht »die menschliche Wirkung« nennt. Selbsthilfegruppen setzen zwei für Menschen unersetzliche »Medikamente« ein: das Gespräch und die Bindung. Beides geht im Zuge der raschen sozialen

Veränderungen immer mehr verloren. Auf diesem Hintergrund erscheinen dauerhafte menschliche Beziehungen und Gesprächsmöglichkeiten, wie sie die Selbsthilfegruppen bieten, als »besondere Heilmittel«.

Ich möchte hier keine differenzierte Analyse der sehr komplexen Probleme, mit denen sich die Selbsthilfegruppen-Forschung befaßt, vorlegen; es soll im folgenden lediglich um die große Linie der Wirkung eigenständiger Gesprächsgruppen gehen. Die Veränderungen, die Teilnehmer an sich selbst wahrnehmen, sollen stichwortartig aufgeführt und die Methoden, das Geschehen in den Gesprächsgruppen zu erfassen, kurz beschrieben werden. In jedem Falle ist die Erforschung auf die aktive Mitwirkung der Selbsthilfegruppen-Mitglieder angewiesen. Sie sind also im Unterschied zur sonst üblichen klinischen oder psychologischen Forschung gleichrangige Partner. Zielsetzung jeder Selbsthilfegruppen-Forschung sollte es sein, auch die Untersuchung selbst als eine Form der Selbsterforschung, also als integralen Bestandteil der Selbsthilfegruppen-Arbeit durchzuführen – was natürlich völlig neue Untersuchungsbedingungen und Forschungsprobleme schafft.

2 Vier Möglichkeiten, Ergebnisse zu erhalten

1. *Kasuistische Selbstdarstellungen* werden den komplexen psychodynamischen Vorgängen innerhalb einer Gruppe und den unterschiedlichen Lebensbedingungen der einzelnen Teilnehmer am besten gerecht; wahrscheinlich sind sie auch deswegen in allen Publikationen der Selbsthilfeorganisationen am weitesten verbreitet. Der Bericht von Erich Denke zum Beispiel beschreibt auf sehr differenzierte Weise ein Selbsthilfegruppen-Erlebnis (1979).
Der soeben fertiggestellte umfangreiche Leitfaden der »Emotions-Anonymous«-Organisation enthält ebenfalls zahlreiche Selbstdarstellungen (1979). Die Anonymen Alkoholiker haben sogar Romane unter ihren Publikationen, wie etwa Thomas Randalls Trinkerreport *Falle Alkohol* (1960), Joseph Kessels *Alkoholiker* (1970) oder die vielbeachtete Trilogie von Ernst Herhaus *Kapitulation* (1977), *Der zerbrochene Schlaf* (1978), *Gebete in die Gottesferne* (1979). Leider sind Berichte von Gruppen als ganzen selten. Sie bieten vielleicht einen noch besseren und überzeugenderen Einblick, weil hier alle Beteiligten in die Darstellung miteinbezogen sind. Glücklicherweise liegen die bereits erwähnten ausführlichen Berichte dreier Selbsthilfegruppen vor: das Buch der Hausfrauen-Selbsthilfegruppe aus Köln (Thomas, 1978),

der Artikel der Psychoanalytiker-Selbsthilfegruppe aus Chicago (Kline, 1972, siehe S. 72) und der Bericht über die Sozialarbeiter-Selbsthilfegruppe (siehe S. 75). Sie bestätigen die positiven Ergebnisse der Selbsthilfegruppen-Arbeit differenzierter als jede testpsychologische Dokumentation.

2. *Untersuchungen aufgrund teilnehmender Beobachtung oder ausführlicher Gespräche zwischen Selbsthilfegruppen-Mitgliedern und Fachleuten* sind ebenfalls kasuistisch, wenn auch keine Selbstdarstellungen im engeren Sinne.

Der Untersucher nimmt an den Sitzungen teil und versucht seine Erlebnisse und Beobachtungen, die den Vorteil der unmittelbaren Erfahrung haben, wissenschaftlich zu verarbeiten. Ein sehr einfühlsames Beispiel ist Johann Lugers psychologische Diplomarbeit über eine Berliner »Emotions-Anonymous«-Selbsthilfegruppe (1978).

Kasuistische Selbstdarstellungen ergeben sich auch aufgrund des Gesprächs zwischen Fachleuten und Teilnehmern beziehungsweise einer ganzen Gruppe. Diese Selbstdarstellungen folgen entweder einer Reihe vorgegebener Fragen (sogenanntes halbstrukturiertes Interview) oder können nachträglich auf andere Weise wissenschaftlich ausgearbeitet werden. Im Rahmen unserer vom Gesundheitsministerium finanzierten Projektarbeit, durch die wir unter anderem auch die Prozesse in selbstverantwortlichen Gesprächsgruppen besser zu verstehen suchten, hielten wir diese Art des wissenschaftlichen Zugangs für besonders ergiebig. Der Bericht von Jutta (Moeller, 1978, S. 9–41) sowie Karl Werner Daums und Erich Denkes Bericht *Weg in die Selbsthilfegruppe* (1980) sind Beispiele für diese Form des intensiven Einzelgesprächs zwischen einem Gruppenmitglied und einem teilnehmenden Experten. Im Rahmen einer Fallstudie über eine psychologisch-therapeutische Selbsthilfegruppe sprachen Karl-Werner Daum, Jürgen Matzat und Gerhard Sauer einzeln jeweils etwa 60 bis 90 Minuten mit insgesamt sieben Mitgliedern einer Selbsthilfegruppe (1979). Obwohl es sich hier nur um eine einzige Gruppe von Studenten handelte, die zum Zeitpunkt des Gesprächs seit etwa einem Jahr bestand, stimmen die Angaben der Mitglieder hinsichtlich der Veränderungen, die sie selbst im Verlauf ihrer Teilnahme wahrgenommen hatten, so stark mit den folgenden statistisch gesicherten empirischen Befunden überein, daß sie als typisch gelten können.

Auf das Verhalten und Erleben in der eigenen Gruppe beziehen sich eine Reihe positiver Veränderungen wie: »reden gelernt; verbesserte Fähigkeit, über Gefühle zu reden; zuhören gelernt; gelernt, Kritik zu ertragen; stärkere emotionale Offenheit; größere Spontaneität; größere Sicherheit; verbesserte Fähigkeit, sich mit den anderen auseinanderzusetzen; verbesserte Fähigkeit, eigene Aktivität beziehungsweise Passivität situationsgerecht einzusetzen; verbesserte Kontakt- und Beziehungsfähigkeit; weniger Angst vor Unkontrolliertheit; verstärkte Beachtung der Körpergefühle; gelernt, zu den eigenen Gefühlen zu stehen.«

Insgesamt kann man das als eine Stärkung der Beziehung zum eigenen Selbst und zur Gruppe auffassen. Dabei kommt heute der Entwicklung der Beziehungen zum eigenen Selbst angesichts der zunehmend auftretenden Störungen des Selbstgefühls und der sogenannten narzißtischen Störungen, zu denen auch viele psychosomatische Erkrankungen zu zählen sind, erhöhte Bedeutung zu.

Auf die konkrete alltägliche Lebenssituation bezogen gaben die Teilnehmer dieser Gesprächsgruppe folgendes an: »Verbesserte verbale Ausdrucksfähigkeit; verbesserte Fähigkeit, auf Leute zuzugehen; verbesserte Beziehungsfähigkeit in der eigenen Partnerbeziehung; Zunahme der Sensibilität für eigene Gefühle und für die Gefühle der anderen; Stärkung des Selbstwertgefühls; Abbau von Ängsten.« Es wird also deutlich, wie die Autoren sagen, »daß sich die Veränderungen innerhalb der Gruppe auch in den jeweiligen Lebenszusammenhängen auswirkten« (Daum, Matzat, Sauer, 1979). Die häufig geäußerte Auffassung, daß die Wirkung von Selbsthilfegruppen allein in dem psychischen Halt bestehe, den sie ihren Mitgliedern biete, und daß für die Kompensation der eigenen Konflikte und Störungen eine lebenslange Teilnahme erforderlich sei, läßt sich vor diesem Hintergrund nicht aufrechterhalten.

3. *Empirische Erhebungen* sind international gesehen noch spärlich, aber diejenigen, die vorliegen, belegen die positiven Ergebnisse beziehungsweise Behandlungserfolge der Gruppen. Morton A. Liebermann und Garry R. Bond (1976) konnten in einer sorgfältigen Studie über 1700 Frauen in Frauengruppen nachweisen, daß indirekte Behandlungswünsche die stärkste spezifische Motivation darstellten, in eine Frauengruppe zu gehen (74 Prozent); daß diese Gruppen damit gleichsam in die Domäne der professionellen Psychotherapie übergreifen; daß der Gewinn von Einsicht ein sehr wichtiger therapeutischer Faktor im Gruppenprozeß ist; und daß 80 Prozent die Ergebnisse der Gruppenarbeit positiv, 14 Prozent neutral und 6 Prozent negativ einschätzten. Zwei von uns durchgeführte empirische Erhebungen konnten die Therapieerfolge spezifizieren. Eine Erhebung wurde an sechs Selbsthilfegruppen aus Gießen (Daum u. Moeller, 1980; Moeller u. Daum, 1980), eine andere an acht Selbsthilfe-

gruppen im Bundesgebiet und acht psychoanalytisch-orientierten Therapiegruppen (Stübinger, 1977) durchgeführt.

Empirisch gesichert sind folgende Ergebnisse: Eigenständige Gesprächsgruppen führen zu großen therapeutischen Änderungen. Im ersten Vierteljahr zeigen sich nur geringfügige Änderungen, bei einer längeren Teilnahme jedoch, über einen Zeitraum von einem Jahr und länger, werden die Resultate einhellig positiv beurteilt. Sie bestehen in

– einer deutlichen Abnahme der Depressivität,
– einem Rückgang von körperlichen und seelischen Beschwerden,
– einer Zunahme von Initiative und Autonomie,
– einer Zunahme der Kontaktfähigkeit,
– einer verstärkten Aufnahme intensiver Beziehungen zu anderen,
– einer Zunahme der Bindungsfähigkeit,
– einer erhöhten Bereitschaft und Fähigkeit, anderen zu helfen,
– insgesamt einer erhöhten psychosozialen Kompetenz zur Konflikt-lösung.

Im Vergleich zu den Angaben von Teilnehmern aus expertengeführten Therapiegruppen werden Selbsthilfegruppen insgesamt als befriedigender und effektiver angesehen. Das therapeutische Potential der Selbsthilfegruppen wurde bei zahlreichen Faktoren höher eingeschätzt als das der Therapiegruppe. Dabei spielen unter anderem die größere Geborgenheit und die stärkere wechselseitige Aktivierung in den Selbsthilfegruppen nach Meinung ihrer Mitglieder die größte Rolle.

Die therapeutischen Resultate der Selbsthilfegruppen sind beinahe identisch mit den Resultaten professioneller Behandlungsgruppen, wie in einem testpsychologischen Vergleich festgestellt wurde (nach einem standardisierten Persönlichkeitstest, dem Gießen-Test, einem Beschwerdefragebogen und einem Einstellungsfragebogen zu Situation und Therapie; Stübinger, 1977).

4. Diese durch verschiedene Arten von Erfolgskontrolle aufgezeigten positiven Ergebnisse überraschen nicht, wenn man vor jeder Forschung zunächst einmal an das einfachste, aber *entscheidende Erfolgskriterium* denkt: die große *Vermehrung und Weiterentwicklung von Selbsthilfegruppen*. Sie folgen dem Prinzip der Selbstregulierung. Eine eigenständige Gesprächsgruppe zum Beispiel, die aufgrund einer ungünstigen Zusammensetzung oder eines bestimmten rigiden und lähmenden Abwehrverhaltens oder aus welchen Gründen auch immer ihren Mitgliedern nichts bedeutet, zerfällt von selbst. Gruppen, die bestehen bleiben, sind also mit einer gewissen Wahrscheinlichkeit an sich

schon ein Beweis für den Behandlungserfolg. Von 1935 bis 1965 haben sich die Anonymen Alkoholiker weltweit pro Jahr durchschnittlich um 250 neue Gruppen vermehrt (Leach u. a., 1969). Selbstverantwortliche Gesprächsgruppen für seelische Gesundheit und psychosoziale Konflikte stehen heute erst am Anfang, doch zeichnet sich auch bei ihnen eine ähnliche Entwicklung ab, wie eine Untersuchung über das Wachstum einiger Selbsthilfeorganisationen ergab (Tracy und Gussow, 1976). Dieses Anwachsen ist nicht zufällig, es hat seine Ursache in der von vielen Menschen gewonnenen Überzeugung, daß ihnen die Gruppe hilft.

3 Forschung fördert
die Entwicklungschancen selbständiger Gesprächsgruppen

Die Vielfalt der möglichen Anwendungsbereiche einerseits und die wenigen bisher erzielten Ergebnisse andererseits machen vielleicht deutlich, wieviel noch über selbstverantwortliche Gesprächsgruppen geforscht werden muß, wenn wir tatsächlich Klarheit über die besten inneren und äußeren Bedingungen für ihre Entwicklung gewinnen wollen.

Ein sehr gründlicher Literaturüberblick zu Selbsthilfegruppen von M. Killilea (1976) fordert eine multidisziplinäre Forschung. Auf der Jahrestagung der Sozialarbeiter 1976 heißt es in einer Entschließung (Ergebnis der Informationsgruppe VII):»Der deutsche Verein für öffentliche und private Fürsorge wird aufgefordert, die Situation der Selbsthilfegruppen zu erforschen, in Fortbildungsveranstaltungen, Studientagungen und Veröffentlichungen darzustellen und Wege der Weiterentwicklung aufzuzeigen« (Petersen, 1977, S. 442).

Das Bundesministerium für Jugend, Familie und Gesundheit hat diesen Schritt ja bereits getan. Wir (zwei psychologische Mitarbeiter, eine Sachbearbeiterin, drei Zivildienstleistende und ich) führen ein vierjähriges Forschungsprojekt über psychologisch-therapeutische Selbsthilfegruppen mit zwei Schwerpunkten – Erforschung der Gruppenprozesse und Erkundung der Anwendungsbereiche – durch. Seit 1979 ist ein sehr umfangreiches sozialwissenschaftliches Projekt »Gesundheits-Selbsthilfegruppen« vom Bundesministerium für Forschung und Technologie genehmigt, das von einer Hamburger Medizinsoziologen- und Psychologengruppe übernommen wurde. Es soll den Bedarf an Selbsthilfegruppen in der Bevölkerung erkunden. Diese Projekte wirken natürlich wie ein Tropfen auf einem heißen Stein; Mitstreiter und Nachfolger sind dringend erforderlich.

Für solche Vorhaben ist allerdings auch *Forschungsbereitschaft* bei den Selbsthilfegruppen nötig. Sie verhalten sich aber in dieser Hinsicht bisher noch recht zwiespältig. Ein Beispiel sind die »Emotions-Anonymous«-Selbsthilfegruppen in Deutschland, mit denen wir uns in Gießen durch langjährige Zusammenarbeit sehr verbunden fühlen. Sie haben durch ihre Mitwirkung bei Dieter Stübingers (1977) Arbeit zwar einen äußerst wertvollen Beitrag für die Verbreitung und Anerkennung der Selbsthilfegruppen geleistet; erstmalig konnten dadurch professionelle Gruppentherapie und Selbsthilfegruppen in ihrer therapeutischen Wirksamkeit verglichen werden. Zur gleichen Zeit aber mußte eine ebenfalls gut angelegte und sicherlich mit den Selbsthilfegruppen solidarische Arbeit in ihrem empirischen Teil scheitern, weil die Emotions-Anonymous sich an die Regel hielten, auf Fragen nicht zu antworten (zehnte Tradition). In diesem Falle wäre »regelwidriges« Verhalten sicherlich vorteilhafter für die Selbsthilfegruppen-Entwicklung gewesen.

Der Schaden, den eine zu rigide Einhaltung von Vorschriften auch für die eigene Sache anrichtet, wird hier deutlich. Wenn es, wie die fünfte der zwölf Traditionen des Anonymous-Programms besagt, »die Hauptaufgabe jeder Gruppe ist, die Botschaft jenen Menschen zu bringen, die noch an emotionalen Problemen leiden«, so können doch gerade Forschungsergebnisse am wirkungsvollsten zu deren Verbreitung beitragen. Meines Erachtens ist die Berufung auf die zehnte Tradition – EA nimmt niemals Stellung zu Fragen, welche außerhalb ihrer Gesellschaft liegen – in diesem Falle nicht richtig, weil es ja im Rahmen der Selbsthilfegruppen-Forschung gerade im Gegenteil um Fragen geht, die *innerhalb* der Gemeinschaft von Bedeutung sind. Natürlich sind die Schwierigkeiten bei der Forschung auf dem Hintergrund der üblichen ungleichgewichtigen Beziehung zwischen Untersucher und Untersuchtem zu sehen. Fremdforschung ist nur eine Notlösung. Forschung *mit* Selbsthilfegruppen wäre besser. Sie könnte im Sinne einer gemeinsamen Selbsterforschung über die unmittelbare Rückmeldung ein integraler Bestandteil der Gruppenselbsthilfe werden.

Sehr wertvoll sind in diesem Zusammenhang Bemerkungen wie die von Ernst Knischewski (1977, S. 424) auf dem Hintergrund eines Forschungsergebnisses über die therapeutische Wirksamkeit der Anonymen Alkoholiker: ». . . Die Mitwirkung von Selbsthilfegruppen (erhält) einen eminent hohen Stellenwert . . . so konnte die Heilstätte Haus Burgwald bei ihren Nachuntersuchungen feststellen, daß diejenigen Patienten, die sich nach Abschluß ihrer stationären Heilbehandlung einer Selbsthilfegruppe angeschlossen hatten, zu 75,4 Prozent dauernd abstinent geblieben sind, während von den entlassenen Patienten, die sich keiner Gruppe angeschlossen hatten, nur 9,3 Prozent dauernd abstinent geblieben sind.«

Zur Zeit sollte sich die Selbsthilfegruppen-Forschung einem speziellen Thema verstärkt zuwenden: der Erkundung nämlich, wo überhaupt Selbsthilfegruppen hilfreich sein könnten. Die meisten Betroffenen *können* in unserer anonymen Massengesellschaft ja gar nicht wissen, wie viele Leidensgenossen in ihrer unmittelbaren Nachbarschaft leben. Darüber hinaus sind sich Betroffene selbst oft gar nicht im klaren, daß sie Betroffene sind.

9

**Warum entstehen
Selbsthilfegruppen
heute?**

Selbsthilfegruppen sind stets dort entstanden, wo Menschen in Not gerieten. Ihre Geschichte läßt sich von den Gewerkschaften über die Gilden bis zu den Krankenbrüderschaften früherer Kulturen zurückverfolgen. Dennoch bleibt die Frage, warum sie heute zu einer so starken sozialen Bewegung geworden sind, die beinahe alle Bereiche unseres Lebens durchdringt. Vielleicht finden wir eine Antwort, wenn wir die zunehmende Abhängigkeit individueller Lebensformen von den gesellschaftlichen Entwicklungen zu verstehen versuchen.

1 Die Ursprünge von Selbsthilfegruppen

Selbsthilfegruppen haben ihre Ursprünge in vielen verschiedenen, miteinander verflochtenen Bedingungen. Ich kann nur thesenartig einige skizzieren, die mir wesentlich scheinen. Eine fundierte Analyse würde einen interdisziplinären Ansatz voraussetzen. Meine eigene Sichtweise kann nur einen beschränkten Ausschnitt bieten. Eines jedoch scheint mir unbestreitbar: daß die Selbsthilfegruppen als ein Phänomen der siebziger Jahre aus den Lebensbedingungen der Industrienationen abzuleiten sind. Welche Merkmale – oder genauer gesagt Entwicklungslinien – unserer Gesellschaft sind es also, die Selbsthilfegruppen entstehen ließen?

Vereinzelung und Unpersönlichkeit
Die immer enger werdende berufliche Spezialisierung und, daraus folgend, die Arbeitsteilung entfernen uns auch im alltäglichen Leben voneinander, da unsere subjektiven Wirklichkeiten, unsere Auffassungen und unser Lebensstil von dieser Entwicklung geprägt werden. Hinzu kommt, daß Vereinzelung und Unpersönlichkeit durch die Massengesellschaft ohnehin gefördert werden. Verhaltensforscher glauben, die archaische Fremdenfurcht habe sich so sehr verschärft, daß wir uns durch Isolation voneinander abschirmen müssen – unsere Architektur, die jede Kommunikation unterbindet, oder unser demonstrativer Individualismus legen dafür beredtes Zeugnis ab. Selbsthilfegruppen sind eine Gegenbewegung zu Vereinzelung, Isolation und Unpersönlichkeit.

Wechselseitige Abhängigkeit

Die Arbeitsteilung macht uns aber zugleich auch stärker aufeinander angewiesen. Ohne die speziellen Leistungen des Nächsten wie des Fernsten kommen wir nicht mehr aus. Darauf machte besonders Norbert Elias (1936) aufmerksam. Selbsthilfegruppen gründen auch auf diesem Gefühl des funktionalen, sachlichen Aufeinander-Angewiesenseins, erweitern es allerdings auf den ganzen Lebenszusammenhang.

Notwendige Einfühlung und Psychologisierung

Wenn Menschen aufeinander angewiesen sind und trotz Gefühlen der Fremdheit eng zusammenarbeiten müssen, dann wird Einfühlung in den anderen unerläßlich. Norbert Elias hat dargelegt, wie die Psychologisierung des Menschen die Jahrhunderte hindurch ständig zugenommen hat. Sie führte im 19. Jahrhundert zur Psychologie als Wissenschaft und hat heute mit einer Flut wissenschaftlicher und populärer psychologischer Schriften sicherlich noch nicht ihren Höhepunkt erreicht. Presse, Rundfunk und Fernsehen klären heute in großem Stil, wenn auch manchmal unzulänglich, über seelische Gesundheit und Krankheit auf. Eine »Psychosozialisierung« des Kulturbereiches hat eingesetzt: Filme wie *Einer flog über das Kuckucksnest* oder die Produktionen von Ingmar Bergman, Romane wie *März* von Heinar Kipphardt u. a. können geradezu als angewandte Psychotherapie aufgefaßt werden. Selbsthilfegruppen sind ein direktes Ergebnis dieser Psychologisierung; sie tragen zu einem vertieften, wechselseitigen Kennenlernen bei und helfen den einzelnen Teilnehmern, die dringend benötigte Einfühlungsfähigkeit zu entwickeln.

Selbstunterdrückung und Fassadenbildung

Um miteinander auszukommen, müssen eigene Impulse zurückgestellt werden. Dieser »Zwang zum Selbstzwang« (Elias 1936) hat zu einer enormen Triebkontrolle und zu einem ausgeprägten sozialen Gewissen geführt. Nur auf diesem Hintergrund konnte nach Elias das psychoanalytische Konzept von Es, Ich und Überich entstehen. Zahllose seelisch bedingte Krankheiten sind die Folge übermäßiger Selbstunterdrückung und Abspaltung. Eine weitere Folge der Unterdrückung unseres Selbst ist, daß wir Fassaden aufbauen müssen – die alltägliche Imagepflege, die jeder von uns kennt. Selbsthilfegruppen bauen durch ihre psychologische Arbeit Fassaden ab. Sie versuchen, in verschärften inneren und äußeren Konfliktlagen, einen Kompromiß zu finden, der einerseits zwar bessere Selbstentfaltung, zugleich aber auch größere Rücksicht auf die Gemeinschaft ermöglicht.

Verstärkte Rationalität – verminderte Emotionalität
Mehr und mehr setzt sich im Umgang der Menschen miteinander sachbezogene Vernünftigkeit auf Kosten einer größeren Gefühlsbetontheit durch. »Sachlich bleiben« gilt als Ideal. Welche Gefühlsverarmung dies mit sich bringen kann, wird kaum bedacht. Selbsthilfegruppen versuchen die Gefühle wiederzuentdecken. Bezeichnend ist der Name einer amerikanischen und auch deutschen Selbsthilfegruppen-Organisation: »Emotions Anonymous«. Da die Gewinnung von Einsicht eines ihrer wesentlichen Ziele ist, fördern sie zugleich die Entwicklung einer gesunden Rationalität. Für mich ist das in einer Zeile des Lyrikers Karl Mickel eindrucksvoll ausgedrückt: »Anders lieben müssen wir als gestern und mit schärferem Verstand.«

Desorientierung
Die Spezialisierung (allein etwa 450 Berufe für Hauptschulabgänger), die ständig zunehmende Technisierung unserer Gesellschaft und die immer rascher sich vollziehenden sozialen Veränderungen führen dazu, daß die Komplexität unseres Lebens in erschreckendem Maße zunimmt. Daraus folgt zwangsläufig eine Desorientierung des einzelnen, insbesondere seine Verwirrung, nach welchen Werten er sich richten und wie er seine Identität finden soll. Perspektivenlosigkeit und Mangel an Lebenssinn sind für die Jugendlichen heute wohl die schlimmsten psychosozialen Belastungen. Die Subkulturexplosion ist der Versuch, in kleinen, geborgenen Gruppen ein Identitätsgefühl zu entwickeln.
Selbsthilfegruppen sind eine intensive gemeinschaftliche Form der Auseinandersetzung mit sich selbst und mit der eigenen sozialen Lage. Sie haben das Ziel, sinnvolle eigene Perspektiven zu erarbeiten, und sind selbst ein Teil der Subkultur. Ihr besonderer Erfolg gründet wohl darauf, daß sie, statt feste Inhalte vorzugeben, jedem einzelnen die Möglichkeit bieten, einen eigenen Weg zu finden.

Demokratisierung, Emanzipation, Ende der Hierarchie
In hochkomplexen Gesellschaften wird ein zentralistisches Entscheidungsmonopol – wie es etwa eine absolutistische Monarchie darstellt – zwangsläufig unzulänglich. Die Entscheidungsgewalt muß auf diejenigen übertragen werden, die in ihrem jeweils immer kleiner werden-

den Feld über immer mehr Kenntnisse und Kompetenzen verfügen. Demokratisierung ist eine Notwendigkeit für die Steuerung von immer komplexer werdenden Gesellschaften. Die schwerfälligen Hierarchien in Behörden und Unternehmen beginnen sich ganz allmählich aufzulösen (Toffler, 1974; Lauterburg, 1978). Ein neues Selbstverständnis entsteht, das gekennzeichnet ist durch die Übernahme von mehr Verantwortung und durch die Forderung nach mehr Selbstbestimmung. Selbsthilfegruppen begünstigen diesen Veränderungsprozeß. Sie sind Teil einer Entwicklung, die in zunehmendem Maße medienstarke Bürgerinitiativen hervorgebracht hat – insbesondere im Bereich Umweltschutz –, die das Bewußtsein der Bevölkerung in hohem Maß in Richtung auf Emanzipation, kritische Reflexion und gemeinsames Handeln verändern.

Erhöhte psychosoziale Belastung
Komplexität und immer rascher sich vollziehende Veränderungen führen mit allen bisher genannten Faktoren zu großen psychosozialen Belastungen der Menschen. Auch in unserem individuellen Dasein haben wir immer mehr Veränderungen zu verarbeiten. Die Krisensituationen im Laufe eines Lebens nehmen zu und verschärfen sich zudem.
Nicht zuletzt deswegen haben sich gerade im psychosozialen Bereich die Selbsthilfegruppen am stärksten entfaltet.

Geringere Verarbeitungschancen
Unser eigener Lebenszusammenhang wird immer spezialisierter und enger. Wir können auf immer weniger Bindungen und Erfahrungen zurückgreifen. Dies schwächt unsere Fähigkeit, mit Konfliktsituationen fertigzuwerden.
Selbsthilfegruppen haben sich besonders als »konflikt- und defektbehebendes Arrangement« entwickelt. Sie sind vor allem auf die seelische Be- und Verarbeitung von Konflikten hin entworfen. Sie erweitern Erfahrung und Lebenszusammenhang ihrer Mitglieder.

Bedeutungsverlust der Eltern – erhöhter Sozialisationswert der Gleichaltrigen-Gruppe (Peer-Gruppe)
Eltern verlieren unter den veränderten Lebensbedingungen moderner Industrienationen als Zukunftsmodell an Bedeutung. Sie üben eine für Kinder oft nicht mehr faßbare, entfernte Berufstätigkeit aus; sie können Kindern weit weniger Zeit widmen als frühere Generationen;

ihr Stellenwert für die seelische Entwicklung der Kinder sinkt. Weil sich darüber hinaus die Familien verkleinern und Geschwister nicht immer da sind, gewinnen andere Gleichaltrige, die Peer-Gruppe, ungewöhnlich an Sozialisationswert. David Riesman schrieb schon 1958 in seinem Buch *Die einsame Masse:* »Die Gruppe der Altersgenossen ist das Maß aller Dinge« (S. 95).

Selbsthilfegruppen kann man als eine Peer-Gruppe auffassen, die sich ohne leitende Elternfigur entwickelt.

Andere Krankheitsformen – ungewohnte therapeutische Strategien
Veränderte Sozialisation und verändertes Zusammenleben verursachen auch andere Erkrankungen als in früheren Zeiten. Nicht so sehr Infektionen als vielmehr veränderte Beziehungsformen und häufige Umstellungen lassen uns krank werden. Da sich die Entwicklungsbedingungen stark gewandelt haben, verändert sich auch unsere psychische Struktur. Statt Neurosen entstehen vermehrt narzißtische Störungen, Psychosomatosen und andere sogenannte ichstrukturelle Erkrankungen wie Sucht und Delinquenz. Defekte und Störungen in der »Beziehung zu sich selbst« scheinen häufiger zu sein als Konflikte und Störungen in den Beziehungen zu anderen. Seelisch und sozial bedingte Erkrankungen nehmen zu. Diesen neuen Formen des Krankwerdens müssen neue Wege der Gesundung entsprechen.

Selbsthilfegruppen sind als neue therapeutische Strategie auf die heutigen Krankheitsbedingungen zugeschnitten.

Andere Sozialisation – andere Lernbedingungen
Eine andere Persönlichkeitsstruktur, erhöhte innerpsychische, familiäre und außerfamiliäre Belastungen sowie veränderte Lebens- und Berufsbedingungen müssen dazu führen, daß Schülern und Auszubildenden neue Formen des Lernens vermittelt werden.

Selbsthilfegruppen entsprechen offenbar den neuen Ausbildungsbedingungen und haben sich auch im Erziehungsbereich durchgesetzt.

Unzureichender Umfang und unzulängliche Form der professionellen Hilfe und Erziehung
Die professionelle Hilfe und Erziehung können den steigenden Anforderungen nicht begegnen (zum Beispiel den vermehrten Krankheiten aufgrund höherer Belastungen; den neuen Erziehungsforderungen aufgrund der Tatsache, daß Eltern ihre Kinder kaum mehr zureichend auf die Zukunft vorbereiten können usw.), weil sie quantitativ nicht genügend ausgestattet sind. Sie sind aber auch qualitativ unzu-

länglich, das heißt, sie sind nicht auf eine rasche Veränderung ihrer Behandlungsstrategien und auf neue Erziehungsformen eingestellt. Hohe Professionalisierung und Bürokratisierung machen sie unbeweglich. Die flexiblen Selbsthilfegruppen haben sich gerade dort gebildet, wo die medizinische Versorgung (zum Beispiel nach der Entlassung aus stationärer Behandlung und bei chronischen Erkrankungen) und die Erziehung (zum Beispiel im Rahmen der Selbsterfahrung) Lücken hinterlassen. Sie ergänzen, was diese Fachgebiete versäumen.

2 »Kontaktreiche Beziehungslosigkeit«

Läßt die Fülle der Faktoren einen Zusammenhang erkennen? Meines Erachtens muß der Wandel unserer Beziehungen im Mittelpunkt der Überlegungen stehen. Trotz der für frühere Jahrhunderte unvorstellbaren Anzahl von Kontakten, die ein einzelner Mensch heute zu »bewältigen« hat, nimmt langfristig eine eigenartige Form der Beziehungslosigkeit zu. Diese neue Qualität zwischenmenschlicher Beziehungen läßt sich am besten in paradoxen Formulierungen umreißen: dem Mehr an Kontakten entspricht ein Weniger an Bindung. Die Beziehungen wechseln schneller, sind flüchtiger und von kurzfristiger Intensität, sie sind aber deshalb nicht weniger wichtig. Sie erfordern schnelle Einfühlung in andere, sind aber gleichzeitig weniger von Gefühl und stärker von Rationalität getragen. Beziehungen dienen immer deutlicher sachlichen Zielen, werden also funktionaler, sie sind dieser »Aufgabenorientierung« aber immer weniger gewachsen, weil die persönliche, ganzheitliche Beziehung sie nicht mehr trägt. – Eine ausführliche Darstellung dieser Veränderungen der Beziehungsqualität ist in diesem Zusammenhang nicht möglich; zusammenfassend läßt sich sagen, daß *aufgabenbezogene Teilbeziehungen zu – und echte menschliche Bindungen abnehmen.*

Was führt zu dieser »kontaktreichen Beziehungslosigkeit«? In letzter Konsequenz ist es, so meine ich, die ungebrochene *Dominanz der Wirtschaft* über unser Sozialleben. Aller Wertbesinnung und der Entwicklung von alternativen Lebensformen zum Trotz ist der technisch/technologische Sektor in unserer Gesellschaft so beherrschend, daß einige Soziologen der Identitätsbildung und dem sozialen Bereich im Verhältnis dazu nur noch eine vollständig abhängige, ja »provinzielle« Bedeutung zumessen (Habermas über Luhmann, 1974). Gedeih und Verderb der Wirtschaftsunternehmen beruhen auf ihrer Leistungsfähigkeit in offener Konkurrenz. Da die meisten Gesellschaften sich heute über ihre Wirtschaftspotenz definieren, bleibt das Leistungsprinzip für alle oberstes Gebot. Natürlich ist nicht die Leistung an sich von Übel, sondern die maßlose Ausschließlichkeit, mit der sie gefordert wird und, wegen des harten Konkurrenzkampfes, wohl auch gefordert werden muß. Leistungsdruck und damit Rivalität werden schon in den ersten Schulklassen offen sichtbar und zugleich beklagt. Er setzt oft jedoch bereits in den Familien ein. Für Hartmut von Hentig sind die heutigen Eltern-Kind-Beziehungen im Dienste einer »pädagogischen Kindheit« stark funktionalisiert: »Die Erwachsenen filtern in immer größerer Zahl ihre Taten und Äußerungen gegenüber den Kindern durch das, was sie als richtige Erkenntnis von der Pädagogik zu haben meinen. Sie agieren und reagieren nicht spontan . . . nicht als die Person, die sie sind, auf die Person hin, die das Kind ist« (1975, S. 34). Der heute oft beobachtete sogenannte narzißtische Typus ist zweifellos ein Ergebnis der modernen Minifamilie (Ziehe, 1978). Sie versammelt in krassem Gegensatz zur Sippe früherer Gesellschaften »nicht das Maximum, sondern das Minimum an Lebensformen« auf engem Raum (Aries, 1975). »Väter der Mittelschicht in den USA ›verbringen‹ täglich 15 und 20 Minuten mit ihrem einjährigen Kind; die tatsächliche Sprechzeit dabei beläuft sich auf 37,7 Sekunden; die Anzahl der Interaktionen beträgt 2,7« (Bronfenbrenner, 1974, zit. nach Hentig, 1975, S. 36). Die Kleinfamilie kann als eine Anpassungsform an die Mobilität erfordernden Zwänge der Wirtschaft gelten. Während vor nicht allzulanger Zeit Bauern noch über Generationen an einem Ort blieben, zieht ein amerikanischer Großstadtbewohner heute im Durchschnitt alle vier Jahre um. Damit zerreißen ständig seine ohnehin raren Freundschaftsbeziehungen und Nachbarschaften.

Die Tendenz ganzheitlicher Bindungen, zu versachlichten, verdünnten, verkürzten Teilbeziehungen zu werden, verstärkt sich noch durch das heute vielleicht gefährlichste gesamtgesellschaftliche Moment: *die Beschleunigung der sozialen Veränderungen.* Sie ergibt sich beinahe zwangsläufig aus der Wirtschaftskonkurrenz, die in immer dichterer Folge eine immer größere Anzahl technologischer Erfindungen produziert. Die dadurch notwendig werdenden Umstellungen führen schon heute zu einer permanenten wirtschaftlichen Strukturkrise und in deren Kielwasser zu Strukturkrisen unseres Zusammenlebens (Toffler, 1974). Schon fragen Soziologen, welche Innovationsmenge und -geschwindigkeit Menschen seelisch und sozial überhaupot noch ohne Schäden ertragen können (Lenski u. Lenski, 1974). Es überrascht nicht, daß in dieser besonders für Industrienationen typischen Situation eines der maßgeblichen Konzepte zur Prävention von seelischen und körperlichen Erkrankungen ausschließlich von der Berechnung ausgeht, welches Ausmaß an Lebensveränderungen der einzelne noch verarbeiten kann (vgl. die »life change units« von Rahe, 1972; Katschnig, 1980).

Die große Gefährdung läßt sich also dahingehend zusammenfassen: Wir haben uns Gesellschaften geschaffen, die anderen Gesetzmäßigkeiten folgen als denen jener kleinen Gemeinschaften, in welchen und auf die hin sich der Mensch bislang entwickelt hat. Die Gesellschaftsmechanik der Monopolisierung (Elias, 1936) und die Notwendigkeiten der Wirtschaft sind dem Menschen absolut übergeordnet. So schlägt das zwar von uns selbst geschaffene, aber anderer Logik als den menschlichen Bedürfnissen folgende Gesellschaftsmilieu eine andere Richtung ein, als es der menschlichen Natur entspräche. Die Entwicklung geht zunächst weder gegen noch mit uns, doch zunehmend bestimmt das größere System (die Gesellschaft) das kleine (den Menschen), und nicht umgekehrt.

Elias hat die umfassende gesellschaftliche Prägung des Menschen nachgewiesen. Der »Zwang zum Selbstzwang«, die immer unerbittlicher werdende Selbstkontrolle und die damit notwendig werdende Unterdrückung »unpassender« Persönlichkeitsanteile sind das Ergebnis dieser Prägung. Es ist allerdings vorauszusehen, daß die erstaunliche Plastizität des Menschen eines Tages doch ihre Grenzen erreicht. Dafür gibt es eine Reihe von Anzeichen: Der Herzinfarkt im mittleren Lebensalter ist das Paradebeispiel einer auf leistungsorientierter Selbstunterdrückung beruhenden Erkrankung. Erste empirische Untersuchungen lassen auch für die Entstehung von Krebs eine »chronisch blockierte Bedürfnisreduktion« – anders gesagt, die Unfähigkeit, mit den eigenen Bedürfnissen umzugehen – als ausschlaggebenden psychosozialen Faktor erkennen (Grossarth-Marticek, 1979).

Das *Plädoyer für eine neue Medizin* des Physiologen und Sozialmediziners Hans Schäfer (1980) geht von der engen Verflechtung sozialer, seelischer und körperlicher Faktoren bei der Entstehung von Krankheiten aus und sieht im Streß, der durch Anpassungsüberforderung pathologisch erhöht ist, einen ätiologischen Hauptfaktor.

Stets sind die menschlichen Beziehungen das entscheidende dynamische Prinzip, die Achse sozusagen, um die sich Gesellschaftsmechanik und Einzelleben drehen. Sie bestimmen die frühkindliche Entwicklung und damit unsere seelische Struktur wie auch die spätere »Lebensqualität« und unsere Fähigkeit, mit Krisen fertigzuwerden. Wie wirkt sich der bedrohliche Zustand unserer Beziehungen aus?

Im Alltag wird unser grundlegendes Bedürfnis nach Bindung und Beziehung nur noch mangelhaft erfüllt. Daß sich ein Viertel der Bundesbürger einsam fühlen, ist nur die Spitze des Eisberges. Die Beziehungslosigkeit der Menschen hat verschiedene, oft unauffällige Gesichter, von der Langeweile über das »Nebeneinanderherleben« bis hin zu dem Gefühl einer völligen Sinnleere.

Die Medizin hat zu berücksichtigen, daß die Schrumpfung der Familie wie der natürlichen Gemeinschaften einen Bindungsmangel hervorgerufen hat, der bereits zum entscheidenden lebensverkürzenden Krankheitsfaktor geworden ist. Daß fast jede Erkrankung bei Menschen, die nicht mit anderen zusammenleben (Ledige, Verwitwete, getrennt Lebende, Geschiedene), doppelt so häufig auftritt als bei den andern, ist erst jüngst nachgewiesen worden (Lynch, 1979).

In der Erziehung muß die Ausbildung der Beziehungsfähigkeit schon deshalb zu einem Hauptziel werden, weil sie immer weniger in der primären Sozialisation erworben wird. Die Misere der heutigen Erziehung liegt ja gerade darin, daß sie weder auf einem gewachsenen Sozialverhalten aufbauen noch selbst Bindungen und Beziehungen anbieten kann. Verhaltensstörungen gelten bereits als neue Kinderkrankheit – wie früher Masern und Scharlach. Lernschwierigkeiten bei Schülern und Studenten sind nur ein Symptom für das unzureichend gewordene familiäre und außerfamiliäre Bindungsgefüge.

Alltagsleben, Medizin und Erziehung kommen sich also ungewohnt nahe bzw. durchdringen sich gegenseitig. Die Medizin muß erzieherisch wirken, da die meisten Krankheiten unserer Zeit durch Umweltbedingungen und Fehlverhalten verursacht sind. Sie muß lernen, die alltäglichen Beziehungen als eine der langfristigen Bedingungen von Krankheit und Gesundheit zu beachten. Umgekehrt muß die Erziehung therapeutisch werden; hilft sie nicht bei der Aufarbeitung seelischer Konflikte, verfehlt sie eine ganz wesentliche Aufgabe. Sie ist ein notwendiges Gegengewicht zum Alltag und muß ihn gleichzeitig ändern helfen.

Wenn wir erkennen, daß wir unvermeidlich das »Ergebnis« gesellschaftlicher Verhältnisse sind, sehen wir unsere Abhängigkeit und zugleich unsere Selbständigkeit deutlicher. Das Bewußtsein unserer Abhängigkeit von äußeren Faktoren führt aber auch zu einer größeren Selbständigkeit: Um zu überleben, müssen wir nach Änderungen suchen, und zwar nach Änderungen für uns selbst wie für die Welt, in der wir leben. Die psychoökologische Perspektive also macht deutlich, warum Selbsthilfegruppen heute so zahlreich entstehen und warum sie eine so große Reichweite und Bedeutung haben.

Zwei parallel verlaufende gesellschaftliche Phänomene kennzeichnen die siebziger Jahre – zumindest in den westlichen Industrienationen: die – im allgemeinen unterschätzte – Verbreitung der Selbsthilfegruppen und die – im allgemeinen überschätzte – Verbreitung der Sekten. Beide Bewegungen sind eine Antwort auf die wachsende Perspektivenlosigkeit, der heute besonders junge Menschen ausgesetzt sind. Jede Gesellschaft entwickelt ihre eigenen Gegenmittel, Entlastungen und Behandlungsformen gegen die belastenden und krankmachenden Lebensbedingungen, die sie hervorbringt. So ändern sich mit den Krankheitsbildern zugleich die Therapieangebote. Dazu gehören Sekten und Selbsthilfegruppen. Sie haben allerdings nur eines gemeinsam: Beide wurzeln im heutigen Identitätsdilemma. Die Auswege, die sie bieten, machen einen fundamentalen Unterschied deutlich: Selbsthilfegruppen bieten einen langen, mühevollen Weg der Entwicklung zu einer eigenen Identität – Sekten eine vorgefertigte Identität, die von ihren Angehörigen widerspruchslos zu übernehmen ist.

Ich möchte diesen Unterschied noch etwas deutlicher herausarbeiten, weil sich an ihm viel tiefgehender, als es zunächst aussieht, die Geister scheiden. Es geht um die Alternative zwischen hierarchischen Beziehungen einerseits und Beziehungen auf der Grundlage der Gleichstellung andererseits. Ohne dem tiefgründigen Problem nachgehen zu können, ob Gleichstellung ohne Abhängigkeit überhaupt denkbar ist, möchte ich an dieser Stelle die Struktur der Selbsthilfegruppen und die Struktur der Sekten einander gegenüberstellen, um den Unterschied zwischen der Selbsthilfegruppen-Bewegung und den Sekten klar herauszustellen (vgl. ausführlicher Moeller, 1979a, 1980b). Wir sehen uns hier zwei fundamentalen menschlichen Reaktionsweisen auf Konfliktsituationen gegenüber: Erfahren und eine neue Ordnung entwickeln oder Sich-führen-Lassen und eine vorgegebene Ordnung übernehmen; Sich-Auseinandersetzen oder Sich-Anhängen. Selbsthilfegruppen beruhen auf dem Prinzip der Selbstbestimmung, Sekten auf dem Prinzip des Gehorsams, das heißt auf radikaler Fremdbestimmung. Selbsthilfegruppen fordern eigenständige Aktivität, Sekten die Unterordnung, wenn nicht Unterwerfung. In Sekten kommt es nicht zu einer echten Gruppenbildung; sie bestehen vielmehr aus Zweierbeziehungen jeweils zwischen dem Herrscher und seinen Anhängern, die ihm hörig sind – Selbsthilfegruppen dagegen entwickeln sich aus einem Geflecht vielfältiger Beziehungen unter Gleichgestellten. Sie bilden eine Gruppe. Um sich am Leben zu erhalten, sind Sekten auf Konfliktlosigkeit angewiesen; diese kann aber nur durch Auslöschung des eigenen Selbst erreicht werden. Selbsthilfegruppen dagegen sind auf die Entwicklung der Konfliktfähigkeit angelegt, wodurch das eigene Selbst herausgefordert wird. Sekten streben einen *Zustand* an, den sie selig nennen, Selbsthilfegruppen eine befriedigende *Entwicklung*. Sekten erfassen meist die gesamte Existenz des Menschen, das heißt, Person und Lebensweise; sie strukturieren das Leben ihrer Anhänger Tag und Nacht nach einem zwangsjackenähnlichen Stundenplan. Selbsthilfegruppen bieten einmal in der Woche für ca. zwei Stunden eine Chance, sich selbst, die anderen und die eigene Lage genauer wahrzunehmen, kritisch zu überdenken und gegebenenfalls zu ändern. Selbsthilfegruppen beruhen auf einem demokratischen Arbeitsbündnis, in dem es auf die Meinung jedes einzelnen ankommt, Sekten sind hierarchisch geordnet, wie eine absolute Monarchie – die eigene Meinung bedeutet Rebellion: »Er ist unser Befehlshaber, wir gehorchen einfach, ganz gleich, was dabei herauskommt, sogar wenn es dich tötet.« Dieser Satz aus dem Mo-Brief »Kämpfe« für die »Kinder Gottes« wäre in einer Selbsthilfegruppe nicht nur gänzlich undenkbar – er macht auch deutlich, daß Selbsthilfegruppen ein Gegenmittel gegen die Sektenversuchung Jugendlicher und junger Erwachsener sind. In Selbsthilfegruppen könnten die Abhängigkeitshaltung und der simple Drang zum Seligwerden kritisch überdacht und aufgelöst werden, ohne daß der alte Mangel, die Orientierungslosigkeit, dabei erneut empfunden werden müßten. Denn Selbsthilfegruppen bieten für jeden einzelnen einen Weg, durch Selbstentdeckung und durch gezielte Veränderung der eigenen Lebenssituation ein eigenes Weltbild und ein eigenes Lebensgefühl zu entwickeln. Verstärktes Selbstbewußtsein, Fähigkeit zur Kritik, Durchsetzungsvermögen, so etwa charakterisieren elf Frauen (Thomas, 1978) fast einhellig das Ergebnis ihrer Selbsthilfegruppen-Arbeit. Ein anderes Selbsthilfegruppen-Mitglied antwortete auf die Frage, was ihm die Teilnahme an der Gruppe bisher gebracht habe: »Ich mache jetzt eher das, was ich schon immer insgeheim wollte, mich aber bisher nicht traute. Ich bin eigenständiger, selbstbewußter geworden.« Diese Menschen haben ihre Abhängigkeit überwunden. Für eine Sektenvereinigung bedeutet Selbständigkeit höchste Gefahr, weil damit ihre Existenz auf dem Spiel steht; deshalb wird Selbstverantwortlichkeit dort nicht geduldet. Gerade sie zu entwickeln, wäre also notwendig für Menschen, die aus dem Bann der Sekten herauskommen wollen.

Ein weiterer Unterschied zwischen Sekten und Selbsthilfegruppen wird damit deutlich: Sich einer Sekte anzuschließen und ihr einfaches Weltbild passiv zu übernehmen, ist seelisch bequemer, als sich auf die zunächst ungewisse Reise in einer Selbsthilfegruppe zu begeben, in der eigene Aktivität und Auseinandersetzung mit sich selbst gefordert sind.

Diese höhere seelische Bequemlichkeit der Sekten enthält noch eine besondere Gefahr: Könnte es nicht sein, daß gerade auch Selbsthilfegruppen sich in Richtung auf eine Sektenbildung hin entwickeln, daß den Teilnehmern die Mühsal, sich selbst zu entwickeln, zu groß wird? Solche Bedenken sind nicht von der Hand zu weisen.

Ich selbst war sehr beunruhigt, als ich von der Entwicklung einiger sonst geachteter Gruppen aus dem Verband der Emotions Anonymous hörte, die sich offensichtlich äußerst starr an ihr Programm klammern, vornehmlich Gott danken, die Selbsthilfegruppe vorwiegend als Ort der Beichte für ihre nur noch als Sünde verstandenen seelischen Probleme mißverstehen und ansonsten nicht mehr am Verständnis ihrer Konflikte arbeiten (Thomas, 1979). Hier hat offensichtlich eine gründlich mißverstandene Gläubigkeit die Auseinandersetzung der Teilnehmer mit sich selbst ersetzt, und die Gefahr ist hoch, daß durch die damit verbundene unkritische Gottesvorstellung unwillkürlich doch eine Führerfigur eingeschleust wird, die Abhängigkeit statt Selbständigkeit, Moralisieren statt Verstehen in der Gruppe fördert.

Die einst angesehene Synanon-Selbsthilfeorganisation (vgl. Yablonsky, 1975) für Süchtige und Kriminelle hat in den USA offensichtlich eine sehr bedenkliche Entwicklung zu einer Sekte durchgemacht (vgl. *Der Spiegel*, 1978; Olin, 1980). Ihre großen Verdienste um die Resozialisierung von Drogensüchtigen sind unbestritten. Angesichts der widersprüchlichen Nachrichten über diese Organisation in der letzten Zeit ist es am ehrlichsten, verunsichert, vorsichtig und aufmerksam zu bleiben und nicht allzu schnell ein endgültiges Urteil zu fällen. So wird die Berliner Synanongruppe seit Jahren vom dortigen Gesundheitssenat unterstützt, und sie hat eine harte Aufbauarbeit hinter sich. In einem Gespräch mit den Verantwortlichen wurde mir überzeugend dargelegt, daß die Entwicklung von Synanon in den USA nicht einfach auf Deutschland übertragen werden kann. Synanon ist im übrigen keine selbstverantwortliche Gesprächsgruppe in dem Sinne, wie ich sie beschrieben habe. Die Organisation der Synanongruppen erfaßt den ganzen Tagesablauf der Betroffenen; sie ist straff und energisch, um dem ungeheuren Sog der Sucht eine Gegenkraft entgegenzusetzen. Die sehr autoritative Hierarchie und das Ganztageskonzept bringt Synanon in seinem Aufbau tatsächlich näher an die Struktur von Sekten heran.

Ich möchte in diesem Zusammenhang noch einmal sagen, daß die Macht der Medien über den Ruf der Selbsthilfegruppen-Bewegung wie auch über den Ruf vermeintlicher oder tatsächlicher Sekten nicht ernst genug genommen werden kann. So wurden – besonders im Jahr 1978 – die schädigende Wirkung von Sekten und die Anzahl der Sektenanhänger in Presse und Fachpublikationen maßlos übertrieben (vgl. dazu Kuner, 1980; Moeller, 1980 b). Man hat in den Vereinigten Staaten zu Recht geradezu von einer »Hexenjagd« gesprochen (*Frankfurter Rundschau*, 7. 2. 1979).

Ich habe seit Jahren die wesentliche Mitwirkung der Medien bei der Organisation und Anregung von Selbsthilfegruppen betont, und ich stehe nach zahlreichen sehr guten Erfahrungen mehr denn je dazu. Doch können eine feindselige Situation gegen Selbsthilfegruppen, Uninformiertheit auf seiten der Journalisten und der Zwang, die Sensationsgier von Lesern zu befriedigen, auch gerade das Gegenteil bewirken. Diese Gefahr sollte man sich immer vor Augen halten. Um ihr zu begegnen, sind in der Deutschen Arbeitsgemeinschaft Selbsthilfegruppen jene Journalistinnen und Journalisten, die über Selbsthilfegruppen eingehend informiert sind, als »Mediengruppe« zusammengefaßt.

Wenn ich auch nach wie vor das »Umkippen« von Selbsthilfegruppen in irgendeine Art von Sekte für unwahrscheinlich halte, so ist in dieser Hinsicht doch stetige Wachsamkeit geboten. Zwei strukturelle Änderungen dürften dann zu beachten sein:

1. Statt einer demokratischen entwickelt sich zunehmend eine hierarchische Struktur. Führerfiguren spielen sich in den Vordergrund, oder es gibt ein starr und gläubig verfolgtes Programm mit einer relativ passiven, unkritischen Anhängerschar.
2. Statt des offenen, regelmäßigen und reflektierenden Gesprächs kommt es zu kurzfristig beschlossenen Aktivitäten mit bestimmter ideologischer Zielrichtung.
   Allerdings scheint mir die Gefahr des Abgleitens ins Sektiererische im professionellen oder paraprofessionellen Versorgungsbereich viel größer. Hier muß die Gefahr gläubiger Abhängigkeit aufgrund hierarchischer Strukturen viel höher eingeschätzt werden als im Rahmen selbstverantwortlicher Gesprächsgruppen.

Dennoch steht die Deutsche Arbeitsgemeinschaft Selbsthilfegruppen – die ja die Kommunikation unter allen Selbsthilfegruppen erleichtern und keine wertende Auslese einführen will – vor einem Dilemma: Was soll sie machen, wenn sich ihr zum Beispiel eine sektenartige »Selbsthilfeorganisation« anschließen möchte, die sich »Fortschritt für alle« nennt, dabei aber von einem tiefen Mißtrauen gegenüber Außenstehenden ergriffen ist und unfähig scheint, diese seelische Störung aufzuarbeiten? Das Dilemma löst sich in der Praxis meist von selbst. Wenn sich neue Gruppen melden, schreibt die Deutsche Arbeitsgemeinschaft zurück, um Aufschluß zu bekommen, wie die Gruppen arbeiten. Damit erweitern wir nicht nur unsere Erfahrung über die unterschiedlichen Formen der Selbsthilfegruppen-Arbeit, sondern wir sind dann auch in der Lage, die Neuen in unseren halbjährlichen »Selbsthilfegruppen-Nachrichten« angemessen vorstellen zu können. Gruppen, die ein sektiererisches Programm haben, stoßen spätestens im Gesamttreffen auf den Widerspruch anderer Selbsthilfegruppen-Mitglieder.

10

**Was mich bewegt –
ein persönlicher Bericht**

Meinen Namen kennen Sie. Ich bin 43 Jahre alt, Psychoanalytiker und Hochschullehrer. Ich leide also an einer Störung, die als die »Hilflosigkeit der Helfer und Erzieher« seit kurzem ernsthafte, wenn auch nicht gerade begeisterte Beachtung findet.

Nicht ohne Absicht beginne ich mit dieser Formel, die unter Teilnehmern des Anonymous-Selbsthilfegruppen-Typs gute Tradition ist. Ich stelle mich damit auf ihre Seite – nicht nur aus Sympathie und kritischer Solidarität, sondern auch in dem allmählichen Bewußtwerden meiner Berufskrankheit. Wenn ich dies hier offen eingestehe, so soll dies nicht als Selbstanklage oder gar Nestbeschmutzung aufgefaßt werden, sondern als erster notwendiger Schritt, mit dieser Berufskrankheit angemessener auszukommen. Ein kritisches Selbstverständnis ist die wesentlichste Bedingung für die Zusammenarbeit von beruflichen Helfern und Erziehern mit Selbsthilfegruppen.

Dieser Anfang zeigt aber noch mehr: meine Auffassung nämlich, daß die Teilnahme an selbstverantwortlichen Gesprächsgruppen ein geeigneter Weg ist, mit diesem Berufsleiden umgehen zu lernen.

Vielen mag es befremdlich erscheinen, andere mögen es als leicht dahingesagt empfinden, wenn nun auch noch berufliches Helfen und Erziehen die Züge einer Erkrankung tragen sollen. Immerhin ist es bei denjenigen, die ihre Rolle überhaupt reflektieren, zu einem vorrangigen Thema geworden (vgl. Schmidbauer, 1977; Willi, 1975a). Sie reden oft davon. Auch ich. Doch es dauerte Jahre, bis mir wirklich klar wurde, daß die hochgeachtete und so uneigennützig erscheinende Tätigkeit eines Therapeuten – die ich im übrigen gerne ausübe – auch ihre Schattenseiten hat. Erst nach und nach erkannte ich, daß auch ich zu denjenigen gehöre, die ihre Aufgabe darin sehen, Menschen zu »retten«, das heißt, sie zu heilen, zu versorgen, auszubilden, gar zu bessern.

Natürlich sträubt sich der Psychoanalytiker in mir, wenn ich mich hier so einfach als »Retter« bezeichne, dem peinlicherweise auch noch Züge eines »Menschenverbesserers« anhaften könnten. Aber die gerade in unserm Fach verbreiteten und durchaus klug begründeten Einwände gegen eine so allgemeine Auffassung der eigenen Rolle; gerade das umsichtige und besonnene Benehmen, das wir Analytiker

292

in unserem ungewöhnlich zurückhaltenden Beruf pflegen, und unser Selbstverständnis – wir helfen anderen nicht einfach, sondern wir fördern die Selbsteinsicht unserer Patienten – haben mir die Erkenntnis, daß mein therapeutisches und auch erzieherisches Verhalten erhebliche Nebenwirkungen hat, lange Zeit verstellt. Heute ist mir klarer, daß auch Psychoanalytiker zu jenen Rettern gehören, deren unbewußte destruktive Impulse sie so gut zu deuten wissen – selbst dann, wenn sie ihre Hilfe scharfsinnig und sehr vorsichtig als »Angebot neuer Bedeutungszusammenhänge« betrachten. Wir sollten nicht dem Narzißmus der kleinen Differenzen erliegen, das heißt, die Unterschiede zu jenen übertreiben, denen wir ähnlich sind. Unsere Andersartigkeit reicht nicht dazu aus, daß wir uns ohne weiteres ausklammern könnten.

Nirgends wurde mir meine Zugehörigkeit zu den »Helfern« und damit auch meine Berufskrankheit deutlicher als in der jahrelangen Zusammenarbeit mit Selbsthilfegruppen. Denn auf einem zweistündigen Gesamttreffen, das mehrere Selbsthilfegruppen zu Erfahrungsaustausch und zur Beratung mit Fachleuten unterschiedlicher Herkunft dient, kann ich weder therapeutisch noch erzieherisch wirken. Zwar wurde mir recht schnell klar, welche Rolle allein angemessen war in der Zusammenarbeit mit Selbsthilfegruppen: Ich hatte weder zu behandeln noch zu belehren, sondern auf eine ganz neue Art und Weise zu beraten. Es ging darum, mit selbstverantwortlichen Erwachsenen *zu beratschlagen* – gemeinsam und auf gleicher Ebene, wie wir es zum Beispiel täglich mit Freunden tun. So deutlich mir das neue Ziel »Selbsthilfegruppen-Berater« theoretisch war, so schwer war der Weg dorthin. Es war, als ob ich mir eine »neue« Art zu gehen, eine ganz »andere« Bewegungsform angewöhnen mußte, obwohl mir dieses Verhalten aus meinem nicht-beruflichen Alltag ja eigentlich ganz geläufig war. Ich würde es nicht glauben, wie schwer es ist, aus einer gewohnten Rolle herauszukommen, wenn ich diese Erfahrung nicht selbst wiederholt gemacht hätte.

Das Grundproblem lag zunächst in meiner Blindheit, in meiner Ahnungslosigkeit. Ich hatte sozusagen kein richtiges Gefühl für mein Verhalten, obwohl – oder wahrscheinlich gerade weil – ich natürlich glaubte, ich hätte in langjähriger psychoanalytischer und gruppendynamischer Ausbildung genügend Selbstwahrnehmung erworben. In der neuen Umgebung des Gesamttreffens und damit außerhalb meiner gewohnten therapeutischen Situation versagte die Selbstwahrnehmung. Ich bemerkte weder, daß ich ins Behandeln geriet, noch, daß ich ins Dozieren verfiel, weder, daß ich mich zu sehr zurückhielt, noch daß ich zu aktiv eingriff, weder, daß ich zu persönlich wurde, noch daß ich mich zu sehr heraushielt, weder, daß ich zu viele Entscheidungen übernahm, noch daß ich zuviel schleifen ließ. Diese blinden Flecke sind meiner Meinung nach nicht auf eine mangelhafte Ausbildung zurückzuführen – viel eher schon auf eine zu gründliche. Sie beruhen hauptsächlich auf den großen, meist unterschätzten Schwierigkeiten, eine alte Rolle wenigstens vorübergehend abzustreifen und eine neue zu übernehmen. Es geht außerdem nicht nur um ein neues Rollen*verständnis*, sondern um ein entsprechendes Rollen*verhalten*. Ich habe noch nie meine berufliche Deformation so leibhaftig gespürt. Die Berufsrolle war mir unbemerkt stärker in Fleisch und Blut übergegangen, als ich je geahnt hatte. Und wenn mich der Eindruck in Selbsthilfegruppen-Seminaren mit Fachleuten aus Erziehung und Versorgung nicht täuscht, geht es nicht nur mir so.

Die Übergangskrise wurde natürlich verschärft durch meine Unsicherheit auf dem neuen Gebiet der Selbsthilfegruppen-Beratung, die mich nach meiner alten Rolle wie nach einem Strohhalm greifen ließ. Am schwierigsten war jedoch, wie gesagt, die Tatsache, daß ich es selbst nicht merkte. Ich war in dieser Hinsicht auf die anderen Teilnehmer angewiesen; sie machten mich auf mein Verhalten auch aufmerksam. So diente das Gesamttreffen nicht nur dazu, die Selbsthilfegruppen-Arbeit zu entwickeln, sondern auch dem langsamen Bewußtwerden und Erlernen eines angemessenen Beraterverhaltens. Am Anfang wurde mir vorgeworfen, ich hielte mich auf dem Gesamttreffen in typisch psychoanalytischer Weise zu sehr zurück, obwohl ich doch selbst betont hätte, hier würde ich nicht als Psychoanalytiker auftreten. Tatsächlich sagte ich wenig. Teils wartete ich aus Neugier ab, wie die wechselseitige Beratung verlaufen würde, teils hielt ich mich auch deshalb zurück, damit die Teilnehmer nicht in Abhängigkeit von mir geraten würden. Doch konnte ich den Vorwurf nicht so ohne weiteres als Angriff gegen mich als »Autoritätsperson« oder als versteckte Abhängigkeit von mir deuten. Die Teilnehmer hatten einfach recht. Sie machten mir klar, daß ich – ganz im Gegensatz zu meinen Erwartungen – gerade mit dieser starken Zurückhaltung dazu beitrug, sie aus ihrer Abhängigkeit nicht herauskommen zu lassen. Also versuchte ich mich anders zu verhalten und nahm mir in meiner Unwissenheit zunächst einfach vor, mich am Verhalten der anderen Gesamttreffen-Teilnehmer zu orientieren.

Einige Zeit später fragte ich meine Mitarbeiter nach dem Verlauf eines der monatlichen Gesamttreffen der Paar-Selbsthilfegruppen, das ich nicht wie üblich hatte aufsuchen können. Ich war neugierig, was sich bei diesen erst vor kurzem entstandenen Gruppen getan hatte. Sie hätten mich zum Teufel gewünscht, hieß es. Das hörte ich natürlich nicht gern – aber weniger wegen der Wut der Teilnehmer auf mich, die wir wohl gemeinsam hätten bearbeiten können, als vielmehr wegen meines unbehaglichen Gefühls, hier werde eine Abhängigkeit von mir spürbar, die zu einer selbständigen, wechselseitigen Beratung der Gruppen untereinander nicht gut paßte. Es ging um meinen Vorentwurf eines Faltblattes, das auf einfachste Art über Selbsthilfegruppen für Paare orientieren und routinemäßig an Interessenten ausgehändigt werden sollte; die endgültige Fassung, so meinte ich, sollten sie allein zustande bringen.

Fehlte ich nun im Gesamttreffen als Angriffsziel, weil das Blatt trotz meines Bemühens um eine einfache Darstellung doch wieder als zu wissenschaftlich empfunden wurde? War es wieder schief gegangen, den Alltag der Wissenschaft mit der Wirklichkeit des Alltags zu verbinden? In den vergangenen Jahren hatte ich zur Genüge bemerkt, daß mein Sprechen, mein Denken, mein Fühlen, mein Beobachten ganz anders waren als das der Mehrzahl der Leute, die an Selbsthilfegruppen teilnehmen. Es sagt sich so leicht, daß die Wissenschaftler endlich ihre Zirkel und Elfenbeintürme verlassen sollten. Ich versuche das seit Jahren und sehe mit einem gewissen Schrecken ein weit größeres Problem dahinter: Es geht weniger darum, daß ich im Elfenbeinturm sitze; diesen *in meinem Inneren* abzubauen – das ist die eigentlich schwierige Aufgabe.

Dieses Mal aber meinten meine Mitarbeiter – und sicher zu Recht –, der Unmut sei wohl weniger durch das Faltblatt und die uns bekannten Verständnisschwierigkeiten bedingt gewesen als vielmehr durch mein Verhalten. Ich hätte mir die aggressive Enttäuschungsreaktion der Teilnehmer selbst zuzuschreiben.

Was war geschehen? Wenn ich auf dem Gesamttreffen sei, würde ich mich jedesmal so sehr ins Zeug legen und so stark zu selbständigen Aktivitäten anregen, daß ich zwar die nächsten notwendigen Schritte in Gang setzte, dabei unbeabsichtigt aber auch die passive Haltung der anderen förderte. Das habe dann eine doppelte Wirkung: Zwar zeigten alle eine große Bereitschaft, selbst etwas zu tun, warteten aber gleichzeitig auf weitere Anregungen von mir. Wahrscheinlich sei der Ärger, den die Gruppenteilnehmer beim letzten Mal auf mich gehabt hätten, durch meine Abwesenheit ausgelöst worden.

Was ich nicht müde geworden war zu betonen, war also auf mich selbst zurückgefallen: daß nämlich eine der fatalsten Nebenwirkungen des Helfens und Erziehens darin besteht, die anderen in der Entwicklung von Initiativen zu schwächen, wenn nicht zu lähmen. Auch wenn ich mich selbst im Gesamttreffen durchaus als Selbsthilfegruppen-Berater verstand, war ich jetzt ins Gegenteil meiner einstigen Zurückhaltung verfallen. Ich steuerte zuviel, ermutigte zuviel, übernahm zuviel Verantwortung. Ich hatte den Grundsatz nicht beachtet, auch die Anregung und Entwicklung von Ideen und Entscheidungen – und nicht nur deren Ausführung – denen zu überlassen, die es betrifft. Eine einzige selbstentwickelte Idee wiegt mehr als zehn empfohlene. Ich bin dafür vielleicht zu ungeduldig. Im Gesamttreffen ist es für mich oft so, daß ich sozusagen die Früchte vor mir an den Bäumen hängen sehe, die man nur zu pflücken brauchte . . . und ich leide darunter, daß keiner zugreift. Wenn etwa neue Selbsthilfegruppen über zu wenig Mitglieder klagen, bin ich schnell dabei, einige gute Ratschläge vom Stapel zu lassen: »Die Gruppen müssen sich nach außen auch bekanntmachen, welcher Interessierte kann sonst wissen, daß sie existieren!« – »Von nichts kommt nichts« – »Es geht um eine alte Sache: die Außenbeziehungsfähigkeit der Gruppen« – »Nichts einfacher, als dem Mitgliedermangel abzuhelfen: Mundpropaganda; getippte DIN-A-Vier-Aushänge an geeigneten Stellen, beim Bäcker, beim Friseur, im Supermarkt, auf dem Arbeitsamt usw.; Kleinanzeigen in der Lokalpresse, am besten bei der Zeitung anrufen und ein Interview mit einem interessierten Journalisten vorschlagen, dann kommen sicherlich genügend . . .« usw., usw.

So gerate ich schnell in Fahrt und weiß alles besser. *Was* ich sage, ist nicht falsch, aber *wie* ich es sage: zu frühzeitig, zu viel auf einmal, zu sehr aus überlegener Erfahrung. Ich neige also dazu, die Initiierung von Aktivitäten nicht den Selbsthilfegruppen-Teilnehmern zu überlassen, und bin zu sehr auf schnelle Ergebnisse aus. Das ist zum Teil mein persönliches Problem, meine Ungeduld in diesen Dingen. Zum Teil aber ist es auch das grundsätzliche Dilemma all jener, die einen Vorsprung an Erfahrung und Information haben. Auf einem ihrer Jahrestreffen machten mich die Anonymen Alkoholiker darauf aufmerksam, daß die langjährigen und sehr erfahrenen Selbsthilfegruppen-Mitglieder für die Neuen keineswegs so hilfreich seien, wie Außenstehende und vor allem Fachleute oft annehmen: der Abstand zu der anfänglichen Krisensituation der neu Hinzugekommenen sei durch die große Erfahrung und durch die fortgeschrittene Entwicklung der Älteren einfach zu groß. So habe auch ich in sieben Jahren konkreter Zusammenarbeit mit Selbsthilfegruppen ein umfangreiches Know-how für die Praxis der Gruppenselbsthilfe erworben. Unterentwickelt geblieben aber ist mein angemessenes Verhalten als Selbsthilfegruppen-Berater. Da helfen meiner Meinung nach keine Regeln und Rollenvorschriften, da hilft allein die eigene Erfahrung, die Beobachtung und Reflexion eigenen Verhaltens (vgl. dazu auch das »introspektive Konzept«, Richter, 1977), vor allem aber die Rückmeldung durch die Gesamttreffen-Teilnehmer. Es mag für manche ermutigend sein, daß große Erfahrung diese Tätigkeit auch schwieriger machen kann. Ein Selbsthilfegruppen-Berater muß nicht viel wissen, sondern bereit und fähig sein, gemeinsam mit den anderen nach Möglichkeiten zu suchen. Für mich verbindet sich diese Einsicht mit der alten Erkenntnis, daß der Weg entscheidender ist als das Ziel. So hilft es ja auch in der Psychoanalyse nichts, wenn der Therapeut weiß, worum es geht, und das seinem Patienten mitteilt. Die eigene Erfahrung des Patienten, sein eigenes Erleben sind dadurch nicht nur nicht zu ersetzen, sie werden unter Umständen sogar verhindert. Insofern gleicht die Arbeit eines Psychoanalytikers der eines Selbsthilfegruppen-Beraters. »Sich entwickeln lassen« – darauf kommt es an. Vielleicht habe ich deswegen trotz aller Schwierigkeiten so wenig grundsätzliche Probleme mit meinen beiden Identitäten als hochspezialisierter Therapeut einerseits und als Selbsthilfegruppen-Berater andererseits. Natürlich verstehen sich idealerweise alle Erzieher und Helfer als Menschen, welche die Selbstentwicklung ihrer Schüler und Patienten fördern; theoretisch wären sie alle die gegebenen Selbsthilfegruppen-Berater. Ideale bilden sich aber leider deshalb heraus, weil die Realität alles andere als ideal ist.

Dazu ein Beispiel: Besonders in den ersten Jahren konnte ich mich starker Verantwortungsängste für die Entwicklung der Selbsthilfegruppen nicht erwehren. Ich empfand wie ein Arzt seinen Patienten gegenüber, und genau das war überhaupt nicht angebracht. Denn das Hauptmerkmal dieser Gruppen war ja ihre Selbstverantwortlichkeit – oder sollte es wenigstens sein. Mir wurde schnell klar, daß ich damit Menschen, die so erwachsen waren wie ich selbst, einfach zu hilflosen Abhängigen stempelte. Was bedeutete denn meine typisch therapeutische Verantwortung? Nichts anderes, als daß ich glaubte, für die anderen die richtigen Entscheidungen treffen zu müssen, nichts anderes, als daß ich sie in dieser Hinsicht für unfähig erklärte. Ich hatte *einen* Unterschied noch nicht klar begriffen: Natürlich war ich verantwortlich für das, was ich sagte, aber deswegen hatte ich doch nicht die ganze Verantwortung für selbständige Erwachsene zu übernehmen. Es kommt mir heute ziemlich merkwürdig vor, daß ich dies so stark betonen muß. Jeder meiner Bekannten würde sich eine solche »Verantwortung« meinerseits mit Recht verbitten. Offensichtlich aber war nicht nur ich von dieser Fürsorgehaltung durchdrungen, vielmehr versuchten andere auch noch, mich darauf festzulegen.

Ich geriet besonders unter Druck, wenn ich wegen Selbsthilfegruppen zur Verantwortung gezogen werden sollte. Ich erinnere mich an ein Gespräch mit einem wichtigen Mann der Universität. Wie es nicht anders sein konnte, hatte er von der Selbsthilfegruppen-Arbeit keine Ahnung. Dennoch kamen in einem mir heute verdächtigen Brustton der Überzeugung sämtliche Befürchtungen zur Sprache, die je von professioneller Seite geäußert worden sind; vor allem seine Angst, die Gruppe könne einzelne Mitglieder in die Psychose oder in den Selbstmord treiben, schien unüberwindlich. In seiner Vorstellung waren Selbsthilfegruppen offensichtlich eine wahre Hölle. Und auch mir wurde ganz mulmig zumute. Damals hatte ich noch nicht die vier Narben an Ulrikes Handgelenken gesehen, die mir in ihrer sympathischen, wenn auch ruppigen Art gesagt hat: »Vier Versuche vorher, keinen, seit ich in der Gruppe bin – das ist völlig weg. Denk auch mal daran, wieviel Positives in Gruppen passiert, statt dich dauernd herumzuängstigen.« Ich wußte damals noch nicht, daß Erich seine schweren Ängste, Mordimpulse gegen den Vater und totales Verstummen zu Hause durch die Arbeit in der Selbsthilfegruppe überwunden hatte (Denke, 1979). Aber ich kannte Jutta bereits, in deren Phantasie der Briefkasten jedesmal explodierte, wenn sie einen Brief eingeworfen hatten, und die in ihrem Lebensbericht meinte: »Ich bin überzeugt davon, daß ich heute nicht mehr leben würde, wenn ich die Gruppe nicht gehabt hätte« (Moeller, 1978, S. 41).

Auch lagen unsere Untersuchungen, welche die therapeutische Wirkung der Selbsthilfegruppen nachweisen, noch nicht vor (siehe S. 274). Überhaupt fehlte es mir an der beruhigenden und ermutigenden Erfahrung, die ich heute habe. So war ich also den Bedenken des hohen Universitätsbeamten ausgesetzt und hatte Mühe, mich meiner eigenen finsteren Gedanken zu erwehren, die dadurch erneut wachgerufen wurden. Mir blieb nicht viel anderes übrig, als mehr oder weniger standhaft die Auffassung zu vertreten, daß ich erwachsenen Menschen die Fähigkeit zu einer fruchtbaren wechselseitigen Beratung zutraute. Heute würde ich – auch unabhängig von unseren Untersuchungen – in einem solchen Gespräch darauf hinweisen, daß mein Gesprächspartner es doch wohl für unverschämt halten würde, wenn man zum Beispiel einen Erfahrungsaustausch zwischen ihm und mir für überprüfungspflichtig ansehen würde. Nichts anderes aber als ein solcher Erfahrungsaustausch geschieht in der Selbsthilfegruppe. Das muß ich mir – und vielen anderen, die Menschen versorgen und erziehen – immer wieder vor Augen halten. So selbstverständlich ist uns das Oben-Unten-Verhältnis in unserer Arbeit geworden, daß wir uns nur schwer auf eine Beziehung zwischen gleichrangigen Partnern einstellen können. Erst spät entdeckte ich den gemeinsamen Nenner aller meiner vielfältigen Probleme: *die Schwierigkeit, mich entbehrlich zu machen.* Deswegen habe ich meinen Beruf wohl auch gewählt. Er ist ein glänzender Ausgleich für die eigene Hilflosigkeit. Diese ist vielleicht geradezu eine Voraussetzung für meinen Beruf; denn wahrscheinlich kann nur ein Hilfloser den Hilfsbedürftigen wirklich verstehen. Setzen wir uns einmal über unsere Abwehr hinweg, die wir in unserer scheinbar so überlegenen Rolle ausleben können, dann entpuppt sich die Arzt-Patient-Beziehung zum erheblichen Teil als Zwei-Personen-Selbsthilfegruppe. Diesen Aspekt betonte ein praktischer Arzt auf einem Kongreß, der sich mit Selbsthilfegruppen im Rahmen der hausärztlichen Praxis befaßte: In den vergangenen Jahrzehnten seiner Tätigkeit habe er in den täglichen Gesprächen mit seinen Patienten ebensoviel erfahren und gelernt wie sie von ihm (Haehn, 1979).

Unsere Hilflosigkeit wird um so mehr zur Gefahr, je stärker wir sie abwehren, das heißt, nicht wahrhaben wollen und uns statt dessen als »Retter« verstehen. Und peinlich oft mußte auch ich mich fragen, ob wir Retter nicht an der mehr oder weniger verdeckten Überzeugung erkrankt sind, andere könnten es ohne unsere Hilfe ja doch nicht schaffen.

Nun schafften sie es aber auch allein. Ich geriet manchmal geradezu in eine Hochstimmung, die bedenklich ans Idealisieren grenzte. Aber mir selbst war klar, daß ich mich deshalb in diesem euphorischen Zustand befand, weil sich *entgegen* eigenen Erwartungen doch eine Hoffnung realisiert hatte.

Eigenartigerweise fühle ich mich zur Zeit häufig voller Zuversicht gerade in Augenblicken, in denen ich überhaupt nicht aktiv bin und mich auch gar nicht mit Selbsthilfegruppen befasse. Ich halte das nicht für einen Zufall. Es muß etwas mit der besonderen therapeutischen Wirkung von Selbsthilfegruppen zu tun haben. Und zwar erfüllt mich diese Zuversicht dann, wenn ich in den wenigen stillen Minuten zwischen den Therapiestunden in meinem Zimmer sitze und zeitweise aus einem Kellerraum, den einige Selbsthilfegruppen nutzen können, das von Lachen begleitete lebhafte Gruppengespräch vernehme. Ich kann zwar keine Einzelheiten verstehen, doch die ganze Atmosphäre zeugt von einer guten Entwicklung. An solchen Geräuschen wäre erfolgreiche Gruppenarbeit wahrscheinlich einfacher und besser abzulesen als über unsere mühselige Gruppenforschung mit Hilfe von Fragebögen. Diesen Geräuschen läßt sich entnehmen, was wir auf Skalen errechnet und dann als Behandlungserfolg gesichert haben: daß die Teilnehmer sich geborgen fühlen; daß sie ermutigt werden, ihre Probleme vorzubringen; sich möglicherweise weniger abhängig von der Gruppe empfinden und die Sitzungen sie mehr befriedigen als Patienten in einer professionellen Gruppentherapie (Stübinger, 1977).

Manchmal komme ich aber auch in den Genuß, es klipp und klar zu hören, zum Beispiel während einer Rundfunksendung über Selbsthilfegruppen (*Westdeutscher Rundfunk, 2. Programm,* »Hallo Ü-Wagen«): »Da reden Sie also über Diätpläne«, meinte eine Reporterin, ihrer Sache ziemlich sicher. »Keinesfalls«, entgegnete die Teilnehmerin einer Selbsthilfegruppe für Übergewichtige, »ich habe über meine Sorgen geredet«. »Hilft denn das?«»Seitdem ich in der Gruppe bin – das sind erst acht Wochen –, habe ich sechs Kilo abgenommen.« »Aber da haben Sie doch auch Ihren Speisezettel geändert?«»Nicht die Bohne – ich muß jetzt einfach nicht mehr so viel essen, das ist es«. Diese Antworten taten mir gut, sie trafen den Nagel auf den Kopf. So sollte es sein. Den Dicken hatte etwas gefehlt: eine Möglichkeit, über das zu reden, was ihnen wesentlich war. Das ermöglichen die natürlichen Gruppen – die Familie, die Arbeitskollegen, der Freundeskreis – offensichtlich nicht in ausreichendem Maß.

Vierzehn Tage später hörte ich allerdings, daß sich die im Interview angesprochene Gruppe doch intensiv mit Rezepten und Diätplänen zu befassen begann. Es hatte anscheinend eine Auseinandersetzung gegeben. Wir hörten, daß sich die Hälfte der Mitglieder geweigert hätten, über persönliche Probleme zu sprechen. Vorwürfe seien lautgeworden. Man lasse sich nicht wie im Elternhaus behandeln und ähnliches mehr. Die Gruppe – so sagen wir salopp – hatte »dicht« gemacht. Sie ließ nichts mehr aufkommen, sie wehrte die Probleme ab.

Der Vorfall erinnerte mich an eine ähnliche Situation in einer Selbsthilfegruppe für alleinstehende Mütter und Väter. Sie hatten mich in ein benachbartes Dorf zu einem Gespräch eingeladen, weil sie in zwei Blöcke zerfallen waren. Die einen waren nur an gemeinsamen Aktivitäten, Ausflügen am Wochenende usw. interessiert. Sie lehnten es ab, persönliche Probleme zu besprechen. Die anderen wollten eine regelmäßige Gesprächsgruppe. Sie meinten, es sei schon der Mühe wert, besser zu verstehen, warum sie künftig allein bleiben wollten und nicht – wie Außenstehende häufig vermuten – einen neuen Partner suchten. Sie wollten auch gern herausfinden, warum sie ihre Kinder nicht mehr mit einem anderen Partner zusammen erziehen wollten oder könnten, und so weiter.

An dieser Gruppe alleinstehender Mütter und Väter, die sich zunächst nur der äußeren Selbsthilfe, sozialen und juristischen Fragen gewidmet hatte, wurde mir übrigens die Bedeutung der Selbstauslese (Selbstindikation) noch einmal besonders klar, die manche Bedenken Außenstehender zerstreuen kann. Zu selbstverantwortlichen Gesprächsgruppen finden sich nur diejenigen zusammen, die bereits in der Lage sind, sich davon einen Entwicklungsgewinn zu versprechen. Dabei kann es sich durchaus auch um Menschen handeln, die bisher von Gesprächsgruppen noch keinerlei Vorstellung hatten. Die Begegnung mit dieser Gruppe machte mir auch deutlich, wie leicht ich selbst zu Vorurteilen neige. Die Motivation zur Teilnahme an dieser Selbsthilfegruppe war nicht der Heiratswunsch – wie auch ich insgeheim angenommen hatte –, sondern der Wunsch nach Verbundenheit aufgrund der gemeinsamen Überzeugung, daß es besser sei, mit den Kindern allein zu bleiben.

Ein anderes Vorurteil ärgerte bei derselben Rundfunksendung die zu Hause zuhörenden Paar-Selbsthilfegruppen. Alles sei darauf ausgerichtet gewesen, ihre Gruppenarbeit so darzustellen, als diene sie nur dazu, häuslichen Ehekrach zu verhindern. Gerade dieses falsche Ziel einer harmlosen Ehe aber hätte sie nie im Auge gehabt, sondern vielmehr die Hoffnung, durch die Gruppe mit den eigenen Bedürfnissen besser herauskommen und damit auch Konflikte in der Partnerschaft riskieren zu können. Etwas Ähnliches sagte Katharina, die in einer Einzel-Selbsthilfegruppe ist: »Von meinem Mann bekam ich neulich die beste Bestätigung, die ich mir wünschen kann. Er sagte zu einer Bekannten, daß er sich, seitdem ich in der Gruppe sei, wohler fühle, mehr als Mensch, und daß er erleichtert sei, endlich richtig mit mir streiten zu können« (Thomas, 1978, S. 55).

Es gehört zu meinen wichtigsten Erfahrungen in der Zusammenarbeit mit Selbsthilfegruppen, daß ich ständig mit meinen eigenen, oft berufsbedingten Vorurteilen konfrontiert werde. Als die ersten Selbsthilfegruppen für »werdende Eltern« entstanden, glaubte ich, es kämen vor allem junge Frauen, die zum ersten Mal schwanger waren, samt ihren Partnern. Es kamen aber fast ebensoviele Paare, die ihr zweites oder drittes Kind erwarteten. Vielleicht waren hier die Probleme zwischen den Partnern größer oder das Bewußtsein für die großen Veränderungen, die eine Schwangerschaft mit sich bringt, geschärft. Alten Menschen gegenüber hatte ich das Vorurteil gehabt, sie träfen

sich möglicherweise nur ungern in einer Selbsthilfegruppe, weil sie befürchteten, ihr körperliches und seelisches Elend dann nur noch krasser zu erleben; aber ich wurde eines anderen belehrt: Sie wollten ganz im Gegenteil gemeinsam reden, um ihr Elend irgendwie zu wenden und zu einer sinnvollen Aktivität zu finden. Herzinfarktkranken gegenüber hatte ich das Vorurteil gehabt, gerade diese zielstrebigen Individualisten seien gruppenunfähig. Dieser Faktor spielte jedoch die geringste Rolle; ihre Auffassung, die soziale Abhängigkeit lasse einem gar keine Chance zur Veränderung, stand der Bildung einer Selbsthilfegruppe viel eher im Wege. Nachdem wir über ein halbes Jahr lang regelmäßig Arbeitssitzungen mit mehreren Psychiatern durchgeführt hatten, um zu prüfen, inwieweit sich die in den Vereinigten Staaten existierenden Selbsthilfegruppen für Schizophrene auch bei uns realisieren ließen, stellten wir fest, daß die Ängste der Experten zu groß waren, als daß eine Anregung von Selbsthilfegruppen auf diesem Wege Aussicht auf Erfolg haben könnte. Wir suchten also nach anderen Möglichkeiten. Auf dem Hintergrund meiner eigenen Erfahrung mit einigen Schizophrenen, die ich kannte, hielt ich es schließlich für das beste, gemeinsam mit einem Psychotiker einen offenen Brief zu schreiben, in dem alle Schwierigkeiten, die sowohl Fachleute als auch Betroffene mit der Anregung von Selbsthilfegruppen hatten, offen dargelegt wurden. Ein Betroffener, mit dem ich darüber sprechen konnte, meinte aber, Briefelesen sei viel zu schwierig. Da würde keiner kommen. Die Betroffenen sollten vielmehr persönliche Beziehungen knüpfen. Das sei der angemessenste Weg, Selbsthilfegruppen für Schizophrene zu begründen . . . –
Ich könnte die Beispiele beliebig fortsetzen. Von den Betroffenen selbst lernte ich, wie wenig ihre Wirklichkeit und meine Vorstellungen über sie zusammenpaßten. Die Sozialmedizin hat diese Kluft zwischen der institutionalisierten Versorgung und den Betroffenen schon seit langem erkannt und beklagt.

Nach einer Phase großer Verunsicherung fühle ich mich nun zunehmend wohler in meiner Haut. Übrigens nicht nur bei der Beratung von Selbsthilfegruppen, sondern auch in meinen sonstigen beruflichen Tätigkeiten. Ich fühle mich meinen Patienten näher, ich achte stärker als früher auf ihre vielfältigen eigenen Möglichkeiten und Fähigkeiten, ich sehe sie als weniger von mir abhängig und ich begegne ihnen nicht mehr so stark wie früher als der wissende und verantwortliche Therapeut, in dessen Händen ihr Schicksal ruht. Natürlich hätte ich all dies

- wie jeder gute Therapeut – auch vor der Begegnung mit Selbsthilfegruppen gesagt. Dieselben Sätze bedeuten heute aber etwas anderes für mich, sie sind selbstverständlicher. Ich stehe meinen Patienten entspannter, gelassener gegenüber; etwas in meinem *Gefühl* und meiner Einstellung hat sich geändert. Ich glaube, ich kann wirklich sagen, die Beziehung zu meinen Patienten hat sich durch die Erfahrung mit den Selbsthilfegruppen sehr positiv entwickelt. Vielleicht entpuppt sich das Gesamttreffen eines Tages noch als eine Art Gesundbrunnen für Therapeuten. Die sonst übliche Distanz und das Gefälle zwischen Therapeut und Patient hat sich bei mir sehr verringert. Zentral für mich ist – im Fühlen wie im Denken, im Beruf wie im Alltag – das unmittelbare Erlebnis der Beziehung. Die Erfahrung in der Zusammenarbeit mit Selbsthilfegruppen hat es mir überhaupt erst ermöglicht, das Wesentliche dieser Form der Beziehung und der Kommunikation zu erfassen. Ich sehe ihre Bedeutung vor allem in dem Versuch der Menschen, den verkürzten, zerrissenen, entstellten Beziehungen, die unseren Alltag charakterisieren, erlebende, wirkliche Beziehungen entgegenzusetzen. Das hat entscheidende Folgen. Je intensiver Gefälle und Distanz auf beiden Seiten der Arzt-Patient-, der Sozialarbeiter-Klient- oder der Lehrer-Schüler-Beziehung abgebaut werden, desto stärker schwindet auch die Angst vor den eigenen Schwächen. Die Allmacht des Arztes und die Ohnmacht des Patienten sind ja nur die zwei Seiten einer Medaille; beides wird gleichzeitig aufgehoben. Übrigens nicht nur in der äußeren Beziehung zwischen Menschen, sondern auch in der inneren Beziehung des einzelnen zu sich selbst, zwischen den eigenen gesunden und den eigenen gestörten Seiten. Weil die Angst vor den eigenen Schwächen geringer wird, haben wir es nicht mehr nötig, allmächtig zu sein und diese Schwächen zu verleugnen. Vielleicht ist dieser innere *und* äußere Ausgleich einer der wichtigsten Schritte zur Gesundheit. Insofern ist für mich das Entstehen von Selbsthilfegruppen auch ein Zeichen der strukturellen Gesundung in den Bereichen Therapie und Erziehung, vielleicht auch in anderen gesellschaftlichen Gebieten.
Das Erlebnis, das mich im Verlauf meiner Arbeit mit Selbsthilfegruppen am meisten berührte, war die Begegnung mit einem 16jährigen Mädchen, Marie, die ich auf einem Informationstreffen der »Emotions-Anonymous«-Selbsthilfegruppen kennenlernte. Während einer Kaffeepause tippte mich Marie vorsichtig an und fragte, ob sie mit mir sprechen könne. Sie war klein, etwas rundlich und wirkte in ihrer unauffälligen Kleidung so, als ob sie ihr Leben lang immer irgendwie abseits, in der Ecke gestanden hätte. Zunächst hatte ich Schwierigkei-

ten, sie überhaupt zu verstehen. Sie sprach mit sehr einfachen, knappen Worten und doch so zögernd, als ob sie die Sätze mühsam in einer Fremdsprache bildete. Ihr Verhalten und ihr Sprechstil stimmten auf merkwürdige Weise überein. Sie wirkte auf mich, als komme sie aus einer anderen Welt, aus einer anderen Kultur. Schließlich verstand ich, was Marie bewegte. Sie wollte von mir wissen, wie ich zum Urteil ihrer Betreuer und Ärzte stünde. Diese hatten ihr abgeraten, einmal eigene Kinder zu bekommen. Warum? Weil es sie zu sehr belasten würde. Ja, wie sie denn gerade darauf komme, mir eine solche Frage zu stellen? Sie wisse zwar nicht, wer ich sei, aber sie habe einfach großes Vertrauen zu mir und das Problem sei für sie so schwierig: Sie wolle so gern einmal ein eigenes Kind haben.

Nach und nach stellte sich der Zusammenhang her. Marie kam als Mitglied einer Selbsthilfegruppe aus einer kleinen Stadt. Sie war eine Art Kaspar-Hauser-Kind. Bei Pflegeeltern aufgewachsen, hatte sie, weil sich niemand um sie kümmerte, bis zum elften Lebensjahr kein Wort sprechen können. Als dies entdeckt wurde, kam sie in ein Heim, in dem sie sich offensichtlich wohlfühlte und wo sie Einzelsprachunterricht erhielt. Das nützte zu diesem Zeitpunkt aber nicht mehr viel. Und nun kam etwas, das mir immer in Erinnerung bleiben wird: Sie habe erst in der Selbsthilfegruppe gelernt, tatsächlich zu sprechen, und noch mehr: zu fühlen. Sie sei jetzt zweieinhalb Jahre in der Gruppe. Die Gruppe sei ihr zweites Zuhause.

Ihre mühsam in Worten hervorgebrachte Geschichte bewegte mich sehr. Sie berichtete mir sehr eindrücklich, wie jede längere geistige Tätigkeit sie bis zur Verzweiflung anstrengte, daß sie Lernen gleichsam nur in kleinen Dosen vertrug, daß es aber mit der Zeit doch immer leichter gegangen sei. Sie habe sich damit abgefunden, daß bei ihr vieles anders sei als bei anderen.

Für mich ist Marie zum Symbol geworden, weil ihre Lage und ihre Entwicklung letztlich auch unsere eigene Situation widerspiegeln. Auch wir kommen zu einem großen Teil aus Lebenssituationen, in denen ein bedrückender Mangel an wirklichen Beziehungen herrscht. Auch wir, die wir ein weniger dramatisches Schicksal erlitten haben, lernen in den Gruppen, wieder zu sprechen, zu fühlen, unsere wirklichen Bedürfnisse zu äußern. Ihr Wunsch, ein Kind zu bekommen, war ja nicht irgendein Bedürfnis. Die Geburt eines Kindes wäre zugleich ein Symbol für ihre eigene »Wiedergeburt«. Was sollte ich auf ihre Frage antworten? Ich sagte ihr, einigermaßen hilflos, ungefähr folgendes: »Ich kann das auch nicht wissen, Marie. Ich möchte dir gern eine klare Antwort geben und mich nicht um die Antwort

herumdrücken. Ich weiß nicht, wie du bist, wenn du ein Kind bekommst. Ich kann das nicht wissen und du wahrscheinlich auch nicht. Wenn du fühlen und sprechen kannst, wenn die Pflege des Kindes dich nicht anstrengt, dich nicht verzweifelt macht, wenn du es also lieben kannst, ist alles gut. Ich finde, es ist besser für das Kind, wenn du noch etwas älter bist. Verstehst du das? Es wird ihm gut tun, wenn du viel gelernt hast. Ich kenne deine Ärzte und Betreuer nicht und weiß nicht, warum sie dir abraten. Vielleicht haben sie einen wichtigen Grund, vielleicht ist ihre Meinung aber auch falsch. Sprich darüber in der Gruppe, soviel du kannst. Das ist das Beste. Die kennen dich und können mit dir fühlen und denken, besser als ich es kann. Vielleicht dauert es lange, bis du die richtige Antwort gefunden hast. Aber du hast Zeit und du hast ja jetzt mehr als nur dich.«
Ich will nicht verschweigen, daß ich dieses Erlebnis manchmal abtun möchte: als zu rührend, als zu merkwürdig. Andererseits aber ist es für mich das eindrücklichste Beispiel, ja, geradezu ein Symbol für Selbstverwirklichung in der Gruppe geworden. Jedem, auch mir selbst, möchte ich sagen, was ich Marie mitzuteilen versuchte: Wir müssen zunächst von unserer Unwissenheit ausgehen, weil wir über unsere eigene unbewußte Situation nicht viel wissen können. Es kommt dann darauf an, daß wir *selbst* einen Weg finden, das heißt, daß wir uns konfrontieren mit dem, was wir wirklich können und wollen. Es geht also darum, zunächst einmal sich selbst und die anderen zu entdecken.
Wie schön klingt das. Ist es nicht zu schön, um wahr zu sein? Auch von den Selbsthilfegruppen ist zu sagen, was man von jeder guten Therapie sagen kann: Sie sind eine Chance, keine Garantie. Je länger ich allerdings mit selbstverantwortlichen Gesprächsgruppen zusammenarbeite, desto mehr erscheinen sie mir als naheliegendster Weg, zu uns selbst zu finden.

Was tue ich nun selbst, um aus der arbeitsteiligen Enge und aus meiner beruflichen Deformation herauszukommen – zumal ich doch der Meinung bin, eigene Erfahrung in Selbsthilfegruppen sei die beste Voraussetzung für einen Selbsthilfegruppen-Berater? Zwei Jahre lang versuchte ich, eine Psychoanalytiker-Selbsthilfegruppe zusammenzubringen. Es ging nur sehr langsam voran. Vielleicht ist das an einem kleinen Ort und in einer Gruppe, deren Mitglieder sich einerseits gut kennen und die andererseits im Rahmen der Ausbildung ihre Selbsterfahrung ohnehin stark entwickeln müssen, tatsächlich zu schwierig. Soweit wie der Direktor des amerikanischen Selbsthilfegruppen-Institutes in New York, Frank Riessman, der einer Selbsthilfegruppe für Übergewicht und Bluthochdruck angehört (*Badische Neueste Nachrichten*, 18. 1. 1979), bin ich also noch nicht. Aber ich blieb fest entschlossen, selbst aktiver Teilnehmer einer Selbsthilfegruppe zu werden. Verlockend klingt für mich der Bericht der Selbsthilfegruppe von Psychoanalytikern in Chicago (auch wenn ich mir immer noch nicht ganz sicher bin, ob es sinnvoll ist, wenn die Gruppe tatsächlich nur aus Psychoanalytikern besteht).

So habe ich mich in letzter Zeit intensiv mit den Möglichkeiten von *Arbeitsplatz-Selbsthilfegruppen* beschäftigt, ein bislang noch unerschlossenes Feld. Da Arbeitsplatz-Selbsthilfegruppen fast überall durchgeführt werden könnten, ist ihre Bedeutung kaum zu überschätzen. Das Ziel einer solchen Gruppe läge darin, in den Rollen, die wir am Arbeitsplatz einnehmen, befriedigender zusammenzuarbeiten. Wir könnten unsere Empfindungen und Beziehungen zu den Kollegen klären und besser verstehen, wir könnten Konflikten besser vorbeugen – kurz, wir könnten ein menschlicheres Arbeitsklima schaffen. Sind aber offene Gespräche überhaupt möglich in einer institutionalisierten Arbeitsgruppe mit ihren vorgegebenen Abhängigkeitsverhältnissen und den daraus folgenden unvermeidlichen Rivalitäten, die so gern über der Betonung von solidarischer Zusammenarbeit vergessen werden? Läßt sich eine Arbeitsplatz-Selbsthilfegruppe überhaupt realisieren?

Ich habe das in meiner Gießener Arbeitsgruppe zur Sprache gebracht. Wir sind zehn: zwei Sekretärinnen, drei wissenschaftliche Mitarbeiter, drei Zivildienstleistende, eine sogenannte wissenschaftliche Hilfskraft und ich. Eineinhalb Jahre zögerten wir, wenn wir auch die Hoffnung nie ganz aufgaben: Werden wir den Mut haben, im Rahmen unserer Arbeitsbeziehungen auf persönliche Probleme zu sprechen zu kommen? Wird nicht zuviel ausgespart werden? Kann es überhaupt darum gehen, unsere persönlichsten Anliegen einzubringen? Haben wir nicht genug zu tun mit der Aufgabe, zunächst einmal unsere formalen Arbeitsbeziehungen durchsichtiger zu machen? Einige meiner Mitarbeiter waren der Meinung, die Gruppe käme schon deshalb gar nicht erst zustande, weil ich die Sitzungszeiten aufgrund meines Terminplans ohnehin nicht einhalten könne. Letzteres war sicherlich eine Schutzbehauptung für die eigenen Vorbehalte – aber auch bereits ein Hinweis auf eines der vielen Beziehungsprobleme am Arbeitsplatz, die zu erörtern und zu klären wären: Denn ich war nicht nur oft weg – ich fehlte ihnen dadurch auch persönlich, emotional. Schließlich haben wir doch zusammengefunden und führen nun regelmäßig einmal in der Woche donnerstags nach dem Mittagessen ein eineinhalbstündiges Gruppengespräch.

Ein wesentliches Problem bei der Bildung von Arbeitsplatz-Selbsthilfegruppen liegt darin, daß einerseits die Teilnahme natürlich freiwillig sein muß, andererseits aber ein verzerrtes Bild der Arbeitsgruppe und zahlreiche Folgekonflikte entstehen würden, wenn einige Mitarbeiter nicht teilnähmen. Zu lösen ist dieses Dilemma nur durch ausführliche Vorgespräche mit allen Beteiligten – gleichsam im Sinne der (immer wieder zu empfehlenden) Ambivalenzgespräche. Dadurch entsteht eine Art Schleuse, eine »Vor-Gruppe«, eine »Noch-nicht-Selbsthilfegruppe«, eine »Zauderer-Gruppe«, die vorerst einmal die Bedenken zu klären versucht.

Inzwischen ist fast ein halbes Jahr vergangen. Ich kann nur wenig sagen und möchte auch nur von mir sprechen. Insgesamt tut mir die Erfahrung in der Gruppe sehr gut. Ich fühle mich wohler im Kreis meiner Mitarbeiter, obwohl ich ehrlicherweise hinzufügen muß, daß ich das Klima auch vorher schon als recht gut empfand. Ich fühle mich durch das wöchentliche Gruppenerlebnis stärker mit jedem einzelnen verbunden. Natürlich werden mit der Intensivierung der Beziehungen auch die Probleme deutlicher – aber gerade, *weil* sie angesprochen sind, entstehen Offenheit, Vertrautheit und die Möglichkeit, sich in den anderen besser einzufühlen, die mir mehr bedeuten als ein sachbetontes Miteinander-Umgehen und das Unter-den-Teppich-Kehren von Problemen.

Ich bin im übrigen überzeugt davon, daß diese menschlichere Atmosphäre uns nicht nur angenehmer, sondern auch besser arbeiten läßt. Die Angst, daß die Erörterung der Beziehungen am Arbeitsplatz Konflikte schaffen könnte, die uns lähmen, unsere Aufgaben zu erfüllen, ist unbegründet. Irritationen sind zeitlich begrenzt. Sie werden von dem Gewinn, den die Klärung latenter Probleme mit sich bringt, weit übertroffen. Im übrigen zeigen die Untersuchungen der Organisationsentwicklung (vgl. etwa Sievers, 1977; Hage, 1980; Lauterburg, 1980; Trebesch, 1980), daß ein menschlicher Arbeitsplatz und nicht die maximale Versachlichung bzw. Ausbeutung die größten Kräfte für eine – allerdings sinnvolle – Leistung freisetzt.

In unserer Arbeitsgruppe geht es uns allerdings nicht um die Leistungssteigerung. Sie hat bestenfalls den Rang einer vergleichsweise unbeachteten Nebenwirkung. Im Vordergrund steht die Klärung unserer Beziehungen und das bessere wechselseitige Verstehen. So hat sich zum Beispiel eine vorher für mich etwas undurchsichtige, leicht gespannte, betont sachlich-distanzierte Beziehung genau in ihr

Gegenteil verkehrt, nachdem wir sie in der Gruppe ansprechen und durcharbeiten konnten. Vor allem aber kann ich mich jetzt auf die Eigenarten der anderen einstellen. Ich verstehe sie mehr – und sie wahrscheinlich auch mich. Die Hauptschwierigkeit der Anfangsphase lag für mich darin, zu klären, wie Arbeitsbeziehung und persönliche Bindung miteinander zu vereinbaren bzw. nicht zu vereinbaren sind, wie sie sich wechselseitig beeinflussen, wie ich sie voneinander abgrenzen und gleichzeitig nicht abgrenzen kann usw. Das wird wohl bei keiner Arbeitsgruppe ausbleiben.

Wir sind nun eine spezielle Gruppe von psychotherapeutisch engagierten Leuten. Werden sich Arbeitsplatzgruppen auch in anderen Berufen realisieren lassen – besonders auf Stationen in Krankenhäusern, wo sie mir sehr sinnvoll schienen, oder in Schulen, in Beratungsstellen usw.? Eine Gewerkschaftlerin in Bremen äußerte die Überzeugung, daß Arbeitsplatz-Selbsthilfegruppen gerade auch bei Arbeitern und Angestellten sehr nötig wären. Zwei Rundfunkredakteurinnen sagten mir in einem längeren Gespräch, sie praktizierten bereits eine solche Gruppe und sie hielten dies allgemein durchaus für machbar. Ein Arbeiter in einer Zeitungsdruckerei war anderer Auffassung; er meinte, Arbeitsplatzgruppen würden als Bedrohung empfunden, weil Kollegen in Zeiten des Arbeitsplatzmangels nur darauf warteten, daß der andere ausnutzbare Schwächen zeige. Studienberater an westdeutschen Hochschulen, die ich fragte, fanden die Idee zwar hilfreich, wollten aber andererseits nicht noch enger mit ihren Arbeitskollegen verbunden sein. Hie und da ergab es sich auch, daß einfach zu wenige da waren, um eine Gruppe zu bilden. Vielleicht könnte man aber in einem solchen Fall tatsächlich schon zu dritt beginnen.

Jeder, der interessiert ist, kann die Idee aufgreifen und ihre Entwicklung im Gespräch mit seinen Arbeitskolleginnen und -kollegen abwarten. Vielleicht wird in einiger Zeit bekannt, daß sich auch Arbeitsplatz-Selbsthilfegruppen entwickeln. Ich würde mich über eine solche Nachricht freuen. Denn für mein persönliches Empfinden sind nach den beiden nun vorliegenden allgemeinen Darlegungen – über Selbsthilfegruppen und deren Zusammenarbeit mit Fachleuten – wesentliche weitere Entwicklungen insbesondere durch präzise Zielgruppenorientierung zu erwarten. Anders gesagt: es geht um »maßgeschneiderte« Selbsthilfegruppen, das heißt um die Erkundung, welche Teilnehmer in welcher Zusammensetzung mit welchem Vorgehen welche Ergebnisse erzielen (vgl. Goldstein u. Stein, 1980). Für diesen Beitrag zu unserem künftigen Zusammenleben gilt vielleicht noch mehr als für den rein materiellen Aspekt unserer Zukunft die Folgerung des amerikanischen Untersuchungsberichtes Global 2000: »Neue und phantasievolle Ideen – und die Bereitschaft, sie in die Tat umzusetzen – sind heute wichtiger als alles andere«.

Anhang

Literaturverzeichnis

Acosta, C. (1974): Zuni Healing Societies: The Clown Fraternity. In: Almond, R. (1974): a.a.O.

Adam, V. u. K. Klein (1977): Im Blickpunkt: Gesundheitserziehung. *Ärztliche Praxis* XXIX, 77, 24. 9. 77, S. 3149.

Agib (1978): Arbeitskreis Gruppendynamik im Bildungsbereich. Informationen über den Agib e. V. Broschüre.

Almond, R. (1974): The Healing Community: Dynamics of Therapeutic Milieu. NewYork: Jason Aronson.

Amelang, G. u. H. Zaworka (1976): Lernziel Unsolidarität. *Psychologie heute* 3, 5, S. 11.

Antze, P. (1976): The Role of Ideologies in Peer Psychotherapy Organizations. *J. App. Behav. Sci.* 12, 3, S. 323.

Apfelbaum, B. (1958): Dimensions of transference in psychotherapy. Berkeley: Univ. of California Press.

Aries, Ph. (1975): Geschichte der Kindheit. München, Wien: Hanser.

Argelander, H. (1972): Gruppenprozesse. Reinbek: Rowohlt.

Arzberger, R. (1977):»Führt eine Selbsterfahrungs- und Handlungsorientierte Bildungsmaßnahme zur Selbsthilfe?« Abschlußarbeit für die Staatliche Abschlußprüfung Sozialpädagogik, München, Fotokopie.

Bach, H. (1977): Die Entwicklung unseres Verständnisses und unserer Einsichten über den psychisch Kranken in den letzten Jahrzehnten, vornehmlich aus klinischer Sicht. In: Psychotherapie in der Versorgung. Dt. Gesellschaft f. Psychotherapie, Psychosomatik und Tiefenpsychologie. Broschüre der Kongreßvorträge.

Back, K. W. u. R. C. Taylor (1976): Self-help groups: Tool or symbol? *J. Appl. Behav. Sci.* 12, 3, S. 295–309.

Badura, B., Chr. v. Ferber (Hrsg., 1981): Selbsthilfe und Selbstorganisation im Gesundheitswesen. München: Oldenbourg.

Bahro, R. (1977): Die Alternative. Zur Kritik des real existierenden Sozialismus. Köln, Ffm: Europ. Verlagsanstalt.

Balint, M. (1968): Therapeutische Aspekte der Regression. Stuttgart: Klett.

Basaglia, F. (Hrsg., 1968): Die negierte Institution oder die Gemeinschaft der Ausgeschlossenen. Ffm: Suhrkamp.

Becker, E. (1976): Dynamik des Todes. Die Überwindung der Todesfurcht – Ursprung der Kultur. Freiburg: Walter.

Beckmann, D. (1974): Der Analytiker und sein Patient. Bern: Huber.

Beckmann, D., M. L. Moeller, H. E. Richter, J. W. Scheer (1972): Studenten. Urteile über sich selbst, über ihre Arbeit und über die Universität. Frankfurt/Main: Aspekte Verlag.

Behrendt, J. U., C. Deneke, R. Itzwerth, A. Trojan (1981): Selbsthilfegruppen vor der Vereinnahmung? Zur Verflechtung von Selbsthilfezusammenschlüssen mit staatlichen und professionellen Sozialsystemen. In: Badura, B. und Chr. v. Ferber (1981): a.a.O.

Belardi, N. (1978): Ich will ein Helfer werden. *Sozialmagazin* 12, S. 30–44.

Bergin, A. E. (1971): The Evaluation of Therapeutic Outcomes. In: Bergin, A. E. u. S. L. Garfield (Hrsg., 1971): a.a.O., S. 217 ff.

Bergin, A. E., S. L. Garfield (Hrsg., 1971): Handbook of psychotherapy and behavior change. An empirical analysis. New York: Wiley.

Bertram, E. u. W. Sandritter (1979): So lernt der Medizinstudent. Stuttgart: Schattauer.

Bion, W. R. (1974): Erfahrungen in Gruppen und andere Schriften. Stuttgart: Klett.

Blinkert, B. (1979): Berufskrisen in der Sozialarbeit. Weinheim: Beltz.

Boetticher, K. W. (1977): Eigenständiges Leben im Alter – Situation und Probleme alter Menschen. In: K. Petersen (Hrsg., 1977): a.a.O., S. 352 ff.

Borman, L. D. u. M. A. Lieberman (Hrsg., 1976): Special issue: Self Help Groups. *J. Appl. Behav. Sci.* Bd. 12, No. 3, Juli, August, September 1976.

Bowen, M. (1966): The Use of Family Theory in Clinical Practice. *Comprehensive Psychiatry* VII, S. 353.

Bronfenbrenner, U. (1974): The Origins of Alienation. *Scientific American*, August 1974, S. 56.

Brück, H. (1978): Die Angst des Lehrers vor seinem Schüler. Reinbek: Rowohlt.

Bundesministerium f. Jugend, Familie & Gesundheit (1977): Daten des Gesundheitswesens 1977. Bonn-Bad Godesberg.

Deutscher Bundestag (1975): Bericht über die Lage der Psychiatrie in der Bundesrepublik Deutschland. Bundestagsdrucksache 7/4200, 4201, Bonn.

Bundeszentrale für gesundheitliche Aufklärung (1980): Eltern helfen Eltern. Broschüre zur Anregung selbstorganisierter Elterngruppen. Köln.

Burrow, T. (1926): The group method of analysis. *Psychoanal. Rev.* 14, S. 268 ff.

Bussmann, H. (1979): Einsamkeit ohne Freiheit. Über die Schwierigkeiten des Lernens an unseren Universitäten. Manuskript einer Rundfunksendung. Südwestfunk, 2. Programm: 19. 12. 1979, 21.00–22.00.

Caesar, B. (1972): Autorität in der Familie. Reinbek: Rowohlt.

Caplan, G. (1973): The First Twelve Months of Live. N.Y.: Crosset & Dunlop.

Caplan, G. u. M. Killilea (1976, Hrsg.): Support Systems and Mutual Help. Multidisciplinary Explorations. N.Y., San Francisco, London: Grune & Stratton.

Chen, C. (1962): Therapeutic effects of spontaneous patient subgroups formed in a state hospital ward. *Intern. Journ. of Group Psychotherapy* 12, S. 301–311.

Christmas, J. (1967): Sociopsychiatric treatment of disadvantaged psychotic adults. *Amer. J. Orthopsychiat.* 37, S. 93–100.

Clade, H. (1980): Appell an die »innerverbandliche Solidarität« Hartmannbund: Kurskorrektur in der sozial- und Gesundheitspolitik überfällig. *Deutsches Ärzteblatt* 47, 20. 11. 1980, S. 2818 ff.

Claflin, B. (1976): Alocholics Anonymious: One Million Members and Growing. In: Gartner, A., F. Riessmann (Hrsg., 1976): a.a.O.

Cooper, D. (1971): Psychiatrie u. Anti-Psychiatrie. Ffm: Suhrkamp.

Council on Environmental Quality und US Außenministerium (1980): Global 2000.

Der Bericht an den Präsidenten. Frankfurt/Main: Zweitausendeins.

Dahlem, O. u. G. Haag (1977): Thesen – Erhalten eigenständiger Lebensführung als Aufgabe der offenen Altenhilfe. In: Petersen (Hrsg., 1977): a.a.O., S. 384.

Daum, K. W. (1980): Die Bedeutung der Selbsthilfegruppen für den niedergelassenen Arzt. 25. Fortbildungskongreß der Landesärztekammer und der Akademie für ärztliche Fortbildung und Weiterbildung Hessen. In: Landesärztekammer Hessen (Hrsg., 1980): Psychotherapie in der Praxis. Broschüre.

Daum, K.-W. u. E. Denke (1979): Ein Weg in die Selbsthilfegruppe. Wird publiziert.

Daum, K.-W. u. J. Matzat (1980a): Psychologisch-therapeutische Selbsthilfegruppen. euromed 20, 2, S. 99–104.

– (1980b): Die Selbsthilfegruppen-Ambulanz. Wird publiziert.

– (1981a): Erfahrung mit der Förderung und Anregung von Selbsthilfegruppen. In: Kickbusch, J. und A. Trojan (Hrsg., 1981): a.a.O.

Daum, K.-W., J. Matzat, M. L. Moeller (1981): Selbsthilfegruppen für chronisch Kranke. In: Beckmann, D., S. Davies-Osterkamp, J. W. Scheer (Hrsg., 1981): Medizinische Psychologie-Forschung für Klinik und Praxis. Berlin: Springer.

Daum, K.-W., J. Matzat u. G. Sauer (1979): Psychologisch-therapeutische Selbsthilfegruppen – eine Fallstudie – wird publiziert.

Daum, K.-W. u. M. L. Moeller (1980): Therapieerfolge bei Selbsthilfegruppen. Eine empirische Untersuchung an sechs Selbsthilfegruppen II – wird publiziert.

Denke, E. (1979): »Ich bin in einer Selbsthilfegruppe«. In: Medizin, Mensch, Gesellschaft.

Deutsche Gesellschaft für Ernährung (1980): Ernährungsbericht 1980. Broschüre, Frankfurt/Main.

Dewar, T. (1976): Professionalized Clients as Self-Helpers. In: Gartner, A., F. Riessman (Hrsg., 1976): a.a.O., S. 77 ff.

Devereux, G. (1967): Angst und Methode in den Verhaltenswissenschaften. München: Hanser.

Dicks, H. C. (1957): Marital tensions, New York: Basic books.

Dilley, G. M. (1969): Retarded women teach self-help. Stills Hospital and Community Psychiatry 20,5, S. 154–155.

Ditfurth, H. von (1976): Der Geist fiel nicht vom Himmel. Hamburg: Hofmann u. Campe.

Dörner, K. (1976): Wege zur Selbsthilfe bei psychisch Kranken. In: Petersen (Hrsg., 1977): a.a.O., S. 207 ff.

Dörner, K. u. U. Plog (1978): Irren ist menschlich oder Lehrbuch der Psychiatrie/Psychotherapie. Wunstorf/Hannover: Psychiatrie Verlag.

Eckensberger, D. (1978): Zur Kritik der Selbsterfahrung. Vergleich einer studentischen »Arbeitsgruppe« und einer »Selbsterfahrungsgruppe« über die Selbst-, Ideal- und Fremdbilder im Gießen-Test. Dissertation. Gießen.

Edding, C. (1979): Frauenselbsthilfe und professionale Beratung. Über rationale und irrationale Expertenfeindlichkeit. Gruppendynamik 10, 3, S. 137 ff.

Einsele, H. (1977): Beteiligung Betroffener im Strafvollzug und in der Entlassenenhilfe. In: Petersen (Hrsg., 1977): a.a.O., S. 427 ff.

Elias, N. (1958): Der Prozeß der Zivilisation. Bd. 1 u. 2. Ffm: Suhrkamp.

Emotions Anonymous (1979): Emotions Anonymous. Fotodruck Selbstverlag, USA.

Etzioni, A. (1975): Die aktive Gesellschaft. Eine Theorie gesellschaftlicher und politischer Prozesse. Opladen: Westdeutscher Verlag.

Evans, G. (1979): The Family Circle – Guide to Self Help. New York: Ballantine Books.

Faberow, N. (1963): Taboo Topics. N.Y.: Basic Books.

Fengler, J. (1977 c): Selbsthilfegruppen – Therapie ohne Therapeuten? *Gruppendynamik* 5, S. 307 ff.

– (1978): Selbstkontrolle in Gruppen. München: Kohlhammer.

Flörkemeier, V. (1979): Die Rehabilitation Behinderter als neue Aufgabe für den Kassenarzt. Köln: Deutscher Ärzteverlag.

Foucault, M. (1969): Wahnsinn und Gesellschaft. Ffm: Suhrkamp.

Foulkes, S. H. (1946): On group psychoanalysis. *Int. J. Psychoanal.* 27, S. 51.

– (1978): Praxis der gruppenanalytischen Psychotherapie. München, Basel: Reinhardt.

Freidson, E. (1979): Der Ärztestand. Berufs- und wissenschaftssoziologische Durchleuchtung einer Profession. Stuttgart: Enke.

Freier (1977): Vorbemerkungen zum Thema »Aktivierung der Selbsthilfe im Gemeinwesen«. In: Petersen (Hrsg., 1977): a.a.O., S. 150 ff.

Freire, P. (1974): Erziehung als Praxis der Freiheit. Stuttgart, Berlin.

Freud, S. (1917): Vorlesungen zur Einführung in die Psychoanalyse. Ges. Werke XI, Ffm: Fischer, S. 360.

– (1937): Die endliche und die unendliche Analyse. Ges. Werke XVI, Ffm: Fischer.

Fürstenau, P. (1976): Praxeologische Grundlagen der Psychoanalyse. In: Handbuch der Psychologie, Bd. 8: Klinische Psychologie. Göttingen: Hogrefe.

– (1979): Zur Theorie psychoanalytischer Praxis. Psychoanalytisch-sozialwissenschaftliche Studien. Stuttgart: Klett-Cotta.

Funke, E. (1977): Aktivierung der Selbsthilfe Behinderter und ihrer Familien durch Selbsthilfe-Organisationen. In: Petersen (Hrsg., 1977): a.a.O., S. 467 ff.

Gartner, A. u. F. Riessmann (1974): The Service Society and the Consumer Vanguard. N.Y.: Harper and Row.

– (1976): Self help in the Human Services. San Francisco, London: Jossey-Bass.

– (Hrsg., 1976): Self Help and Health: A Report. New York: New Human Services Institute. Broschüre.

Gemmrig, L. (1977): Wie kann Beratung zur Selbsthilfe aktivieren? Thesen. In: Petersen (Hrsg., 1977): a.a.O., S. 341.

Goldstein, A. P., N. Stein (1980): Maßgeschneiderte Psychotherapien. Darmstadt: Steinkopf.

Gordon, Th. (1970): Familienkonferenz. Die Lösung von Konflikten zwischen Eltern und Kind. Hamburg: Hoffmann & Campe.

Gould, Garrigues u. Scheikowitz (1975): Interaction in hospitalized patient-led and staff-led psychotherapy groups. *American Journal of Psychotherapy* 29, 3.

Gouldner, A. W. (1910): The Norm of Reciprocity: A Preliminary Statement. *The Americ. Sociolog. Review* 25, S. 161 ff.

Greenblatt, M. (1967): Mental Health Consultation. In: Freedman, A. M. u. H. J. Kaplan (1967): Comprehensive Textbook of Psychiatry. Balt.: William & Wilkins.

Grinberg, L., M. Langer u. E. Rodrigué (1971): Psychoanalytische Gruppentherapie. München: Kindler.

Gronemeyer, R., H. E. Bahr (1979): Niemand ist zu alt. Selbsthilfe und Alten-Initiativen. Frankfurt/Main: Fischer.

Grossarth-Maticek, R. (1979): Krankheit als Biographie – ein medizinsoziologisches Modell der Krebsentstehung und -therapie. Köln: Kiepenheuer & Witsch.

Grotjahn, M. (1969): Analytic Group Therapy with Psychotherapists. *Int. J. Group Psychotherapy* 14, S. 326ff.

Gründel, J. (1979): Die Bedeutung der Erfahrung für die theologische Ethik und für die Religionspädagogik. In: Katholisches Schulkommissariat II in Bayern (Hrsg., 1979). Materialien für den Religionsunterricht an Gymnasien 1/79, S. 31–69.

Habermas, J. (1974): Können komplexe Gesellschaften eine vernünftige Identität ausbilden? In: Habermas, J. u. Henrich (1974): Zwei Reden. Ffm: Suhrkamp.

Haehn, H. (1979): Podiumsdiskussion: Selbsthilfegruppen – Hausarzt – Medizinsystem. 2. Deutscher Hausärztetag und 13. Deutscher Kongreß für Allgemeinmedizin, 15.–17. 6. 1979 Hannover.

Hage, U. (1980): Auf dem Weg zur Organisationsentwicklung. *Management-Zeitschrift* 1049, 1: S. 13–16.

Halbertsma, H. A. (1970): Working class systems of mutual assistance in case of childbirth, illness and death. *Soc. Sci. and Med.* 3, S. 321ff.

Halhuber, M. J. (1977): Infarkt-Selbsthilfegruppen – ohne Ärzte. *Ärztliche Praxis* 69, S. 2865.

Hartig, M. (1975): Probleme und Methoden der Psychotherapieforschung. München, Berlin, Wien: Urban & Schwarzenberg.

Hentig, H. von (1971): Vorwort zur deutschen Ausgabe von Illich, J. (1973): Entschulung der Gesellschaft, Reinbek: Rowohlt.

– (1975): Vorwort zu Aries, Ph. (1975): Geschichte der Kindheit. München, Wien: Hanser.

Herhaus, E. (1977): Kapitulation. Aufgang einer Krankheit. München, Wien: Hanser.

– (1978): Der zerbrochene Schlaf. München, Wien: Hanser.

– (1979): Gebete in die Gottesferne. München, Wien: Hanser.

Hoover, K. K., J. Raulinaitis u. M. Spaner (1965): Therapeutic democracy: Group process as a corrective emotional experience. *Internat. J. of Social psychiatry* 111, S. 26–31.

Hurvitz, N. (1976): The origins of the peer self-help psychotherapy group movement. *J. of Appl. Behav. Science* Bd. 12 (3), S. 283–294.

Illich, I. (1972): Schulen helfen nicht. rororo Sachbuch 6778, Reinbek: Rowohlt.

– (1973): Entschulung der Gesellschaft. rororo Sachbuch 6828, Reinbek: Rowohlt.

Illich, I. u. a. (1979): Entmündigung durch Experten. rororo aktuell 4425, Reinbek: Rowohlt.

Jäckel, I. u. Ch. Frey (1979): Teil 1: Bildung als Selbstverwirklichung. Teil 2: Selbstorganisierte Gruppen. Freiburg: Sozialpädagog. Diplomarbeit, Evangel. Fachhochschule für Sozialwesen.

Jänicke, M. (1977): Soziale und ökologische Faktoren rückläufiger Lebenserwartung in Industrieländern. *Medizin, Mensch, Gesellschaft* 2, S. 229–235.

Kadis, A. L. (1959): The role for coordinated group meeting in group psychotherapy. *Acta Psychother. Psychosom. Orthop.* 7, S. 174ff.

Kadis, A. L. u. a. (1974): Practicum of Group Psychotherapy. New York, London: Harper & Row.

Katschnig, H. (Hrsg., 1980): Sozialer Streß und psychische Erkrankung. Lebensverändernde Ereignisse als Ursache seelischer Störungen. München, Wien, Baltimore: Urban & Schwarzenberg.

Katz, A. H. (1975): Discussion. In: Borman, L. D. (Hrsg.): Explorations in Self Help and Mutual Aid. Center for Urban Affairs. Northwestern University, Evanston, Illinois, S. 73f.

– (1977): Self Help Groups. Encyclopedia of Social Work. New York: National Association of Social Workers, S. 1254–1260.

– (1979): Self Help Groups: Some Clarifications. Soc. Sci. and Med. Bd. 134, S. 491–494. London: Pergamon Press Ltd.

– (1979): A Discussion of Self Help Groups: Heaven in a professionalized world? Manuskript für: Mediating Structures Project Conference on Professionalization.

– u. E. J. Bender (Hrsg., 1976): The Strength in us. Self-Help Groups in the Modern World. New York, London: New Viewpoints, Franklin Watts.

Kessel, J. (1971): Alkoholiker. Sonderausgabe für die AA. München: Desch.

Kickbusch, I. (1978): Selbsthilfe im Gesundheitswesen: Autonomie oder Partizipation. In: W. Nelles u. R. Oppermann (Hrsg., 1979): Partizipation und Politik. Göttingen: Schwartz, S. 381 ff.

– u. A. Trojan, (Hrsg., 1981): Gemeinsam sind wir stärker – Selbsthilfegruppen und Gesundheit. Selbstdarstellung, Analysen, Forschungsergebnisse. Frankfurt/Main: Fischer.

Kirschbaum, H. R., D. S. Harveston u. A. H. Katz (1976): Independent living for the Disabled. Social Policy 7, S. 59 ff.

Kline, F. M. (1972): Dynamics of a leaderless group. Int. J. Group Psychotherapy 22, S. 234–242.

Kloehn, E. (1977): Verhaltensstörungen – eine neue Kinderkrankheit. München: Mosaik-Verlag.

Knischewski, E. (1977): Probleme der Selbsthilfe bei Alkoholgefährdeten. In: Petersen (Hrsg., 1977): a.a.O., S. 420 ff.

Kooi, J. (1977): Aktivierung der Selbsthilfe im Gemeinwesen in den Niederlanden. In: Petersen (Hrsg., 1977): a.a.O., S. 177 ff.

Krüger, H.-J. (1977): Seminarkrisen – Krisenseminare. In: Horn, K. (Hrsg., 1977): Kritik der Hochschuldidaktik. Ffm: Syndikat.

Krüger, H.-J., M. L. Moeller u. J. A. Schülein (1977): Entwicklung eines sozialwissenschaftlichen Teilcurriculums (Mikrosoziologie) in Verbindung mit psychosozialen Selbsthilfegruppen. Modellversuch an der Justus-Liebig-Universität Gießen (beantragt).

Kübler-Ross, E. (1969): Interviews mit Sterbenden. Stuttgart, Berlin: Kreuz-Verlag.

– (1974): Was können wir noch tun? Antworten auf Fragen nach Sterben und Tod. Stuttgart, Berlin: Kreuz-Verlag.

– (1976): Reif werden zum Tode. Stuttgart, Berlin: Kreuz Verlag.

Kursbuch 50 (1977): Bürgerinitiativen/Bürgerprotest – eine neue vierte Gewalt? Berlin: Kursbuch/Rotbuch Verlag.

Laing, R.-D. (1971): Das geteilte Selbst. Köln: Kiepenheuer & Witsch.

Lanz, H. (1980): Die Zusammenarbeit mit Selbsthilfeorganisationen in Entwicklungsländern – eine symmetrische Beziehung. *psychosozial* 4/80, S. 28–43.

Lauterburg, Ch. (1978): Vor dem Ende der Hierarchie. Düsseldorf: Econ.

– (1980): Organisationsentwicklung – Strategie der Evolution. *Management-Zeitschrift*
1049, 1, S. 1–4.

Lenski, G. (1973): Macht und Privileg. Eine Theorie der sozialen Schichtung. Ffm:
Suhrkamp.

Lenski, G. u. J. Lenski (1974): Human Societies. An Introduction to Macrosociology.
New York: McGraw-Hill.

Levy, L. H. (1976): Self Help Groups: Types and Psychological Processes. *J. Appl.
Behav. Sci.*, Special Issue Self Help Groups, 12,3, S. 310–322.

– (1979): Processes and Activities in Groups. In: Lieberman, A., D. Borman u. a.
(1979): a.a.O., S. 234 ff.

Levy, L. H., B. W. Knight, V. P. Padgett u. R. W. Wollert (1977): Patterns of Help-
Giving in Self-Help-Groups. *American Psycholg. Assoc. Meeting;* unveröffentlicht.

Lieberman, A. u. G. R. Bond (1976): The Problem of Being a Woman. A Survey of 1700
Women in Consciousness Raising Groups. *J. Appl. Behav. Sci.* 12, 3, S. 363 ff.

–, L. D. Borman u. a. (1979): Self-Help Groups for Coping with Crisis. San Francisco,
Washington, London: Jossey-Bass Publishers.

Loch, W. (1972): Zur Theorie, Technik und Therapie der Psychoanalyse. Ffm: Fischer.

Lohrengel, F. (1980): Initiativgruppen in der Bundesrepublik, in Österreich und der
Schweiz. München, Zürich: Droemer/Knaur.

Lothrop, H. (1980): Das Stillbuch. München: Kösel.

Lubkoll, H.-G. (1980): Erfahrung mit Selbsthilfegruppen. *Der niedergelassene Arzt* 17, S.
38–44.

Lüth, P. (1974): Sprechende und stumme Medizin. Über das Patienten-Arzt-Verhält-
nis. Frankfurt/Main, New York

Luger, J. (1978): Therapeutisch wirksame Faktoren in Selbsthilfegruppen: Das Beispiel
der Emotions Anonymous. Berlin: Freie Universität, Psycholog. Diplomarbeit.

Ludemann, P. (1977): Selbsthilfe bei sozial schwachen Familien. In: Petersen (Hrsg.,
1977): a.a.O.

Lungerhausen, E. (1968): Selbstmorde und Selbstmordversuche bei Studenten. Theoretische und Klinische Medizin in Einzeldarstellungen, Bd. 38. Heidelberg: Hüthig.

Lynch, J. J. (1979): Das gebrochene Herz. Reinbek: Rowohlt.

Matzat, J. u. K. W. Daum (1981): Selbsthilfegruppen im Hochschulbereich. Österreichische Zeitschrift für Hochschuldidaktik: im Druck.

McGrath, M. (1975): For the people by the people: A resident run advice centre. *British
J. of Social Work*, Bd. 5 (3), S. 255–281.

Mentzel, C. (1965): Die Anonymen Alkoholiker und die Behandlung des chronischen
Alkoholikers. *Der Nervenarzt* 36, 6, S. 257–261.

Mentzos, St. (1976): Interpersonale und institutionalisierte Abwehr. Ffm: Suhrkamp.

Moeller, M. L. (1972): Zur Psychodynamik des Prüfungswesens. *Z. Psycho ther. med.
Psychol.* 22, S. 1–13.

– (1974a): Krankenverhalten und Krankenversorgung in der psychosozialen Medizin.

In: Volkholz, V. u. a. (1974): Analyse des Gesundheitswesens. Ffm: Fischer-Athenäum, S. 140ff.
– (1977): Familientherapeutische Konzepte. *Medizin, Mensch, Gesellschaft* 2,4, S. 194ff.
– (1978): Selbsthilfegruppen. Reinbek: Rowohlt.
– (1979): Zwei Personen, eine Sekte. Kursbuch 55, Berlin: Rotbuch, S. 1–37.
– (1980a): Krankheitstheorien der Patienten und Konsequenzen für die Psychotherapeutische Praxis. Unveröffentl. Manuskript.
– (1980b): Von der Sektenkritik zur Selbstkritik. In: M. Graff, H. Tiefenbacher (Hrsg., 1980): Kirche: Lebensraum für Jugendliche. Mainz: Grünewald.
– (1980c): Was können wir von der Psychotherapie erwarten? Gegenwärtige Krise – Künftige Entwicklung. *Psychother. med. Psychol.* 30, 10, S. 247–260.

Moeller, M. L. u. J. W. Scheer (1974): Psychotherapeutische Studentenberatung. Probleme der Klienten – Problematik der Institution. Stuttgart: Thieme.

Moeller, M. L., K. H. Geissler, W. Hornstein u. J. von Troschke (1980): Modellversuch psychosoziale Selbsthilfegruppen. Beantragt.

Moor, P. (1976): Die Freiheit zum Tode. Ein Plädoyer für das Recht auf menschenwürdiges Sterben. Reinbek: Rowohlt.

Morgan, D. W. (1971): A Note on Analytic Group Psychotherapy for Therapists and their Wives. *Int. J. Group Psychotherapy* 21, S. 244ff.

Mowrer, U. H. u. A. J. Vattano (1977): Integritätsgruppen. Ein Kontext zur Förderung von Ehrlichkeit, Verantwortung und Engagement. *Gruppendynamik 5*, S. 311ff.

Nemark, G. (1976): This school belongs to you and me. New York: Hart Publ.

Noelle-Neumann, E. (1978): Krankenhaus und Zeitgeist – eine Untersuchung. *Das Krankenhaus* 8, S. 294–301.

Olin, W. F. (1980): Escape from Utopia. My ten years in Synanon. San Francisco: Unity Press.

Orbach, S. (1978): Antidiätbuch. München: Verlag Frauenoffensive.

Ott, E. S. (1977): Die Einrichtung psychotherapeutischer Selbsthilfegruppen im Saarland. *Saarländisches Ärzteblatt* 2, S. 118–124.

Pearlman, M. (1976): »If you need a shoulder, I have two.« Unveröffentlicht. National Commission on Resources for Youth, 36 West 44th Str., New York 10036.

Petersen, K. (Hrsg. 1977): Selbsthilfe und ihre Aktivierung durch die soziale Arbeit. Ffm: Eigenverlag des dt. Vereins für öffentliche und private Fürsorge.

Petrillo, R. (1976): The Rap Room. *Social Policy* 7, S. 54–58.

Pfaffenberger, H. (1978): Zur Situation von Sozialarbeit. Sozialpädagogik heute. *Neue Praxis* 2/78, S. 133.

Pollak, O. (1964): Issues in Family Diagnosis and Family Therapy. *J. of Marriage and the Family* XXVI, S. 270ff.

Pratt, J. H. (1908): Results obtained in the treatment of pneumony tuberculosis by the class method. *Brit. Medical Journal* 2, S. 1070ff.

Psydata (1978): Grundlagenstudie über psychische Gefährdungen und Verhaltensauffälligkeiten im Kindesalter. Frankfurt. Broschüre.

Rahe, R. H. (1972): Subjects' Recent Life Changes and their Near-Future Illness Susceptibility. *Adv. psychosom. Med.* Bd. 8, S. 2–19. Basel: Karger.

Randall, Th. (1960): Falle Alkohol. Wiesbaden: Limes.

Reichert, H. (1977): Erhalten der Eigenständigkeit alter Menschen außerhalb von Einrichtungen. In: Petersen (Hrsg., 1977): a.a.O., S. 363 ff.

Rensch, B. (1977): Das universale Weltbild. Frankfurt: Fischer.

Richter, H.-E. (1970): Patient Familie. Reinbek: Rowohlt.

– (1974): Lernziel Solidarität. Reinbek: Rowohlt.

– (1977): Randgruppenarbeit und »introspektives Konzept«. In: Barabas, F., M. Blanke, Ch. Sachße, U. Stascheit (Hrsg., 1977): Jahrbuch der Sozialarbeit 1978.

– (1978): Die Gruppe. Reinbek: Rowohlt.

– (1980a): Rivalität und Kooperation in der psychosozialen Therapie. Prax. Psychother. Psychosom. 25, 69.

– (1980b): Die Psychosoziale Arbeitsgemeinschaft. Vorgänge, Zeitschrift für Gesellschaftspolitik 19, 1, Nr. 43.

Riessman, F. (1965): The Helper Therapy Principle. Social work Bd. 10, 2, S. 27–32.

Robinson, D. u. S. Henry (1971): Mutual Aid for Modern Problems. Self-Help and Health. London: Martin Robertson.

Rosenman, R. H. u. M. Friedman (1975): Der A-Typ und der B-Typ. Reinbek: Rowohlt.

Satir, V. (1977): Selbstwert und Kommunikation. Familientherapie für Berater und zur Selbsthilfe. München: Pfeiffer.

Schaefer, H. (1980): Plädoyer für eine neue Medizin. München: Piper.

Schaefer, H. u. M. Blohmke (1977): Herzkrank durch psychosozialen Streß. Heidelberg: Hüthig.

Schafft, S. (1981): »Ich bin die Kontaktstelle, denn irgendwo müssen die Fäden zusammenlaufen . . .« Bericht über die »Frauenselbsthilfe nach Krebs«. In: Kickbusch und Trojan (Hrsg., 1981): a.a.O.

Scheer, J. W. u. M. L. Moeller (1976): Krankheitskonzepte psychotherapeutischer Patienten. Med. Psychologie 2, 1, S. 13–29 (a), S. 30–48 (b). (a) Vorstellungen zur Genese und Behandlung seelischer Störungen; (b) Ihr Zusammenhang mit Symptomen, Verhalten und Arzturteilen.

Scheff, T. J. (1977): Anleitung zur Selbsthilfe. Gruppendynamik 5, S. 323 ff.

Schipperges, H. (1980): Vortrag auf einer Tagung der katholischen Akademie in Bayern: »Der gesunde, kranke Mensch – Gesundheit ein Wert? – Krankheit ein Unwert?« 20. und 21. 10. 1979, München.

Schmidbauer, W. (1977): Die hilflosen Helfer. Reinbek: Rowohlt.

Schmidt-Wellenberg, A. (1974): Gymnasiasten im Konfliktfeld Schule. München:

Schott, U. u. U. Schott (1977): Zur psychosozialen Struktur von Studienanfängern der Medizin. Hochschuldidaktische Forschungsberichte, Bd. 2. Hamburg: AG für Hochschuldidaktik.

Schreiber, H. (1976): Mid-life crisis. Die Krise in der Mitte des Lebens. München: Bertelsmann.

Schülein, J. A. (1977): Selbstbetroffenheit. Ffm: Syndikat.

Scuola di Barbiana (1970): Die Schülerschule. Berlin: Wagenbach.

Selye, H. (1974): Stress without Distress. Philadelphia: Lippincott.

Shaffer, H. R. u. A. Galinsky (1977): Handbuch der Gruppenmodelle. Freiburg: Christophorus.

Sheehy, G. (1976): In der Mitte des Lebens. Die Bewältigung vorhersagbarer Krisen. München: Kindler.

Sievers, B. (Hrsg., 1977): Organisationsentwicklung als Problem. Stuttgart: Klett-Cotta.

SINUS – Sozialwissenschaftliches Institut Nowak und Sörgel (1979): Anzeigenaktion und Broschüre »Eltern helfen Eltern«. Ergebnisse einer begleitenden psychologischen Untersuchung. Köln: Bundeszentrale für gesundheitliche Aufklärung.

Skynner, A. C. R. (1976): Die Familie. Schicksal und Chance. Olten: Walter.

Strotzka, H. (1965): Einführung in die Sozialpsychiatrie. Reinbek: Rowohlt.

– (1969): Psychotherapie und soziale Sicherheit. Bern, Stuttgart, Wien: Huber.

Stübinger, D. K. (1977): Psychotherapeutische Selbsthilfe-Gruppen in der BRD. Eine Untersuchung über Sozialstruktur und therapeutische Prozesse in den Gruppen. Gießen, Med. Dissertation.

Stunkard, A. J. (1972): The Sucess of TOPS, a Self-Help-Group. *Post Graduate Medicine* 18, S. 143–47.

Szasz, Th. (1972): Geisteskrankheit, ein moderner Mythos. Olten u. Freiburg: Walter.

Thomas, C. (Hrsg., 1978): Die Hausfrauengruppe. Reinbek: Rowohlt.

Tracy, G. S. u. Z. Gussow (1976): Self-Help Health Groups: A Grass-Roots Response to a Need for Services. *Journal Appl. Behav. Sci* 12, 3, S. 381 ff.

Trebesch, K. (1980): Ursprung und Ansätze der Organisationsentwicklung (OE). *Management-Zeitschrift* 1049, 1, S. 9–2.

Troje, E. (1977): Porträt einer Gruppe. Aus der Praxis einer Selbsthilfegruppe von Studenten. München: Juventa.

Troschke, J. von (1976a): Gesundheitserziehung in der Schule. *Deutsches Ärzteblatt* 73, 14, S. 963–967.

– (1976): Über Aufwand und Effizienz der Gesundheitserziehung in der Bundesrepublik Deutschland. *Med. Klinik* 71, 1976, S. 2085–2089.

– (1976c): Gesundheitserziehung gegen Herz-Kreislauf-Krankheiten? *Medical Tribune* 9, 44 (29. 10. 1976), S. 16.

– (1978a): Gesundheitsberatung in der ärztlichen Praxis. *Sandorama* 2, S. 19–21.

– (1978b): Krankheitsverhalten und Selbstmedikation. *Öff. Gesundh.-Wesen* 40, S. 173–179.

Troschke, J. von u. E. Jünger (1978c): Patienten-Information durch gezielte Rundfunksendungen baut Unsicherheit ab. *Das Krankenhaus* 70, 12.

Truax, Ch. B. u. K. M. Mitchel (1971): Research in certain therapist interpersonal skills in relation to process and outcome. In: Bergin, A. E. u. Garfield, S. L. (Hrsg., 1971): a.a.O., S. 299–344.

Uchtenhagen, A. (1980): Vorwort zum Schwerpunktthema Entwicklungshilfe – was entwickelt sich? *psychosozial* 4/80, S. 5 f.

Vickery, D. M. u. J. F. Fries (1976): Take Care of Yourself. A Consumer's Guide of Medical Care. Reading, Mass.: Addison-Wesley Publishing Comp.

Wagner, W. (1977): Uni-Angst und Uni-Bluff. Berlin: Rotbuch.

Wechsler, H. (1960): The ex-patient organization. A survey. *Journ. of Social Issues* 16,2.

Weiss, G., G. Büchler, A. Gründler (1979): Der Medizin-Journalist und das Arzt-Patienten-Bündnis. *pharma forum* 7, 1979.

Weiss, G., H. Leuprecht, K. H. Graze (1979): Die Arzt-Patienten-Beziehung in der heutigen Zeit. *Der niedergelassene Arzt* 28, 25, S. 64.
Wheat, P. u. L. L. Lieber (1979): Hope for the Children. Minneapolis, Oak Grove: Winston Press.
Wickler, W. u. U. Seibt (1977): Das Prinzip Eigennutz. Ursachen und Konsequenzen sozialen Verhaltens. Hamburg: Hoffmann & Campe.
Wilder, J. R. (1963): Self-Help in Mental Illness. *The Medical Practioner* 11,2, S. 14–18.
Willi, J. (1975 a): Sind Psychotherapeuten Patienten mit kontraphobischer Abwehr? Vortrag im Rahmen des Sonderforschungsbereichs 32, Gießen, 5. 11. 1975 (wird publiziert).
– (1975): Die Zweierbeziehung. Reinbek: Rohwohlt.
– (1978): Therapie der Zweierbeziehung. Reinbek: Rowohlt.
Wolf, A. u. E. K. Schwartz (1972): Psychoanalysis in Groups. N. Y.: Grune & Stratton.
Ziehe, Th. (1978): Pubertät und Narzißmus. Köln: Europäische Verlagsanstalt.

Presse, Rundfunk, Fernsehen

ARD 31. 3. 78, Gottfried Gülicher/Dieter Menninger:»Abschied von der Angst«.
Ärztliche Praxis 11. 6. 77:»Note sechs für die Schule?«. Informationsdienst der Pressestelle der Heilberufe in Baden-Württemberg.
Ärztliche Praxis 24. 9. 77, Volker Adam/Klaus Klein:»Im Blickpunkt: Gesundheitserziehung«, S. 3149.
Badische Neueste Nachrichten 18. 1. 79:»Fünf Millionen Amerikaner in Selbsthilfegruppen«.
Bielefelder Tageblatt 13. 2. 79:»Selbsthilfegruppen bilden sich«.
Femina, Frauenzeitschrift, Zürich: Selbsthilfegruppen – Serie (seit 1979).
Frankfurter Rundschau 3. 2. 78, Richard Hofer:»Die Angstträume der Landshut-Geiseln«.
Frankfurter Rundschau 6. 2. 78, Anke Bauer:»Tarifverträge im Knast«.
Frankfurter Rundschau 6. 2. 78, Peter Crome:»Schulstreß und Selbstmord«.
Frankfurter Rundschau 6. 2. 78, Renate Färber:»Den Teufelskreis durchbrechen. Eine Bürgerinititative hilft Strafgefangenen bei einem neuen Start«.
Frankfurter Rundschau 18. 2. 78:»Das Dorf der Hilfe«.
Frankfurter Rundschau 4. 3. 78, Helmuth Dippner:»Endstation Mediziningenieur?«.
Frankfurter Rundschau 23. 3. 78, Christiane Schlötzer:»In der Gruppe Selbstwertgefühl retten«.
Frankfurter Rundschau 26. 3. 79:»Mehr Gewicht auf Gesundheitserziehung«.
Medical Self-care Magazine No. 1, Juni 1976, San Francisco. USA.
Münchener Merkur 1978, Nr. 280:»Experten warnen vor gefährlicher Inflation der Selbsthilfegruppen«.
Self-Help Reporter (seit 1977): Informationsblatt des National Self Help Clearinghouse, Graduate School and University Center/CUNY, 33 West 42nd Street, Room 1227, New York N.Y. 10036.
Sozialmagazin Febr. 1979, Mai 1979, Juni 1979. Rollenprobleme des Sozialarbeiters.

Spiegel 1976, Nr. 23:»In der Schule gibt es keine fröhliche Jugend mehr«.
Spiegel 1977, Nr. 29:»Sterben«.
Stern 18. 8. 77:»Karriere im Rollstuhl«.
Süddeutscher Rundfunk 30. 1. 79, Gerhard Rein:»Die Träume der Überlebenden«.
Südwestfunk, 2. Programm, 19. 12. 1979, H. Bussmann:»Einsamkeit ohne Freiheit«.
Süddeutsche Zeitung 27. 2. 78:»Mit der Pille zurück in die Eisenzeit«, und»Streiflicht«.
Süddeutsche Zeitung 27. 3. 79:»Partner verlassen Krebskranke«.
Time Magazin 4. 7. 1977:»The Young Werthers«.
Time Magazin 3. 4. 78, S. 28:»A Little Bit for Everybody«.
VAMV (1977): Verband alleinstehender Mütter und Väter:»So schaffe ich es allein«.
Kostenlose Broschüre.
WDR II 25. 1. 79:»Hallo Ü Wagen« – Selbsthilfegruppen.

Wichtige deutsche und ausländische Literatur

Badura, B. u. Chr. v. Ferber (Hrsg., 1981): Selbsthilfe und Selbstorganisation im Gesundheitswesen. München: Oldenbourg.

Bormann, L. D. u. M. A. Liebermann (Hrsg., 1976): Special issue: Self Help Groups. *J. Appl. Behav. Sci.* Bd. 12, 3, Juli, August, September 1976.

Caplan, G. u. M. Killilea (Hrsg., 1976): Support Systems and Mutual Help. Multidisciplinary Explorations. New York, San Francisco, London: Grune & Stratton.

Evans, G. (1979): The Family Circle – Guide to Self Help. New York: Ballantine Books.

Gartner, A. u. F. Riessmann (1976): Self help in the Human Services. San Francisco, Washington, London: Jossey-Bass.

Katz, A. H. u. E. J. Bender (1976): The Strength in us. Self-Help Groups in the Modern World. New York, London: New Viewpoints, Franklin Watts.

Kickbusch, I. u. A. Trojan (Hrsg., 1981): Gemeinsam sind wir stärker. Frankfurt: Fischer.

Liebermann, M. A., L. D. Borman u. a. (1979): Self-Help Groups for Coping with Crisis. San Francisco, Washington, London: Jossey-Bass Publishers.

Moeller, M. L. (1978): Selbsthilfegruppen. Reinbek: Rowohlt.

Robinson, D. u. St. Henry (1977): Mutual Aid for Modern Problems. Self Help and Health. London: Martin Robertson.

Thomas, C. (Hrsg., 1978): Die Hausfrauengruppe. rororo Frauen aktuell 4359. Reinbek: Rowohlt.

Selbsthilfegruppen und Selbsthilfeorganisationen in der Bundesrepublik Deutschland, zusammengestellt von Gunnar Hondrich.

Zentrale Kontaktstellen:

Deutsche Arbeitsgemeinschaft Selbsthilfegruppen,
Friedrichstraße 28, 6300 Gießen, Tel.: 0641/7022478

Anonyme Alkoholiker – AA Kontaktstelle Deutschland,
Postfach 422, 8000 München 1, Tel.: 089/366555
Anonyme Neurotiker – EA Kontaktstelle Deutschland,
Hohenheimer Str., 7000 Stuttgart 1
Bundesarbeitsgemeinschaft »Hilfe für Behinderte«,
Kirchfeldstr. 149, 4000 Düsseldorf, Tel.: 0211/340085/86

1. Regional-Gruppen

2000 Hamburger Arbeitsgemeinschaft Selbsthilfegruppen, Universitätskrankenhaus
Eppendorf, Medizinische Soziologie, Martinistr. 52, 2000 Hamburg 20, Tel.: 040/
4682878
3400 Göttingen, Karl-Ernst Brill, M.A., Lange Geismarer Str. 14
3550 Marburg, Bürgerinitiative Sozialpsychiatrie e.V., Renthof 20, Tel.: 06421/64556
4000 Düsseldorfer Arbeitsgemeinschaft Selbsthilfegruppen, Prof. Dr. Jürgen Gagel,
Fachhochschule Düsseldorf, Fachbereich Sozialarbeit, Universitätsstr. 2, 4000 Düsseldorf, Tel.: 0311/3114256
4300 Essener Arbeitsgemeinschaft Selbsthilfegruppen, Frau Margret Böttner, Gesamthochschule Essen, Fachbereich 1, Unionstr. 2, Gebäude R 12, 4300 Essen, Tel.: 0521/
1833563
4630 OASE-Bochum, Werner Schulte, Buschaystr. 138, 4630 Bochum, Tel.: 0234/5174
4800 Bielefelder Arbeitsgemeinschaft Selbsthilfegruppen, Frau Mechthild Schieren-
berg-Seeger, Am Nebelswall 11, 4800 Bielefeld, Tel.: 0521/1833563
5600 Wuppertaler Arbeitsgemeinschaft Selbsthilfegruppen, Prof. Dr. Hans Ruppelt,
Beratungsstelle, Friedrich-Ebert-Str. 88, 5600 Wuppertal, Tel.: 0202/313970
6300 Gießener Arbeitsgemeinschaft Selbsthilfegruppen, Friedrichstraße 28, 6300 Gießen, Tel.: 0641/7022478
6312 Laubach, Kontakt- und Beratungsstelle im Vogelsberggebiet, Marktplatz 3, 6312
Laubach, Tel.: 06405/7718
6400 Fulda, Prof. Dr. Gerd Gekeler, Fachhochschule für Sozialarbeit, Marquardstr.
35, 6400 Fulda, Tel.: 0661/77081
6650 Homburg/Saar, Dr. med. Roman Dries, Institut für Klinische Psychotherapie,
Universitätskliniken, Postfach, 6650 Homburg/Saar, Tel.: 06841/193166
6900 Heidelberg, Dr. Christian Schauwecker, Frau Brigitte Kripp, Psychosomatische
Universitätsklinik, Thibautstr. 2, Heidelberg 1, Tel.: 06221/532488
8000 Münchener Arbeitsgemeinschaft Selbsthilfegruppen, Gesundheitspark im Olym-
piastadion, Spiridon-Louis-Ring, 8000 München 40, Tel.: 089/302007
8970 Immenstadt/Allgäu, Gerhard Fries, Liebherrnstr. 9, 8970 Immenstadt

2. Selbsthilfegruppen: Einzelne Adressen in der Bundesrepublik Deutschland

1000 »Interessengruppe für Prostata-Operierte Berlin«
Kontaktadresse: Erich Dietrich, Reichssportfeldstr. 16/1024, 1000 Berlin 19, Tel.:
030/3044945

- »Selbsthilfegruppen von Anfallskranken e.V.«
  Kontaktadresse: Zillestr. 102, 1000 Berlin 10, Tel. 030/341 42 52
- »Interessengemeinschaft Brustamputierter Frauen, Berlin«
  Kontaktadresse: B. Burmeister, Kaiserdamm 88, 1000 Berlin 19, Tel.: 030/302 64 84, nach 16 Uhr
- »OA-Gruppe (Overeaters Anonymous), Berlin«
  Kontaktadresse: Gabie Gerbeth, Gitschiner Str. 17, 1000 Berlin 61, Treff: Gierkezeile 39, So. von 20–22 Uhr
- »Berliner Väterinitiative«
  Kontaktadresse: Klaus E. Anders, Postfach 280 107, 1000 Berlin 28
- »Selbsthilfe-Kontakt, Berlin«
  Kontaktadresse: Elis Huber, Gesundheitsladen Berlin, Gneisenaustr. 2, 1000 Berlin 61
- »Selbsthilfe-Kontakt für Studenten, Berlin«
  Kontaktadresse: Peter von Lieven, Studentenwerk Berlin, Bismarckstr. 98, 1000 Berlin 12, Tel.: 030/312 10 47
2000 Regionale Arbeitsgemeinschaft, siehe Seite 322
- »Aktionskreis 71 für Sozialpsychiatrie e.V., Hamburg«
  Patientenselbstorganisation
  Ziele des »AK 71« sind:
  - Verhinderung von Wiederaufnahme ehemaliger Patienten durch Gruppenhilfe (Krisenintervention)
  - Vorbeugen der Isolierung entlassener Patienten
  - Hilfe bei der Arbeitsbeschaffung und Wohnungssuche
  - Kritische, öffentliche Auseinandersetzung mit Behandlungsmethoden der Psychiatrie
  - Aktivitäten: Diskussionen, Gruppenarbeit, Selbsterfahrungsgruppen, Gruppenforum
  Kontaktadresse: Bundesstr. 22a, 2000 Hamburg 13, Tel.: 040/410 27 94
- »Selbsthilfegruppe für Leute mit Eßproblemen, Anorexia-nervosa-Gruppe, Hamburg«
  Kontaktadresse: Stefanie Klambt, Iserstr. 119, 2000 Hamburg 13, Tel.: 040/46 13 89, Treff: So., 17.00 Uhr
- »Selbsthilfegruppe alleinerziehender Eltern, Hamburg«
  Kontaktadresse: Uta Burdach-Wunderlich, Ottenser Hauptstr., 2000 Hamburg 50, Tel.: 040/39 42 97
- »Coronar-Gruppe, Hamburg«
  Kontaktperson: Ina Alewell, Wateweg 49a, 2000 Hamburg 56, Tel.: 040/81 37 35
- »Selbsthilfe- und Nachsorgegruppe Eltern krebskranker Kinder unter Mitwirkung des Aktionskomitees Kind im Krankenhaus, Hamburg«
  Kontaktadresse: Fritz Groß, Groten Hoff 13, 2000 Hamburg 67, Tel.: 040/603 84 87
- »Selbsthilfe-Kontakt für Studenten, Hamburg«
  Kontaktadressen: Inga Holzapfel-G., Universität Hamburg, Edmund-Siemers-Allee 1, 2000 Hamburg 13, Tel.: 040/412 53 67
  Dieter Lipinski, Fachhochschule Hamburg, Winterhuder Weg 29, 2000 Hamburg 76, Tel.: 040/2 91 88/36 49 51

- »Selbsthilfegruppe nach Krebs, Hamburg«
Kontaktadresse: Herta Wiehe, Koppel 48, 2000 Hamburg 1, Tel.: 040/280 24 59
2050 »Selbsthilfegruppe nach Krebs«, Bergedorf
Kontaktadresse: Marianne Wriedt, Goerdelerstr. 22, 2050 Hamburg 80
2100 »Selbsthilfegruppe nach Krebs, Harburg«
Kontaktadresse: Dina Scharstein, Eißendorfer Str. 49, 2100 Hamburg 90
2110 »Selbsthilfegruppe, Buchholz«
Kontaktadresse: Ingrid Schering, Imkerweg 26, 2110 Buchholz, Tel.: 04181/3 15 86
2120 »Selbsthilfe-Kontakt für Studenten, Lüneburg«
Kontaktadresse: Rosemarie Baumgardt, Hochschule Lüneburg, Wilschenbrucher-
weg 29, 2120 Lüneburg
2150 »EA-Gruppe (Emotions Anonymous), Buxtehude«
Kontaktadresse: Herbert E. Bohm, Sagekuhle 16, 2150 Buxtehude, Tel.: 04161/34 66
2300 »Kieler Verein für psychische und soziale Selbsthilfe e. V.«
Kontaktadresse: Knooper Weg 92, (Hinterhaus), 2300 Kiel
2800 »Selbsthilfegruppe, Bremen«
Kontakt über: Margitta Beims, Blumenstr. 3, 2800 Bremen, Tel.: 0421/70 08 15
(Kontaktadresse verschiedener Frauenselbsthilfegruppen, Kontaktschwierigkeiten,
Übergewicht, Prüfungsangst, Rauchen)
2800 »Interessengemeinschaft der Krebsnachsorge des Landes Bremen e. V.«
Kontakt: Landwehrstr. 60, Tel.: 0421/39 00 66
Der Verein besteht seit 1968, trägt sich selbst und bietet eine Vielzahl Aktivitäten an
(Bastelgruppe, Musik, Malen, Yoga, Selbsterfahrungstraining, freie Gesprächsgrup-
pen etc.)
- »Selbsthilfe-Kontakt für Studenten, Bremen«
Christiane Palm, Sozialwerk, Bibliothekstr., 2800 Bremen
und
Gerhard Zacharias, Postfach 330 440, 2800 Bremen, Tel.: 0421/218 32 11
2900 »Selbsthilfeverein für Sprech- und Sprachbehinderte e.V., Oldenburg«
Kontaktadresse: Hildegard Michler, August-Schoettemannstr. 6, 2900 Oldenburg,
Tel.: 0441/60 12 44
- »Selbsthilfegruppe, Oldenburg«
Kontaktadresse: Eva Hittmeyer, Ammerländer Heerstr. 49, 2900 Oldenburg, Tel.:
0441/7 78 47
- »Selbsthilfe-Kontakt für Studenten, Oldenburg«
Christian Leszczynski, Psychosoziale Beratungsstelle der Universität, Ammerländer
Heerstr., 2900 Oldenburg, Tel.: 0441/78 21
3000 »Selbsthilfe-Kontakt für Studenten, Hannover«
Jutta Johlmann, Wilhelm-Busch-Str. 12, 3000 Hannover, Tel.: 0511/762 55 84
- »Selbsthilfegruppe, Hannover«
Kontaktadresse: Eberhard Dietz, Dieterichstr. 6, 3000 Hannover, Tel.: 0511/32 82 98
- »Frauen-Selbsthilfegruppen, Hannover«
Frauenzentrum, Nieschlagstr., 3000 Hannover, (Termine dort zu erfragen)
- »EA-Gruppen (Emotions Anonymous), Hannover«
Kontaktadresse: Hornemannweg 5, 3000 Hannover, Treff: Mi., 19.30 Uhr

- »Rosa Hilfe, Hannover«
  Kontakt über: Psychologisches Team, Hannover, von Alten Allee 3, 3000 Hannover, Tel.: 0511/44 31 52
- »ILCO-Selbsthilfegruppen, Hannover«
  Kontakt über: Prof. Dr. med. Hellmuth Freyberger, Medizinische Hochschule, Karl-Wiechert-Allee 9, 3000 Hannover-Kleefeld, Tel.: 0511/5321
3013 »Selbsthilfegruppe für Alkoholabhängige, Barsinghausen«
  Kontaktadresse: Langenacker 38, 3013 Barsinghausen 1, Tel.: 05105/6 20 10
3152 »Selbsthilfegruppe, Ilsede«
  Kontaktadresse: Klaus-Peter Hildebrandt, Am Fischteich 19, 3152 Ilsede
3209 »Selbsthilfegruppe für Übergewichtige, Garmissen«
  Kontakt über: Herrn Dr. med. Warnebold, Kastanienstr. 7, 3209 Schellerten-Garmissen
3216 »Selbsthilfegruppe, Ockensen«
  Kontakt über: Manfred Oeltjen, Zum Wasserbaum 17, 3216 Salzhemmendorf 9 (Ockensen)
  (Ambulante Therapiegruppe psychosomatischer Patienten)
3340 »Selbsthilfegruppe für Übergewichtige, Wolfenbüttel«
  Kontaktadresse: Sonja Kauczor, Driftweg 6, 3340 Wolfenbüttel
3400 »Selbsthilfegruppe eßsüchtiger Frauen, Göttingen«
  Kontaktadresse: Ute Schmitt, Jüdenstr. 15, 3400 Göttingen
- »Selbsthilfegruppen von Frauen nach Krebs, Göttingen«
  »Deutsche ILCO-Gruppe, Göttingen«
  Kontakt über: Pastor Schlaudraff, Robert-Koch-Str. 40, 3400 Göttingen, Tel.: 0551/ 3 62 63
- »Kontakt in Krisen – KIK«
  Kontaktadresse: Herzberger Landstr. 3., 3400 Göttingen
- »Frauen-Selbsthilfegruppe, Göttingen«
  Kontaktadresse: Ina Siegel, Elbinger Str. 20, 3400 Göttingen
- Weitere Kontaktadressen in Göttingen, siehe Seite 322
3500 »Frauen-Selbsthilfegruppe, Kassel«
  Kontaktadresse: Barbara von Knobloch, Emilienstr. 6, 3500 Kassel, Tel.: 0561/ 7 63 39
4000 »OA-Gruppe (Overeaters-Anonymous), Düsseldorf«
  Kontaktadresse: Karin Oberstein, Schirmerstr. 12, 4000 Düsseldorf, Tel.: 36 01 18
- »Selbsthilfegruppe für Übergewichtige, Düsseldorf«
  Kontaktadresse: Ute Thelen, Am Südfriedhof 14, 4000 Düsseldorf, Tel.: 0211/ 30 61 20
  und
- »Selbsthilfegruppe für Übergewichtige, Düsseldorf«
  Kontakt durch: Gabriele Höhne, Verbraucherberatungsstelle Nordrhein-Westfalen e. V., Mintropstr. 27, 4000 Düsseldorf 1
- »Selbsthilfegruppe für Übergewichtige, Düsseldorf«
  Kontaktadresse: Frau B. Simon, Am Steinberg 40, 4000 Düsseldorf, Tel.: 0211/ 33 03 15

325

– Regionale Arbeitsgemeinschaft Selbsthilfegruppen, Düsseldorf, siehe Seite 322
4100 »Selbsthilfegruppe, Duisburg«
  Kontaktadresse: Helmut Luczak, Hinter der Kirche 33, 4100 Duisburg 1
– »Selbsthilfe-Kontakt für Studenten, Duisburg«
  R. Stadler, Lotharstr. 65, 4100 Duisburg 1
4150 »Selbsthilfegruppen, Krefeld«
  Kontakt über: Heinz-Georg Rupp, Liebfrauenstr. 12, 415 Krefeld, Tel.: 02151/
  2 82 41
4200 »Übergewichts-Selbsthilfegruppen im Raum Düsseldorf-Bochum«
  Kontakt über: Christiane Klein, Neumühler Str. 29, 4200 Oberhausen-Sterkrade,
  Tel.: 0208/66 46 65
4300 Regionale Arbeitsgemeinschaft Selbsthilfegruppen Essen, siehe Seite 322
4400 »Selbsthilfe-Kontakt für Studenten, Münster«
  Jan Bock, Bogenstr. 15/16, 4400 Münster, Tel.: 0251/83 23 58
4407 »Frauenselbsthilfe nach Krebs e. V., Gruppe Emsdetten«
  Kontaktadresse: Wilhelmine Hüser, St. Arnoldsweg 31, 4407 Emsdetten, Tel.: 02572/
  33 05
4600 »Selbsthilfegruppe nach Krebs, Dortmund«
  Kontaktadresse: Lieselotte Konzer, Sprengelweg 39, 4600 Dortmund
– »Anti-Diät-Club, Dortmund«
  Eine offene Gruppe, an der durchschnittlich 5–8 Frauen teilnehmen. Die Gruppe
  unternimmt sportliche Aktivitäten sowie Gruppensitzungen, für die verbindliche
  Themen festgelegt werden.
  Kontaktadresse: Christel Töpfer, Menglinghauser Str. 369, 4600 Dortmund 50
– »Stotterer-Selbsthilfe, Gruppe Dortmund«
  Kontaktadresse: Rolf Junker, Lütgenholthauser Str. 135, 4600 Dortmund 50, Tel.:
  0231/73 57 01
– »Selbsthilfe-Kontakt für Studenten, Dortmund«
  Waldemar Schuch, Postfach 500 500, 4600 Dortmund, Tel.: 0231/755 23 45
4630 »Selbsthilfegruppe für Krebsbetroffene e. V.«
  Kontaktadresse: Annastr. 27, 4630 Bochum, Tel.: 0234/68 10 20
– »Selbsthilfegruppe für Leute mit Eßproblemen, Bochum«
  Kontaktadresse: Edith Ohlendorf, Bömmerstr. 64, 4630 Bochum 7, Tel.: 0234/
  28 97 50
– »Paar-Selbsthilfegruppe, Bochum«
  Kontaktadresse: Marianne Wintermann, Girondelle 76b, 4630 Bochum
– »OASE-Bochum«, siehe Seite 322
4750 »Selbsthilfe-Kontakt für Studenten, Paderborn«
  Juliane Ruschenportler, Gesamthochschule, Wartburger Str. 100, 4750 Paderborn,
  Tel.: 0521/60 29 12
4800 Regionale Arbeitsgemeinschaft Selbsthilfegruppen Bielefeld, siehe Seite 322
5000 »Stotterer Selbsthilfe, Gruppe Köln«
  Kontaktadresse: Susanne Oehler, Trimbornstr. 18, 5000 Köln 91
– »Selbsthilfe-Kontakt, Köln«
  Ludger Büter, Universitätsstr. 21, 5000 Köln 41

- »Aktion Selbsthilfe, Teestube, Köln«
  Tiefentalstr. 14, 5000 Köln 80
5100 »Mucoviscidose Elternkreis, Aachen«
  Kontaktadresse: Helga Schlusche, Schurzelter Str. 520, 5100 Aachen, Tel.: 0241/
  8 25 90
- »Selbsthilfe-Kontakt für Übergewichtige, Aachen«
  Margret König, Verbraucherberatungsstelle, Wilhelmstr. 26, 5100 Aachen, Tel.:
  0241/4 47 60
- »Selbsthilfegruppe, Aachen«
  Kontaktadresse: Hans Werner Grabund, Schwalbenweg 1, 5100 Aachen, Tel.: 0242/
  57 24 60
5160 »Selbsthilfegruppen, Düren«
  Kontakt über: Peter Heinzke, Schenkelstr. 14, 5160 Düren, Tel.: 02421/1 50 35
  (Im Sommer '80 existierten eine Krebs- und eine EA-Gruppe)
5300 »Selbsthilfegruppen, Bonn«
  Kontakt über: Psychotherapeutische Beratungsstelle, Studentenwerk Bonn, Nas-
  sestr. 11, 5300 Bonn, Tel.: 0228/63 13 46
- »Multiple-Sklerose-Kontaktkreis, Bonn«
  Kontaktadresse: Norbert Pies, Grüner Weg 7, 5300 Bonn 2
5413 »Selbsthilfegruppe, Bendorf«
  Kontaktadresse: Christine Mohrmann, Mühlenstr. 11, 5413 Bendorf/Rhein, Tel.:
  02622/62 19
5600 Regionale Arbeitsgemeinschaften Selbsthilfegruppe Wuppertal, siehe Seite 322
- »Selbsthilfegruppe, Wuppertal«
  Kontaktadresse: Brigitte Knoll, Unterstr. 15, 5600 Wuppertal 1, Tel.: 0202/45 00 91
5608 »Selbsterfahrungsgruppe, Radevormwald«
  Kontaktadresse: Sigrid Ludner, Ritter-von-Holt-Str. 42, 5608 Radevormwald 1,
  Tel.: 02195/81 87
  (Die Gruppe gibt es seit August 1979 und besteht aus Männern und Frauen, die sich
  aus ganz unterschiedlichen Konflikten und Problemen heraus treffen (Scheidung,
  Tod eines geliebten Menschen, Drogenabhängigkeit. An den Gruppensitzungen
  nimmt regelmäßig einmal im Monat ein Experte teil.)
5882 »Selbsthilfegruppe im Verband alleinstehender Mütter und Väter, Gruppe Mei-
  nerzhagen«
  Kontaktadresse: Renate Gorgens, Haunerbuschstr. 45, 5883 Kierspe 1, Tel.: 02359/
  43 51
5900 »Selbsthilfegruppe, Siegen«
  Kontaktadresse: Karl-Martin Flender, Graf-Luckner-Str. 8, 5900 Siegen 2
- »Selbsthilfe-Kontakt, Siegen«
  B. Möller, Katholische Hochschulgemeinde, Siegstr. 24, 5900 Siegen 1
- »Selbsthilfe-Kontakt für Übergewichtige, Siegen«
  Kontakt über: Regina Bongers, Verbraucherberatungsstelle, Morleystr. 29, 5900
  Siegen, Tel.: 0271/33 10 81
- »Selbsthilfe-Kontakt für Studenten, Siegen«
  Ingrid Heimbach, Hölderlinstr. 3, 5900 Siegen, Tel.: 0271/740 43 00

- »Interessenvereinigung für Anfallskranke e. V.«
  Kontaktadresse: Monika Lauks, Schlehdornweg 53, 5900 Siegen 21, Tel.: 0271/
  7 54 65
- »Selbsthilfegruppe für Übergewichtige, Siegen«
  Kontaktadresse: Sabine Dittmann, Feldstr. 9, 5909 Burbach
6000 »Selbsthilfe-Kontakt für Studenten, Frankfurt«
  Elisabeth Troje, Bockenheimer Landstr. 142/I, 6000 Frankfurt, Tel.: 0611/798-29 64
  und
  Maria Marchel, Bockenheimer Landstr. 133, 6000 Frankfurt, Tel.: 0611/798-39 26
6100 »Selbsthilfegruppe, Darmstadt«
  Kontaktadresse: Kurt Eckert-Geisen, Rüdesheimer Str. 81, 6100 Darmstadt, Tel.:
  06151/45 86 83
6200 »Interessengemeinschaft Selbsterfahrung und Gruppendynamik (ISG), Wies-
  baden«
  Kontakt über: Postfach 3452, 6200 Wiesbaden
  Die ISG finanziert sich aus Beiträgen ihrer Mitglieder, bietet im Rahmen der
  Humanistischen Psychologie Kurse an und initiiert Selbsthilfegruppen.
  Wöchentlicher Treff: jeden 1. und 3. Donnerstag im Monat, Drudenstr. 8
- »Club 75, Wiesbaden«
  Kontaktadressen: Marianne Wolpers, Klagenfurter Ring 50, 6200 Wiesbaden
  Club 75, Blücherstr. 12, 6200 Wiesbaden 1
  Der Club will durch seine Aktivitäten (Selbsterfahrungsgruppe, Bastelkreis, Litera-
  turkreis, Freizeitgestaltung) der Isolation des Einzelnen entgegenwirken (besonders
  Betreuung von psychisch Kranken).
6251 »Selbsthilfegruppen, Beselich«
  Kontaktadresse: Barbara Minkler, Neuer Weg 19, 6251 Beselich 2
  Selbsthilfegruppen für selbstmordgefährdete Jugendliche sind vorerst (Stand Nov.
  ’80) gescheitert, in Anleitung an ›Al Anon‹ sind Angehörigengruppen von Rausch-
  giftabhängigen geplant.
6300 »Gießener Arbeitsgemeinschaft Selbsthilfegruppen«, siehe Seite 322
- »Frauenselbsthilfe nach Krebs, Gießen«
  (offene Selbsthilfegruppe)
  Treff: Mi. 14-tägig, 15 Uhr, Petrusgemeinde, Clubraum rechts, Kontaktadresse:
  Frau Merkel, Bahnhofstr. 81, 6308 Butzbach-Kirchgöns, Tel.: 06033/6 52 11
6301 »Selbsthilfegruppe, Leihgestern«
  Hausfrauengruppe, Treff: Ev. Gemeindehaus, Mi. 20–22 Uhr, Kirchstr., 6301
  Linden-Leihgestern, Kontaktadresse: Jutta Kohten-Mellmann, Tel.: 06403/81 80
6315 »Selbsthilfegruppe, Mücke«
  Kontaktadresse: Wolfgang Becker, Rathausgasse 16, 6315 Mücke-Nieder Ohmen
6330 »Selbsthilfegruppe, Friedberg«
  Kontaktadresse: Ellen Mathiensen, Gebrüder-Lang-Str. 2, 6360 Friedberg, Tel.:
  06103/3681
6382 »Selbsthilfegruppe, Bad Homburg«
  Kontaktadresse: Irmela Ehrhardt, Ostpreußenstr. 39, 6382 Friedrichsdorf 4, Tel.:
  06172/72 69

6400 »Selbsthilfe-Kontakt, Fulda«, siehe Seite 322
– »Jugendhilfe Fulda e. V.«
Heinrichstr. 67, 6400 Fulda, Tel.: 0661/7 15 05
– »Sozialtherapie Fulda e. V.«
Verein zur Förderung gemeindenaher Beratung und Hilfe
Institut für Selbsthilfe und Kommunikationstraining
Kontakt über: Wolfgang Lasch, Petersberger Str. 84, 6400 Fulda
6500 »Selbsthilfegruppe, Mainz«
Kontaktadresse: Barbara Gene, Gaustr. 63, 6500 Mainz, Tel.: 06131/2 84 66
6600 »Selbsthilfegruppen, Saarbrücken«
Kontakt über: Wilhelm Appel, Saargemünder Str. 157, 6600 Saarbrücken, Tel.: 0681/85 20 33
– »Freundeskreis Ludweiler e. V.«
Selbsthilfe bei Alkohol- und Tablettenproblemen
Kontaktadresse: Postfach 995, 6600 Saarbrücken, Tel.: 0681/39 93 45
6650 »Selbsthilfe-Kontakt, Homburg/Saar«, siehe Seite 322
6751 »Selbsthilfegruppen, Kaiserslautern«
Kontakt über: Sybille Jatzko, Götzbornstr. 3, 6751 Krickenbach, Tel.: 06307/15 85
6800 »Selbsthilfegruppe, Mannheim«
Eine gemischte Experten-Betroffenen-Gruppe
Kontaktadresse: Volker Groß, E 7, 6800 Mannheim
6900 »Selbsthilfe-Kontakt, Heidelberg«, siehe Seite 322
– »Krebs-Selbsthilfegruppen, Heidelberg«
Kontakt über: Frau Dr. med. A. Sellschopp, Chirurgische Universitätsklinik, Im Neuenheimer Feld 110, 6900 Heidelberg 1, Tel.: 06221/53 30 88
7000 »Selbsthilfegruppe entlassener Psychiatrie-Patienten, Stuttgart«
Kontakt über: Margot Janz, Rosenbergstr. 86, 7000 Stuttgart
– »Freundeskreis Stuttgart e. V.«
Vereinigung Suchtkranker zur Selbsthilfe
Kontakt über: Beratungsstelle, Ostendstr. 77 A, 7000 Stuttgart, Tel.: 0711/735 22 11
– »Selbsthilfe-Kontakt für Studenten, Stuttgart«
Rainer Schaffert, Postfach 106, 7000 Stuttgart 70, Tel.: 0711/45 01 20 64
7100 »Freundeskreise, Heilbronn«
Selbsthilfegruppen für Alkohol- und Drogenabhängige
Kontaktadressen: 1. Moltkestr. 80, 7100 Heilbronn, Treff: Mi. 20 Uhr, 2. Wilhelm-Busch-Str. 6, 7100 Heilbronn, Treff: Di. 19.30 Uhr
7302 »Club 80, Ostfildern«
Psychisch Kranke mit Angehörigen, Kontakt über: Fritz Blessing, Schurwaldstr. 8, 7302 Ostfildern, Tel.: 0711/4 18 74
– »Freundeskreis für Suchtkrankenhilfe, Ostfildern«
unter anderem auch Organisation von Selbsthilfegruppen, Kontakt über: Manfred Günther, Kirchheimer Str. 58, 7302 Ostfildern, Tel.: 0711/41 51 08
7400 »Arbeitskreis Leben e.V., Tübingen«
Laienhilfe und Kontakt in Lebenskrisen, Kontaktadresse: Fransbergstr. 17, 7400 Tübingen, Tel.: 07071/2 21 40 (Mo. Di. Do. Fr. 10–13 Uhr)

7440 »Problemwerkstatt, Nürtingen«
Kontaktadresse: G. Röse, Rubensweg 8, 7440 Nürtingen
7500 »Selbsthilfe-Kontakt für Studenten, Karlsruhe«
Cornelia Rupp, Karlsstr. 40, 7500 Karlsruhe
7750 »Selbsthilfe-Kontakt für Studenten, Konstanz«
Stefan Brandt, Postfach 5560, 7750 Konstanz, Tel.: 07531/88 25 48
7800 »Übergewichts-Selbsthilfegruppen, Freiburg«
Kontaktadresse: Charlotte Müller, Sachsenstr. 4, 7800 Freiburg
– »Freiburger Hilfsgemeinschaft e.V.«
Postfach 470, Zasiusstr. 55, 7800 Freiburg
7818 »Crohn-Selbsthilfegruppe, Vogtsburg«
Kontaktadresse: Johannes Schaeuble, Niederrottweil Nr. 34, 7818 Vogtsburg, Tel.: 07662/378
7830 »Frauen-Selbsthilfegruppe nach Krebs, Emmendingen«
Kontaktadresse: Herta Wellach, Mundinger Str. 48 a, 7830 Emmendingen, Tel.: 07641/23 29
7900 »Selbsthilfegruppe brustoperierter Frauen, Ulm«
Maria Huß, Postweg 5, 7907 Langman-Göttingen, Tel.: 07345/73 82
– »ILCO-Gruppen, Ulm«
Kontaktadresse: Georg Gröner, Eibenweg 2, 7900 Ulm, Tel.: 0731/6 57 70
8000 »Regionale Arbeitsgemeinschaften Selbsthilfegruppen, München«,
siehe Seite 322
– »Interessengemeinschaft Angstbewältigung e.V.«
Selbsthilfeorganisationen, die mehrere Selbsthilfegruppen zusammenfaßt. Kontakt
über: Angelika Krützmann-Dumat, Ludwig-Richter-Str. 30, 8000 München 21
– »Selbsthilfegruppen, München«
Kontakte über: Pfarrer Hans Georg Lubkoll, Herzog-Wilhelm-Str. 24, 8000 München, Tel.: 089/59 10 29
– »Selbsthilfe-Kontakt für Studenten, München«
Kurt Lehnstaedt, Geschwister-Scholl-Platz 1, 8000 München 22, Tel.: 089/29 80 oder 29 63
8500 »Selbsthilfegruppe ‚Gib acht‘, Nürnberg«
Für Alkohol- und Medikamentenabhängige, Kontaktadresse: Werner Dobler, Coburger Str. 41, 8500 Nürnberg, Tel.: 0911/36 12 97
8672 »Selbsthilfegruppe von Alkoholabhängigen, Selb«
Kontaktadresse: Willy Weiß, Rudolf Harbig Str. 32, 8672 Selb
8700 »Würzburger Verein zur Förderung der Rehabilitation psychisch Kranker e.V.«
Der Verein will Selbsthilfegruppen von Angehörigen psychisch Kranker initiieren, aber auch bei der Bildung und Organisation anderer Selbsthilfegruppen mit Rat und Tat zur Seite stehen. Kontaktadresse: Verein zur Förderung der Rehabilitation psychisch Kranker e. V.
– Sozialpsychiatrischer Dienst – Frau Dr. Eva Kuczewski, Theaterstr. 6, Tel. 0931/5 54 45
8900 »Arbeitsgemeinschaft für psychische Gesundheit, Augsburg«
Überwindung psychischer Probleme durch Beratung, Nachbarschaftshilfe, Thera-

pie, Kontakt- und Selbsthilfegruppen, Kontaktadresse: Inneres Pfaffengäßchen 12, 8900 Augsburg

8970 »Selbsthilfe-Kontakt, Immenstadt«, siehe Seite 322

3. Regionale und überregionale Selbsthilfeorganisationen

1000 »Synanon Deutschland« – Für ein Leben ohne Drogen
Berneburger Str. 24/25, 1000 Berlin 65
2000 Verein von 1974 e.V. (Vv. '74), Club Albatros
Postfach 70 17 66, 2000 Hamburg 70
Ein Selbsthilfeverein, der sich um Integration sexueller Minderheiten bemüht (in erster Linie: Homosexuelle). Korrespondenz im 'Club Albatros', einzelne, regionale Gruppen im Aufbau.
3400 »Agrarsoziale Gesellschaft e.V. (ASG)«
Eine Gruppe, die versucht, Selbsthilfegruppen im ländlichen Raum Niedersachsen zu initiieren (besonders: Behinderten- und Übergewichtigen-Gruppen).
Kontaktadresse: Kurze Geismarer Straße 23/25, Postfach 667, 3400 Göttingen, Tel.: 0551/5 97 97 und 5 97 78
4700 »Deutsche Hauptstelle gegen die Suchtgefahren (DHS)«
Bahnhofstr. 2, 4700 Hamm, Tel.: 02381/2 58 55
5000 »Bundesvereinigung Stotterer-Selbsthilfe e.V.«
Rainer Nonnenberg, Immermannstr. 52, 5000 Köln 41
– »Arbeitsgemeinschaft Deutscher Rentner- und Seniorenverbände«
Geschäftsstelle: Limburger Str. 8, 5000 Köln 1
5307 »Arbeitsgemeinschaft freier Stillgruppen«
Kontakt über: Silvia Brunn, Auf dem Köllenhof 105, 5307 Wachtberg/Liessem, Tel.: 0222/34 22 48
5600 »Senioren-Schutz-Bund e.V. 'Die grauen Panther'«
Kontaktadresse: Trude Unruh, Bremer Str. 20, 5600 Wuppertal 1
6000 »Verband alleinstehender Väter und Mütter (VAMV)«
Martin-Luther-Str. 20, 6000 Frankfurt 1, Tel.: 0611/43 77 77
6348 »Arbeitsgemeinschaft Allergiekrankes Kind e.V.«
Hilfen für Kinder mit Asthma, Ekzem und Heuschnupfen, Kontaktadresse: Hoffmannstr. 21, 6348 Herborn
6367 »Deutsche Retinitis-Pigmentosa Vereinigung e.V.«
Werner von Braun Str. 39, 6367 Karben, Tel.: 06039/34 75
6900 »La Leche League, Deutschland«
Kontaktadresse: Elise Hellwig, Kastellweg 21, 6900 Heidelberg, Tel.: 06221/47 21 94
7000 »Anonyme Neurotiker – EA Kontaktstelle, Deutschland«
Hohenheimer Str. 70, 7000 Stuttgart 1
7500 »Krebshilfegemeinschaft Karlsruhe e.V.«
Festplatz 1, 7500 Karlsruhe, Tel.: 0721/2 43 02
8000 »Anonyme Alkoholiker – AA – Kontaktstelle Deutschland«. Postfach 422, 8000 München 1, Tel.: 089/366555

8300 »Interessengemeinschaft Patient e.V.«

Postfach 2645, 8300 Landshut, Tel.: 0871/6 64 12 oder 7 19 51

8702 »Deutsche Vereinigung Morbus Bechterew e.V.«

Marktplatz 3, 8702 Bergtheim

4. Gruppen in der Bundesarbeitsgemeinschaft »Hilfe für Behinderte« Kirchfeldstr. 149, 4000 Düsseldorf, Tel.: 0211/34 00 85/86

2000 Deutscher Psoriasis Bund e.V.

Fischertwiete 2 (Chilehaus A), 2000 Hamburg 1, Tel.: 040/33 08 85

2000 Freundeskreis Camphill e.V.

Geschäftsstelle: Wisplerstr. 28, 2000 Hamburg 52, Tel.: 040/82 73 22

2000 Bundesverband für das autistische Kind e.V.

Bebelallee 141, 2000 Hamburg 60, Tel.: 040/5 11 56 04

3000 Bundesverband Legasthenie e.V.

Lutherstr. 14, 3000 Hannover, Tel.: 0511/88 22 99

3550 Bundesvereinigung Lebenshilfe für geistig Behinderte e.V.

Raiffeisenstr. 18, 3550 Marburg, Tel.: 06421/4 30 07/08/09

4000 Bundesverband der Herz- und Kreislaufbehinderten anti infarkt club e.V.

Postfach 44 26, 4000 Düsseldorf 1, Tel.: 0211/70 81 07 (v. 9.00 – 15.00 Uhr)

4000 Bund zur Förderung »Sehbehinderter« e.V. (BFS)

Kirchfeldstr. 149, 4000 Düsseldorf

4000 Bundesverband für spastisch Gelähmte u.a. Körperbehinderte e.V.

Kölner Landstr. 375, 4000 Düsseldorf, Tel.: 0211/79 30 68/69

4050 Allergiker- und Asthmatikerbund e.V.

Steinmetzstr. 54, 4050 Mönchengladbach 1, Tel.: 02161/2 32 32

5000 Bundesverband der Eltern körpergeschädigter Kinder e.V.

Contergankinder-Hilfswerk, Bergisch-Gladbacher Str. 981, 5000 Köln 1, Tel.: 0221/ 68 10 68

5190 Bundesverband für die Kehlkopflosen der Bundesrepublik Deutschland e.V., Sitz Aachen

Josefstr. 51, 5190 Stolberg, Tel.: 02402/2 01 35

5300 Dachverband psychosozialer Hilfsvereinigungen e.V.

Graurheindorfer Str. 15, 5300 Bonn 1, Tel.: 0228/63 15 48

5303 Bundesverband für die Rehabilitation der Aphasiker e.V.

Sitz Bonn, Beethovenstr. 35, 5303 Bornheim 3 (Merten)

5300 Deutscher Blindeverband e.V.

Bismarckallee 30, 5300 Bonn, Tel.: 0228/35 30 19

5600 Bundesvereinigung für anthroposophische Heilpädagogik und Sozialtherapie

Obersondern 1, 5600 Wuppertal 23

5750 Arbeitsgemeinschaft Spina bifida und Hydrocephalus (ASbH) e.V.

Kaiserstr. 6, 5750 Menden 1, Tel.: 02373/1 01 83

5912 Schutzverband für Impfgeschädigte e.V.

Postfach 1330, 5912 Hilchenbach (Siegerland), Tel. 02733/48 60

6000 Deutsche Multiple Sklerose Gesellschaft e.V.

Auf der Körnerwiese 5, 6000 Frankfurt, Tel.: 0611/55 54 59

6000 Deutsche Gesellschaft zur Förderung der Hör-Sprach-Geschädigten e.V.

Rothschildallee 16a, 6000 Frankfurt 60, Tel.: 0611/45 40 36

6348 Allergiegemeinschaft »Allergiekrankes Kind« e.V.

Hoffmannstr. 21, 6348 Herborn, Tel.: 02772/4 12 37

6750 Deutscher Diabetiker-Bund e.V. und Bund diabetischer Kinder e.V.

Hahnbrunner Str. 46, 6750 Kaiserslautern/Erzhütten, Tel. 0631/7 64 88

6800 Frauenselbsthilfe nach Krebs, Abendakademie

L 4/9, 6800 Mannheim 1, Tel.: 0621/2 44 34

6900 Interessengemeinschaft Phenylketonurie (PKU) und verwandter angeborener Stoffwechselstörungen e.V.

Bergstr. 139, 6900 Heidelberg, Tel.: 06221/47 31 91 (18–20 Uhr)

7000 Deutsche Zöliakie-Gesellschaft e.V.

Ganzenstr. 13, 7000 Stuttgart 80, Tel.: 0711/71 39 69

7035 Interessenverband der Dialysepatienten Deutschlands (Künstliche Niere) e.V.

Stettiner Weg 1, 7035 Waldenbuch, Tel.: 07157/37 24

7109 Bundesverband Selbsthilfe Körperbehinderter e.V.

7109 Krautheim/Jagst, Tel.: 06294/56 15 65

7642 Deutsche Sektion der Internationalen Liga gegen Epilepsie e.V.

Landstr. 1, 7642 Kork bei Kehl, Tel.: 07851/31 44

7800 Deutsche Gesellschaft »Bekämpfung der Muskelkrankheiten« e.V.

Hohenzollernstr. 11, 7800 Freiburg, Tel.: 0761/27 79 32

8000 Deutsche Hämophiliegesellschaft zur Bekämpfung von Blutungskrankheiten e.V.

Rathausgasse 7, 8000 München 60, Tel.: 089/83 30 39

8031 Deutsche Rheuma-Liga e.V., Bundesverband

Postfach, 8031 Seefeld bei München, Tel.: 08152/7 86 06

8050 Geschäftsstelle der Deutschen ILCO e.V.

Kammergasse 9, 8050 Freising, Tel.: 08161/33 44, 38 00

8501 Deutsche Gesellschaft zur Bekämpfung der Mucoviscidose e.V.

Sitz Erlangen, Geschäftsstelle: Dr. Wacker-Str. 31, 8501 Schwanstetten, Tel.: 09170/84 62

8832 Bundesverband zur Förderung Lernbehinderter e.V.

Eggerlandstr. 43, 8832 Weißenburg, Tel.: 09141/21 20

Selbsthilfegruppen und Selbsthilfeorganisationen in Luxemburg

Zentrale Kontaktstelle:

Kollektiv Spackelter 21, Aldringer Straße, L-Luxemburg, Tel.: 4 23 40

Selbsthilfegruppen und Selbsthilfeorganisationen in Österreich

Zentrale Kontaktstelle:

Wiener Urania, Uraniastraße 1, 1010 Wien, Tel.: 0222/72 61 91

Selbsthilfegruppen Region Wien:

Arbeitsgemeinschaft »Psychiatriereform«, Dr. M. Leodolter, Psychiatrische Universitätsklinik, Lazarettgasse 14, 1090 Wien, Tel.: 4289/44 95

Bund diabetischer Kinder – Landessektion Wien, Frau Waltraud Hüpfel, Auhofstr. 77/7/5, 1130 Wien, Tel.: 82 09 753

Elternverein im Psychiatrischen Krankenhaus für schwerstbehinderte Kinder und Jugendliche, Familie Lischtansky, Hirschstettner Str. 12–20, 1222 Wien, Tel.: 23 17 343

Frauenselbsthilfe nach Krebs, Zweigverein Wien, Frau Martha Frühwirth, Uraniastr. 1, 1010 Wien, Tel.: 32 17 272 (abends)

Gemeinnütziger Verein »Hilfe für Behinderte«, Frau Ruth Pausch, Ruzickagasse 13/4/2, 1238 Wien, Tel.: 88 40 724

Gesellschaft Nierentransplantierter und Dialysepatienten Österreichs, Herr Bussmann, Zanuschkagasse 14/42/1/23, 1238 Wien, Tel.: 67 36 61

HPE – Hilfe psychisch Erkrankter (Angehörigenvereinigung), Spitalgasse 11, 1090 Wien, Tel.: 43 07 55

IPM – Interessengemeinschaft psychosomatische Medizin, Florianigasse 10, 1080 Wien, Kontaktadressen: Helga und Peter Fuchs, Maderspergerstr. 1/714, 1160 Wien, Tel.: 95 54 573 (v. 18–24 Uhr), Frau Elisabeth Rieger, Amstergasse 3/17/8, 1230 Wien, Tel.: 88 16 845, Herr Franz Sperger, Tel.: 83 89 154

IPK – Interessengemeinschaft für psychisch Kranke und Behinderte, Herr Theodor Paulus, Engerthstr. 237 b, 1020 Wien, Tel.: 26 62 435

Koronarverband Österreichs – Verband der Herzkranken, Herr Otto Schrank, Lazarettgasse 10, 1090 Wien, Tel.: 42 32 74

Österreichischer Diabetikerverband, Herr. Dr. Arthur Janowetz, Schottenring 24, 1010 Wien

Österreichische Hämophiliegesellschaft, Frau Vera Williams, c/o I. Medizinische Universitätsklinik, Larazettgasse 14, 1090 Wien

Österreichische Ileostomie – Colostomie – Vereinigung, Postfach 138, 1031 Wien oder Frau Fluss, Neulinggasse 20/18, 1030 Wien, Tel.: 73 51 02 (vormittags)

Selbsthilfegruppe im dramatischen Zentrum (für psychische Patienten), Seidengasse 13, Raum 4, 1070 Wien, (jeden Donnerstag von 17–22 Uhr)

Selbsthilfe »Krebs«, Herr Gerald Kruschwitz, Postfach 459, 1011 Wien, Tel.: 52 54 49

Verein für Lebenshilfe, Familien- und Partnerschaftsberatung, Frau Dr. Hannelore Weidacher, Schegargasse 13–15, Stg. 1/3, 1190 Wien, Tel.: 36 31 17, 34 55 55

Selbsthilfegruppen und Selbsthilfeorganisationen in der Schweiz

Zentrale Kontaktstelle:

Frau Elsie Freutel-Domenig, Mutschellenstraße 115, CH-8038 Zürich

Selbsthilfegruppen Region Zürich:

Al Anon, Zielpersonen: Angehörige von Alkoholikern, Kontaktadresse: Frau Ursula Meilen, Zürich, Tel.: 92 35 38 2

AA – Anonyme Alkoholiker, Zielpersonen: Alkoholabhängige Personen, Kontaktadresse: Gruppe Seefeld, AA, Postfach 614, 8034 Zürich, Tel.: 01/241 30 30

ASPR Sektion Zürich, Zielpersonen: Schwerbehinderte Personen, Kontaktadresse: Herr A. Schwarzer, Hohensteinweg 20, 8055 Zürich, Tel.: 01/35 42 56

Boldern Spielfrauen, Zielpersonen: Frauen, Frau Marianne de Maestral, Weingartenstr. 47, 8708 Männedorf, Tel.: 01/920 27 37

Ce be ef, Zielpersonen: Behinderte Jugendliche, Kontaktadresse: Herr Josef Manser, Luggwegstr. 117, 8048 Zürich, Tel.: 01/64 44 78

EA – Emotions Anonymous, Zielpersonen: Personen mit psychischen Problemen, Kontaktadresse: Postfach 158, 8026 Zürich

Elternvereinigung DAJ, Zielpersonen: Eltern von drogenabhängigen Jugendlichen, Kontaktadresse: Frau E. Deventer, Postfach 73, 8706 Feldmeilen, Tel.: 01/923 08 92

Entfaltungsgruppen, Zielpersonen: Personen, die sich sozialem Lernen widmen, Kontaktadresse: Herr. J. U. Wille, Grabenackerstr. 50, 6312 Steinhausen, Tel.: 042/36 66 72

FBB – Frauenbefreiungsbewegung, Zielpersonen: Frauen, Kontaktadresse: FBB Frauenzentrum, Lavaterstr. 4, 8002 Zürich, Tel.: 01/202 68 98

Gesprächs-Selbsthilfegruppe ASZ, Zielpersonen: Personen mit psychischen Problemen, Kontaktadresse: Frau L. Stadelmann, Niederweg 53, 8907 Wettswil, Tel.: 01/241 89 25

Verband Hausarbeit + Erziehung, Zielpersonen: Hausfrauen, Kontaktadresse: Frau M. Wyss, Anwandstr. 49, 8004 Zürich, Tel.: 01/241 44 25

»Hölzige Egge«, Zielpersonen: Ehemalige Psychiatriepatienten, Kontaktadresse: Herr R. Vismara, Dienerstr. 75, 8004 Zürich, Tel.: 01/241 89 25

Schweizerische Organisation der Homophilen, Zielpersonen: Homosexuelle Personen, Kontaktadresse: Postfach 428, 8022 Zürich, Tel.: 01/28 15 14

IGEP, Interessengemeinschaft von Personen, die sich für Psychiatrieprobleme einsetzen, Kontaktadresse: Interessengemeinschaft Psychiatrie, Postfach 104, 8402 Winterthur, Tel.: 052/27 69 93

IMPULS, Zielpersonen: Behinderte Jugendliche, Kontaktadresse: Frau Therese Zemp, Brunnenthal, 8915 Hausen

KIO Zürich, Dachverband von Kranken- und Invaliden-Selbsthilfeorganisationen, Kontaktadresse: Herr Hans Stierli, Wildbachstr. 39, 8008 Zürich, Tel.: 01/55 64 05

Kontaktgruppen, Zielpersonen: Personen mit künstlichem Blasen- und Darmausgängen, Kontaktadressen: Gruppe Zürich Hard: Frau M. John, Tel.: 01/41 79 16, Gruppe Wetzikon: Frau Worch, Tel.: 01/930 54 49, Gruppe Thalwil: Frau M. Ronner, Tel.: 01/720 48 12

»Offene Tür Zürich«, Zielpersonen: Personen mit psychischen Problemen, Kontaktadresse: Beethovenstr. 45, 8002 Zürich, Tel.: 01/202 30 00 (v. 13–19 Uhr)

OFRA, Zielpersonen: Frauen, Kontaktadresse: Organisation für die Sache der Frau, Gertrudstr. 84, 8003 Zürich, Tel.: 01/201 26 59

Patientenstelle Zürich, Zielpersonen: Patienten und Gesunde, Kontaktadresse: Hofwiesenstr. 3, Postfach 8042, 8057 Zürich, Tel.: 01/361 92 56

STOMA, Zielpersonen: Patienten mit künstlichem Darmausgang, Kontaktadresse: H. U. Leuthold, Wolhausenstr. 21, 8910 Affoltern am Albis, Tel.: 01/761 57 45

Theatergruppe der ASZ, Zielpersonen: Betroffene aus den Selbsthilfegruppen der Arbeitsgemeinschaft, Kontaktadresse: Frau Edith Rohrbach, Im Brächli 60, 8053 Zürich, Tel.: 01/53 29 38

VERSTA, Zielpersonen: Stotternde Personen und ihre Angehörigen, Kontaktadresse: Versta, Vereinigung für Stotternde und ihre Angehörigen Postfach 437, 8042 Zürich, Tel.: 01/32 62 11

Selbsthilfegruppen Region Bern:

Regionale Kontaktadresse für die Region Bern: Schweizerische Interessengemeinschaft für Selbsthilfe (SIG'S), c/o Höck-Club-Bern, Postfach 3145, 3000 Bern 7, Tel. 031 53 63 34

Kontakt Selbsthilfe (Vermittlungsstelle), Postfach 1795, 3001 Bern, Frau Tschannen/ Frau Wanner, Tel.: 031 25 65 55, Herr. B. Kamm, Tel.: 031 55 11 66 (nach 18 Uhr)

AA – Anonyme Alkoholiker, Postfach 3026, 3000 Bern 7, Tel.: 031 22 05 01

ASKIO (Arbeitsgemeinschaft Schweiz. Kranken- und Invaliden-Selbsthilfeorganisationen), Sekr. Effingerstr. 55, 3008 Bern, Tel.: 031 25 65 57

BAN (Bernische Arbeitsgemeinschaft Nichtraucher), Postfach, 3000 Bern 6, Tel.: 031 43 42 70

Bernische Ilco-Vereinigungen, Christian Forster, Tessenbergstr. 55, 2505 Biel, Tel.: 032 23 10 06

Bernischer Verein für Gefangenen- und Entlassenen-Fürsorge, Spinnereiweg 28, 3004 Bern, Tel.: 031 22 45 40

Ce Be Ef (Club Behinderter und ihrer Freunde), Ursula Eggli, Reichenbachstr. 122, 3004 Bern, Tel.: 031 34 94 65

Contact-Bern, Sulgeneckstr. 8, 3007 Bern, Tel.: 031 25 38 25

DAJ (Elternvereinigung drogenabhängiger Jugendlicher Bern), Gerberngasse 16 A, 3011 Bern, Tel.: 031 22 79 33

DAJ Thun (Jugendberatungsstelle Thun), Allmendstraße, 3600 Thun, Tel.: 033 23 23 80

ELPOS Bern (Verein für Eltern von Kindern und Jugendlichen mit leichten psychoorganischen Funktionsstörungen), Frau Jeanmonod, Erlenweg 16, 3363 Oberönz, Tel.: 063 61 18 56

HAB (Homosexuelle Arbeitsgruppe Bern, auch Eltern homosexueller Töchter und Söhne), Postfach 1588, 3001 Bern, Büro: Brunngasse 17, 3011 Bern, Tel.: 031 22 63 53, Treff: jeden Mittwoch v. 20–22 Uhr

Höck-Club-Bern (für einsame und problembeladene Menschen), Beat Inäbnit, Postfach 3145, 3000 Bern 7, Problemofon: 031 53 63 34

IGM (Interessengemeinschaft geschiedener Männer), Herr Alfred Degen, Zürich, Tel.: 01 241 50 59, do. Basel, Tel.: 061 41 28 00 (abends), Herr J. P. Rosselet, 3045 Meikirch-Grossacker, Tel.: 031 82 23 62

KIO Bern (Arbeitsgemeinschaft bernischer Kranken- und Invaliden-Selbsthilfe-Organisationen Bern), Postfach 1795, 3001 Bern, Tel.: 031 25 65 56

FBB (Frauenbefreiungsbewegung), Mühlemattstr. 62, 3007 Bern

LIB (Lesbische Initiative Bern), Postfach 4049, 3001 Bern

OFRA (Organisation für die Sache der Frau), Postfach 4076, Laupenstr. 5, 3001 Bern

Ring i dr Chötti (Selbsthilfegruppe für Alleinstehende, Thun), Frau Hedy Djurovic, Schlehdornweg 3, 3600 Thun, Tel.: 033 37 10 91

Stotterer, Frau Ursula Aubert, Mühle, 3507 Biglen, Tel.: 031 90 11 14, Herr Markus Hänzi, Dorfstr. 24, 4512 Bellach, Tel.: 065 38 11 49

Schweiz. Ileo-, Colo- und Urostomievereinigung, (ILCO Schweiz), Herr Christian Forster, Tessenbergstr. 55, 2505 Biel, Tel.: 032 23 10 06

Schweiz. Vereinigung von Elternorganisationen (SVEO), Frau Lilo Stäuble, Kalimattstr. 12, 6010 Krienz, Tel.: 041 45 40 70

Verein zur Förderung geistig Behinderter, Frau D. Kirchhofer, Luisenstr. 42, 3006 Bern

VNPS (Verein der Nierenpatienten), Frau Trudi Hauri-Schmid, 3045 Meikirch, Tel.: 031 82 10 86

Verein zum Schutz mißhandelter Frauen, Postfach 4034, 3001 Bern – Berner Frauenhaus, Postfach 218, 3000 Bern 4, Tel.: 031 23 09 33

Z'mitts i dr Chetti (für alleinstehende Personen), Herr Paul Zürcher, Postfach 161, 3360 Herzogenbuchsee, Tel.: 063 61 59 59

Selbsthilfegruppen und Selbsthilfeorganisationen in den USA, zusammengestellt von Stephan March

Selbsthilfe-Zentral-Organisation für die USA:

National Self-Help Clearinghouse, Room 1206 A, 33 West 42nd Street, New York 10036

National Abortion Rights Action League (NARAL), 706 7th St. S.E., Washington, DC 20002, (202) 546-7800 (Liga für die Rechte bei Abtreibung)

Abused Women's Aid in Crisis, P.O. Box 1699, General Post Office, New York, NY 10001, (212) 686-3628 or 686-1676 (für mißhandelte Frauen)

Action for Independent Maturity (AIM), 1909 K St. N.W., Washington, DC 20049 (202) 872-4700 (zur Vorbereitung älterer Menschen auf ihre Pensionierung)

ADAM and EVE, 343 S. Dearborn St., Chicago, IL 60604, (312) 922-4113 (für Paare, setzt sich für Reformen des Scheidungsrechts ein)

Adult Learning Skills Program, Chicago Urban Skills Institute, 3901 S. State St., Chicago, IL 60609, (312) 642-7300, Ext. 10 (Selbsthilfe für Erwachsenenbildung)

ADVOCATE, 29 Wellington Rd., North Syracuse, NY 13212 (Rechtsselbsthilfe für Ältere)

Addicts Anonymous, Box 2000, Lexington, KY 41991, USA (für Drogensüchtige)

Adoptees' Liberty Movement Association, P.O. Box 154, Washington Bridge Station, N.Y., New York 10033, 212-581-1568 (für Adoptierte, die ihre leiblichen Eltern suchen)

Adoptive Families Association, 212 Monroe Street, Ithaca, New York 14850 (für Eltern mit extrem schwierigen Kindern)

Rockland Post Adoptive Committee, Domini Orestei, 36 Dawn Lane, Suffern, NY 10991, USA (für Adoptiveltern)

ADOPTION, Adoption Workshop Centers, Inc., 27 Vinton Street, Long Beach, New York 11561 (zur Adoption)

Adoptive Parents Committee, Inc., 210 Fifth Avenue, New York 10010, 212 MU 3-9221

Aiding a Mother Experiencing Neo-Natal Death (AMEND), 5104 127th Avenue Tampa, Florida 33617, 813-988-7996; 4032 Towhee Drive Calabasas, California 91302, 213-887-7999; 4234 Berrywick Terrace, St. Louis, Missouri 63128 (für Mütter, die eine Totgeburt hatten oder deren Säugling gestorben ist)

Al-Anon Family Group Headquarters, P.O. Box 182, Madison Square Station, New York, N.Y. 10010, (212) GR 5-6110 (für Familienangehörige von Alkoholikern)

ALATEEN, c/o Al-Anon Family Group Headquarters, P.O. Box 182, Madison Square Station, New York, N.Y. 10010, (212) GR 5-6110 (für Kinder und Familien von Alkoholikern)

Alcohol and Drug Problems Association of North America, 1101, 15th St., N.W., Suite 204, Washington, DC 20005, (202) 452-0990 (zur Bekämpfung von Alkoholismus und Drogenabhängigkeit)

Alcoholics Anonymous World Services, Inc. (AA), Box 459, Grand Central Station, New York, NY 10017 (für Alkoholiker)

Alcoholism Recovery Institute, Inc., 730 5th Avenue, New York, Ny, USA (für Alkoholiker)

National Council on Alcoholism, 733 Third Ave., New York, NY 10017, (212) 986-4433 (zur Prävention des Alkoholismus)

Alcoholism Center for Women, 1147 S. Alvarado St., Los Angeles, CA 90039, (213) 381-7805 (speziell für Alkoholikerinnen)

Allergy Foundation of America, 801 Second Ave., New York, NY 10017, (212) 867-8875 (für Asthmatiker und Allergiekranke)

Allied Youth, Inc., 933 N. Kenmore St., Arlington, VA 22201, (703) 528-1154 (für Jugendliche Drogenabhängige und Alkoholiker)

Alston Wilkes Society, P.O. Box 363, Columbia, SC 29202, (803) 799-2490 (für jugendliche und erwachsene Gefangene und Vorbestrafte)

Association for Alzheimer's Disease and Related Disorders, 5000 West 109th Street, Blomington, Minn. 55437 (für Menschen mit der Alzheimer Krankheit, einer Alterserkrankung der Großhirnrinde)

American Italian Congress, 111 Columbia Heights, Brooklyn, N[3] 11201, (212) 852-2929 (für Italo-Amerikaner)

National Amputation Foundation, Inc., 12-45 150th St., Whitestone, NY 11357, (212) 767-8400 (für Amputierte)

National Anorexic Aid Society, P.O. Box 29461, Columbus, Ohio 43214, (für Magersüchtige und deren Angehörige)

Aradia Women's Clinic, 4224 University Way N.E., Seattle, WA 98105, (206) 634-2090 (Selbsthilfe und Informationsvermittlung zur Empfängnisverhütung und Schwangerschaft)

The Arthritis Foundation, 3400 Peachtree Rd., N.E., Suite 1101, Atlanta, GA 30326, (404) 266-0795 (für gichtkranke Jugendliche, Erwachsene und ihre Angehörigen)

The National Foundation for Asthma, Inc. 177, N. Church, P.O. Box 50304, Tucson, AZ 85703 (602) 624-7481 (für Asthmatiker und deren Angehörige)

National Ataxia Foundation, Inc., 4225 Golden Valley Rd., Minneapolis, MN 55422, (612) 521-2233 (für Menschen mit Bewegungsstörungen und deren Angehörige)

The Center for Attitudinal Healing, 19 Main Street, Tiburon, CA 94920, (Kontaktzentrum für Betroffene und Laienhelfer)

National Society for Autistic Children, 169 Tampa Ave., Albany NY 12208, (518) 489-7375 (für Eltern und Angehörige von Kindern mit schweren Verhaltens- und Kommunikationsstörungen)

Bald Headed men of America, P.O. Box »BALD«, 211 N. King St., Dunn, NC 28334, (919) 726-1004 (für kahlköpfige Männer)

Batters Anonymous, the Coalition for the Prevention of Abused Women and Children, P.O. Box 29, Redlands, California 92373 (für Männer, die ihre Frauen oder Kinder schlagen)

Birthright, 110555 St. Louis Ave., Chicago, IL 60655 (312) 233-0305 (Selbsthilfe für Schwangere, Adoptionswillige etc.)

The Bisexual Forum, P.O. Box 686, Gracie Square Station N.Y., New York 10028, 212-988, 8401 (für Menschen mit abweichenden sexuellen Verhaltensweisen)

Black Lung Association, Box 1065, Beckley, WV 25801 (für berufskranke Bergarbeiter)

American Blind Bowling Association, 5338 Queensbridge Road, Madion, WI 53714, USA (Bowling für Blinde)

Rockland Social Club for the Blind, Katharine Gioia, 52 Coolidge Avenue, Haverstraw, NY 10927, USA (die Gruppe stellt einen Ort zur Verfügung, an dem sich blinde Leute treffen können)

National Federation of the Blind, 218 Randolph Hotel Bldg., Des Moines, IA 50309 (800) 424-9770 or 1346 Connecticut Ave., N.W. Washington, DC 20036 (202) 785-2974 (für Blinde und deren Angehörige)

Blinded Veteran's Association, 1735 De Sales St. N.W., Washington, DC 20036 (202) 347-4010 (für blinde Kriegsteilnehmer)

Bold, Inc. (Blind Outdoor Leisure Development), 533 East Main Street, Aspen, CO 81611 (für ein aktiveres Leben der Blinden)

The Wisconsin Brain Trauma Association, Rachel Wesebrook, University Houses 2C, Madison, Wisconsin 53705 (608) 233-9554 (für Menschen mit Hirnverletzungen)

Brain Tumor Support Group, Association for Brain Tumor Research, 6232 North Pulaski Road Chicago, Ilionois 60646, 312-286-5571 (für Menschen mit Gehirntumor)

The Alliance from Families of Brain Damaged Children, 118 Brick Church Rd., Spring Valley, NY 10977 (914) 354-4687 (für Familien hirngeschädigter Kinder)

Breathing Partners, Brooklyn Tuberculosis and Lung Association (BTLA), 293 Schermerhorn Street Brooklyn, New York 11217, 212-624-8531 (für Menschen mit chronischen Lungenleiden)

National Burn Federation, California Heritage Bank Bldg., 3737 Fifth Ave., Suite 206, San Diego, CA 92103 (714) 291-4764 (Selbsthilfe zur Brandverhütung)

Action for the Prevention of Burn Injuries to Children (APBIC), Andrew Mc Guire, 42 Water Street, Medford, MA 02155, USA (Gruppe hat sich gebildet, um Sterberaten und Krankheitsziffern von Kindern bei Brandverletzungen zu verringern)

Business and Professional Women's Foundation, 2021 Massachusetts Ave., N.W., Washington, DC 20036 (202) 293-1200 (für berufstätige Frauen)

Buxom Belles International, 20515 Westover, Southfield, MI 48075, USA (für übergewichtige Frauen)

Calix-Society, 7601 Wayzata Blvd., Minneapolis, MN 55426 (612) 546-0544 (für katholische Alkoholiker)

Call for Action, 1785 Massachusetts Ave., N.W., Washington, DC 20036 (202) 797-7800 (Verbraucher-Selbsthilfe im Verbund mit den Medien)

CALM (Child Abuse Listening Mediation), P.O. Box 718, Santa Barbara, CA 93102 (805) 963-1115 (für Eltern, die ihre Kinder mißhandeln)

Living With Cancer, 113 West 60th Street, Room 217, New York 10023, 212-841-5143 (für Krebspatienten)

Cancer Patients Anonymous (CANPATANON), 1722 Ralph Ave., Brooklyn, NY 11236 (212) 649-3481 (Krebs-Selbsthilfegruppe)

The Candlelighters, 123 C St., S.E. Washington, DC 20003 (202) 544-1696 (für Eltern junger Krebskranker)

CANSURMOUNT, 1809 E. 18th Avenue, Denver, Colorado, 80218, 303-321-2464 (für Krebspatienten)

Care About Now, P.O. Box 244, 164 Shawmut St., Chelsea, MA 02150 (617) 884-0222 (für Alkohol- und Drogenabhängige)

Carney Weight Group, Mrs. DesChamp, 2100 Dorchester Avenue, Dorchester, MA 02124, USA (für Übergewichtige)

CATALYST, 14 East 60th St., New York, NY 10022 (212) 628-2200 (zur Erwachsenenbildung und Berufsentscheidung für Frauen)

Catholic Big Brothers, Inc., 1011 First Ave., New York, NY 10022 (212) 677-5000 (für vaterlose Jungen von 8-16 Jahre)

American Federation of Catholic Workers for the Blind and Visually Handicapped, 154 East 23rd Street, New York, NY 10010, USA (für blinde Personen katholischen Glaubens)

Catholics for a Free Choice, 210 Massachusetts Ave., N.E., Washington, DC 20002 (202) 546-4523 (Selbsthilfe zur Familienplanung katholischer Bürger)

The United Cerebral Palsy Associations, Inc., 66 East 34th St., New York, NY 10016 (212) 889-6655 (für Menschen, die einen Gehirnschlag erlitten haben)

Change for Children, 2588 Mission St., San Francisco, CA 94110 (415) 282-3142 (zur freien Entfaltung von Kindern außerhalb der Geschlechterrollen)

Checks Anonymous, The New Life Group of, P.O. Box 81248, Nebraska Penal & Correctional Complex, Lincoln, NE 68501 (für Leute mit Schulden)

Self-Help Education Initiated in Childbirth, Maternity Center Association, 48 East 92nd Street, New York, New York 10028, 212-369-7300 (für werdende Eltern)

Children's Advocates, Inc., 21 James St., Boston, MA 02118 (617) 523-2295 (zur Bekämpfung der Kindesmißhandlung)

Children Before Dogs (The Fran Lee Foundation, Inc.) 15 West 81st St., New York

10024 (212) 873-5507 (Selbsthilfeberatung, die im Zusammenhang steht mit Kindern, die Haustiere um sich haben)

Boston Association for Childbirth Education, Box 29, Newtonville, MA 02160 (617) 861-0569

The Children's Foundation, 1028 Connecticut Ave., N.W., Suite 614, Washington, DC 20036 (202) 296-4450 (zur Ernährung von Kleinkindern)

Children's Hearing Education and Research (CHEAR), 871 McLean Ave., Yonkers, NY 10704 (914) 237-2676 (für schwerhörige und taube Kinder)

Association for Children with Learning Disabilities, 5225 Grace St., Pittsburgh, PA 15236 (412) 881-1191 (für Kinder mit Lernschwierigkeiten)

Action for Children's Television (ACT), 46 Austin St., Newtonville, MA 02160 (617) 527-7870 (zur Einflußnahme auf Fernsehprogramme zugunsten von Kindern)

Action for Child Transportation Safety, Inc., (ACTS), 400 Central Park West, 15-P, New York, NY 10025 (212) 866-8208 (zur Sicherung der Beförderung von Kindern)

Choice, 1501 Cherry St., Philadelphia, PA 19102 (215) 567-7392 (für Frauen, Selbsthilfe in medizinischer und familienplanerischer Hinsicht)

Christian Family Movement, 2500 New York Ave., Whiting, IN 46394 (c/O Calumet College) Chicago phone: 312 829-6101 (zur Förderung christlichen Lebens in den Familien)

Citizens for Highway Safety, 1001 Connecticut Ave., N.W., Suite 828, Washington, DC 20036 (202) 872-0650 (zur Sicherheit auf den Straßen)

Committee on Treatment of Intractable Pain, P.O. Box 34571, Washington, DC 20034 (301) 983-1710 (für Menschen, die nicht zu behandelnde Schmerzen haben)

Common Cause, 2030 M. St. N.W., Washington, DC 20036 (202) 833-1200 (Basisdemokratische Bürgerinitiative)

National Community School Education Association, 1017 Avon St., Flint, MI 48502 (313) 234-1634 (zur Förderung bürgernaher und -bezogener Entscheidungen in den Schulverwaltungen)

The Society of Compassionate Friends, P.O. Box 3247, Hialeah, FL 33013 (305) 741-8866 (für Eltern, die ein Kind verloren haben)

Concerned Relatives of Nursing Home Patients, 3137 Fairmount Blvd., Cleveland Heights, OH 44118 (216) 321-0430 (für Menschen, die Patienten zuhause zu versorgen haben)

Concerned United Birthparents (CUB), P.O. Box 573, Milford, MA 01757 (für Eltern, die ihre Kinder zur Adoption freigegeben haben)

Congress of Racial Equality (CORE) 200 W. 135th St., New York, NY 10030 (212) 926-4300 (Pazifistische, integrierende Selbsthilfe zur Rassengleichheit)

Consumer Action, 26 Seventh St., San Francisco, CA 93103 (415) 626-2510 (Selbsthilfe für Verbraucher)

Consumers Education and Protective Association International, Inc. (CEPA) 60480 Ogontz Ave., Philadelphia, PA 19126 (215) HA 4-1441 (Selbsthilfe für Verbraucher, die Opfer unlauterer Geschäfte geworden sind)

American Council on Consumer Interests, 162 Stanley Hall, University of Missouri, Columbia, MO 65201 (314) 882-3817 (für Experten, die sich mit Verbraucherfragen und -erziehung beschäftigen)

National Consumers League, 1028 Connecticut Ave., N.W., Suite 522, Washington, DC 20036 (202) 797-7600 (zur Förderung humaner Arbeitsbedingungen und Verbraucherfreundlichkeit)

Alliance for Consumer Protection, Box 1354, Pittsburgh, PA 15230 (412) 241-8778 (Verbraucherselbsthilfe zu rechtlichen Fragen der Verbraucher)

Cooley's Anemia Foundation, Inc., 420 Lexington Ave., Suite 1644, New York, NY 10017 (212) 697-7750 (für Thalassemia-Kranke)

Cooperative League of the USA., 1828 L St. N.W., Washington, DC 20036 (202) 872-0550 (für Familien, die sich an Kooperativen beteiligen wollen)

Coronary Club Inc., 3659 Green Road Cleveland, Ohio 44122, 216-292-7120 (für Menschen, die Herzattacken hinter sich haben)

Cosmopolitan Associates, 5 Beatrice Lane, New City, NY 10956 (914) 638-0376 (für im Ausland gebürtige Amerikanerinnen, die die Beziehung zu ihrem Herkunftsland nicht aufgeben wollen)

Country Place, Litchfield, Connecticut, 06759, USA

National Association for Creative Children and Adults, 8080 Spring Valley Dr., Cincinnati, OH 45236 (513) 631-1777 (zur Förderung des Lernens und der Kreativität für Kinder und Erwachsene)

Now National Task Force on Credit and Finance, 3408 N St. N.W., Washington, DC 20007 (202) 872-0133 (zur Förderung der Kreditwürdigkeit von Frauen)

National Easter Seal Society for Crippled Children and Adults, 2023 West Odgen Ave., Chicago, IL 60612 (312) 243-8400 (für körperbehinderte Kinder und Angehörige)

Crystal Set Feminists, KOPN Radio, 915 East Bdwy., Colombia, MO 65201 (Medienselbsthilfe für Frauen, die erzieherische Frauenprogramme erarbeitet und ausstrahlt)

C/SEC, 15 Maynard Road, Dedham, MA' 02026 (für Frauen, denen eine Geburt durch Kaiserschnitt bevorsteht)

Cystic Fibrosis Foundation, 3379 Peachtree Rd., N.E., Atlanta, GA 30326 (404) 262-1100 (für Menschen mit Blasenfibrosis und deren Angehörige)

Daughters of Bilitis, 1005 Market St., Rm. 402-404, San Francisco, CA 94103 (415) 861-8689 (für homosexuelle Frauen)

Daughters United, 840 Guadelupe Parkway, San Jose, CA 95110, USA (für junge Frauen)

Day Care and Child Development Council of America, Inc., 1012 14th St. N.W., Washington, DC 20005 (202) 638-2316 (zur Förderung der Kinderpflege, insbesondere bei Arbeiterfamilien)

Daytop Village, 54 W., 40th St., New York, NY 10018 (212) 354-6000 (für Drogenabhängige)

Alexander Graham Bell Association for the Deaf, 3417 Volta Place, N.W., Washington, DC 20007, USA (für Taube)

National Association of the Deaf, 814 Thayer Ave., Silver Spring, MD 20910 (301) 587-1788 (für Taube)

Massachusetts Council of Organizations Serving the Deaf, Inc., St. Andrews Mission to the Deaf, Needham, MA 02192 (Selbsthilfe-Schutzbund für Taube)

Debtors Anonymous, National Council of Negro Women, 198 Broadway, New York, New York 10038. 212-964-8934 (für Leute mit Schulden)

Delancey Street Foundation, 2563 Divisadero St., San Francisco, CA 94115 (415) 563-5326 (für Alkohol- und Drogenabhängige sowie Ex-Häftlinge)

Depressives Anonymous, 551 Fifth Avenue, New York 10017, 212-799-5264 or 212-581-0248 (für Depressive)

Des-Action, P.O. Box 1977, Plainview, NY 11803 (516) 433-7070 (für Frauen, die während der Schwangerschaft Hormone genommen haben)

American Diabetes Association, Inc., 600 Fifth Ave., New York, NY 10020 (212) 541-4310 (für Diabetiker)

Greater Boston Diabetes Society, Inc., 133, Beacon Str., Brookline, MA 02146 (617) 731-2972 (für Diabetiker)

Carney Hospital's Diabetic Patient Teaching Program and Diabetic Club, Dr. Younes, 2100 Dorchester Avenue, Boston, MA 02124, USA (für Diabetiker)

The Diet Workshop, 1875 Hempstead Turnpike, East Meadow, NY 11554 (516) 794-4881 (für Übergewichtige)

Disabled in Action, 175 Willoughby St. Apt. 11-H, Brooklyn, NY 11201 (zur Integration Behinderter)

Disabled Officers Association, 1612 K Street N.W., Suite 408, Washington, DC 20006, USA (für Kriegsgeschädigte)

Disabled American Veterans Auxiliary, 3725 Alexandria Pilee, Cold Spring, Kentucky, 41076, USA (für Kriegsbeschädigte)

Discussion Group Concepts, 12 W. 72nd St., New York, NY 10023 (212) 595-2852 or 865-0661 (für Menschen mit Phobien)

National Committee Against Discrimination in Housing, 1525 H. St., N.W., Suite 410, Washington, DC 20005 (202) 783-8150 (zur Bekämpfung der Diskriminierung von Minderheiten im Wohnungssektor)

Divorce Anonymous, P.O. Box 5313, Chicago, IL 60680 (312) 342-9325 (für geschiedene Eheleute)

United States Divorce Reform, Inc., P.O. Box 243, Kenwood, CA 95452 (707) 833-2550 (zur Reform des Scheidungsrechts und zur Förderung von Familienschiedsstellen)

Association for Divorced Women, 200 Park Avenue, Suite 300 East, New York, NY 10017, 212-344-8407 (für geschiedene Frauen)

International Doctors in Alcoholics Anonymous, 1950 Volney Rd., Youngstown, OH 44511 (216) 792-6216 or 788-7357 (Ärzte mit Zielen der Anonymen Alkoholiker)

Guide Dog Users, Inc., Box 174, Central Station, Baldwin, NY 11510 (für Benutzer von Blindenhunden)

Parents of Down's Syndrome Children (PODS), c/o N. Virginia Association for Retarded Citizens, 105 E. Annandale Rd. Suite 203, Falls Church, VA 22046 (703) 532-3214 (für Eltern von Kindern mit Down's-Syndrom)

Drop-Outs Anonymous, 3876 E. Fedora Avenue, Fresno, CA 93726, USA (für von Schule und Gesellschaft Ausgestoßene)

Dykes and Tykes, Box 963, Peter Stuyvesant Station, New York 10009, 212-777-8358 (für lesbische Mütter und deren Kinder)

Dystrophic Epidermolysis Bullosa Research Association of America (DEBRA) Arlene Pessar, 2936 Avenue W., Brooklyn, New York 11229 (212) 769-4568 (für Personen mit Stoßblasensucht)

Easy Breathers, American Lung Association, 1740 Broadway, New York , NY 10019 (für Personen mit Emphysema)

El Centro de la Causa, 831 West 17th Street, Chicago, IL 60608, USA (eine Organisation für seelische Gesundheit für spanisch sprechende Menschen)

Education Task Force of the National Organization for Women, National Office of NOW, 425 13th St., N.W., Suite 1001, Washington, DC 20004 (202) 347-2279 (zur Bekämpfung der Diskriminierung der Frauen durch Einflußnahme auf die Erziehung)

Eleventh Street Housing Movement, 519 E. 11th St., New York 10009 (212) 982-1460 (zur Verbesserung der Wohnbedingungen)

Emma Goldman Women's Health Center, 1317 Loyola, Chicago, IL 60626 (312) 262-8870 (Frauen-Gesundheits-Selbsthilfe)

Emotional Health Anonymous, 2420 San Gabriel Blvd., Rosemead, CA 91770 (213) 573-5482 or 283-3547 (Selbsthilfe für Menschen mit emotionalen Problemen, nach Muster der AA)

Emphysema Anonymous, Inc., P.O. Box 66, Ft. Myers, Fl 33902 (813) 334-4266 (für Emphysemakranke und Menschen mit Atemschwierigkeiten)

End Violence Against the Next Generation Inc., (EVAN-G) 977 Keeler Ave., Berkeley, CA 94708 (415) 527-0454 (zur Abschaffung der Züchtigung von Kindern)

Environmental Defense Fund, Inc., 475 Park Ave. South, New York 10016 (212) 686-4191 (zum Umweltschutz)

Epilepsy Concern, 1665 Palm Beach Lakes Blvd., Forum III, Tower I, West Palm Beach, FL 33401 (3057) 683–6603 (für Epileptiker und deren Angehörige)

Epilepsy Foundation of America, 1828 L St. N. W., Suite 406, Washington, DC 20036 (202) 293–2930 (für Epileptiker)

Minnesota Epilepsy League, Inc. Citizens Aid Bldg., 404 S. Eighth St., Rm. 242, Minneapolis, MN 55404 (612) 340–7630 (für Epileptiker)

Experiment in International Living, Brattleboro, VT 05301 (802) 257–7751 (fördert das Zusammenleben von Angehörigen verschiedener Kulturen)

Society for the Rehabilitation of the Facially Disfigured Inc., 550 Fifth Ave., New York, NY 10016 (212) 679–1534 (für Menschen mit entstellten Gesichtern)

Families Anonymous, P. O. Box 344, Torrance, CA 90401 (213) 775–3211 (für Eltern mit drogenabhängigen oder sonst schwierigen Kindern)

National Council on Family Relations, 1219 University Ave., SE Minneapolis, MN 55414 (612) 331–2774 (zur Förderung der Familieneinheit)

Father's Rights, P. O. Box 17614, Memphis, Tennessee 38117 901 (für die Rechte geschiedener Männer bezüglich ihrer Kinder)

The Feminist Health Center, 1112 Crenshaw Blvd. Los Angeles, CA 90019 (213) 936–6293 (Frauen-Gesundheits-Selbsthilfe)

Feminist Women's Health Center, 2445 West 8 Mile Rd., Detroit, MI 48203 (313) 892–7790 (Frauen-Gesundheits-Selbsthilfe)

First Sunday, 1234 Washington Blvd., Detroit, MI 48226 (313) 237–5810 (für Eltern, die ein Kind verloren haben)

For Individuals Recovering Sound Thinking, Inc. (FIRST), Nathaniel T. Wade, President, 336 A Blue Hill Avenue, Dorchester, MA 02121, USA (arbeitet in

Gegenden mit vorwiegend schwarzer und spanisch sprechender Bevölkerung; kombiniert Gruppentherapie, Sprech-Training, Selbsterfahrungsgruppen, Yoga)

Five-Day Plan to Stop Smoking, 6830 Larel St., N.W., Washington, DC 20012 (für Raucher, die aufhören wollen)

Flying Senior Citizens, Inc., 96 Tamarack St., Buffalo, NY 14220 (716) 824–3432 (zur Reduzierung der Flugpreise für ältere Bürger)

Flying Without Fear, 101 Park Ave., New York 10017 (212) 683–1557 (gegen die Angst vorm Fliegen)

The Fortune Society, 29 East 22nd St., New York 10010 (212) 677–4600 (für Strafentlassene)

Foster Grandparents Program, Letchworth Village Developmental Center, Box 53, Thiells, NY 10984 (914) 634–3400 or 947–1000, Ext. 413 (Selbsthilfe von alleinerziehenden Großeltern)

Foster Parents Plan International, Inc., 155, Plan Way, Warwick, RI 02887 (401) 738–5600 (zur Unterstützung von Eltern in Entwicklungsländern)

Framingham PTA for Exceptional Children, Sally Buron, 3 Patricia Road, Framingham, MA, USA (für Eltern von geistig behinderten Kindern)

Friendly Hand Foundation, 347 S. Normandie, Los Angeles, CA 90020 (213) 480–8514 (für Alkoholikerinnen)

Friends, 1325 South 11th St., Fargo, ND 58102 (701) 235–7341 (Laienhilfe in Lebenskrisen)

Friends and Relatives of Institutionalized AGED, 440 East 26th Street, New York, NY 10010, 212–481–4422 (für Freunde und Angehörige von alten Menschen im Altersheim etc.)

Friends of the Earth (FOE) 124 Spear St., San Francisco, CA 94110 (415) 495–4770 (Ökologie-Selbsthilfegruppe)

GAM-Anon, P. O. Box 4549, Downey, CA 90241 (213) 862–6014) (für Angehörige von notorischen Spielern)

Gamateen, P. O. Box 4549, Downey, CA 90241 (213) 862–6014 (für Kinder von notorischen Spielern)

Gamblers Anonymous, P. O. Box 17173, Los Angeles, CA 90017 (213) 292–4010 (für Spieler)

Gay Activists Alliance, Inc., Box 2, Village Station, New York, NY 10014 (212) 675–2983 (für Homosexuelle)

Gay and Lesbian Blind, 110 East 23rd Street, New York, NY 10010, 212–777–7697 (für blinde männliche und weibliche Homosexuelle)

National Gay Task Force, 80 Fifth Avenue, New York 10011, 212–741–5800 (für Homosexuelle)

Task Force on Gay Liberation, American Library Association (Social Responsibilities Round Table Division) P. O. Box 2383, Philadelphia, PA 19103 (215) 382–3222 (zur Information Homosexueller)

National Association for Gifted Children, 8080 Springvalley Drive, Cincinnati, OH 45236, USA (für begabte Kinder und deren Eltern)

Golden Ring Council, 22 West 38th St., New York 10018 (212) 840–2111 (gemeindenahe, psychosoziale Selbsthilfeorganisation)

Grandparents Anonymous, c/o Mrs. Ken Davidson, 1924 Beverle Rd., Sylvan Lake, MI 48053 (für Großeltern)

Gray Panthers, 3700 Chestnut St., Philadelphia, PA 19104 (215) 382–6644 (für ältere Menschen)

Green Guerrillas, P. O. Box 673, Canal Street Station, New York 10013 (212) 975–1050 (zur Förderung städtischer Nachbarschaft durch gemeinsame Gärten)

Hayfever Prevention Society, Inc., 2300 Sedgwick Ave., Suite 2–G, Bronx, NY 10468 (212) 295–1069 (für Personen mit Heuschnupfen)

National Health Care Services, 10605 Chester Ave., Cleveland, OH 44106 (216) 795–1900 (für Frauen mit Schwangerschaftsproblemen)

Health-Pac, 17 Murray St., New York 10017 (212) 267–8890 (on West Coast: 558 Capp. St., San Francisco, CA 94110 (415) 282–3896 (Frauen-Gesundheits-Selbsthilfe)

The National Hearing Aid Society, 20361 Middlebelt Rd., Livonia, MI 48152 (313) 478–2610 (für Schwerhörige)

Rockland County Association For the Hearing Impaired, Joel Blattstein, P. O. Box 486, New City, NY 10956, USA (für Personen mit Hörproblemen)

SHHH (Self Help for Hard of Hearing People, Inc.) P. O. Box 34889, Washington, D. C. 20034 (für Menschen mit Hörproblemen)

Heart to Heart, American Heart Association, 1615 Stemmons, Dallas, Texas 75207 214–750–5300 (für Menschen mit Herzkrankheiten)

National Association of Patients on Hemodialysis and Transplantation, Inc. (NAPHT) 505 Northern Blvd., Great Neck, NY 11021 (516) 482–2720 (für Dialysepatienten und Transplantierte)

Hodgkins Disease and Lymphoma Organization, 518 Wingate Drive, East Meadow, NY 11554, USA (für Menschen, die an Hodgkins-Krankheit [Lymphdrüsenerkrankung] leiden, und für deren Familienangehörige)

Homecoming, Inc., 1132 West Pratt, Chicago, IL 60626, USA (für ehemalige Psychiatrie-Patienten)

Homeworkers Organized for More Employment (H.O.M.E.), Box 408, Orland, ME 04472 (207) 469–7961 (zur Beschäftigung von Heimarbeitern)

National Committee on Household Employment (NCHE), 7705 Georgia Ave., N. W., Suite 208, Washington, DC 20012 (202) 291–2422 (Selbsthilfe für Hausangestellte)

Human Growth Foundation, 28 Sylvia Lane, Plainview, NY 11803, USA

Human Rights for Woman, Inc., 1128 National Press Bldg., Washington, DC 20005 (202) 737–105 (zur Gleichberechtigung der Frauen)

Committee to Combat Huntington's Disease, 250 W., 57th St., New York 10019 (212) 757–00443 (für Menschen mit der Huntington'schen Krankheit und deren Angehörige)

Hypoglycemia Lay Group, 149 Spindle Road, Hicksville, New York 11801, 516–822–3779 (für Menschen mit zu niedrigem Blutzuckerspiegel)

National Foundation for Ileitis und Colitis, Inc., 295 Madison Ave., New York 10017 (212) 685–3440 (für Personen, die an Ileitis oder Kolitis [Darmentzündungen] leiden und deren Familienangehörige)

Association to Improve Respiration (AIR), Elinor Kent, Middlesex – Cambridge Lung

Association, P. O. Box 265, Burlington, MA 01803, USA (für Leute mit Emphysema)

Center of Independent Living, Inc., (CIL), 2539 Telegraph Ave., Berkeley, CA 94704 (415) 841–4776 (zur Förderung der Unabhängigkeit Behinderter und Älterer)

National Indian Youth Council, Inc., 201 Hermosa N. E., Albuquerque, N. M. 97108 (505) 266–7966 (zur Erhaltung indianischer Stammesgemeinschaften)

The International Council for Infant Survival, Inc., 1515 Reisterstown Rd., Suite 300, Baltimore, MD 21208 (301), 484–0111 (zur Bekämpfung des sog. »plötzlichen Säuglingstodes«)

Integrity Groups, P. O. Box 155, Urbana, IL 61801 (Selbsthilfegruppen allgemeiner Prägung)

Inner City Roundtable of Youth, 100 Avenue of the Americas, New York 10013, USA (für Jugendliche)

Jewish Association for Services for the Aged, 222 Park Ave. South, New York 10003 (212) 677–2530 (für ältere Juden)

National Jogging Association, 1910 K St., N.W., Suite 202, Washington, DC 20006 (202) 785–8050 (zur Gesunderhaltung durch Laufen [Jogging])

Joint Action in Community Services, Inc. (JACS), 1730 M St., N.W., Suite 500, Washington, DC 20036 (202)223–0912 (Arbeiterselbsthilfe für Gemeindeaufgaben)

The Judean Society, Inc., 1075 Space Parkway # 336, Mountain View, CA 94043 (für geschiedene Katholiken)

Just One Break, Inc., 373 Park Ave. South, New York 10016 (212) 725–2500 (Selbsthilfe für ältere und behinderte Menschen)

Juvenil Diabetes Foundation, Mr. Sukoff, 23 East 26th Street, New York 10010 (die Gruppe unterstützt medizinische Forschung über Diabetes)

The National Kidney Foundation, 116 East 27th St., New York 10016 (212) 889–2210 (für Menschen mit Nierenkrankheiten)

Kidney Transplant/Dialysis Association, Inc., 721 Huntington Ave., Boston, MA 02174 (617) 267–3747 (für Menschen, die transplantierte Nieren haben oder Dialysepatienten sind)

Ladies Auxiliary, Military Order of the Purple Hearts, 101 West Monument Str., Baltimore, MD 21201, USA (für Ehefrauen von verwundeten Soldaten)

Coalition of Labor Union Women (CLUW) 8731 E. Jefferson, Detroit, MI 48214 (313) 926–5244 (für gewerkschaftlich organisierte Frauen)

La Leche League International, 9616 Minneapolis Ave., Franklin Park, IL 60131 (312) 566–7730 (für Mütter, die ihre Kinder stillen)

International Association of Laryngectomees, c/o American Cancer Society, Inc., 777 Third Ave., New York 10017 (212) 371-2900, Ext. 246 (für Menschen, die eine Laryngektomie [Kehlkopfoperation] hinter sich haben)

Lay Advocates at Work, Inc., (L.A.W.), Biddeford Pool, ME 05006 (207) 282–0335 (Rechts-Selbsthilfe-Organisation)

Leanline, Inc., 1600 Park Ave., South Plainfield, NJ 07080 (201) 757–7677 (für Übergewichtige)

League of Lefthanders, P. O. Box 89, New Milford, NJ 07646 (201) 265–9110 (für Linkshänder)

The Learning Exchange, P. O. Box 920, Evanston, IL 60204 (314) 273–3383 (Kontaktstelle zum Austausch von Lernwilligen und Lehrern)

Left-Handers International, 2101 N. W. Brickyard Rd., Topeka, KS 66618 (913)
235–0931 (für Linkshänder)

National Organization for Women Legal Defense and Education Fund, Inc., 57 East
19th St., New York 1003 (212) 674–8950 (Frauen-Rechts-Selbsthilfe)

Legal In-Service Project Reservists' Committee, 355 Boylston St., Boston, MA 02135
(Rechts-Selbsthilfe zur Bekämpfung von Korruption beim Militär und Militarismus)

Legal Services Corporation, 733 15th St., N.W., Washington, DC 20005 (202)
376–5100 (zur Unterstützung armer Menschen, die in Gerichtsverfahren verwickelt
sind)

Lesbian Feminist Liberation, P. O. Box 243, Village Station, New York 10014 (212)
691–5460 (für homosexuelle Frauen)

National Leukemia Association, Roosevelt Field, Lower Concourse, Garden City, NY
11530 (516) 741–1190 (für Leukämie-Kranke)

Life Line, 1295 Janes Lane, Stamford, CT 06903 (für Eltern, deren Kinder krebskrank
sind)

LISTEN (Lebanon In Service To Each Neighbor), Box 469, Lebanon, NH 03766
(unterstützt Selbsthilfe-Kooperativen wie Selbstversorger oder Lebensmittel-Koope-
rativen)

Little City Foundation, 625 N. Michigan Ave., Chicago, IL 60611 (312) 828–1190 (für
Eltern zurückgebliebener Kinder)

Little People of America (LPA) Box 126, Owatonna, MN 55060 (507) 451–3842 (für
kleinwüchsige Menschen)

Living c/o The Arthritis Foundation, 3400 Peachtree Rd., N.E., Suite 1101, Atlanta, GA
30326 (404) 266–0795 (für Arthritis-Kranke)

Loring Nicollet-Bethlehem Community Centers, Inc., 1920 Pillsbury Ave., Minneapolis, MN 55401 (612) 871–0230

The Love Project, P. O. Box 7601, San Diego, CA 92107 (für Menschen, die eine
Alternative zu einem negativen und gewalttätigen Leben suchen)

The National Lupus Erythematosus Foundation (N.L.E.F.), 5430 Van Nuys Blvd.,
Suite 206, Van Nuys, CA 91401 (213) 885–8787 (für Menschen, die an Lupus
Erythematosus [Hautflechte] leiden)

Make Today Count, Inc., P. O. Box 303, Burlington, IA 52601 (319) 754–7266 or
754–8977 (für Menschen mit unheilbaren Krankheiten, z.B. Krebs)

Manic-Depressive Association of Stockton, P. O. Box 4723, Stockton, CA 95204 (für
Menschen, die unter manischer Depression leiden)

National Marriage Encounter, 955 Lake Dr., St. Paul, MN 55120 (612) 545–6434
(Paarselbsterfahrung)

Association of Couples for Marriage Enrichment, P. O. Box 10596, 459 S. Church St.,
Winston-Salem, NC 27108 (919) 724–1526 (für Eheleute, die eine Sinnerfüllung in
ihrer Ehe suchen)

Martha Movement, 1011 Arlington Blvd., # 305, Arlington, VA 22209 (703) 527–3334
(Gruppe für gegenseitige Hilfe für berufstätige und nicht-berufstätige Heimarbeiter)

Mass. Transition/A Self-Help Program of Southwest Boston Community Services, 9

Fowle St., Roslindale, MA 02131 (617) 323–2150 (drogenfreie medizinische Behandlung, Hilfe zur Selbsthilfe und Beratung)

Mastectomy Recovery Plus, Los Angeles, California 90067, 213–478–1228 (für brustamputierte Frauen nach Krebs)

Maternity Center Association, 48 East 92nd St., New York 10028 (212) 369–7300 (für schwangere Frauen)

Medic Alert Foundation International, Box K, Turlock, CA 95380 (Medizinische Nothilfe-Organisation)

Coalition for the Medical Rights of Women, 4079–A 24th St., San Francisco, CA 94114 (Datenbank der DES-Action, siehe dort)

The Mended Hearts, Inc., 721 Huntington Ave., Boston, MA 02115 (617) 732–5609 (für Menschen mit Herzanfällen und deren Angehörige)

Mensa, 50 East 42nd Street, New York 10017, USA (für Leute mit hoher Intelligenz)

National Association for Mental Health, 1800 N. Kent St., Rosslyn, VA 22209 (703) 528–6505 (zur Unterstützung geistig Behinderter und Verbesserung deren gesellschaftlichen Status)

Association for Advancement of the Mentally Handicapped, 163 Nassau St., Princeton, NJ 08540 (609) 925–7174 (zur Förderung geistig behinderter Erwachsener)

Association for Mentally Ill Children (AMIC), Eric Olson, President, 3 Birgham Road, Lexington, MA, USA (für Eltern von autistischen Kindern und von Kindern mit Verhaltens- und Gefühlsstörungen)

Mexican American senior citizens. MASH, contact Centro Del Barrio, 303 King Street, San Antonio, Texas 78211

Minnesota Early Learning Design (MELD), 123 East Grant St., Minneapolis, MN 55403 (612) 870–4478 (Selbsthilfe für werdende Eltern)

National Association of Minority Women in Business, 906 Grand St., Kansas City, MO 64106 (816) 421–3335 (für Frauen, die in ihrem Beruf in der Minderheit sind)

Mothers Center, Marge Milch, United Methodist Church, Old Country Road, Hickersville, NY 11801, USA (für Mütter mit Kleinkindern)

Mothers of Young Mongoloids, 713 Ramsey Street, Alexandria, VA 22301 (für Mütter von mongoloiden Kleinkindern)

The Mother's Connection (of WISH, Women In Self-Help), White Plains, NY 10605 (914) 946-5757 (für junge, überlastete Mütter)

Mother of Twins Clubs, Inc., 5402 Amberwood Lane, Rockville, MD 20853 (301) 460-9108 (für Mütter mit Zwillingen)

National Multiple Sclerosis Society, 257 Park Ave. South, New York 10010 (212) 674-4100 (für Multiple-Sklerose-Kranke)

Muscular Dystrophy Association, Inc. 810 Seventh Ave., New York 10019 (212) 586-0808 (für Menschen, die an Muskeldystrophie leiden, und deren Angehörige)

The Myasthenia Gravis Foundation, Inc. 230 Park Ave., New York 10017 (212) 986-9487 or 086-9488 (für Menschen, die an Muskelschwäche leiden, und deren Angehörige)

Myopia International Research Foundation, 415 Lexington Avenue, Room 705, NY 10017, USA (für Personen, die an Myopie [Kurzsichtigkeit] leiden, und deren Familienangehörige)

Naim Conference, 721 North Lasalle Street, Chicago, Illinois 60610, (312) 944-1286 (für Verwitwete)

Narc-Anon, 6425 Hollywood Blvd., Suite 206, Hollywood CA 90028 (213) 469-8547 (für Drogenabhängige)

Narcotics Anonymous, P.O. Box 622, Sun Valley, CA 91352, USA (für Drogensüchtige)

American Narcolepsy Association, Box 5846, Stanford, CA 94305 (415) 591-7979 (für Menschen, die unter Narkolepsie [Schlafanfällen] leiden)

National Association to Aid Fat Americans, Inc., (NAAFA), P.O. Box 745, Westbury, NY 11590 (516) 776-8120 (für Übergewichtige)

The National Foundation (March of Dimes), P.O. Box 2000, White Plains, NY 10602 (914) 428-7100 (für Menschen mit Kinderlähmung)

National Council of Negro Women, 1346 Connecticut Ave., N.W., Washington, DC 20036 (202) 223-2363 (für farbige Frauen)

National Congress of Neighborhood Women, 145 Skillman Ave., Brooklyn, NY 11222 (212) 383-0883/4 or 5 (für Arbeiterfrauen)

Neurotics Anonymous International Liaison, Inc. 1341 G St., N.W. Rm. 426, Washington, DC 20005 (202) 628-4379 (für neurotische Menschen)

New Eyes for the Needy, Inc., 549 Millburn Ave., Short Hills, NJ 07078 (201) 376-4903 (für minderbemittelte Menschen, die Brillen tragen müssen)

National Organization for Non-Parents (NON), 806 Reisterstown Rd., Baltimore, MD 21208 (301) 484-7433 (für Menschen, die nicht wissen, ob sie Kinder kriegen sollen)

The Nonsmoker's Travel Club of GASP, 8928, Bradmoor Dr., Bethesda, MD 20034 (301) 530-1664 (rauchfreie Reisen für Nichtraucher)

Odyssey House, Inc. 309-311 East 6th St., New York 10003 (212) 741-9597 (psychiatrisch orientierte Gemeinschaft für Drogenabhängige)

Operation Tunnelback, 609 Myrthe Avenue, Brooklyn, NY 11205, USA

Operation Peace of Mind, P.O. Box 52896, Houston, TX 77052 (für weggelaufene Jugendliche)

Operation P.U.S.H., 930 East 50th St., Chicago, Il 60615 (312) 373-3366 (für Angehörige armer Bevölkerungsschichten, die nicht mehr weiter wissen)

National Operation Venus, 1213 Clover St., Philadelphia, PA 19107, 1-800-523-1885; in PA: 1-800-462-4966 (für Menschen mit Geschlechtskrankheiten)

Orphan Voyage, R.D. #, Box 153A, Cedaredge, CO 81413 (303) 856-3937 (Vereinigung zur gegenseitigen Hilfe bei der Suche nach verschollenen Angehörigen)

The Orton Society, 8415 Bellona Lane, Suite 115, Towson, MD 21204 (301) 296-0232 (für Menschen mit Sprachstörungen)

United Ostomy Association, Inc., 1111 Wilshire Blvd., Los Angeles, CA 90017 (213) 481-2811 (für Menschen nach Krebs-Operationen mit künstlichem Darm-Ausgang)

Our Health Center, 270 Grant, Palo Alto, CA 94306 (415) 327-8717 (Frauen-Gesundheitsselbsthilfe)

Overeaters Anonymous (OA) 2190 190th St., Torrance, CA 90504 (213) 320-7941 (für Übergewichtige)

Paralyzed Veterans of America, 4330 East-West Highway, Washington, D.C. 20014, 202-652-2135 (für gelähmte Kriegsteilnehmer)

National Paraplegia Foundation, 333 N. Michigan Ave., Chicago, Il 60601 (312) 346-4779 (für Personen, die an Lähmungen leiden und deren Familienangehörige)

Parent Care, Community Care Unit, Wilder Foundation, 919 La Fond Avenue, St. Paul, Minnesota 55104, 612-645-6661 (Eltern-Selbsthilfegruppen)

Parental Stress Service, Inc., 154 Santa Clara Ave., Oakland, CA 94610 (415) 655-8988 (für Eltern, die überfordert sind und dazu neigen, ihre Kinder zu schlagen)

Planned Parenthood-World Population, 810 Seventh Ave., New York 10019 (212) 541-7800 (zur Förderung geplanter Elternschaft)

Parents and Children Together, (P.A.C.T.) Coolidge Rd., Arlington, MA 02174 (617) 646-4186 (für Kinder und Eltern mit vererbten Herzfehlern)

Parents Anonymous, 2810 Artesia Blvd., Redondo Beach, CA 90278 (213) 371-3501 (für Eltern, die ihre Kinder mißhandeln)

Parents of Gays and Lesbians, c/o Metropolitan Duane Methodist Church, 201 West 13th St., New York 10011 (für Eltern Homosexueller)

Parents of Large Families, 54 Miller Street, Fairfield, CT 06430, USA (für Eltern von großen Familien)

International Parent's Organization, A. G. Bell Association for the Deaf, 3417 Volta Place N. W., Washington, DC 20007 (für Eltern von tauben Kindern)

Parents who have Experienced Neo-Natal Death, 3837 Favershun Street, University Heights, Ohio, 216-371-8353 (für Eltern, die eine Totgeburt oder einen frühen Säuglingstod erlebt haben)

Parents of Prematures, Helping Other Parents Emotionally, 27771 Dunford Road, Westlake, Ohio 44145, 216-835-2658 (für Eltern von Frühgeburten)

Parents United, 840 Guadelupe Parkway, San José, California 95110 (für Angehörige von Familien, in denen sexueller Mißbrauch passiert ist)

Parents Without Partners, Inc., 7910 Woodmont Ave., Suite 1000, Washington, DC 20014 (301) 654-8850 (für alleinerziehende Elternteile)

Patients Rights Organization, 2108 Payne Ave., Rm. 707, Cleveland, OH 44114 (216) 795-7825 (gegen die Diskriminierung von [ehemaligen] Patienten mit geistigen Störungen)

People-To-People Committee for the Handicapped, 1028 Connecticut Ave., N.W. Washington, DC 20036 (202) 785-0755 (Selbsthilfe für Behinderte)

Phobia Clinic, Roosevelt Hospital, 428 West 59th St., New York 10019 (212) 554-6682 (für Menschen, die unter Phobien leiden)

Postpartum Education Project, 929 North Kellogg Avenue, Santa Barbara, California 93111, 805-964-2009 (für Mütter von Neugeborenen)

Potsmokers Anonymous, 316 East 3rd Street, New York 10009, 212-254-1777 (für Marihuana-Raucher)

National Association of the Physically Handicapped, Inc., 76 Elm St., London, OH 43u40 (614) 852-1664 (für Körperbehinderte)

Pills Anonymous, 443 West 50th St., New York 10019 (212) 247-1700 (für Tabletten- und Drogenabhängige)

Practising Justice Institute, 12 West 72nd St., New York 10023 (212) 787-2010 (Organisation, bei der man Auseinandersetzungen ohne gerichtliche Schritte beilegen kann)

Prescription Parents, Susan Mc Donald, P.O. Box 855, Quincy, MA 02169, USA (für Eltern von Kindern mit Gaumen- und/oder Lippenspalte)

National Society for Prevention of Blindness, 79 Madison Ave., New York 10016 (212) 684-3505 (zur Prävention von Erblindung)

National Committee for Prevention of Child Abuse, 111 East Wacker, Suite 510, Chicago, IL 60601 (312) 565-1100 (zur Verhinderung der Kindermißhandlung)

Prisoners Union, 1315 18th St., San Francisco, CA 94102 (415) 648-2880 (zur Verbesserung von Haftbedingungen und Arbeitsbedingungen in der Haft)

Prison Families Anonymous, Inc., 131 Jackson St., Hempstaed, NY 11550 (516) 538-6065 (für Familienangehörige von einsitzenden Gefangenen)

Project Concern, 3802 Houston St., P.O. Box 81123, San Diego, CA 92138 (714) 299-1353 (für bedürftige Menschen in ländlichen Gebieten)

Project for Pride in Living, 1527 East 26th St., Minneapolis, MN 55404 (612) 721-6469 (Hilfe zur Selbsthilfe zur Hausmodernisierung Minderbemittelter)

National Rare Blood Club, c/o Associated Health Foundation, 164 Fifth Avenue, New York, NY 10010, USA (für Personen, die an Blutarmut leiden, und deren Familienangehörige)

Reassurance to Each for the Families of the Mentally Ill (REACH) Mental Health Association of Minnesota, 6715 Minnetonka Blvd., Minneapolis, Minnesota 55426, 612-925-5806 (für Familien von psychisch Kranken)

Project Release, Inc., 202 Riverside Drive, New York 10025 (212) 595-8585 (Selbsthilfeprojekt ehemaliger Psychiatriepatienten)

Public Citizen, Inc., P.O. Box 19404, Washington, DC 20036 (202) 293-9142 (zum Abbau der Barrieren zwischen Bürger und Behörde)

Public Citizen's Health Research Group, 2000 P St., N.W. Washington, DC 20036 (202) 293-9142 (für Sicherheit und gesündere Lebensbedingungen für Verbraucher, Arbeiter und Patienten)

Rape Crisis Center, P.O. Box 21005, Washington, DC 20009 (202) 333-RAPE (Laienhilfe für vergewaltigte Frauen)

National Association for Rational Thinking (ART), 800 Rose St., Lexington, KY 40506 (Hilfe zur Selbsthilfe mit Verhaltenstraining zur Lebens- und Krisenbewältigung)

Reclamation, Inc., 2502 Waterford Street, San Antonio, Texas 78217, 512-824-8618 (für ehemalige Psychiatriepatienten)

Reach to Recovery, c/o American Cancer Society, Inc. 777 Third Ave., New York 10017 (212) 371-2900 (Selbsthilfegruppen nach Krebsoperationen)

National Association of Recovered Alcoholics in the Professions, P.O. Box 95, Staten Island, NY 10305 (für Alkoholiker, die entwöhnt sind und im Berufsleben stehen)

Recovery, Inc., 116 S. Michigan Ave., Chicago, IL 60614 (312) 263-222 (Hilfe zur Selbsthilfe für ehemalige Psychiatriepatienten)

Reemployment Task Force, 185 North Main Street, Spring Valley, NY 10977 914-352-4364 (für Arbeitslose)

Re-Entry Educational Program, c/o De Anza Community College, 21250 Stevens Creek Blvd., Cupertino, CA 95014 (408) 996-4738 (für Frauen, die wieder eine Ausbildung beginnen)

National Organization for the Reform of Marijuana Laws, 2417 M. St., N.W.,

Washington, DC 20037 (202) 223-3170 (zur Aufhebung des Verbotes von Marihuana)

Remarried Parents, Inc., 175 Fifth Ave., New York 10010 (212) OR7-5520 (für Eltern, die sich wieder verheiraten)

Religious Coalition of Abortion Rights, 100 Maryland Ave., N.E., Washington, DC 20002 (202) 543-7032 (für Legalisierung der Abtreibung)

Council on Religion and the Homosexual, P.O. Box 42010, San Francisco, CA 94101 (415) 836-3793 (zur Überbrückung der Kluft zwischen Homosexualität und Religion)

Alliance for the Preservation of Religious Liberty, P.O. Box 3803, Los Angeles, California 90028, 213-465-4557 (für Eltern von Kindern, die sich religiösen Sekten angeschlossen haben)

Renaissance Project, 2 Hamilton Avenue, New Rochelle, New York 10801, 914-576-3320 (für Drogenabhängige)

Resolve, P.O. Box 474, Belmont, Massachusetts 02178, 617-484-2424 (für unfruchtbare Menschen)

National Association for Retarded Citizens, P.O. Box 6109, Arlington, TX 76011 (817) 261-4961 (für geistig zurückgebliebene Menschen)

National Retinitis Pigmentosa Foundation, Inc., 8331 Mindale Circle, Baltimore, MD 21207 (301) 655-1011 (für Personen mit Retinitis Pigmentosa und deren Angehörige)

American Association for Retired People, 555 Madison Avenue, New York 10022 (für ältere Leute und für die, die sich für ihre Probleme interessieren)

National Retired Teachers Association, 1909 K St., N.W., Washington, DC 20049 (202) 872-4700 (für pensionierte Lehrer)

National Right to Life Committee, Inc., 529 14th St. N.W., Suite 341, Washington, DC 20045 (202) 638-4396 (Vereinigung, die Alternativen zur Abtreibung sucht)

Rubella Parents Association, Warren Blandin, Denfield Road (4) Westboro, MA 01886, USA

Rubicon, Inc., 1208 W. Franklin St., Richmond, VA 23220 (804) 369-3255 (für Alkohol- und Drogenabhängige)

Rural America (formerly International Self-Help Housing Association), 1346 Connecticut Ave., N.W., Washington, DC 20036 (202) 659-2800 (Selbsthilfe-Organisation für Belange von Menschen, die in ländlichen Gebieten leben)

The Samaritans, 355 Boylston St., Boston, MA 02116 (617) 247-0200 or 536-2460 (für verzweifelte, vereinsamte und selbstmordgefährdete Menschen)

Save-The-Redwoods League, 114 Sansome St., Rm. 605, San Francisco, CA 94104 (415) 362-2352 (zur Erhaltung der Redwoods-Wälder)

Huxley Institute for Biosocial Research and American Schizophrenia Association (Schizophrenics Anonymous) 1114 First Ave., New York 10021 (212) 972-0705 (Selbsthilfe Schizophrener)

Self-Help Action and RAP Experience (SHARE), 34 Gramercy Park, New York 10003, 212-GR-5-5373 (für brustamputierte Frauen nach Krebs)

National Self-Help Action Center – Food Program. 1127 Lake Ave., Wilmette, IL 60091 (Selbsthilfekooperative, in der Farmersfamilien mit Überlebensschwierigkeiten Lebensmittel an Einkommensschwache verkaufen)

Self-Help Enterprises, 220 S. Bridge St., Vialia, CA 93277 (209) 732-7936 (Bauunternehmen-Selbsthilfe für Einkommensschwache)

Self-Help for Interracial Couples, Wright Institute Graduate School of Psychology & Y House (Campus Branch), 2728 Durant, Berkeley, CA 94704 (Selbsthilfe für rassengemischte Paare)

Senior Actualization and Growth Encounter (SAGE), Claremont Office Park, 41 Tunnel Road, Berkeley, California 94705, 415-841-9858 (Selbsthilfe für ältere Menschen)

National Alliance of Senior Citizens, P.O. Box 40031, Palisades Station, 905 16th St. N.W., Suite 404, Washington, DC 20016 (202) 338-5632 (politische Interessenvertretung für ältere Bürger)

National Council of Senior Citizens, 1511 K St. N. W., Washington, DC 20005 (202) 783-6850 (Aktionsprogramme für ältere Bürger)

Senior Citizens AntiCrime Network (SCAN), 150 Nassau St., New York 10038 (212) 267-2177 (Selbsthilfe zur Verbrechensverhütung für ältere Bürger)

North American Conference of Separated and Divorced Catholics, Paulist Center, 5 Park Street, Boston, Massachusetts, 02108, 617-368-1365 (für geschiedene und getrennt lebende Katholiken)

Seventh Step Foundation, 28 East 8th St., Cincinnati, OH 45202 (513) DU1-STEP (Beratung von Häftlingen und Vorbereitung auf ihre Entlassung)

Sexual Freedom League of San Diego, P.O. Box 0105, College Grove Station, San Diego, CA 92115 (714) 560-8774 (zur Förderung sexueller Bewußtheit, Gleichheit und Freiheit)

Shanti Project, 1314 Addison Street, Berkeley, California 94702, 415-849-4980 (für Menschen mit lebensbedrohenden Krankheiten und deren Angehörige)

The Sickle Cell Disease Foundation of Greater New York, 209 West 125th St., New York 10027 (212) 850-1920 (für Personen mit Sichelzellenanämie und deren Angehörige)

Sierra Club, 220 Busch St., San Francisco, CA 94104 (415) 981-8634 (ökologische Selbsthilfegruppe)

The Single Life, 900 Main Street, Waltham, Massachusetts 02154, 617-891-3750 (für Verwitwete und Alleinstehende)

Single Parent Family Project, 105 East 22nd Street, New York 10010, 212-254-8900 (für alleinerziehende Eltern)

Sisterhood of Black Single Mothers, P.O. Box 155, Brooklyn, NY 11203 (212) 856-6706 (für alleinerziehende farbige Frauen)

Smokenders, 525 Prospect Street at Memorial parkway, Phillipsburg, New Jersey 08865, 201-454-4357 (für Leute, die das Rauchen aufgeben wollen)

Smoke Watchers, 605 Third Avenue, New York, NY 10016, USA (für Leute, die das Rauchen aufgeben wollen)

Southern Mutual Help Association, P.O. Box 298, Franklin, LA 70538 (Selbsthilfeorganisation zur Verbesserung der Lebens- und Arbeitsbedingungen der Zuckerrohrplantagen-Arbeiter)

Stavros Foundation, 691 South East Street, Amherst, Massachusetts 01002 413-256-0473 (Programme für Behinderte)

Stepfamily Foundation, 333 West End Avenue, New York 10023, 212-362-7030 (für Menschen, insbesondere Eltern, die sich wiederverheiratet haben)

Association for Voluntary Sterilization, Inc., 708 Third Ave., New York 10017 (212) 986-3880 (für Männer und Frauen, die sich freiwillig sterilisieren lassen wollen)

Stop Smoking Program, c/o American Cancer Society, 39 S. Main St., New City NY 10956 (914) 634-7966 (Information und Hilfe zur Entwöhnung von Zigarettenrauchern)

Stroke Club of America, P. O. Box 15186, 860 N. Hwy. #183, Austin, TX 78761 (713) 762-1022 (für Personen, die einen Schlaganfall hatten, und ihre Angehörige)

Organization of People Undaunted by Stroke (OPUS), 196-25 Peck Avenue, Fresh Meadows, New York 11365, 212-464-9587 (für Menschen mit Schlaganfall und deren Familien)

Stutterers, 2 New Hempstead Rd., New City, NY 10956 (914) 634-6300 (für Stotterer)

National Association of Councils of Stutterers, c/o Speech and Hearing Clinic, The Catholic University of America, Washington, DC 20064 (202) 635-5566 (für Sprachgestörte)

National Sudden Infant Death Syndrome Foundation (SIDS), 310 S. Michigan Ave., Chicago, IL 60604 (312) 663-0650 (für Eltern, die ein Kind durch den sog. »plötzlichen Säuglingstod« verloren haben)

National Organization to Insure Support Enforcement, 12 West 72nd Street New York 10023, 212-595-5299 (für finanzielle Gleichheit nach Scheidungen)

Survivors of Suicide Victims, 2675 Warrensville Center Road, Cleveland, Ohio 44122, 216-321-3058 (für Verwandte und Freunde von Suizidopfern)

Tall Clubs, International – 6515 Monte Avenue, Forty Wayne, IN 46815, USA (für Personen mit übermäßiger Körpergröße)

National Tay-Sachs and Allied Diseases Association, Inc., 122 East 42nd St., New York 10017 (212) 661-2780 (für Personen mit der Tay-Sachs-Krankheit und deren Angehörige)

Teen Challenge, c/o The Rev. Frank M. Reynolds, 1445 Boonville Avenue, Springfield, MO 65802, USA (für Drogenabhängige)

Temple Beth El Center, Eleanor Lubin, President, Concord Avenue, Belmont, MA (für verwitwete Menschen jüdischen Glaubens)

Terrap, 1010 Doyle Street, Menlo Park, California 94025, 415-329-1233 (für Menschen mit Phobien)

THEOS (They Help Each Other Spiritually) Foundation, 11609 Frankstown Rd., Pittsburgh, PA 15235 (412) 233-4299 (Selbsthilfe für verwitwete und zurückgebliebene Familien)

American Conference of Therapeutic Self-Help/Self-Help Social Clubs, 710 Lodi St., Ross Towers, Apt. B-1104, Syracuse, NY 13203 (315) 471-4644 (Hilfe zur therapeutischen Selbsthilfe, Austausch von Erfahrungen)

Tourette-Syndrome Association, 42-40 Plaza Building, Bayside, New York 11361 212-224-2999 (für Menschen, die unter Tics leiden)

The Bridge, Inc., 231 West 83rd Street, New York 10024

Uglies Unlimited, 6508 Poco Ct., Fort Worth, TX 76133 (817) 292-8714 (für häßliche Menschen)

The Urban Homesteading Assistance Board, 1047 Amsterdam Ave., New York 10025 (212) 678-6911 (Selbsthilfe zur Verbesserung der Wohnbedingungen von Menschen mit schwachem und mittlerem Einkommen)

National Urban League, 500 East 62nd St., New York 10021 (212) 644-6500 (Selbsthilfe schwarzer und ökonomisch schwacher städtischer Bürger)

Vei Lomany (Love One Another), 7 Lockslee Street, Jamaica Plain, MA 02130 (für Frauen, die gerade aus dem Gefängnis entlassen worden sind, die meisten haben Alkoholprobleme)

Vision – Mimi Winer, 14 White Pine Knoll Road, Wagland, MA USA (für sehbehinderte Frauen)

Association for the Education of the Visually Handicapped, 1604 Spruce Street, Philadelphia, PA 19103, USA (für Sehbehinderte)

We Care Foundation, 121 Broadway, Suite 517, San Diego, CA 92101 (714) 233-6866 (Selbsthilfegruppe für Menschen mit Lebensproblemen)

Widow's Consultation Center, 136 East 57th St., New York 10022 (212) 688-8850 (für Witwen)

Widow To Widow, Widowed Resources Center, 25 Huntington Ave., Boston, MA 02115, Dr. Phyllis Silverman, American Institutes for Research (617) 661-6180 (für verwitwete Personen)

Women's Action Alliance, Inc., 370 Lexington Ave., Rm. 600, New York 10019 (212) 532-8330 (für Frauen, die sich aus ihrer sexuellen Unterdrückung befreien wollen)

Women's Advocates Social Services, National Communications Network, 584 Grand Ave., St. Paul, MN 55102 (612) 227-8284 (für Frauen, die sich gegen häusliche Gewalt wehren wollen)

Women's American ORT (Organization for Rehabilitation Through Training) 1250 Broadway, New York 10001 (212) 594-8500 (Erwachsenenfortbildung für Frauen)

Birmingham Community Women's Center, 746 Purdy Street, Birmingham, Michigan 48009, 313-642-1132 (Frauenselbsthilfe)

Women Committed to Women, 817 West 34th St., Los Angeles, CA 90007 (213) 747-7255 (Frauenzentrum)

Women in Communications, Inc. 8305-A Shoal Creek Blvd., Austin TX 78758 (512) 452-0119 (Frauen-Medienselbsthilfe)

Continuing Education for Women, c/o Adult Education Association of the United States, 810 18th St., N.W., Washington, DC 20036 (202) 347-9574 (Erwachsenenbildung für Frauen)

Women's Credit Union, 170 York St., New Haven, CT 06511 (203) 777-6339 (Selbsthilfegruppen für Frauen, die in anderen Frauengruppen organisiert sind)

Women's Crusade Against Crime, 121 Locust St., St. Louis, MO 63103 (314) 231-0425 (Frauen, die gegen Kriminalität kämpfen)

Women's Equity Action League (WEAL), 799 National Press Building, Washington DC 20004 (202) 638-4560 (zur Gleichberechtigung der Frau)

Women Helping Women, New Jersey Job Corp, Building 852, Plainfield Ave., Edison, New Jersey 08817, 201-572-5200 (Frauenselbsthilfe)

Women Helping Women, 9th & Walnut Sts., (YWCA), Cincinnati, OH 45202 (513) 381-5610 (für vergewaltigte und mißhandelte Frauen, Scheidungsprobleme)

Bread & Roses Women's Health Center, Inc., 238 West Wisconsin Avenue, Suite 700, Milwaukee, Wisconsin 53203, 414-278-0260 (Frauen-Gesundheitshilfe)

Women's Legal Defense Fund, 1424 16th St., N.W. Washington, DC 20036 (202) 232-5293 (Frauen-Rechtsvertretungsselbsthilfe)

Women's Liberation School, Women's Place, 706 S.E. Grand, Portland, OR (503) 234-7044 (Selbsthilfeschule zur Frauenbefreiung)

Women's Organization for Employment, 127 Montgomery, Rm. 304, San Francisco, CA (415) 982-8963 (für Frauen, die für Gleichberechtigung im Berufsleben kämpfen)

National Organization for Women (NOW), 425 Thirteenth St. N.W. Suite 1001, Washington, DC 20004 (202) 347-2279 (Frauen-Selbsthilfeorganisation)

Women Organized Against Rape, Inc., P.O. Box 17374, Philadelphia, PA 19105 (215) 922-7400 (für vergewaltigte Frauen)

Association of Professional Women who are Parents, c/o Judith Marti Baumrin, 590 West End Avenue, New York 10024, 212-787-5712 (für berufstätige Mütter)

Center for a Woman's Own Name, 261 Kiberly Rd., Barrington, IL 60010 (312) 381-2113 (für Frauen, die ihren eigenen Namen behalten wollen)

National Women's Political Caucus, 1411 K St. N.W., Washington, DC 20005 (202) 347-4456 (Frauenorganisation zur Schaffung von politischem Einfluß für Frauen)

Women in Self-Help (WISH), White Plains, New York 10605 (914) 946-5757 (für Frauen, die überfordert sind oder nicht mehr weiter wissen)

Women's Survival Space, P.O. Box 279, Brooklyn, New York 12220 (Haus für geschlagene Frauen)

Women in Transition, 3700 Chestnut St., Philadelphia, PA 19104 (215) 382-7016 (Frauen, die sich getrennt oder geschieden haben)

Women United for Action, 103 W. Alexandrine, Detroit, MI 48201 (313) 382-4847 (Frauen-Verbraucherselbsthilfe)

American Association of University Women, 2401 Virginia Ave., N.W., Washington, DC 20037 (202) 785-7700 (für Frauen an den Universitäten)

Women on Words and Images, 38 Jefferson Rd., Princeton, NJ 08540 (609) 921-8653 (Aufklärung zur Rolle der Frau mit Bild und Ton)

Zero Population Growth, 1346 Connecticut Ave., N.W., Washington, DC 20036 (202) 785-0100 (zur Bekämpfung der Bevölkerungsexplosion)

CIP-Kurztitelaufnahme der Deutschen Bibliothek

Moeller, Michael L.:
Anders helfen: Selbsthilfegruppen u. Fachleute arbeiten zusammen /
Michael Lukas Moeller. –
Stuttgart: Klett-Cotta, 1981.
(Konzepte der Humanwissenschaften)
ISBN 3-12-905591-6
NE: GT